Gabriele Kuhn-Zuber | Cornelia Bohnert

Recht in der Heilpädagogik und Heilerziehungspflege

Verlängerungen u.
Vormerkungen
nicht möglich

LAMBERTUS

LAMBERTUS+
App inside

Laden Sie sich dieses Buch jetzt auch kostenlos als App im App Store oder unter Google play für Ihr Tablet herunter und profitieren Sie von zahlreichen Vorteilen:

- **kostenlos:** Der Online-Zugriff ist bereits im Preis dieses Buchs enthalten
- **verlinkt:** Die Inhaltsverzeichnisse sind direkt verlinkt und Sie können selbst Lesezeichen hinzufügen
- **durchsuchbar:** Recherchemöglichkeiten wie in einer Datenbank
- **annotierbar:** Fügen Sie an beliebige Textstellen eigene Annotationen hinzu
- **sozial:** Teilen Sie markierte Texte oder Annotationen bequem per E-Mail oder Facebook

Benutzername: HEP14-114

Passwort: 6005-6293-8248

So können Sie die App kostenlos herunterladen und mit Ihrem Freischaltcode freischalten:

1. Öffnen Sie mit Ihrem iPad den App Store oder mit Ihrem Android Tablet Google play
2. Gehen Sie auf „Suchen" und suchen Sie nach Lambertus
3. Installieren Sie die Lambertus+ App
4. Starten Sie nach der Installation die Lambertus+-App
5. Wählen Sie das von Ihnen gekaufte Buch an
6. Geben Sie nach Aufforderung Ihren persönlichen Freischaltcode ein
7. Ihr Buch ist nun innerhalb der Lambertus+-App freigeschaltet

Bei Fragen wenden Sie sich gerne an uns:
Lambertus-Verlag GmbH – Tel. 0761/36825-0 oder
E-Mail an info@lambertus.de

Gabriele Kuhn-Zuber | Cornelia Bohnert

Recht in der Heilpädagogik und Heilerziehungspflege

Bibliografische Information der Deutschen Nationalbibliothek

Die Deutsche Nationalbibliothek verzeichnet diese Publikation in der Deutschen Nationalbibliografie; detaillierte bibliografische Daten sind im Internet über http://dnb.d-nb.de abrufbar.

Alle Rechte vorbehalten
© 2014, Lambertus-Verlag, Freiburg im Breisgau
www.lambertus.de
Umschlaggestaltung: Nathalie Kupfermann, Bollschweil
Herstellung: Medienhaus Plump, Rheinbreitbach
ISBN: 978-3-7841-2447-6
ISBN ebook: 978-3-7841-2448-3

Inhalt

Vorwort 7
Abkürzungsverzeichnis 9

1 Grundlagen des Rechts 13
1.1 Grundlagen des Rechtssystems 13
1.2 Verfassungsrechtliche Grundlagen 28
1.3 Europarechtliche Grundlagen 35
1.4 Völkerrechtliche Grundlagen 42
1.5 Gleichstellung und Gleichbehandlung 47

2 Zivilrechtliche Grundlagen des Rechts für Menschen mit Behinderungen 59
2.1 Rechtsfähigkeit und Handlungsfähigkeit 59
2.2 Rechtsfähigkeit 59
2.3 Rechtliche Handlungsfähigkeit 60
2.4 Rechtsstellung Minderjähriger 69
2.5 Elterliche Sorge 78
2.6 Vormundschaft und Pflegschaft 86
2.7 Betreuungsrecht 92
2.8 Aufsichtspflichten und Haftungsrecht 112
2.9 Grundzüge des Erbrechts 121

3 Verwaltungsverfahren und Rechtsschutz 137
3.1 Sozialverwaltungsverfahren 137
3.2 Rechtsschutz und Rechtsdurchsetzung 155

4 Sozialrechtliche Grundlagen 171
4.1 Grundzüge des Sozialgesetzbuchs 173
4.2 Grundzüge des Sozialversicherungsrechts 179
4.3 Recht der Kinder- und Jugendhilfe 182
4.4 Recht der Rehabilitation und Teilhabe behinderter Menschen 213
4.5 Pflegerecht und Pflegeversicherung 266
4.6 Existenzsichernde Leistungen für Menschen mit Behinderung 296
4.7 Datenschutz, Informationspflichten, Schweigepflichten 313

5 Behinderte Menschen in Einrichtungen **329**
5.1 Einrichtungen der Behindertenhilfe 329
5.2 Heimrecht 335

6 Anhang **339**
6.1 Literaturverzeichnis 339
6.2 Stichwortverzeichnis 341

Die Autorinnen **345**

Vorwort

Das vorliegende Lehrbuch fasst erstmalig alle für das Studium der Heilpädagogik und die Ausbildung in der Heilerziehungspflege relevanten rechtlichen Grundlagen umfassend zusammen. Die Autorinnen greifen dabei auf ihre jahrelangen Lehrerfahrungen im Studiengang Heilpädagogik zurück. Diese Erfahrung ist auch dadurch gekennzeichnet, dass für Studierende und Auszubildende im Sozialen Bereich der Zugang zu juristischen Themen trotz ihrer hohen Bedeutung in der beruflichen Praxis nicht immer einfach ist. Mit Hilfe zahlreicher Beispielsfälle, Graphiken und Übungsaufgaben soll die Materie anschaulich und erlernbar gemacht und damit für das Studium und die Ausbildung eine wertvolle Hilfe bei der Bearbeitung rechtlicher Fachgebiete geschaffen werden. Darüber hinaus ist es aufgrund der zahlreichen Informationen auch als Nachschlagewerk in der Praxis oder in anderen Studiengängen des Sozialwesens nutzbar.

In Anbetracht des Stoffumfangs musste die Darstellung begrenzt bleiben. Die Auswahl orientiert sich am grundlegend Notwendigen für das Verständnis juristischer Sachverhalte und vor allem an den Erfordernissen der heilpädagogischen und heilerzieherischen Praxis. Insofern liegen die Schwerpunkte des Buches bei den zivil- und sozialrechtlichen Grundlagen; zugleich finden sich aufgrund steigender Bedeutung Darstellungen zum Recht der Europäischen Union und insbesondere zur UN-Behindertenrechtskonvention. Der Rechtsstand entspricht dem 30.4.2014. Das bisher nur im Entwurf vorliegende Pflege-Stärkungsesetz, das zum 1.1.2015 in Kraft treten soll, wird an den entsprechenden Stellen im Kapitel 4.5 kursiv dargestellt.

Die Bearbeitung der Kapitel entspricht den jeweiligen Lehrschwerpunkten der Autorinnen. So wurden die Kapitel 1, 2.8, 3, 4.1., 4.2, 4.4 bis 4.6 sowie 5.2 von Gabriele Kuhn-Zuber und die Kapitel 2, 4.3, 4.7 und 5.1 von Cornelia Bohnert bearbeitet. Hinweise zu weiterführender Literatur finden sich im Literaturverzeichnis, auf die Aufnahme eines umfangreichen wissenschaftlichen Fußnotenapparates wurde zugunsten besserer Lesbarkeit und Verständlichkeit verzichtet. Die Autorinnen sind sich durchaus bewusst, dass eine geschlechtersensible Sprache von hoher Bedeutung ist und hätten gern gerade in diesem Lehrbuch auf eine solche nicht verzichtet. Die konsequente Durchsetzung hätte allerdings den Umfang des

Buches erheblich vergrößert, sodass sie sich letztlich dafür entschieden haben, ausschließlich auf die männlichen Formen zurückzugreifen. Von diesen werden in jedem Fall auch Frauen und alle anderen Geschlechter mit erfasst.

Es ist nie ausgeschlossen, dass sich in einem Buch, welches allein aufgrund der Komplexität anfällig ist, immer wieder Fehler einschleichen können oder Verständnisfragen entstehen, die von den juristisch vorgeprägten Autorinnen nicht berücksichtigt wurden. Sie sind den Leserinnen und Lesern für kritische Stellungnahmen und Hinweise zur Verbesserung des Buches sehr dankbar.

Berlin, im Mai 2014

Gabriele Kuhn-Zuber, Cornelia Bohnert

Abkürzungsverzeichnis

A. A.	andere Ansicht
AHB	Anschlussheilbehandlung
Abs.	Absatz
ABl.	Amtsblatt
AEUV	Vertrag über die Arbeitsweise der Europäischen Union
AG	Amtsgericht oder Arbeitsgemeinschaft
AGG	Allgemeines Gleichbehandlungsgesetz
AHB	Anschlussheilbehandlung
AHP	Anhaltspunkte für die ärztliche Gutachtertätigkeit
Alg	Arbeitslosengeld
Alt.	Alternative
AO	Abgabenordnung
AOK	Allgemeine Ortskrankenkasse
ArbGG	Arbeitsgerichtsgesetz
ASD	Allgemeiner Sozialer Dienst
Art.	Artikel
Az.	Aktenzeichen
BaföG	Bundesausbildungsförderungsgesetz
BÄO	Bundesärzteordnung
BAR e. V.	Bundesarbeitsgemeinschaft für Rehabilitation
BBW	Berufsbildungswerk
BDSG	Bundesdatenschutzgesetz
BeamtVG	Beamtenversorgungsgesetz
BerHG	Beratungshilfegesetz
BeurkG	Beurkundungsgesetz
BFW	Berufsförderungswerk
BGB	Bürgerliches Gesetzbuch
BGBl.	Bundesgesetzblatt
BGG	Behindertengleichstellungsgesetz
BGH	Bundesgerichtshof
BIH	Bundesarbeitsgemeinschaft der Integrationsämter und Hauptfürsorgestellen
BKGG	Bundeskindergeldgesetz
BKK	Betriebskrankenkasse

BMAS	Bundesministerium für Arbeit und Soziales
BMG	Bundesministerium für Gesundheit
BNotO	Bundesnotarordnung
BRK	Behindertenrechtskonvention
BSG	Bundessozialgericht
BSR	Berliner Stadtreinigung
BtBG	Betreuungsbehördengesetz
BtPrax	Betreuungsrechtliche Praxis
BudgetV	Budgetverordnung
BVerfG	Bundesverfassungsgericht
BVG	Bundesversorgungsgesetz
d. h.	das heißt
EinglHV	Eingliederungshilfeverordnung
EMRK	Europäische Menschenrechtskonvention
EStG	Einkommenssteuergesetz
EU	Europäische Union
EuGH	Europäischer Gerichtshof
EGMR	Europäischer Gerichtshof für Menschenrechte
EStG	Einkommenssteuergesetz
e. V.	eingetragener Verein
f. / ff.	folgender / folgende
FamFG	Gesetz über das Verfahren in Familiensachen und in den Angelegenheiten der freiwilligen Gerichtsbarkeit
FamRZ	Zeitschrift für das gesamte Familienrecht
FrühV	Früherkennungs- und Frühförderungsverordnung
GbR	Gesellschaft bürgerlichen Rechts
GdB	Grad der Behinderung
GdS	Grad der Schädigungsfolgen
GG	Grundgesetz
ggf.	gegebenenfalls
(g)GmbH	(gemeinnützige) Gesellschaft mit beschränkter Haftung
GKV	Gesetzliche Krankenversicherung
GVG	Gerichtsverfassungsgesetz
HS	Halbsatz
HeimG	Heimgesetz

i. d. R.	in der Regel
IfSG	Infektionsschutzgesetz
i. H. v.	in Höhe von
i. S. d.	im Sinne des
i. V. m.	in Verbindung mit
IfSG	Infektionsschutzgesetz
JVEG	Justizvergütungs- und Entschädigungsgesetz
KHV	Kommunikationshilfeverordnung
KKG	Gesetz zur Kooperation und Information im Kinderschutz
KonsG	Konsulargesetz
LAG	Lastenausgleichsgesetz
LG	Landgericht
LPartG	Lebenspartnerschaftsgesetz
LSG	Landessozialgericht
MdE	Minderung der Erwerbsfähigkeit
MDK	Medizinischer Dienst der Krankenversicherung
NDV	Nachrichtendienst des Deutschen Vereins für öffentliche und private Fürsorge
OEG	Opferentschädigungsgesetz
OLG	Oberlandesgericht
OVG	Oberverwaltungsgericht
PsychThG	Psychotherapeutengesetz
RehaAnglG	Rehabilitations-Angleichungsgesetz
RelErzG	Gesetz über die religiöse Kindererziehung
Rn.	Randnummer
RechtsPflG	Rechtspflegergesetz
S.	Seite / Satz
SchKG	Schwangerschaftskonfliktgesetz
SchulG	Schulgesetz
SchwbAV	Schwerbehindertenausgleichsabgabenverordnung
SchwbAwV	Schwerbehindertenausweisverordnung
SchwbG	Schwerbehindertengesetz
SG	Sozialgericht
SGB	Sozialgesetzbuch
SGG	Sozialgerichtsgesetz

s. o. / s. u.	siehe oben / siehe unten
SoVD	Sozialverband Deutschland e. V.
StGB	Strafgesetzbuch
StPO	Strafprozessordnung
StVZO	Straßenverkehrszulassungsordnung
SVG	Gesetz über die Versorgung für die ehemaligen Soldaten der Bundeswehr und ihre Hinterbliebenen
u. Ä.	und Ähnlichem
usw.	und so weiter
u. U.	unter Umständen
UhVorschG	Unterhaltsvorschussgesetz
UStG	Umsatzsteuergesetz
VA	Verwaltungsakt
v. a.	vor allem
VBVG	Gesetz über die Vergütung von Vormündern und Betreuern
vgl.	vergleiche
VwGO	Verwaltungsgerichtsordnung
VwVfG	Verwaltungsverfahrensgesetz
WBVG	Wohn- und Betreuungsvertragsgesetz
WfbM	Werkstatt für behinderte Menschen
WHO	Weltgesundheitsorganisation
WMVO	Werkstattmitwirkungsverordnung
WoGG	Wohngeldgesetz
WRV	Weimarer Reichsverfassung
WVO	Werkstätten-Verordnung
z. B.	zum Beispiel
ZDG	Gesetz über den Zivildienst der Kriegsdienstverweigerer
z. T.	zum Teil
ZPO	Zivilprozessordnung

1 Grundlagen des Rechts

Rechtliche Grundlagen sind in unserer Rechtsordnung geregelt. Sie enthält verbindliche Normen, die für das Zusammenleben der Menschen in der Gesellschaft notwendig sind. Sie enthält ebenso die Normen, die Rechtsansprüche begründen und deren Durchsetzung unterstützen. Rechtsnormen werden durch einen demokratisch legitimierten Gesetzgeber erlassen; ihre Einhaltung wird von unabhängigen Gerichten durchgesetzt.

Das Recht

- schafft Institutionen und regelt deren Handlungsweise. Durch diese Institutionalisierung werden soziale Leistungen berechenbar, planbar und steuerbar;
- sorgt für die Aufbringung und Verteilung finanzieller Mittel, die für die Erbringung sozialer Leistungen notwendig sind (Ökonomisierung);
- beschreibt notwendige Qualitätsstandards, regelt Leistungsvereinbarungen und arbeitsrechtliche Rahmenbedingungen und sanktioniert deren Einhaltung (Qualitätssicherung);
- klärt verbindlich strittige Fragen (Konfliktsteuerung).

Im folgenden Kapitel sollen die Grundlagen des Rechtssystems und allgemeine Rechtsbegriffe erläutert werden. Sie bilden die Basis für das grundsätzliche Verständnis rechtlicher Regelungen

1.1 Grundlagen des Rechtssystems

1.1.1 Objektives und subjektives Recht

Die Rechtsordnung unterscheidet zwischen objektivem und subjektivem Recht. Objektives Recht meint die gesamte Rechtsordnung, die Summe aller rechtlichen Regelungen (z. B. Gesetze, Verordnungen, Satzungen) – die Rechtsnormen. Rechtsnormen sind durch fünf wesentliche Merkmale gekennzeichnet. Sie

- gelten für eine unbestimmte Vielzahl von Fällen (abstrakte Regelung),
- richten sich an eine unbestimmte Vielzahl von Personen (generelle Regelung),
- werden in einem bestimmten, formell festgelegtem Verfahren erlassen,

- müssen für ihr Inkrafttreten in einer bestimmten amtlichen Publikation bekannt gemacht werden (z. B. Bundesgesetzblatt) und
- sind unmittelbar verbindlich und können ggf. mit staatlichem Zwang durchgesetzt werden.

Rechtsnormen unterliegen einer bestimmten Rangordnung, der sog. Normenhierarchie. Verstößt eine Norm gegen eine höherrangige Rechtsnorm, ist sie rechtswidrig und darf nicht angewendet werden. An oberster Stelle steht grundsätzlich das EU-Recht. Als supranationale Rechtsordnung begründet es Verpflichtungen, denen nicht nur der deutsche Staat und seine Behörden unterworfen sind, sondern begründet auch Rechte und Pflichten für einzelne Bürger. Ranghöchstes nationales Recht ist das Grundgesetz, die deutsche Verfassung. Am Grundgesetz müssen sich alle nachgeordneten innerstaatlichen Rechtsnormen messen lassen. Dazu zählen zunächst die formellen Gesetze. Diese werden durch den demokratisch legitimierten Gesetzgeber in einem formellen Verfahren (Art. 76 ff. GG) erlassen.

In vielen Gesetzen finden sich Ermächtigungsgrundlagen, aufgrund derer Ministerien Rechtsverordnungen mit Einzelregelungen erlassen können, die innerhalb eines formellen Gesetzgebungsverfahrens zu aufwändig zu klären sind. Auf diese Weise kann auf gesellschaftliche Veränderungen und Bedürfnisse zügig reagiert werden. Inhalt, Zweck und Ausmaß der in einer Rechtsverordnung geregelten Materie müssen allerdings im formellen Gesetz geregelt sein (Art. 80 GG).

Unterhalb der Rechtsverordnungen stehen die Satzungen. Satzungen werden v. a. von juristischen Personen des öffentlichen Rechts aufgrund einer besonderen Rechtssetzungsbefugnis und ihres Selbstverwaltungsrechts erlassen (z. B. Satzungen der Krankenkassen).

Verwaltungsvorschriften (z. B. Durchführungshinweise der Bundesagentur für Arbeit zur Umsetzung des SGB II) und Empfehlungen (z. B. Empfehlungen des Deutschen Vereins für öffentliche und private Fürsorge für Mehrbedarfe bei kostenaufwändiger Ernährung) sind nicht unmittelbar verbindlich und binden die Gerichte bei der Rechtsanwendung und -auslegung nicht. Auch Gerichtsurteile sind – anders als im anglo-amerikanischen Recht (sog. Common law) – grundsätzlich nicht bindend, da sie immer nur im Einzelfall zwischen zwei Parteien streitige Rechtsfragen regeln (Ausnahme: Urteile des BVerfG [§ 31 BVerfGG]). Gleichwohl werden Entscheidungen der obersten Bundesgerichte in der Praxis berücksichtigt.

Übersicht 1

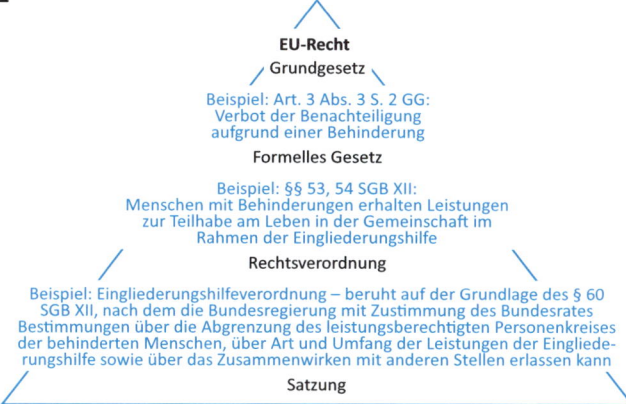

Rechtsnormen werden von Sozialnormen unterschieden. Diese beanspruchen keine allgemeine Verbindlichkeit, binden nur diejenigen Mitglieder einer Gesellschaft, die diese Sozialnormen für richtig halten, und sind nicht mit staatlichem Zwang durchsetzbar, sofern durch die Nichteinhaltung der Sozialnormen keine anderen Rechtsgüter verletzt werden.

Beispiel

➡ Die Ablehnung einer Bluttransfusion – auch bei dringender medizinischer Notwendigkeit – ist eine Sozialnorm, die von Angehörigen der Religionsgemeinschaft der Zeugen Jehovas befolgt wird. Der Staat kann keine Zwangstransfusion durchsetzen, sofern der Betroffene bei freier Einsichtsfähigkeit ablehnt. Handelt es sich allerdings z. B. um ein fünfjähriges Kind, welches nach einem Unfall eine dringende Bluttransfusion benötigt, kann der Staat eingreifen und das Sorgerecht der Eltern teilweise – hier in Bezug auf die Gesundheitssorge – entziehen, um das Leben des Kindes zu retten.

Subjektive Rechte sind die sich für den Einzelnen aus dem objektiven Recht ergebenden Individualansprüche. Sie werden im öffentlichen Recht subjektiv-öffentliche Rechte genannt.

Beispiel

➡ Der Anspruch auf Eingliederungshilfe ist ein subjektives Recht für denjenigen Menschen mit Behinderung, der die Voraussetzungen des § 53 SGB XII erfüllt. § 53 SGB XII ist Teil des objektiven Rechts, eines Bundesgesetzes.

Subjekte Rechte können sich als absolute Rechte gegen jedermann richten (z. B. Eigentumsrechte, die von jedem berücksichtigt werden müssen) oder als relative Rechte nur gegenüber einzelnen Personen wirksam sein (z. B. die Rechte eines Mieters gegenüber seinem Vermieter).

1.1.2 Öffentliches Recht und Privatrecht

Die deutsche Rechtsordnung unterscheidet zwischen öffentlichem Recht und Privatrecht. Das öffentliche Recht regelt die Rechtsbeziehungen der Bürger zum Staat oder zu mit Hoheitsgewalt ausgestatteten Rechtssubjekten (z. B. Träger der Krankenversicherung oder der Rentenversicherung) sowie die Organisation des Staates selbst und die Rechtsbeziehungen zwischen öffentlichen Institutionen.

Privatrecht regelt die Rechtsbeziehungen der Bürger untereinander und zwischen Bürgern und nicht hoheitlich handelnder Rechtssubjekte. Es beruht auf der Basis der Gleichordnung und Selbstbestimmung.

Übersicht 2

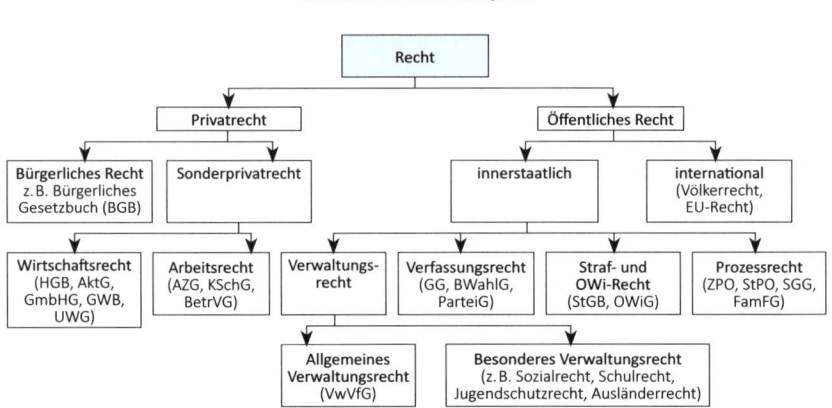

Übersicht über das Rechtssystem

Eine Rechtsnorm wird dann dem öffentlichen Recht zugeordnet, wenn durch diese ein Träger öffentlicher Verwaltung berechtigt oder verpflichtet wird. Gilt die Rechtsnorm für jedermann, wird sie dem Privatrecht zugeordnet (sog. modifizierte Subjektstheorie).

Beispiel

Die zwölfjährige gehörlose A möchte in die 7. Klasse eines Gymnasiums ihres Wohnorts gehen. Sie benötigt hierfür eine Assistenz durch Gebärdensprachdolmetscher sowie Hilfsmittel, um dem Unterricht folgen zu können. Diese Leistungen sind Gegenstand der §§ 53, 54 SGB XII und im Rahmen der Eingliederungshilfe zu gewähren. Verpflichtet ist hierbei der Träger der Sozialhilfe, der der leistungsberechtigten A entsprechende Hilfen durch Bescheid (Verwaltungsakt) gewährt. Da hier ein Träger öffentlicher Verwaltung – Sozialhilfeträger – verpflichtet ist, sind die §§ 53, 54 SGB XII dem öffentlichen Recht zuzuordnen. A könnte auch – im Rahmen eines persönlichen Budgets – das Geld vom Sozialhilfeträger erhalten und sich selbst eine Assistenz suchen, die sie dann direkt bezahlt. Sie schließt mit einer entsprechenden Assistenzkraft einen Dienstleistungsvertrag (§ 611 BGB); die Rechte und Pflichten aus diesem Vertrag (Erbringung der Leistung, Zahlung der Vergütung) ergeben sich aus dem Privatrecht.

Die Unterscheidung zwischen öffentlichem Recht und Privatrecht ist zum einen deshalb von Bedeutung, weil ein Träger öffentlicher Verwaltung an das Grundgesetz, insbesondere an die Grundrechte gebunden ist und diese im Verhältnis zu den Bürgerinnen und Bürgern berücksichtigt werden müssen. Zum anderen ist die Unterscheidung für den jeweiligen Rechtsweg wichtig; öffentliches Recht wird im Konfliktfall vor den Verwaltungs-, Sozial-, Finanz- oder Verfassungsgerichten verhandelt. Die dort geltenden Verfahrensgrundsätze sind für den Rechtssuchenden i. d. R. günstiger.

Beispiel

➲ Lehnt im o. g. Beispiel der Sozialhilfeträger die Eingliederungshilfeleistung ab, muss A vor das Sozialgericht – ein besonderes Verwaltungsgericht – gehen. Das Verfahren dort wird durch den Amtsermittlungsgrundsatz bestimmt und ist kostenfrei. Erhält die Assistenzkraft z. B. keine Vergütung von A, die das Geld anderweitig ausgegeben hat, muss sie vor ein Zivilgericht gehen und dort alles vorlegen, was ihren Vergütungsanspruch unterstützt. Zudem muss sie die Gerichtskosten zunächst verauslagen.

Die Abgrenzung zwischen öffentlichem und Privatrecht ist dann schwierig, wenn Staat und Kommunen öffentliche Aufgaben in privatrechtlichen Formen wahrnehmen.

Beispiel

➲ Die Abfallentsorgung oder die Versorgung mit Wasser, die zu den Aufgaben staatlicher Daseinsvorsorge zählen, wird nicht hoheitlich wahrgenommen, sondern in privatrechtlich organisierter Rechtsform (z. B. GmbH, AG). Es werden keine Gebühren erhoben, sondern zivilrechtliche Verträge mit den Nutzerinnen und Nutzern geschlossen.

Man spricht in solchen Fällen von Verwaltungsprivatrecht. In diesen Fällen findet zwar das Privatrecht Anwendung, gleichwohl müssen die staatlichen Träger auch in diesen Rechtsverhältnissen die Grundrechte berücksichtigen (keine „Flucht ins Privatrecht", um öffentlich-rechtliche Verpflichtungen zu umgehen[1]).

Darüber hinaus beteiligen sich auch staatliche Hoheitsträger an privatrechtlichen Rechtsgeschäften. Sie müssen z. B. Räume mieten, Büromaterial oder Computer kaufen oder Mitarbeiter anstellen (nicht als Beamte). Diese sog. fiskalischen Hilfsgeschäfte sind dem Privatrecht zuzurechnen.

---

[1] Vgl. BVerfG, Urteil vom 22.2.2011, 1 BvR 699/06: Hier hatte eine als private Aktiengesellschaft organisierte Flughafengesellschaft, deren Aktien allerdings mehrheitlich in öffentlicher Hand lagen, ein generelles Verbot von Demonstrationen und Versammlungen auf dem Flughafengelände ausgesprochen. Das Bundesverfassungsgericht sah dieses – nach Zivilrecht grundsätzlich zulässige Verbot – als nicht zulässig an, weil hier der staatliche Eigentümer der AG das Grundrecht der Versammlungsfreiheit berücksichtigen muss.

Beispiel

→ Kauft eine Behörde neue Computer bei einem Elektroniksupermarkt und bezahlt diese nicht, so muss der Elektroniksupermarkt Klage beim Zivilgericht (z. B. Amts- oder Landgericht) erheben und die Behörde auf Zahlung verklagen.

1.1.3 Natürliche und juristische Personen

Inhaber von Rechten und Pflichten sind Rechtssubjekte. Die Rechtsordnung unterscheidet dabei zwischen

- natürlichen Personen und
- juristischen Personen.

Natürliche Personen sind alle Menschen unabhängig von Alter, Geschlecht oder Geschäftsfähigkeit. Juristische Personen sind Zusammenschlüsse von natürlichen Personen und/oder Sachmitteln, die Träger von Rechten und Pflichten sind. Juristische Personen können als eigene Rechtssubjekte am Rechtsverkehr teilnehmen. Sie sind rechtsfähig und auch parteifähig. Juristische Personen gibt es im Privatrecht und im öffentlichen Recht. Juristische Personen des Privatrechts sind z. B. der eingetragene Verein (e. V.), die Kapitalgesellschaften (GmbH, AG) oder privatrechtlich organisierte Stiftungen (z. B. die VW-Stiftung oder die Robert-Bosch-Stiftung oder Stiftungen einzelner Parteien, z. B. die Heinrich-Böll-Stiftung). Juristische Personen des Privatrechts erlangen ihre Rechtsfähigkeit aufgrund gesetzlicher Vorschriften und i. d. R. durch Eintragung in ein Register.

Darüber hinaus gibt es im Privatrecht noch sog. teilrechtsfähige Vereinigungen. Dazu gehören nicht rechtsfähige Vereine (z. B. Parteien oder Gewerkschaften), Gesellschaften bürgerlichen Rechts (sog. BGB-Gesellschaft oder GbR, z. B. Anwaltssozietät, Praxisgemeinschaft) oder Handelsgesellschaften (OHG oder KG). Zu den juristischen Personen des öffentlichen Rechts s. u. Kap. 3.3.1.

1.1.4 Grundlagen der Rechtsanwendung

Bei der Rechtsanwendung geht es darum, Einzelfälle und die damit verbundenen rechtlichen Konflikte zu entscheiden oder im Vorfeld gutachterlich zu beurteilen. Sie ist v. a. dadurch gekennzeichnet, dass ein bestimmter Lebenssachverhalt einer bestimmten Norm zugeordnet wird. Aufgrund der oft schwer verständlichen juristischen Fachsprache liegt hierin eine besondere Herausforderung für soziale Professionen. Grundlegende Voraussetzungen sind:

- das Erkennen der Struktur von Rechtsvorschriften,
- die Klärung der bestehenden Begriffe sowie
- das Anwenden des Inhalts einer Norm auf den Lebenssachverhalt.

Bei der Lösung eines Falles muss zunächst ermittelt werden, welches Verlangen der Anspruchsteller hat und gegen wen sich dieser Anspruch richtet. Um dies herauszufinden können die vier W-Fragen gestellt werden:

1.1 Grundlagen des Rechtssystems

WER will

WAS von

WEM

WORAUS?

„Wer" meint denjenigen, der etwas verlangt, „Was" was er haben will, „Wem" wer Anspruchsgegner ist und „Woraus" schließlich auf welche Anspruchsgrundlage das Begehren gestützt wird.

1.1.4.1 Struktur der Rechtsnormen

Es gibt verschiedene Rechtsnormen, die unterschiedliche Funktionen haben. In der Rechtsanwendung von besonderer Bedeutung sind die sog. vollständigen Rechtsnormen. Sie bestehen aus einem Tatbestand und einer Rechtsfolge. Auf der Tatbestandsseite werden die Voraussetzungen (Tatbestandsvoraussetzungen oder Tatbestandsmerkmale) genannt, die eine bestimmte Rechtsfolge eintreten lassen. Liegen nicht alle Voraussetzungen vor, tritt die Rechtsfolge auch nicht ein. Die Struktur dieser Normen folgt einem „Wenn-Dann-Verhältnis". Bei einer Anspruchsnorm, die ein subjektives Recht beinhaltet, entspricht die Rechtsfolge dem gewünschten Begehren eines Leistungsberechtigten oder Anspruchsinhabers.

Beispiel

 Familie B möchte für ihren dreijährigen Sohn S einen Kindergartenplatz.

Anspruchsnorm oder Anspruchsgrundlage ist § 24 Abs. 3 SGB VIII: Ein Kind, das das dritte Lebensjahr vollendet hat, hat bis zum Schuleintritt Anspruch auf Förderung in einer Tageseinrichtung.

Tatbestandsvoraussetzungen:

1. Vollendung des dritten Lebensjahres

2. noch nicht in der Schule

Rechtsfolge:
Anspruch auf Förderung in einer Tageseinrichtung (= Kindergartenplatz)

Wenn-Dann-Struktur: Wenn ein Kind drei Jahre alt ist und noch nicht in der Schule, dann hat es Anspruch auf Förderung in einer Kita.

In vielen Fällen ist die Wenn-Dann-Struktur der Norm nicht eindeutig erkennbar, lässt sich aber in eine solche umformulieren.

Beispiel

 § 19 Abs. 1 S. 1 SGB II: Erwerbsfähige Leistungsberechtigte erhalten Arbeitslosengeld II. Wenn-Dann-Struktur: Wenn jemand erwerbsfähiger Leistungsberechtigter ist, dann erhält er Arbeitslosengeld II.

Es gibt Normen, die für den Eintritt einer Rechtsfolge nur eine Tatbestandsvoraussetzung haben, andere haben mehrere, die erfüllt sein müssen, um die Rechtsfolge eintreten zu lassen.

Beispiele

1. für nur eine Tatbestandsvoraussetzung: § 19 Abs. 1 S. 1 SGB II, s. o. „erwerbsfähiger Leistungsberechtigter"

2. für mehrere Tatbestandsmerkmale: § 33 Abs. 1 S. 1 SGB V, Versicherte haben Anspruch auf Versorgung mit Hörhilfen, Körperersatzstücken, orthopädischen und anderen Hilfsmitteln, die im Einzelfall erforderlich sind, um den Erfolg der Krankenbehandlung zu sichern, einer drohenden Behinderung vorzubeugen oder eine Behinderung auszugleichen, soweit die Hilfsmittel nicht als allgemeine Gebrauchsgegenstände des täglichen Lebens anzusehen oder nach § 34 Abs. 4 ausgeschlossen sind.
Tatbestandsvoraussetzungen (-merkmale):
1. Versicherung des Leistungsberechtigten („Versicherte"),
2. im Einzelfall erforderlich,
3. um Erfolg einer Krankenbehandlung zu sichern oder einer drohenden Behinderung vorzubeugen oder eine Behinderung auszugleichen,
4. kein allgemeiner Gebrauchsgegenstand des täglichen Lebens und
5. kein Ausschluss nach § 34 Abs. 4 SGB V.
Rechtsfolge:
Anspruch auf Hilfsmittel

Manche Vorschriften kennen sog. ungeschriebene Tatbestandsmerkmale, die entweder aus rechtssystematischen Gründen mitgedacht werden müssen oder die durch die Rechtsprechung entwickelt wurden.

Beispiele

1. Bei einer Schadensersatzpflicht nach § 823 BGB muss neben der Verletzungshandlung und dem Schaden ein Ursachenzusammenhang bestehen. Dieser Ursachenzusammenhang wird im Gesetz nicht ausdrücklich erwähnt.

2. Bei einem Anspruch auf ein Hilfsmittel wird immer geprüft, ob dieses Hilfsmittel auch ein Grundbedürfnis des täglichen Lebens erfüllt. Geht das Hilfsmittel über ein Grundbedürfnis hinaus, ist die Krankenversicherung nicht leistungspflichtig. Ein Grundbedürfnis des täglichen Lebens ist das Gehen. Benötigt ein Mensch, dem nach einem Unfall beide Beine amputiert wurden, Prothesen, stehen ihm diese zu, weil er damit eine Behinderung ausgleichen kann und gleichzeitig sein Grundbedürfnis zu gehen erfüllt. Will er jedoch spezielle Sportprothesen, die ihm ermöglichen weiterhin Hochleistungssport zu betreiben, geht dies über das Grundbedürfnis hinaus. Die Krankenversicherung wäre hier nicht leistungspflichtig.

In den Gesetzen finden sich neben den vollständigen (Anspruchs)Rechtsnormen auch andere Normen, die z. B. wichtige Tatbestandselemente definieren oder Einzelheiten zu einer Rechtsfolge regeln. Zu diesen „unvollständigen" Rechtsnormen gehören:

1. Definitionsnormen

Sie definieren bestimmte Tatbestandsmerkmale oder Rechtsfolgen.

Beispiele

➡ **1.** § 7 Abs. 1 Nr. 2 SGB VIII: Jugendlicher (ist), wer 14, aber noch nicht 18 Jahre alt ist. – Definition von „Jugendlicher" i. S. d. SGB VIII

2. § 7 Abs. 1 S. 1 SGB II: (Leistungen nach diesem Buch erhalten) Personen, die das 15. Lebensjahr vollendet und die Altersgrenze nach § 7a noch nicht erreicht haben, erwerbsfähig sind, hilfebedürftig sind und ihren gewöhnlichen Aufenthalt in der Bundesrepublik Deutschland haben (erwerbsfähige Leistungsberechtigte). – Definition von „erwerbsfähiger Leistungsberechtigter" i. S. d. SGB II

3. 19 Abs. 1 S. 3 SGB II: Die Leistungen umfassen den Regelbedarf, Mehrbedarfe und den Bedarf für Unterkunft und Heizung. – Definition von Arbeitslosengeld II (und Sozialgeld)

2. Verweisungsnormen

In diesen Vorschriften wird auf andere Gesetze oder Normen verwiesen. Verweisungsnormen können entweder nur auf die Rechtsfolgen verweisen (dann muss der Tatbestand der anderen Norm nicht erfüllt sein, sog. Rechtsfolgenverweisung) oder auch auf den Tatbestand der anderen Norm Bezug nehmen (dann muss dieser auch erfüllt sein, sog. Rechtsgrundverweisung).

Beispiele

➡ **1.** § 16 SGB VI: Die Träger der Rentenversicherung erbringen die Leistungen zur Teilhabe am Arbeitsleben nach den §§ 33 bis 38 des Neunten Buches [...] (Rechtsfolgenverweisung auf den Leistungsumfang, der sich aus dem SGB IX ergibt. Die Tatbestandsvoraussetzungen ergeben sich aus den SGB VI-Vorschriften.)

2. § 26 Abs. 1 SGB X: Für die Berechnung von Fristen und für die Bestimmung von Terminen gelten die §§ 187 bis 193 des Bürgerlichen Gesetzbuches entsprechend [...] (Rechtsgrundverweisung, hinsichtlich der Bestimmung von Fristen müssen die Voraussetzungen des BGB erfüllt sein).

3. Gegennormen

Diese Vorschriften schränken bestehende Normen in ihrem Geltungsbereich ein.

Beispiel

⇨ § 7 S. 1 SGB IX: Die Vorschriften dieses Buches gelten für die Leistungen zur Teilhabe, soweit sich aus den für den jeweiligen Rehabilitationsträger geltenden Leistungsgesetzen nichts Abweichendes ergibt. – Hier wird die Geltung der Vorschriften des SGB IX beschränkt auf die Fälle, in denen die anderen Gesetze nichts Abweichendes geregelt haben.

1.1.4.2 Auflösung der bestehenden Begrifflichkeiten

Rechtsnormen enthalten abstrakt-generelle Regelungen und regeln nicht einen konkreten Einzelfall. Die Begriffe in diesen Normen sind daher teilweise wenig bestimmt. Klare und eindeutige Begriffe nennt man „bestimmte Rechtsbegriffe". Sie finden v. a. bei Orts-, Zahlen- und Zeitangaben (z. B. Lebensalter) oder bei technischen Angaben Anwendung, können aber auch durch die Norm selbst definiert sein.

Beispiele

⇨ **1.** § 35 SGB VI: Versicherte haben Anspruch auf Regelaltersrente, wenn sie 1. die Regelaltersgrenze erreicht und 2. die allgemeine Wartezeit erfüllt haben. Die Regelaltersgrenze wird mit Vollendung des 67. Lebensjahres erreicht. – Definition des Begriffs „Regelaltersgrenze"

2. § 1 BGB: Die Rechtsfähigkeit des Menschen beginnt mit der Vollendung der Geburt. – Definition Beginn der Rechtsfähigkeit

3. § 2 BGB: Die Volljährigkeit tritt mit der Vollendung des 18. Lebensjahres ein. – Definition Volljährigkeit

Der Vielzahl und Unterschiedlichkeit möglicher Lebenssituationen können jedoch genaue Definitionen nicht immer gerecht werden. Aus diesen Gründen enthalten Tatbestände, manchmal auch die Rechtsfolgenseite von Rechtsnormen häufig sog. unbestimmte Rechtsbegriffe. Es handelt sich hierbei um rechtliche Fachbegriffe, die einer Interpretation zugänglich sind bzw. ausgelegt werden müssen. Bei einer Auslegung wird der relevante Inhalt eines Rechtsbegriffs fachlich gedeutet. Als Auslegungsmethoden kennt das Rechtssystem:

- die wörtliche Auslegung (Orientierung am natürlichen Sprachsinn),
- die systematische Auslegung (Orientierung im Zusammenhang der anderen, die Vorschrift umgebenden Normen),
- die historische Auslegung (Orientierung an der rechtsgeschichtlichen Entwicklung einer Norm, einschließlich der Begründung zu den Gesetzentwürfen) und
- die teleologische Auslegung (Orientierung am Sinn und Zweck der Norm).

Unbestimmte Rechtsbegriffe können beschreibend oder wertausfüllend sein. Sie sind i. d. R. gerichtlich voll überprüfbar.

Beispiele für unbestimmte Rechtsbegriffe: „Wohl des Kindes", „angemessen", „erforderlich", „geeignete und notwendige Hilfe" „wichtiger Grund"

Einschränkungen für die gerichtliche Überprüfung der Auslegung unbestimmter Rechtsbegriffe in öffentlich-rechtlichen Normen durch die Verwaltung gibt es nur dort, wo diese einen Beurteilungsspielraum hat.

Beispiele

➲ 1. Prüfungsentscheidungen im Schul- und Hochschulbereich, die auf Einmaligkeit einer bestimmten Prüfungssituation beruhen, die nicht nachgeholt werden kann.

2. Entscheidungen, die durch weisungsfreie, mit Sachverständigen oder Interessenvertretern besetzte Ausschüsse getroffen werden (z. B. Bundesprüfstelle für jugendgefährdende Schriften, die ein bestimmtes Buch als jugendgefährdend indiziert).

In diesen Fällen beschränkt sich die gerichtliche Überprüfbarkeit darauf festzustellen, ob

- die richtigen Tatsachen und ein vollständiger Sachverhalt zugrunde gelegt wurden,
- die Verfahrensvorschriften eingehalten wurden,
- keine sachfremden Erwägungen maßgebend waren und der Gleichheitsgrundsatz eingehalten wurde und
- allgemeingültige Bewertungsmaßstäbe berücksichtigt wurden.

Ist eine Rechtsnorm dem öffentlichen Recht zuzuordnen und berechtigt oder verpflichtet sie eine Behörde, lässt sich auf der Rechtsfolgenseite einer Rechtsnormen zwischen:

1. Leistungen, auf die ein konkreter Anspruch besteht (gebundene Verwaltung) und
2. Leistungen, die nach pflichtgemäßem Ermessen der Verwaltung gewährt werden,

unterscheiden.

Bei der gebundenen Verwaltung haben Leistungsberechtigte einen Anspruch auf die Leistung, die die Norm vorsieht, sofern alle Tatbestandsmerkmale erfüllt sind.

Beispiele

➲ 1. § 27 Abs. 1 S. 1 SGB VIII: Ein Personensorgeberechtigter hat bei der Erziehung eines Kindes oder eines Jugendlichen Anspruch auf Hilfe (Hilfe zur Erziehung), wenn eine dem Wohl des Kindes oder des Jugendlichen entsprechende Erziehung nicht gewährleistet ist und die Hilfe für seine Entwicklung geeignet und notwendig ist.

2. § 19 Abs. 1 S. 1 SGB II: Erwerbsfähige Leistungsberechtigte erhalten Arbeitslosengeld II.

Eine gebundene Entscheidung kann allerdings auch vorliegen, wenn eine Maßnahme zulasten einer Person durchgeführt werden muss.

Beispiel

➡ § 31a Abs. 1 S. 1 SGB II: Bei einer Pflichtverletzung nach § 31 mindert sich das Arbeitslosengeld II in einer ersten Stufe um 30 Prozent des für die erwerbsfähige leistungsberechtigte Person nach § 20 maßgebenden Regelbedarfs.

Es handelt sich um sog. „Muss-Vorschriften"; die Behörde hat in diesen Fällen keinen Handlungsspielraum; die Rechtsfolge ist zwingend. Diese Vorschriften erkennt man häufig bereits am Wortlaut. Sie verwenden den Indikativ („ist verpflichtet", „erhalten", „mindert", „hat Anspruch auf").

Weniger bindend in ihrer Rechtsfolge sind sog. „Soll-Vorschriften". Hier ist die Behörde in der Regel an die vorgesehene Rechtsfolge gebunden, kann aber im Ausnahmefall bei atypischen Umständen anders entscheiden. Allerdings dürfen sich diese Umstände nicht auf verwaltungsinterne Gründe beziehen (z. B. Finanzknappheit).

Beispiele

➡ 1. § 15 Abs. 1 S. 1 SGB II: Die Agentur für Arbeit soll im Einvernehmen mit dem kommunalen Träger mit jeder erwerbsfähigen leistungsberechtigten Person die für ihre Eingliederung erforderlichen Leistungen vereinbaren (Eingliederungsvereinbarung).

2. § 16 Abs. 3 SGB VIII: Müttern und Vätern sowie schwangeren Frauen und werdenden Vätern sollen Beratung und Hilfe in Fragen der Partnerschaft und des Aufbaus elterlicher Erziehungs- und Beziehungskompetenzen angeboten werden.

Manche Normen lassen der Verwaltung einen relativ großen Handlungsspielraum, damit diese die zweckmäßigste Entscheidung treffen kann. Bei diesen Rechtsnormen tritt die vorgesehene Rechtsfolge nicht zwingend bei Erfüllung des Tatbestandes ein, sondern erst nach Ermessensüberlegungen der Behörde. „Kann-Bestimmungen" räumen der Behörde ein Ermessen darüber ein, „ob" sie tätig werden soll (sog. Entschließungsermessen); ist eine Entscheidung über das „wie" der Leistung zu treffen, besteht Auswahlermessen. Bei der Ausübung des Ermessens sind fachliche Standards ebenso zu berücksichtigen wie allgemeine Rechtsgrundsätze und verfassungsrechtliche Wertentscheidungen. Im öffentlichen Recht gibt es auf eine pflichtgemäße Ermessensausübung einen Rechtsanspruch (vgl. § 39 Abs. 1 S. 2 SGB I).

Beispiele

➡ 1. § 27 Abs. 4 S. 1 SGB II: Leistungen können als Darlehen für Regelbedarfe, Bedarfe für Unterkunft und Heizung und notwendige Beiträge zur Kranken- und Pflegeversicherung erbracht werden, sofern der Leistungsausschluss nach § 7 Absatz 5 eine besondere Härte bedeutet.

2. § 13 Abs. 1 S. 1 SGB VI: Der Träger der Rentenversicherung bestimmt im Einzelfall unter Beachtung der Grundsätze der Wirtschaftlichkeit und Sparsamkeit Art, Dauer, Umfang, Beginn und Durchführung dieser Leistungen sowie die Rehabilitationseinrichtung nach pflichtgemäßem Ermessen.

Ermessensnormen sind an den Formulierungen „kann", „ist befugt", „darf", „nach pflichtgemäßem Ermessen" u. Ä. erkennbar.

Ermessensentscheidungen können von den Gerichten nur eingeschränkt überprüft werden, da das Gericht aus Gründen der Gewaltenteilung nicht sein Ermessen an Stelle des der Behörde setzen kann. Das Gericht kann lediglich überprüfen, ob die Behörde ihr Ermessen fehlerhaft ausgeübt hat. Folgende Fehler führen zur Rechtswidrigkeit einer Ermessenentscheidung:

1. Ermessensüberschreitung, d. h. die Behörde hat nicht innerhalb des gesetzlich eingeräumten Rahmens entschieden; die Grenzen sind überschritten.

Beispiel

➥ Nach § 16b Abs. 2 S. 1 SGB II wird das Einstiegsgeld als Eingliederungsmaßnahme für arbeitslose SGB II-Leistungsempfänger für höchstens 24 Monate erbracht. Würde das Jobcenter das Einstiegsgeld für 36 Monate gewähren, würde es den gesetzlich vorgegebenen Ermessensspielraum überschreiten.

2. Ermessensnichtgebrauch oder -ausfall, d. h. die Behörde hat überhaupt kein Ermessen ausgeübt oder dies zu eng eingeschätzt.

Beispiel

➥ (s. o.): Das Jobcenter gewährt in jedem Fall das Einstiegsgeld für 24 Monate, obwohl der Gesetzgeber mit dem Begriff „höchstens" 24 Monate auch einen Spielraum für eine zeitlich geringere Förderung ermöglicht. Hier hätte die Behörde ihr Ermessen gar nicht ausgeübt.

3. Ermessensfehlgebrauch oder -missbrauch, d. h. die Behörde hat von ihrem Ermessen in einer Weise Gebrauch gemacht, die mit dem Zweck der Ermessensermächtigung nicht in Einklang steht oder die gegen sonstige rechtsstaatliche Grundsätze verstößt.

Beispiel

➥ (s. o.): Der Sachbearbeiter, der über die Bewilligung des Einstiegsgeldes zu entscheiden hat, gewährt die Leistung nicht, weil der Antragsteller der neue Ehemann seiner von ihm geschiedenen Frau ist.

Bei Ermessensentscheidungen muss die Behörde die Entscheidung besonders begründen, damit die Antragsteller überprüfen können, ob und wie das Ermessen ausgeübt wurde (vgl. § 35 Abs. 1 S. 3 SGB X).

Vom Grundsatz einer freien Ermessensausübung und der Möglichkeit, aus mehreren Varianten die zweckmäßigste im Einzelfall auszuwählen, gibt es eine Ausnahme. Hierbei ist der Ermessensspielraum der Behörde so eingeschränkt, dass es nur eine rechtmäßige Entscheidung gibt und alle anderen Entscheidungen rechtsfehlerhaft wären. In diesen Fällen ist das Ermessen „auf Null reduziert". Es ist dann anzunehmen, wenn wichtige Rechtsgüter – v. a. Leben oder Gesundheit – erheblich gefährdet sind.

Beispiel

Ein kranker Mensch benötigt dringend medizinische Behandlung, die kurzfristig nur in einem Spezialkrankenhaus in Österreich erbracht werden kann. Die Krankenkasse verweist auf eigene Einrichtungen, die zwar eine Wartezeit von drei Monaten haben, mit denen sie allerdings Versorgungsverträge geschlossen hat. Hier ist die Gesundheit des Betroffenen erheblich gefährdet, eine andere Entscheidung als die Bewilligung der Behandlung in Österreich ist nicht möglich.

Unbestimmte Rechtsbegriffe und Ermessen dürfen nicht miteinander verwechselt werden. Während unbestimmte Rechtsbegriffe v. a. auf der Tatbestandsebene vorkommen, selten auf der Rechtsfolgenseite, gibt es Ermessen nur auf der Rechtsfolgenseite. Wird ein unbestimmter Rechtsbegriff ausgelegt, ist diese Auslegung kein „Ermessen" im rechtstechnischen Sinn, denn es gibt nur eine rechtmäßige Auslegung, die gerichtlich voll überprüfbar ist. Das Ermessen dagegen eröffnet mehrere Handlungsoptionen, von denen die Verwaltung die zweckmäßigste und die für den Einzelfall geeignetste Möglichkeit auswählen kann.

1.1.4.3 Anwendung der Norm auf den Lebensalltag – Subsumtion

Die wichtigste Transferleistung bei der Begutachtung von Fällen liegt nach dem Finden der richtigen Anspruchsgrundlage bzw. der für das behördliche Handeln richtigen Rechtsgrundlage und dem Auslegen der jeweiligen Tatbestandsvoraussetzungen darin, den Lebenssachverhalt unter die Norm zu fassen und damit die Fallfrage zu lösen. Die konkrete Anwendung des jeweiligen Gesetzes auf einen Einzelfall heißt Subsumtion. Die Subsumtion ist gekennzeichnet durch drei Schritte, die denklogisch miteinander verknüpft sind:
1. Obersatz
2. Untersatz
3. Schlussfolgerung

Die generell-abstrakte Regelung – die Rechtsnorm – findet sich im Obersatz; der Untersatz beschreibt den konkreten Einzelfall. Anschließend werden Ober- und Untersatz miteinander verknüpft und wird geprüft, ob die Tatbestandsvoraussetzungen nach den Angaben, die der Sachverhalt liefert, erfüllt sind. An dieser Stelle müssen u. U. unbestimmte Rechtsbegriffe ausgelegt werden. Mit der Schlussfolgerung wird dann entschieden, ob die Norm anwendbar ist oder nicht.

1.1 Grundlagen des Rechtssystems

Beispiel

Der zwölfjährige K lebt bei seiner alleinerziehenden Mutter. Statt in die Schule zu gehen, geht er lieber in das nahe gelegene Einkaufszentrum und spielt dort an der ausgestellten X-Box One. Mittlerweile hat er schon mehr als zwei Monate Fehlzeiten. Seine Mutter ist als Verkäuferin vollschichtig tätig und schafft es nicht, die Erfüllung der Schulpflicht zu sichern.

1. Auffinden der Rechtsgrundlage – hier § 27 SGB VIII
2. Obersatz: Nach § 27 Abs. 1 SGB VIII hat ein Personensorgeberechtigter bei der Erziehung eines Kindes oder eines Jugendlichen Anspruch auf Hilfe zur Erziehung, „wenn eine dem Wohl des Kindes oder des Jugendlichen entsprechende Erziehung nicht gewährleistet ist und die Hilfe für seine Entwicklung geeignet und notwendig ist".
3. Untersatz: K besucht schon sehr lange nicht mehr die Schule. Seine Mutter ist offensichtlich überfordert, die Schulpflicht durchzusetzen. Die Mutter ist Personensorgeberechtigte i. S. d. § 7 Abs. 1 Nr. 5 SGB VIII. Sie kann eine dem Wohl des K dienende Erziehung nicht gewährleisten; es droht ein Entwicklungsdefizit, wenn K noch länger der Schule fernbleibt und er den versäumten Schulstoff nicht nachholen kann (Auslegung des unbestimmten Rechtsbegriffs Wohl des Kindes).
4. Schlussfolgerung: Die Mutter von K hat Anspruch auf Hilfen zur Erziehung nach § 27 Abs. 1 SGB VIII. Die Auswahl der geeigneten und notwendigen Hilfeform liegt im Ermessen des Jugendamtes.

Übungsaufgaben
1. Nennen Sie Funktionen des Rechts!
2. In welchem Verhältnis stehen das Europäische Gemeinschaftsrecht, formelle Bundesgesetze, Rechtsverordnungen und Satzungen zueinander?
3. Welche Unterschiede bestehen zwischen objektivem und subjektivem Recht?
4. Die Kommune K beschließt die örtliche Wasserversorgung in einer GmbH zu organisieren. Sie bleibt alleiniger Gesellschafter der GmbH. Ein anderes Unternehmen ist innerhalb dieser Kommune nicht tätig. Der Geschäftsführer der GmbH beschließt, einer Kneipe, die hauptsächlich von rechtsradikalen Jugendlichen besucht wird, kein Wasser mehr zu liefern, um auf diese Weise die Kneipe zum Aufgeben zu zwingen. Ist das zulässig?
5. Was sind unbestimmte Rechtsbegriffe und wo finden sich solche? Können solche durch die Gerichte überprüft werden?
6. Was verstehen Sie unter „gebundener Verwaltung"?
7. Die 56-jährige U erhält seit drei Jahren Leistungen nach dem SGB II. Sie hat Mietschulden i. H. v. drei Monatsmieten. Ihr droht eine Wohnungskündigung. Nach § 22 Abs. 8 SGB II können die Jobcenter Schulden übernehmen, wenn dies zur Sicherung der Unterkunft gerechtfertigt ist. Ist das zuständige Jobcenter verpflichtet, die Mietschulden von U zu übernehmen?
8. Welche Ermessensfehler kennen Sie? Erläutern Sie diese kurz!

1.2 Verfassungsrechtliche Grundlagen

Grundlage der deutschen Rechtsordnung ist das Grundgesetz, die Verfassung. An dieser muss sich das staatliche Handeln ausrichten, unabhängig davon, ob es sich dabei um Maßnahmen des Gesetzgebers (Legislative), der Verwaltung (Exekutive) oder der Gerichte (Judikative) handelt.

1.2.1 Aufbau des Grundgesetzes

Das Grundgesetz gliedert sich in verschiedene Abschnitte. Anders als in sonstigen Bundes- oder Landesgesetzen werden die einzelnen Normen nicht als Paragraphen, sondern als Artikel bezeichnet.

Im ersten Abschnitt des Grundgesetzes finden sich die Grundrechte (Art. 1–19 GG), die Bürgern, die in Deutschland leben, zustehen und von allen staatlichen Institutionen und Organen berücksichtigt werden müssen (Art. 1 Abs. 3 GG). Der zweite Abschnitt regelt die rechtlichen Grundlagen von Bund und Ländern und ihr Verhältnis zueinander (Art. 20–37 GG). Hier sind auch die grundlegenden Prinzipien des Staates niedergelegt. Die folgenden Abschnitte betreffen die Bundesorgane (Art. 38–69 GG: Bundestag, Bundesrat, Bundespräsident und Bundesregierung), die Gesetzgebung des Bundes und der Länder, die Ausführung der Bundesgesetze und die Bundesverwaltung sowie die zwischen Bund und Ländern bestehenden Gemeinschaftsaufgaben (Art. 70–91e GG). Vorschriften über das Bundesverfassungsgericht, die obersten Gerichtshöfe des Bundes und die Gerichtsorganisation finden sich im Abschnitt IX.

Art. 79 Abs. 1 GG schreibt vor, dass das Grundgesetz selbst nur durch ein Gesetz geändert werden kann, das den Wortlaut des Grundgesetzes ausdrücklich ändert oder ergänzt. Damit werden „versteckte" Grundgesetzänderungen vermieden und transparent gemacht, welche Norm geändert wird. Für eine Grundgesetzänderung muss eine Mehrheit von zwei Dritteln jeweils des Bundestages und des Bundesrates stimmen; so wird sichergestellt, dass eine ausreichend große Anzahl von Vertretern des Parlaments zustimmt und auch die Bundesländer im notwendigen Umfang beteiligt werden.

Es gibt grundgesetzliche Bestimmungen, die keinerlei Änderungen zugänglich sind. Diese sind in Art. 79 Abs. 3 GG aufgeführt, der sog. Ewigkeitsgarantie. Nicht geändert werden dürfen u. a.

- die in Art. 1 GG niedergelegten Grundsätze: Diese betreffen v. a. die Achtung und den Schutz der Menschenwürde durch die staatliche Gewalt sowie die Bindung der staatlichen Gewalten an die Grundrechte und

- die in Art. 20 GG niedergelegten Grundsätze: Diese beziehen sich im Wesentlichen auf die in der Bundesrepublik Deutschland geltenden Rechtsprinzipien sowie die Gewaltenteilung.

Eine Änderung der durch die Ewigkeitsgarantie geschützten Grundsätze wäre nur durch Inkrafttreten einer neuen Verfassung möglich (Art. 146 GG).

1.2.2 Verfassungsprinzipien

Aus dem Grundgesetz ergeben sich bestimmte Verfassungsprinzipien, die für die deutsche Staatsorganisation und Rechtsordnung fundamental sind. Sie bilden den Hintergrund der Auslegung und der Anwendung der Normen.

Die Verfassungsprinzipien sind im Wesentlichen in Art. 20 und 28 GG festgelegt. Es handelt sich hierbei um:

1. das Demokratieprinzip,
2. das Rechtsstaatsprinzip,
3. das Bundesstaatsprinzip,
4. das Sozialstaatsprinzip sowie
5. das Republikprinzip.

Für das Recht in der Heilpädagogik und Heilerziehungspflege sind zwei Verfassungsprinzipien von herausragender Bedeutung: das Rechtsstaatsprinzip und das Sozialstaatsprinzip.

1.2.2.1 Das Rechtsstaatsprinzip

Das Rechtsstaatsprinzip garantiert zunächst eine Bindung aller staatlichen Gewalt an die Verfassung und an Recht und Gesetz. Staatliche Organe dürfen nicht willkürlich handeln, sondern sind an die Rechtsordnung, so wie sie vom Grundgesetz bestimmt ist, gebunden. Die Verbindlichkeit der Rechtsnormen führt einerseits zu einem Vorrang des Gesetzes und legt andererseits einen Vorbehalt des Gesetzes fest.

Vorrang des Gesetzes bedeutet, dass staatliche Organe eine Entscheidung nicht gegen ein Gesetz treffen können und die durch den Gesetzgeber erlassenen Normen berücksichtigen müssen. Dabei gilt die Hierarchie der Rechtsnormen: Verfassung und formell erlassene Bundesgesetze gehen allen anderen Normen vor.

Beispiel

➔ Der Sachbearbeiter im Jobcenter bewilligt einer allein erziehenden Mutter mit vier Kindern einen finanziellen Zuschuss für eine Waschmaschine, den diese nicht zurückzahlen muss. Das Gesetz sieht allerdings vor (§ 24 Abs. 1 SGB II), dass eine solche Leistung nur als Darlehen vergeben werden darf. Er handelt hier gegen den eindeutigen Gesetzeswortlaut und berücksichtigt den Vorrang des Gesetzes nicht.

Vorbehalt des Gesetzes heißt, dass staatliche Eingriffe in die Rechte von Bürgern nicht ohne gesetzliche Ermächtigung erfolgen dürfen. Dieser Vorbehalt ist für Rechte und Pflichten im Sozialleistungsrecht nach § 31 SGB I ausdrücklich vorgesehen.

Beispiel

➡ Das Jobcenter fordert eine alleinerziehende Mutter eines Kindes auf, den Namen des Vaters zu nennen, um gegen diesen ggf. Unterhaltsansprüche geltend machen zu können. Die Mutter weigert sich. Das Jobcenter kürzt daraufhin ihr Alg II um 30 Prozent. Hier verstößt das Jobcenter gegen § 31 SGB II, der abschließend die Tatbestände aufzählt, wegen derer eine Kürzung von Alg II möglich ist. Es handelt damit gegen den Vorbehalt des Gesetzes.

Aus dem Rechtsstaatsprinzip folgen zudem
- der Gleichbehandlungsgrundsatz sowie
- der Grundsatz der Verhältnismäßigkeit.

Der Gleichbehandlungsgrundsatz garantiert, dass öffentliche Einrichtungen und staatliche Organe alle Bürger gleich behandeln (vgl. auch Art. 3 Abs. 1 GG). Es darf nicht dazu kommen, dass einzelne Menschen bevorzugt oder benachteiligt werden. Der Staat kann allerdings keine absolute Gleichheit aller Menschen gewährleisten, in dem er z. B. jedem Menschen alle Sozialleistungen zukommen lässt. Das Bundesverfassungsgericht hat deshalb den Gleichheitssatz so formuliert, dass der Staat eine Gruppe von Menschen nicht ungleich im Vergleich zu einer anderen Gruppe von Menschen behandeln darf, obwohl zwischen beiden Gruppen keine wesentlichen Unterschiede bestehen, die eine Ungleichbehandlung rechtfertigen könnten. Die Berücksichtigung des Gleichbehandlungsgrundsatzes bedeutet also v. a. ein Verbot von Willkür.

Art. 3 GG kennt allerdings auch Vorschriften, die ausdrücklich eine Bevorzugung bestimmter Personengruppen erlauben, ohne dass dies gegen das Benachteiligungsverbot verstößt. Dazu gehört die Förderung von Frauen und Menschen mit Behinderungen, um hier eine Gleichberechtigung und Chancengleichheit durchzusetzen (Art. 3 Abs. 2 S. 2 und Abs. 3 S. 2 GG).

Staatliches Handeln muss darüber hinaus verhältnismäßig sein. Dies gilt v. a. auch für Entscheidungen, bei denen die Behörden Ermessensspielräume haben. Verhältnismäßigkeit bedeutet, dass Bürger durch eine staatliche Maßnahme nicht übermäßig belastet werden dürfen. Das Verhältnismäßigkeitsprinzip ist gekennzeichnet durch

1. die Feststellung eines im Gesetz angestrebten legitimen Ziels,
2. die Feststellung, ob die entsprechende Maßnahme geeignet ist, dieses Ziel zu erreichen,
3. die Feststellung, ob die entsprechende Maßnahme erforderlich ist, um dieses Ziel zu erreichen oder ob es auch Maßnahmen gibt, die nicht so stark in die Rechte der Betroffenen eingreifen, und
4. die Feststellung, ob die Maßnahme zumutbar oder angemessen ist, d. h. ob die Vorteile, die durch die Maßnahme erreicht werden, nicht außer Verhältnis zu der Belastung des Betroffenen stehen.

Beispiel

➲ Einem Elternpaar, das sich aus religiösen Gründen weigert, seine Kinder in die Schule zu schicken, darf nicht sofort das Sorgerecht für die Kinder entzogen werden, auch wenn damit möglicherweise das Ziel – Schutz vor Gefährdung des geistigen Wohls der Kinder – erreicht werden kann. Denn es gibt zunächst Maßnahmen, die weniger in das elterliche Erziehungsrecht eingreifen, z. B. die Androhung und Vollstreckung von Bußgeld oder die Durchsetzung der Schulpflicht nach teilweisem Sorgerechtsentzug und Bestellung eines Ergänzungspflegers.

1.2.2.2 Das Sozialstaatsprinzip

Art. 20 Abs. 1 GG bestimmt, dass die Bundesrepublik Deutschland ein „sozialer Bundesstaat" ist; Art. 28 Abs. 1 GG spricht von einem „sozialen Rechtsstaat". Das Sozialstaatsprinzip verpflichtet den Staat, für soziale Gerechtigkeit und soziale Sicherheit zu sorgen, legt allerdings nicht fest, wie dies konkret zu erfolgen hat (sog. Staatszielbestimmung).

Die Rechtsprechung leitet aus dem Sozialstaatsprinzip die Verpflichtung auf eine „gerechte Sozialordnung", die „Schaffung von Chancengleichheit für sozial Benachteiligte" und ein „Grundrecht auf Sicherung des notwendigen Lebensbedarfs" ab, letzteres im Zusammenhang mit dem Grundsatz der Menschenwürde. Der Gesetzgeber hat jedoch einen erheblichen Gestaltungsspielraum. Er kann in einzelnen Sozialleistungsgesetzen festlegen, welche Leistungen er für angemessen hält, um das Sozialstaatsprinzips zu verwirklichen. Gleichwohl ist er bei diesen Festlegungen nicht völlig frei. So hat das BVerfG die vom Gesetzgeber vorgesehene Bestimmung des Regelbedarfs im Rahmen des SGB II und XII für verfassungswidrig und als Verstoß gegen die Gewährleistung eines menschenwürdigen Existenzminimums (Art. 1 Abs. 1 i. V. m. Art. 20 Abs. 1 GG) angesehen, weil diese Leistungen nicht in einem transparenten und sachgerechten Verfahren realitätsgerecht und nachvollziehbar auf der Grundlage verlässlicher Zahlen und schlüssigen Berechnungsverfahren bemessen wurden.[2]

Letztlich ist das Sozialstaatsprinzip gekennzeichnet durch einen

Übersicht 3

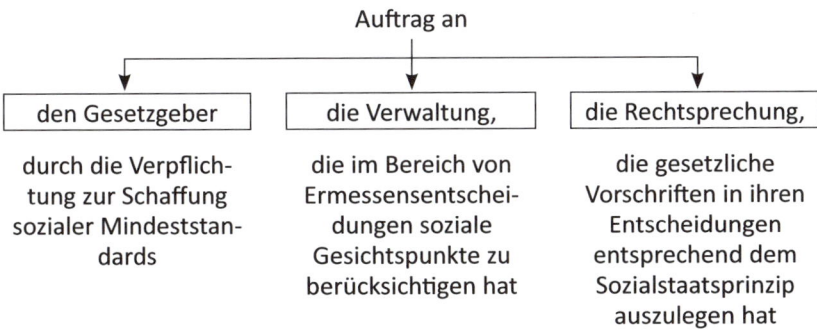

---

[2] BVerfG, Urteil vom 9.2.2010, 1 BvL 1/09 Rn. 159 ff.

Außer der Sicherung des Existenzminimums lassen sich keine Rechtsansprüche für die Bürger unmittelbar aus dem Sozialstaatsprinzip ableiten.

1.2.3 Die Grundrechte

Das Grundgesetz enthält in seinem ersten Abschnitt die Grundrechte. Die Stellung am Anfang des GG weist sie als Maßstab allen staatlichen Handelns aus und macht sie für alle drei Staatsgewalten: Gesetzgebung, Verwaltung und Rechtsprechung (Art. 1 Abs. 3 GG) verbindlich. Neben den Grundrechten in Art. 1 bis 19 GG finden sich auch noch an anderen Stellen des Grundgesetzes Rechte, die den Grundrechten gleichgestellt sind.[3] Zu diesen Rechten gehören die

- staatsbürgerliche Gleichstellung nach Art. 33 GG,
- die Wahlgrundsätze nach Art. 38 GG und
- das Widerstandsrecht nach Art. 20 Abs. 4 GG.

Als sog. Justizgrundrechte gehören darüber hinaus auch

- das Verbot von Ausnahmegerichten, Art. 101 Abs. 1 S. 1 GG,
- das Recht auf den gesetzlichen Richter, Art. 101 Abs. 1 S. 2 GG,
- das Recht auf rechtliches Gehör, Art. 103 Abs. 1 GG,
- das Rückwirkungsverbot, Art. 103 Abs. 2 GG,
- das Verbot der Doppelbestrafung, Art. 103 Abs. 3 GG, sowie
- die Rechtsgarantien bei Freiheitsentzug, Art. 104 GG,

zu den Grundrechten.

Grundrechte haben verschiedene Funktionen, die zunächst durch das Verhältnis der einzelnen Bürger zum Staat geprägt sind.

In diesem Sinne sind Grundrechte zunächst Abwehrrechte gegen staatliche Eingriffe. Sie schützen bestimmte Freiheiten, Freiräume, Freiheitsrechte oder die freie Verfügung über einzelne Rechtsgüter gegen staatliche Interventionen. Be- oder Einschränkungen sind nur unter bestimmten verfassungsrechtlichen Vorgaben zulässig.

Beispiel

➡ Nach Art. 6 Abs. 2 S. 1 GG ist die Erziehung der Kinder das Recht der Eltern und eine ihnen zuvörderst obliegende Pflicht. Der Staat kann in dieses Recht nur eingreifen, wenn das Kindeswohl gefährdet ist (Art. 6 Abs. 2 S. 2 GG).

Darüber hinaus können Grundrechte bestimmte Ansprüche begründen, soweit sie als Anspruchs-, Schutz-, Teilhabe-, Leistungs- und Verfahrensrechte ausgestaltet sind. Hierzu gehört in besonderer Weise das Recht auf effektiven Rechtsschutz (Art. 19 Abs. 4 GG), das das Recht auf ein gerichtliches Verfahren und eine gerichtliche Entscheidung sicherstellt. Teilhaberechte werden durch den Gleichheitssatz

---

[3] Das kann man daran erkennen, dass sie nach Art. 93 Abs. 1 Nr. 4a GG auch mit einer Verfassungsbeschwerde geltend gemacht werden können.

und den Grundsatz der Nichtdiskriminierung mitbestimmt, z. B. durch die Schaffung einer gleichen Zugangsmöglichkeit zu staatlichen Einrichtungen wie Hochschulen, Versicherungsträgern usw.

Grundrechte stellen zudem Einrichtungsgarantien dar, in dem sie als sog. Institutsgarantien privatrechtliche Rechtsinstitute (z. B. die Ehe oder das Eigentumsrecht) oder öffentlich-rechtliche Einrichtungen sicherstellen. Aus diesen Einrichtungsgarantien folgt zum einen, dass der Staat diese Einrichtungen nicht abschaffen darf, zum anderen leiten sich bestimmte Förderpflichten ab. Dabei ist der Sinngehalt der einzelnen Einrichtungsgarantien durchaus einem gesellschaftlichen Wandel unterworfen.

Beispiel

Der institutionelle Schutz von Ehe und Familie rechtfertigt die steuerliche Begünstigung von Ehepartnern. Jedoch erfolgt eine immer weitergehende Gleichstellung von homosexuellen Lebenspartnerschaften. Als Familien werden längst nicht mehr nur Kernfamilien in Form von Mutter-Vater-Kind-Familien erfasst; viele Sozialleistungen stellen auf die (rechtliche oder tatsächliche) Sorge für Kinder ab, unabhängig von der Familienform, in der diese Kinder leben.

Grundrechte sind auch wertentscheidende Grundsatznormen, die nicht nur staatliches Handeln beeinflussen, sondern als objektive Werteordnung zu verstehen sind. Grundrechte gelten zwar grundsätzlich nur im Verhältnis Bürger/private juristische Personen – Staat (Art. 1 Abs. 3 GG); da sie allerdings eine objektive Werteordnung bilden, haben sie als ethische Orientierung auch in anderen Rechtsbereichen – hier v. a. im Zivilrechtsverkehr – Einfluss. Unter bestimmten Umständen können deshalb Grundrechte auch zwischen Bürgern (bzw. privatrechtlichen juristischen Personen) unmittelbare Wirkung entfalten (sog. Drittwirkung von Grundrechten). Von Bedeutung sind Grundrechte in erster Linie bei der Auslegung von Verträgen. Hier können sie durch die zivilrechtlichen Generalklauseln Einfluss haben.

Beispiele

1. Nach § 138 Abs. 1 BGB ist ein Rechtsgeschäft, das gegen die guten Sitten verstößt, sittenwidrig. Nutzt ein Vertragspartner seine geistige Überlegenheit oder seine Macht, die Vertragskonditionen zu bestimmen, aus, um den anderen Vertragspartner zu besonders ungünstigen Konditionen mit nicht absehbaren Folgen für ihn durch einen Vertrag zu binden, ist dieser Vertrag unter Umständen sittenwidrig und muss nicht erfüllt werden (BVerfG, Urteil vom 19.10.1993, 1 BvR 567/89; 1 BvR 1044/89). **2.** Weigert sich ein Angestellter eines Pharmaunternehmens aus Gewissensgründen bei der Entwicklung eines Medikaments mitzuwirken, das die Kampffähigkeit der Soldaten in einem Nuklearkrieg erhöht, muss der Arbeitgeber ihn aufgrund von Art. 4 Abs. 1 GG (Glaubens- und Gewissensfreiheit) ggf. anderweitig beschäftigen (BAG, Urteil vom 24.05.1989, 2 AZR 285/88).

Für Menschen mit Behinderungen haben verschiedene Grundrechte herausragende Bedeutung. Dies zeigt sich v. a.

- in der Garantie der Menschenwürde (Art. 1 GG). Sie stellt sicher, dass staatliche Entscheidungen den Menschen nicht zum Objekt des Handelns machen;
- als Schutz des Selbstbestimmungsrechts und des allgemeinen Persönlichkeitsrechts (Art. 1 Abs. 1 i. V. m. Art. 2 Abs. 1 GG). Staatliche Leistungen sollen dazu beitragen, Menschen mit Behinderungen ein selbstbestimmtes Leben zu ermöglichen und sie vor Diskriminierungen durch andere Menschen oder Institutionen zu schützen;
- als Recht auf freie Berufswahl und Berufsausübung, das bei den Leistungen zur Teilhabe am Arbeitsleben berücksichtigt werden muss;
- im Recht auf Eigentum, das sicherstellt, dass auch Menschen mit Behinderungen Eigentum besitzen und es vererben können.

Von besonderer Bedeutung ist das Grundrecht aus Art. 3 Abs. 3 S. 2 GG. Dieses spezielle Benachteiligungsverbot stellt einerseits ein individuelles Abwehrrecht gegen Benachteiligungen dar. Auf diese Weise sind Regelungen oder Maßnahmen, die die Lebenssituation von Menschen mit Behinderungen im Vergleich zu Menschen ohne Behinderungen verschlechtern, verboten. Es untersagt sowohl unmittelbare als auch mittelbare Benachteiligungen. Andererseits ist dieses Recht die Grundlage dafür, Menschen mit Behinderungen in die Gesellschaft einzugliedern und ihnen Chancengleichheit zu gewähren. Es geht hierbei um eine barrierefreie Gestaltung öffentlicher Räume und um einen diskriminierungsfreien sozialen Umgang innerhalb der Gesellschaft. Nach dieser Lesart sind Begünstigungen für Menschen mit Behinderungen, die den Ausgleich bestehender Benachteiligungen beabsichtigen, ausdrücklich möglich und sogar erwünscht.

Das spezielle Benachteiligungsverbot des Art. 3 Abs. 3 S. 2 GG ist auch die verfassungsrechtliche Grundlage für Gesetze, die die Nichtdiskriminierung und Selbstbestimmung von Menschen mit Behinderungen unterstützen, fördern und sicherstellen sollen (wie das SGB IX, das AGG und das BGG).

Übungsaufgaben

1. Können Normen des Grundgesetzes geändert werden?
2. Was verstehen Sie unter der Ewigkeitsgarantie?
3. Welche Verfassungsprinzipien kennen Sie?
4. Eine Sachbearbeiterin im Jobcenter hat dem 23-jährigen Herrn A eine Eingliederungsvereinbarung vorgelegt. A weigert sich, diese Eingliederungsvereinbarung zu unterschreiben. Die Sachbearbeiterin kürzt ihm daraufhin sein Alg II, obwohl diese Sanktionsmöglichkeit im Gesetz nicht (mehr) vorgesehen ist. Gegen welches Prinzip verstößt dieses Vorgehen? Erläutern Sie kurz, was damit gemeint ist!
5. Was verstehen Sie unter dem Verhältnismäßigkeitsgrundsatz?
6. Lassen sich aus dem Sozialstaatsprinzip unmittelbare Rechtsansprüche ableiten?
7. Wo finden sich im Grundgesetz Grundrechte?
8. Welche Funktionen haben Grundrechte?
9. Was meint die Aussage, dass Grundrechte eine „objektive Wertordnung" bilden?
10. Verstößt die Bevorzugung einer behinderten Bewerberin gegen den Gleichheitsgrundsatz?

1.3 Europarechtliche Grundlagen

Das Zusammenwachsen der Staaten Europas in der Europäischen Union, die gemeinsame Arbeits- und Beschäftigungspolitik, die Unionsbürgerschaft, der Einfluss der europäischen Gesetzgebung auf die nationale Politik und das nationale Recht für Menschen mit Behinderungen zeigen, dass für die etwa 7,1 Millionen Menschen mit Behinderungen[4] in Deutschland die Europäische Union (EU) mittlerweile eine hohe praktische Relevanz besitzt. Dabei geht es nicht allein um europarechtliche Regelungen, die unmittelbar berücksichtigt oder durch den deutschen Gesetzgeber in deutsches Recht umgesetzt werden müssen. Vielmehr haben die europäischen Grundfreiheiten (z. B. die Freizügigkeit der Arbeitnehmer oder die Dienstleistungs- und Niederlassungsfreiheit) und die europäischen Grundrechte erheblichen Einfluss auf das deutsche Sozialleistungssystem.

1.3.1 Die Europäische Union

Der Grundstein für die heutige EU, der seit 1.7.2013 28 Mitgliedstaaten angehören, wurde bereits 1952 mit der Europäischen Gemeinschaft für Kohle und Stahl (EGKS oder Montanunion) gelegt. Dieser Gemeinschaft gehörten sechs Staaten an: Belgien, Deutschland, Frankreich, Italien, Luxemburg und die Niederlande. Zwar ging es hier noch vorrangig darum, wirtschaftliche Interessen, v. a. im Bereich der Stahl- und Schwerindustrie, zu bündeln, gleichwohl sollte auch eine handlungsfähige Staatengemeinschaft geschaffen werden. Mit den sog. Römischen Verträgen 1957 wurden die Europäische Wirtschaftsgemeinschaft (EWG)

---

[4] Damit sind nur schwerbehinderte Menschen erfasst, die einen Ausweis haben.

und die Europäische Atomgemeinschaft (EAG) in Rom gegründet. Insbesondere die Entwicklung der EWG ist gekennzeichnet durch eine wachsende Zusammenarbeit auf zahlreichen Politikfeldern, die weit über den wirtschaftlichen Bereich hinausgehen. Der politische Einigungsprozess wurde insbesondere durch den Vertrag von Maastricht 1992 vorangetrieben, der das Ziel einer politischen Union konkret benennt. Mit diesem Vertrag wurden aus der Europäischen Wirtschaftsgemeinschaft deshalb die Europäische Gemeinschaft und ein „Dachverband": die Europäische Union gegründet. Die Verträge von Amsterdam 1997 und von Nizza 2000 haben die politische Union rechtlich abgesichert; die Europäische Grundrechtscharta, ebenfalls im Jahr 2000 feierlich proklamiert, hat deutlich gemacht, dass auch die Frage der Grundrechte im Zusammenhang mit der EU nicht ausgeklammert werden darf. Mit Inkrafttreten des Lissaboner Vertrags im Jahr 2009[5] hat die EU ihre gegenwärtige Gestalt gewonnen; die Europäische Union tritt insgesamt an die Stelle der Europäischen Gemeinschaft und erhält eine eigene Rechtspersönlichkeit. Das bedeutet, dass die EU z. B. selbst völkerrechtliche Verträge schließen, eigene diplomatische Beziehungen zu anderen Staaten begründen oder Mitglied in internationalen Organisationen werden kann. Die Grundrechtscharta ist zwar nicht Bestandteil des Lissabonner Vertrages geworden, allerdings ist sie durch beigefügte Erklärung für alle Staaten – mit Ausnahme von Polen und Großbritannien – rechtlich bindend.

Die Organe der EU sind:

- das Europäische Parlament, das direkt gewählt wird und mit dem Ministerrat als Gesetzgeber tätig ist, die politische Kontrolle ausübt und Beratungsfunktionen inne hat. Es wählt den Präsidenten der Europäischen Kommission und besteht derzeit aus 750 Vertretern der Unionsbürger (Art. 14 EUV);

- der Europäische Rat, der der Union die für ihre Entwicklung erforderlichen Impulse gibt und die allgemeinen politischen Zielvorstellungen und Prioritäten festlegt. Er setzt sich aus den Staats- und Regierungschefs der Mitgliedstaaten, dem Präsidenten und dem Präsidenten der Kommission zusammen (Art. 15 EUV). Er ernennt den Hohen Vertreter der Union für Außen- und Sicherheitspolitik, der die gemeinsame Politik in diesen Bereichen leitet und sie im Auftrag des Europäischen Rates durchführt (Art. 18 EUV);

- der (Minister)Rat, der gemeinsam mit dem Europäischen Parlament als Gesetzgeber tätig wird und gemeinsam mit diesem die Haushaltsbefugnisse ausübt. Er legt die Politik fest und koordiniert diese nach Maßgabe der Verträge. Er besteht aus je einem Vertreter der Mitgliedstaaten auf Ministerebene (entsprechend der Fachministerien; Art. 16 EUV);

- die Europäische Kommission (oder nur Kommission), die die Interessen der EU fördert und geeignete Initiativen dafür ergreift. Sie sorgt für die Anwendung der Verträge und der von den Organen erlassenen Maßnahmen und überwacht dieses. Die Kommission ist das Verwaltungs- und Exekutivorgan der EU (Art. 17 EUV);

---

[5] Konsolidierte Fassung ABl. 30.3.2010 C 83, S. 1 ff.

- der Gerichtshof der Europäischen Union; dieser umfasst den Gerichtshof (EuGH), das Gericht Erster Instanz (EuG) und Fachgerichte und sichert die Wahrung des Rechts bei der Auslegung und Anwendung der Verträge (Art. 19 EUV). Ihm werden u. a. in einem sog. Vorabentscheidungsverfahren (Art. 267 AEUV) durch ein nationales Gericht Streitfälle mit Europarechtsbezug vorgelegt, in denen über die Auslegung und Anwendung von EU-Vorschriften entschieden werden muss;

Beispiel

Der EuGH hatte darüber zu entscheiden, ob es gegen europäische Grundfreiheiten verstößt, wenn ein Sozialgesetzbuch für die Gewährung einer Versicherungsleistung (z. B. Pflegegeld) einen Wohnsitz des Leistungsberechtigten im Inland voraussetzt oder ob ein Staat diskriminiert, wenn er bestimmte Leistungen (z. B. Erziehungsgeld) an die Aufenthaltserlaubnis einer Unionsbürgerin anbindet. Der EuGH hat die Verweigerung der Leistungen in beiden Fällen[6] gerügt und festgestellt, dass dies die Freizügigkeit von Arbeitnehmern behindert. Zudem werden durch den Leistungsausschluss Unionsbürger diskriminiert. Der deutsche Gesetzgeber war deshalb verpflichtet, die Gesetzgebung den europäischen Vorgaben anzupassen.

- die Europäische Zentralbank, die die Währungspolitik der EU verantwortet (Art. 282 ff. AEUV) und
- der Europäische Rechnungshof, der für die Rechnungsprüfung der EU verantwortlich ist (Art. 285 ff. AEUV).

1.3.2 Das Europäische Recht

Der Einfluss des Rechts der EU wird immer dann deutlich, wenn der Bundestag aufgrund europarechtlicher Bestimmungen Gesetze verabschieden muss. Zahlreiche Verbraucherschutzgesetze (z. B. Haustürwiderrufsgesetz oder Bestimmungen für den Reiseverkehr) gehen auf europarechtliche Vorgaben zurück. Auch das Allgemeine Gleichbehandlungsgesetz (AGG) ist auf vier Antidiskriminierungsrichtlinien der EU zurückzuführen; der Erlass dieses Gesetzes wurde sogar durch ein Vertragsverletzungsverfahren (Art. 258 AEUV), welches die Kommission gegen Deutschland durchgeführt hat, erzwungen.[7] Die Richtlinien, die dazu dienen, das nationale Recht der einzelnen Mitgliedstaaten in bestimmten Bereichen zu vereinheitlichen, sodass eine größere Rechtssicherheit für alle Unionsbürger besteht, sind allerdings nur ein Teil möglicher Rechtsakte, die im Rahmen der EU erlassen werden. Insgesamt gibt es drei Wirkungsbereiche europäischen Rechts:

---

[6] Pflegegeld – Urteil vom 5.3.1998, Rs. C-160/96 (Molenaar), Slg. 1998, I-843; Erziehungsgeld – Urteil vom 12.5.1998, Rs. C-85/96 (Martinez Sala), Slg. 1998, I-2691.
[7] EuGH, Urteil vom 23.2.2006, Rs. C-43/05 (Kommission./.Deutschland).

1 Grundlagen des Rechts

1. Primärrecht

Das Primärrecht meint die Verträge, die die Mitgliedstaaten der EU untereinander einstimmig beschlossen haben. Zu den wichtigsten Verträgen, die zum Teil auch direkt in Deutschland wirken, gehören der Vertrag über die Europäische Union (EUV)[8] sowie der Vertrag über die Arbeitsweise der Europäischen Union (AEUV)[9].

2. Sekundärrecht

Zum Sekundärrecht gehören die Vorschriften, die auf der Grundlage des Primärrechts erlassen wurden. Nach Art. 288 AEUV gehören zum Sekundärrecht

- Verordnungen – diese gelten unmittelbar und sind ohne Umsetzung in allen Mitgliedstaaten rechtsverbindlich.
- Richtlinien – diese sind hinsichtlich ihrer Ziele in allen Mitgliedstaaten verbindlich, überlassen es jedoch den innerstaatlichen Stellen, Form und Mittel der Umsetzung zur Erreichung dieser Ziele festzulegen.
- Beschlüsse – diese sind an einen einzelnen Adressaten gerichtet und für diesen in allen Teilen verbindlich.
- Empfehlungen und Stellungnahmen, die allerdings nicht verbindlich sind.

3. Sonstige rechtsähnliche Akte

Hierzu gehören Entschließungen, die eher einen „Arbeitsauftrag" des Europäischen Rates an die Kommission darstellen, oder Mitteilungen, die – ähnlich wie Verwaltungsvorschriften – bestimmte Rechtsvorschriften konkretisieren.

1.3.3 Europäisches Recht für Menschen mit Behinderungen

Es gibt auf EU-Ebene Vorschriften und Gesetze, die die Gleichbehandlung und Nichtdiskriminierung von Menschen mit Behinderungen unterstützen und fördern. So legt bereits die Grundsatznorm des Art. 19 AEUV auf primärrechtlicher Ebene fest, dass der Rat im Rahmen der durch die Verträge auf die Union übertragenen Zuständigkeiten geeignete Maßnahmen trifft, um die u. a. auf Behinderungen beruhenden Diskriminierungen zu bekämpfen. Die Richtlinie 2000/78/EG[10] des Rates vom 27.11.2000 zur Festlegung eines allgemeinen Rahmens für die Verwirklichung der Gleichbehandlung in Beschäftigung und Beruf, die auch das AGG maßgeblich geprägt hat, beruht auf dieser Vorschrift. Das AGG selbst muss sich an der Richtlinie messen lassen.

Beispiel

➲ Der EuGH hat bei einer Frage über die Auslegung dieser Richtlinie entschieden, dass auch Arbeitnehmer, die nicht selbst behindert sind, unter den Schutz dieser Vorschriften fallen können.[11] Der Gleichbehandlungsgrundsatz gelte für alle in Art. 1 der Richtlinie genannten Gründe. Ziele und praktische Wirksamkeit der Richtlinie seien gefährdet und ihr Schutz, den sie gewährleisten soll, gemindert,

---
[8] ABl. 30.3.2010 C 83 S. 13 ff.
[9] ABl. 30.3.2010 C 83 S. 47 ff.
[10] ABl. EG L 303, S. 16 f.
[11] EUGH, Urteil vom 7.7.2008, Rs. C-303/06 (Coleman).

wenn ein Arbeitnehmer, der eine unmittelbare Diskriminierung aufgrund der Behinderung seines Kindes erfährt, sich nicht auf das Diskriminierungsverbot berufen könnte.

Die Verordnung (EG) 1107/2006 des Europäischen Parlaments und des Rates vom 5.7.2006 über die Rechte von behinderten Flugreisenden und Flugreisenden mit eingeschränkter Mobilität[12] regelt umfassende Rechte von Menschen mit Behinderungen und Menschen mit eingeschränkter Mobilität in Bezug auf Flugreisen innerhalb der EU, einschließlich Transitreisen. So darf dieser Personengruppe – außer aus Sicherheitsgründen oder wenn die Größe des Flugzeuges nicht ausreicht (in diesen Fällen müssen die Airlines allerdings annehmbare Alternativen anbieten) – die Reise mit dem Flugzeug nicht verwehrt werden. Die Fluggesellschaften müssen Hilfsservices organisieren, die sich speziell und kostenfrei um behinderte Menschen kümmern. Zusatzkosten für z. B. den Rollstuhltransport dürfen nicht anfallen. Darüber hinaus verleiht z. B. die Verordnung über Rechte und Pflichten der Fahrgäste im grenzüberschreitenden Bahnverkehr[13] (dort Kapitel V mit Beförderungspflichten, Informationsrechten, Zugänglichkeitsverpflichtungen, Hilfeleistungsrechten usw.) Rechte für Menschen mit Behinderungen.

1.3.4 Auswirkungen von EU-Recht auf das nationale Sozialrecht

Der Einfluss des EU-Rechts auf das deutsche Sozialrecht zeigt sich an zahlreichen Stellen. Das betrifft sowohl Menschen, die aus dem EU-Ausland nach Deutschland kommen, als auch Deutsche, die in einem Mitgliedstaat der EU ihren Wohnsitz begründen. Die entsprechenden Regelungen gelten häufig sogar nicht nur für die Länder der EU, sondern auch für die Staaten, die zwar nicht zur EU, aber zum Europäischen Wirtschaftsraum (EWR) gehören. Das sind Norwegen, Liechtenstein und Island. Auch die Schweiz ist häufig einbezogen. Für die Sozialleistungen innerhalb der EU gelten – neben den Bestimmungen, die die Verträge selbst regeln – v. a. zwei Verordnungen: die Verordnung 883/2004[14] sowie die Verordnung 1612/68[15]. Bestimmt wird das EU-Recht von den Grundsätzen der Nichtdiskriminierung von Unionsbürgern in den einzelnen Mitgliedstaaten, der Arbeitnehmer- und Niederlassungsfreizügigkeit sowie einem freien Waren- und Dienstleistungsverkehr.

1.3.4.1 Geldleistungen

Nach Art. 7 VO 883/2004 dürfen Geldleistungen, die nach den Rechtsvorschriften eines (oder mehrerer) Mitgliedstaaten zu zahlen sind, nicht gekürzt, geändert, zum Ruhen gebracht, entzogen oder beschlagnahmt werden, wenn derjenige, dem die Leistungen zustehen, in einem anderen Mitgliedstaat wohnt, als dem, in dem der zuständige Leistungsträger seinen Sitz hat. Begeben sich also deutsche

---

[12] ABl. L 204 vom 26.7.2006, S. 1 ff.
[13] Verordnung (EG) 1371/2007 des Europäischen Parlaments und des Rates vom 23.10.2007 über die Rechte und Pflichten der Fahrgäste im Eisenbahnverkehr, ABl. L 315 vom 3.12.2007, S. 14 ff.
[14] Verordnung (EG) Nr. 883/2004 des Europäischen Parlaments und des Rates vom 29.4.2004 zur Koordinierung der Systeme der sozialen Sicherheit, ABl. L 166 vom 30.4.2004, S. 1 ff; diese löste die lange Zeit geltende Verordnung 1408/71 ab.
[15] Verordnung (EWG) Nr. 1612/68 des Rates vom 15. Oktober 1968 über die Freizügigkeit der Arbeitnehmer innerhalb der Gemeinschaft, ABl. L 257 vom 19.10.1968, S. 2 ff.

Staatsbürger in einen anderen Mitgliedsstaat der EU oder des EWR, so stehen ihnen die Geldleistungen, auf die sie einen Anspruch gegen einen deutschen Sozialleistungsträger haben, weiterhin zu. Erfasst werden allerdings nur Leistungen der sozialen Sicherheit, für die ihrer Struktur nach die Leistungsverpflichtung des bisherigen Wohnsitzstaates fortbesteht (wohlerworbene Rechte) und deren Voraussetzungen von den leistungspflichtigen Trägern auch bei Aufenthalt des Berechtigten in einem anderen Mitgliedsstaat festgestellt und überprüft werden können. Damit sind v. a. Leistungen gemeint, die auf einer vorhergehenden Versicherung beruhen, z. B. Renten, Pflegegeld, Zuschüsse zu Krankenversicherungsbeiträgen, und nicht ausdrücklich voraussetzen, dass ein Aufenthalt in Deutschland besteht (wie z. B. Arbeitslosengeld, das voraussetzt, dass man dem Arbeitsmarkt zur Verfügung steht und jederzeit für Angebote erreichbar ist). Dies gilt auch für Menschen, die aus dem EU-Ausland kommen, in Deutschland arbeiten und nach ihrem Erwerbsleben zurück in ihre Heimatländer gehen. Die Ansprüche, die sie hier gegen deutsche Sozialversicherungsträger erworben haben, bleiben ihnen erhalten. Nicht exportierfähig sind allerdings Leistungen, die unabhängig von vorangegangenen Beitragszahlungen sind (z. B. die Sozialhilfe oder die Grundsicherung für Arbeitssuchende). Diese Leistungen werden grundsätzlich nicht im Ausland erbracht (vgl. auch Art. 70 Abs. 3 VO 883/2004).

1.3.4.2 Sachleistungen

Handelt es sich bei der Sozialleistung um einen Anspruch auf Sachleistungen (z. B. Anspruch auf Pflege, ärztliche Behandlungen, Hilfsmittel, stationäre Unterbringung), dann ist die Inanspruchnahme im Ausland nicht uneingeschränkt möglich. Nach Art. 17 VO 883/2004 werden Sachleistungen zwar in einem anderen Mitgliedstaat auf Kosten des zuständigen Leistungsträgers erbracht, allerdings nur, wenn das Recht des Wohnsitzstaates solche Leistungen vorsieht. Die Leistungen werden dann im Rahmen der sog. Sachleistungsaushilfe erbracht. Sieht der Wohnsitzstaat keine entsprechenden Sachleistungen vor, kann der Leistungsberechtigte, der in einem anderen EU-Mitgliedsstaat wohnt, diese auch nicht zu Lasten des zuständigen Leistungsträgers in Anspruch nehmen.

Beispiel[16]

→ Eine schwerstpflegebedürftige Frau zog mit ihrem Mann nach Österreich und sollte dort vollstationär in einer Pflegeeinrichtung gepflegt werden. Sie war in einer deutschen Pflegekasse im Rahmen der Familienversicherung bei ihrem Mann versichert. Sie stellte einen Antrag auf Leistungen bei stationärer Pflege (§ 43 SGB XI), der allerdings abgewiesen wurde. Da das österreichische Recht keine Leistungen bei vollstationärer Pflege vorsieht, bestand keine Verpflichtung diese Leistungen im Wege der Sachleistungsaushilfe zu erbringen und der deutschen Pflegekasse in Rechnung zu stellen. Der pflegebedürftigen Frau blieb nur die Möglichkeit, das (betragsmäßig geringere) Pflegegeld von ihrer Pflegekasse zu beziehen.

---

[16] EuGH, Urteil vom 16.7.2009- Rs C-208/07 (Chamier-Glisczinski).

1.3.4.3 Leistungen deutscher Sozialleistungsträger im EU-Ausland

Das deutsche Sozialleistungsrecht hat auf die Einwirkungen des EU-Rechts in verschiedener Weise reagiert. Der eigentliche Grundsatz des § 30 Abs. 1 SGB I, der Leistungen des Sozialgesetzbuches nur für diejenigen vorsieht, die ihren Wohnsitz oder ihren gewöhnlichen Aufenthalt in Deutschland haben, wird durch das europäische Gemeinschaftsrecht modifiziert. Deshalb können:
1. Leistungen zur Teilhabe unter bestimmten Voraussetzungen im Ausland erbracht werden (§ 18 SGB IX);
2. Krankenversicherungsleistungen auch in anderen EU-Mitgliedstaaten in Anspruch genommen werden (§ 13 Abs. 4–6 SGB V);
3. Leistungen der Eingliederungshilfe (§ 23 EinglHV) sowie der Kinder- und Jugendhilfe (§§ 35a, 88 SGB VIII) im Ausland erbracht werden;
4. das Pflegegeld im EU-Ausland unbegrenzt bezogen werden (§ 34 Abs. 1a SGB XI).

Nach § 18 SGB IX können Sachleistungen zur Teilhabe im Ausland (hier nicht notwendigerweise in einem Mitgliedsstaat der EU) erbracht werden, wenn sie dort bei zumindest gleicher Qualität und Wirksamkeit wirtschaftlicher ausgeführt werden können. Die Bewilligung der Leistungen liegt im Ermessen des Leistungsträgers; ein Vertrag mit dem jeweilgen ausländischen Leistungserbringer ist nicht erforderlich, sofern die Leistung dort im Einzelfall die einzig wirksame Maßnahme zur Erreichung des Teilhabeziels ist. Zu berücksichtigen sind hierbei immer auch die Grundfreiheiten des EU-Vertrages, insbesondere die Dienstleistungsfreiheit (Art. 56 AEUV), die es ermöglicht, dass ein Leistungsberechtigter sich ins Ausland begibt und eine Leistung von einem dortigen Leistungserbringer in Anspruch nimmt. Erfasst wird auch der Fall, dass ein ausländischer Leistungserbringer seine Leistungen in Deutschland erbringen will.

Handelt es sich um eine Krankenversicherungsleistung, gilt § 13 Abs. 4 und 5 SGB V. Das Recht der Krankenversicherung sieht vor, dass Versicherte berechtigt sind, auch bei Leistungserbringern in einem anderen EU-Mitgliedsstaat, einem Vertragsstaat des EWR oder der Schweiz eine Leistung in Anspruch zu nehmen (z. B. ärztliche Behandlung, Kauf eines Hilfsmittels, Physiotherapie usw.). Sie erhalten die dafür entstandenen Kosten ersetzt, allerdings nur bis zu der Höhe, zu der auch in Deutschland die entsprechende Leistung erbracht worden wäre. Handelt es sich um eine stationäre Leistung, v. a. eine Krankenhausleistung, dann muss die Krankenkasse zuvor informiert und um Zustimmung ersucht werden. Die Zustimmung darf allerdings nur versagt werden, wenn die gleiche oder eine ebenso wirksame, dem allgemein anerkannten Stand der medizinischen Erkenntnisse entsprechende Behandlung einer Krankheit rechtzeitig bei einem Vertragspartner der Krankenkasse im Inland erlangt werden kann.

Der Sozialhilfeträger erbringt Leistungen der Eingliederungshilfe im Ausland, wenn dies im Interesse des Menschen mit Behinderung geboten ist, die Dauer der jeweiligen Maßnahme durch den Auslandsaufenthalt nicht wesentlich verlängert wird und keine unvertretbaren Mehrkosten entstehen. Dies gilt auch für Eingliederungsleistungen, die der Träger der Kinder- und Jugendhilfe für seelisch behinderte Kinder und Jugendliche zu erbringen hat (§ 35a SGB VIII).

Bei Leistungen der Pflegeversicherung wird danach unterschieden, ob es sich um Geld- oder Sachleistungen handelt. Das Pflegegeld nach § 37 SGB XI sowie das anteilige Pflegegeld nach § 38 SGB XI wird bei nur vorübergehendem Aufenthalt im Ausland bis zu sechs Wochen weitergewährt (§ 34 Abs. 1 S. 1 SGB XI). Handelt es sich bei dem Ausland allerdings um EU-Ausland oder einen Mitgliedsstaat des EWR einschließlich der Schweiz, dann gilt keine zeitliche Begrenzung für das Pflegegeld. In diesen Fällen wird es auch geleistet, wenn der Leistungsberechtigte seinen ständigen Wohnsitz im Ausland hat. Pflegesachleistungen werden ebenfalls sechs Wochen weitergewährt, allerdings nur, wenn eine Pflegekraft, die den Pflegebedürftigen pflegt, diesen während des Auslandsaufenthaltes begleitet (§ 34 Abs. 1 S. 2 SGB XI).

Übungsaufgaben

1. Nennen Sie die wichtigsten Organe der Europäischen Union!
2. Worin besteht der Unterschied zwischen Primärrecht und Sekundärrecht? Nennen Sie ein Beispiel für ein deutsches Gesetz, welches auf europäisches Sekundärrecht zurückgeht!
3. Herr M bezieht seit zwei Jahren Altersrente. Er möchte zu seinem Sohn nach Südfrankreich ziehen, um dort bei der Familie zu sein und das angenehme Klima zu genießen. Kann er seine Rente auch dort beziehen?
4. Was passiert, wenn Herr M nach 10 Jahren in Frankreich pflegebedürftig wird – vorausgesetzt, er ist weiter in der Pflegeversicherung versichert?
5. Die zehnjährige K benötigt eine kieferorthopädische Behandlung mit Zahnspange. Da sie in der Nähe der belgischen Grenze wohnt und es für sie günstiger ist, nach Belgien zu fahren, möchte sie die Behandlung in Belgien durchführen lassen. Muss die Krankenkasse hierfür die Kosten übernehmen?

1.4 Völkerrechtliche Grundlagen

Die Rechte von Menschen mit Behinderungen sind seit vielen Jahren auch Gegenstand der völkerrechtlichen Diskussion. So ist z. B. der im SGB IX geltende Begriff der Behinderung an den von der Weltgesundheitsorganisation (WHO) mit der International Classification of Functioning, Disability and Health (ICF von 2001) entwickelten Behinderungsbegriff angelehnt.

Die Vereinten Nationen beschäftigen sich seit 1971 verstärkt mit den Rechten für Menschen mit Behinderungen. Die ersten völkerrechtlichen Dokumente finden sich in der „Deklaration über die Rechte von geistig behinderten Menschen" von 1971 und der „Deklaration über die Rechte behinderter Menschen" von 1975. Von 1983 bis 1992 wurde auf völkerrechtlicher Ebene das Jahrzehnt der behinderten Menschen proklamiert; 1993 verabschiedeten die Vereinten Nationen schließlich die „Rahmenbestimmungen für die Herstellung der Chancengleichheit behinderter Menschen". Diese hatten als sog. soft law maßgeblichen Einfluss auf die weltweite Entstehung von nationalen Antidiskriminierungsgesetzen.

Von herausragender Bedeutung für die Rechte von Menschen mit Behinderungen ist das „Übereinkommen der Vereinten Nationen über die Rechte von Menschen mit Behinderungen" (Behindertenrechtskonvention – BRK) und dem dazugehörigen Fakultativprotokoll, die die Generalversammlung der Vereinten Nationen am 13.12.2006 verabschiedet hat. Das deutsche Gesetz zur BRK ist am 1.1.2009 in Kraft getreten; mit der Hinterlegung der Ratifikationsurkunde im März 2009 ist die Konvention auch international für Deutschland bindend.

Die BRK hat in Deutschland eine intensive Debatte über die Rechte von Menschen mit Behinderungen in allen gesellschaftlichen Bereichen ausgelöst. Im Juni 2011 ist ein „Nationaler Aktionsplan der Bundesregierung zur Umsetzung der UN-Behindertenrechtskonvention" verabschiedet worden[17], der neben einer Bestandsaufnahme der Situation von Menschen mit Behinderungen in Deutschland eine Gesamtstrategie der Ziele und Maßnahmen der Bundesregierung zur Umsetzung der BRK für die Zeit von 2011 bis 2020 enthält.

Auf völkerrechtlicher Ebene gelten darüber hinaus Vorschriften, die vom Europarat erlassen wurden und Menschen mit Behinderungen besondere Rechte verleihen.

1.4.1 Die UN-Behindertenrechtskonvention

Die BRK ist keine „Sonderrechtskonvention" für Menschen mit Behinderungen. Es werden vielmehr bestehende menschenrechtliche Standards, die sich aus der Allgemeinen Erklärung der Menschenrechte von 1948 und den Internationalen Pakten für bürgerliche und politische Rechte und für wirtschaftliche, soziale und kulturelle Rechte von 1966 ergeben, unter dem besonderen Blickwinkel der Menschen mit Behinderungen ergänzt und präzisiert. Die BRK folgt dem „Diversity"-Ansatz; Menschen mit Behinderungen werden als Teil der Normalität menschlichen Lebens und des gesellschaftlichen Zusammenlebens betrachtet und als wichtiger Beitrag zur menschlichen Vielfalt wertgeschätzt.

1.4.1.1 Persönlicher Anwendungsbereich der BRK

Die BRK enthält keine abschließende Definition von Behinderung. Angaben zum persönlichen Anwendungsbereich können allerdings in Art. 1 Abs. 2 BRK gefunden werden. Danach zählen zu den Menschen mit Behinderungen „Menschen, die langfristige körperliche, seelische, geistige oder Sinnesbeeinträchtigungen haben, welche sie in Wechselwirkung mit verschiedenen Barrieren an der vollen, wirksamen und gleichberechtigten Teilhabe an der Gesellschaft hindern können."

Dieses Verständnis von Behinderung ist nicht statisch und geht davon aus, dass Behinderung aus der Wechselwirkung zwischen Beeinträchtigung und einstellungs- und umweltbedingten Barrieren, die an der vollen, wirksamen und gleichberechtigten Teilhabe hindern, entsteht. Behinderung ist danach kein medizinisches Problem, vielmehr ein durch Barrieren ausgelöstes gesellschaftliches. Damit bestehen Unterschiede zum Begriff der Behinderung im deutschen Recht

---

[17] http://www.bmas.de/DE/Service/Publikationen/a740-aktionsplan-bundesregierung.html.

(s. § 2 Abs. 1 SGB IX, Kapitel 4.4.1.2), in welchem eine medizinische Komponente von Behinderung – eine Funktionsbeeinträchtigung – ursächlich für die Behinderung ist.

Die BRK verpflichtet in Art. 4 Abs. 1 S. 1 die Vertragsstaaten dazu, die „volle Verwirklichung aller Menschenrechte und Grundfreiheiten für alle Menschen mit Behinderungen ohne jede Diskriminierung aufgrund von Behinderung zu gewährleisten und zu fördern" und die entsprechenden notwendigen Maßnahmen zu ergreifen. Die Verpflichtung richtet sich an alle staatlichen Organe: Gesetzgebung, Verwaltung und Rechtsprechung. Die Bundesländer sind im Rahmen ihrer Kompetenzen über Art. 4 Abs. 5 BRK ebenfalls an die BRK gebunden (z. B. im Schul- und Hochschulwesen).

1.4.1.2 Leitprinzipien der BRK

Art. 3 BRK beinhaltet die die Konvention tragenden Leitprinzipien. Hierzu gehören:

- die Achtung der Menschenwürde, der Autonomie, der Selbstbestimmung und Unabhängigkeit,
- die Nichtdiskriminierung,
- die volle und wirksame Teilhabe an der Gesellschaft und Einbeziehung in die Gesellschaft,
- die Achtung vor der Unterschiedlichkeit von Menschen mit Behinderungen und ihre Akzeptanz als Teil der menschlichen Vielfalt,
- die Chancengleichheit,
- die Zugänglichkeit,
- die Gleichberechtigung von Mann und Frau sowie
- die Achtung der Fähigkeiten von Kindern mit Behinderungen und ihres Rechts auf Wahrung ihrer Identität.

Diese Grundsätze bilden den Rahmen, innerhalb dessen die Vorschriften ausgelegt und verstanden werden müssen.

Die BRK steht unter dem Leitmotiv der Inklusion von Menschen mit Behinderungen in allen Lebensbereichen. Inklusion geht dabei weiter als die Integration. Während es bei der Integration darum geht, innerhalb bestehender gesellschaftlicher Strukturen einen Raum auch für Menschen mit Behinderungen zu schaffen, geht es bei der Inklusion darum, die bestehenden Strukturen so zu gestalten und zu verändern, dass sie auch Menschen mit Behinderungen gerecht werden.

Beispiel

➜ Ein Kind mit einer Behinderung soll in einer Tageseinrichtung gefördert werden. Integration bedeutet, dass die Förderung in einer Sondergruppe oder einer Sondereinrichtung stattfindet, auch weil möglicherweise dort die besten Voraussetzungen für die Förderung (z. B. barrierefreier Zugang, Sonderpädagogen, besserer Personalschlüssel u. Ä.) gegeben sind. Eine inklusive Förderung gliedert das Kind mit Behinderung ganz selbstverständlich in eine Regelkindertagesstätte ein; die Bedingungen dort sind so, dass Kinder mit Behinderungen ohne Schwierigkeiten betreut werden können.

Die Rechte von Frauen mit Behinderungen (Art. 6 BRK) und Kindern mit Behinderungen (Art. 7 BRK) werden besonders berücksichtigt.

1.4.1.3 Die Rechte in der BRK

In den Art. 10 bis 30 BRK finden sich die einzelnen Rechte. Dabei kann man bürgerliche und politische Rechte ebenso wie wirtschaftliche, soziale und kulturelle Rechte unterscheiden. Zu den bürgerlichen und politischen Rechten gehören das Recht auf Leben (Art. 10 BRK), die Freiheit von Folter oder grausamer, unmenschlicher oder erniedrigender Behandlung oder Strafe (Art. 15 BRK) oder die Freizügigkeit und Staatsangehörigkeit (Art. 18 BRK). Von besonderer Bedeutung sind unter den wirtschaftlichen, kulturellen und sozialen Rechten das Recht auf Bildung (Art. 24 BRK), das Recht auf Gesundheit (Art. 25 BRK) oder auf Arbeit und Beschäftigung (Art. 27 BRK). Das deutsche Recht steht oft nicht im Einklang mit der BRK und bedarf einer entsprechenden Anpassung.

Beispiel

So gewährt Art. 19 BRK eine unabhängige Lebensführung und Einbeziehung in die Gemeinschaft; Menschen mit Behinderungen sind berechtigt, ihren Aufenthaltsort frei zu wählen und zu entscheiden, wo und mit wem sie leben wollen. Sie sind nicht verpflichtet in besonderen Wohnformen zu leben. Demgegenüber gibt es in § 13 Abs. 1 S. 3 SGB XII den sog. Mehrkostenvorbehalt. Er besagt, dass der grundsätzliche Vorrang ambulanter Leistungen dann nicht gilt, wenn eine stationäre Leistung zumutbar und die ambulante Leistung mit unverhältnismäßigen Mehrkosten verbunden ist. Auf diese Weise können Menschen mit Behinderungen zum Aufenthalt in einer stationären Einrichtung verpflichtet werden, auch wenn sie ggf. den Verbleib in einer eigenen Wohnung mit entsprechender Unterstützung vorziehen.

1.4.1.4 Die Durchsetzung der BRK

Art. 33 BRK enthält Vorgaben zur innerstaatlichen Durchführung der BRK und deren Überwachung (monitoring). Er sieht eine staatliche Anlaufstelle auf Bundesebene vor, die das Bundesministerium für Arbeit und Soziales innehat. Das innerstaatliche monitoring wird durch das Deutsche Institut für Menschenrechte organisiert.

Darüber hinaus sind nach Art. 35 BRK die Vertragsstaaten verpflichtet, innerhalb bestimmter zeitlicher Abstände (zwei Jahre nach Inkrafttreten, dann alle vier Jahre) Berichte an den Ausschuss für die Rechte von Menschen mit Behinderungen (Art. 34 BRK) zu senden und über die Umsetzungsfortschritte der BRK zu informieren. Diese Berichte werden durch den Ausschuss geprüft; ein erheblicher Rückstand in der Umsetzung wird notifiziert und Empfehlungen für die Verbesserung werden abgegeben.

Mit dem Fakultativprotokoll wird darüber hinaus ein individuelles Beschwerderecht geschaffen, mit dem Menschen mit Behinderungen berechtigt sind, sich bei Verletzungen der Rechte aus der Konvention an den Ausschuss zu wenden. Die Individualbeschwerde setzt zunächst voraus, dass der innerstaatliche Rechtsweg erschöpft wurde. Die Entscheidungen des Ausschusses sind allerdings nicht rechtlich verbindlich oder vollstreckbar, sondern zielen v. a. auf politische Wirkung.

1.4.2 Rechtliche Regelungen im Rahmen des Europarates

Auf völkerrechtlicher Ebene werden Rechte für Menschen mit Behinderungen auch auf der Ebene des Europarates geschützt. Der Europarat, der nichts mit der Europäischen Union zu tun hat, ist eine Institution, die v. a. den Menschenrechten und der Demokratie verpflichtet ist und derzeit 47 Mitglieder hat. Das wichtigste Dokument des Europarates ist die Europäische Menschenrechtskonvention (EMRK), deren Einhaltung durch den Europäischen Gerichtshof für Menschenrechte (EGMR) überwacht wird. Die EMRK enthält in erster Linie bürgerliche und politische Rechte.

Soziale Rechte und damit auch besondere Rechte für Menschen mit Behinderungen finden sich v. a. in der Europäischen Sozialcharta, die 1961 beschlossen wurde und als „Schwesterkonvention" der EMRK bezeichnet wird. Sie regelt in Art. 15 das Recht der körperlich, geistig oder seelisch Behinderten auf berufliche Ausbildung sowie auf berufliche und soziale Eingliederung oder Wiedereingliederung. Die Vertragsparteien sind danach verpflichtet, geeignete Maßnahmen für die Vermittlung behinderter Menschen auf Arbeitsplätze zu treffen, namentlich durch besondere Arbeitsvermittlungsdienste, durch die Ermöglichung wettbewerbsgeschützter Beschäftigung und durch Maßnahmen, die den Arbeitgebern einen Anreiz zur Einstellung von behinderten Menschen bieten.

Die Europäische Sozialcharta ermöglicht allerdings keine Individualbeschwerden der betroffenen Menschen.[18]

 Übungsaufgaben

1. Was versteht die BRK unter Behinderung? Welcher Unterschied besteht zur deutschen Definition?
2. Welche Leitprinzipien kennt die BRK und wo finden Sie diese?
3. Was verstehen Sie unter Inklusion und welcher Unterschied besteht zur Integration?
4. Ist der Europarat ein Organ der Europäischen Union?
5. Wo finden sich Rechte für Menschen mit Behinderungen innerhalb der vom Europarat verabschiedeten Normen?

---

[18] Ein Zusatzprotokoll zur Sozialcharta, das 1998 in Kraft getreten ist, erlaubt Kollektivbeschwerden von nationalen Gewerkschaften und Arbeitgeberorganisationen beim Europäischen Ausschuss für soziale Rechte. Dieses Protokoll hat Deutschland allerdings nicht unterzeichnet; es gilt daher hier nicht.

1.5 Gleichstellung und Gleichbehandlung

Zur Umsetzung und Konkretisierung des in Art. 3 Abs. 3 S. 2 GG normierten Diskriminierungsverbotes hat der Gesetzgeber seit dem Jahr 2000 eine Reihe von Gesetzen erlassen, um Menschen mit Behinderungen eine gleichberechtigte Teilhabe zu ermöglichen und Diskriminierungen – auch aufgrund einer Behinderung – zu vermeiden. Zu diesen Gesetzen gehören das im Jahr 2001 in Kraft getretene Neunte Sozialgesetzbuch – Rehabilitation und Teilhabe behinderter Menschen (SGB IX), das im Jahr 2002 in Kraft getretene Gesetz zur Gleichstellung behinderter Menschen (Behindertengleichstellungsgesetz – BGG) und das im Jahr 2006 in Kraft getretene Allgemeine Gleichbehandlungsgesetz (AGG). Gegenstand dieses Kapitels sind das BGG und das AGG; das SGB IX wird in Kapitel 4.4 behandelt.

1.5.1 Behindertengleichstellungsgesetz

Das Behindertengleichstellungsgesetz hat die Ziele (§ 1 BGG):

- die Benachteiligung von behinderten Menschen zu beseitigen und zu verhindern,
- die gleichberechtigte Teilhabe von behinderten Menschen am Leben in der Gesellschaft zu gewährleisten und
- ihnen eine selbstbestimmte Lebensführung zu ermöglichen.

Diese Ziele sind Programmsätze und vermitteln keine einzelnen Rechtsansprüche.

Der Behinderungsbegriff des § 3 BGG entspricht dem des § 2 Abs. 1 S. 1 SGB IX (s. u. Kapitel 4.4.1.2). Die Belange behinderter Frauen sind besonders zu berücksichtigen und bestehende Benachteiligungen zu beseitigen, ggf. auch durch besondere Fördermaßnahmen für Frauen (§ 3 BGG).

Das BGG gilt vorrangig für Bundesbehörden, einschließlich bundesunmittelbarer Körperschaften, Anstalten und Stiftungen des öffentlichen Rechts (z. B. Bundesministerien, Bundesagentur für Arbeit, Deutsche Rentenversicherung Bund); für Landesbehörden nur dann, wenn sie Bundesrecht ausführen (z. B. Jobcenter, Sozialämter). Für die Behörden der Bundesländer gelten eigene Landesgleichstellungsgesetze (z. B. Bayerisches Behindertengleichstellungsgesetz[19] oder das Berliner Gesetz über die Gleichberechtigung von Menschen mit und ohne Behinderung[20]).

Darüber hinaus gibt es Verbänden behinderter Menschen bestimmte Rechte gegenüber Unternehmen oder Unternehmensverbänden.

Die zentralen Begriffe des BGG sind

- Benachteiligungsverbot und
- Barrierefreiheit.

---

[19] Vgl. BayBGG, vom 9.7.2003.
[20] Vgl. LGBG vom 17.5.1999.

1.5.1.1 Benachteiligungsverbot

Die Träger öffentlicher Gewalt dürfen Menschen mit Behinderungen nicht benachteiligen. Eine Benachteiligung liegt dann vor, wenn behinderte und nicht behinderte Menschen ohne zwingenden Grund unterschiedlich behandelt werden und dadurch behinderte Menschen in der gleichberechtigten Teilhabe am Leben in der Gesellschaft unmittelbar oder mittelbar beeinträchtigt werden (§ 7 Abs. 2 BGG). Das Benachteiligungsverbot gilt nicht uneingeschränkt: Wenn einer Person aufgrund ihrer Behinderung bestimmte, für die Wahrnehmung des Rechts zwingende geistige oder körperliche Fähigkeiten fehlen, liegt in der Verweigerung dieses Rechts kein Verstoß gegen das Benachteiligungsverbot. Allerdings muss es für eine rechtliche Schlechterstellung von Menschen mit Behinderungen zwingende Gründe geben – nur dann ist sie zulässig[21]. Diese zwingenden Gründe zur Ungleichbehandlung muss die Behörde selbst nachweisen, und ebenso, dass es keine weniger nachteilige Möglichkeit gegeben hätte.

1.5.1.2 Barrierefreiheit

Der Schlüsselbegriff des BGG ist Barrierefreiheit. Die Schaffung einer weitgehenden Barrierefreiheit dient dazu, das Benachteiligungsverbot umzusetzen. Barrierefreiheit wird in § 4 BGG definiert.

Barrierefreiheit ist also viel umfassender als z. B. der Einbau von Aufzügen oder Rollstuhlrampen oder die Brailleschrift auf Medikamentenpackungen. Barrierefreiheit im Sinne des BGG bedeutet damit im Einzelnen:

- Alles, was Menschen gestalten, soll barrierefrei sein („gestaltete Lebensbereiche").
- Die Lebensbereiche müssen nicht nur zugänglich sein, sondern auch genutzt werden können („zugänglich und nutzbar"), z. B. durch Informationen für sinnesbeeinträchtigte Menschen).
- Zugang und Nutzung sollen in der „allgemein üblichen Weise" gewährleistet werden, d. h. so, wie Menschen ohne Behinderung die Einrichtung auch nutzen (z. B. Zugang durch den Vordereingang).
- „Ohne besondere Erschwernis" heißt Zugang und Nutzung ohne komplizierte Vorkehrungen, z. B. ohne langwierige Voranmeldung, Antragstellung oder Zeitbegrenzung.
- Darüber hinaus soll angestrebt werden, dass möglichst viele Menschen mit Behinderungen eine Einrichtung nutzen können, ohne dass sie auf einen anderen Menschen angewiesen sind („grundsätzlich ohne fremde Hilfe"), z. B. durch akustische Leitung für blinde Menschen, rollstuhlgerechte Wege.

Ist Barrierefreiheit auf diese Weise nicht möglich, weil die Art der Behinderung oder die Art der entsprechenden Maßnahme sie nicht zulässt, dann muss der Anbieter die notwendige Hilfe bereitstellen, indem er z. B. entsprechende Rampen einbaut, Hilfen gewährt oder die Mitnahme von notwendigen Hilfsmitteln oder Assistenzpersonen ermöglicht.

---

[21] Vgl. BVerfG, Urteil vom 19.1.1999, 1 BvR 2161/94.

Zur Durchsetzung dieser Verpflichtung enthält das BGG verschiedene Vorschriften. Dazu gehören:
- die Herstellung von Barrierefreiheit in den Bereichen Bau und Verkehr (§ 8 BGG),
- das Recht auf Verwendung von Gebärdensprache und anderen Kommunikationshilfen (§ 9 BGG).

Die Deutsche Gebärdensprache und lautsprachbegleitende Gebärden sind nach § 6 BGG als eigenständige Sprache anerkannt. Dementsprechend haben hörbehinderte Menschen (z. B. Gehörlose, Ertaubte und Schwerhörige) nach den einschlägigen Gesetzen das Recht, die Deutsche Gebärdensprache oder lautsprachbegleitende Gebärden oder auch – wie im Falle von sprachbehinderten Personen – andere geeignete Kommunikationshilfen zu verwenden (§ 6 Abs. 3 BGG). Da die Vorschrift keinen eigenen Anspruch vermittelt, erfolgte ihre Umsetzung in einschlägigen Gesetzen, wie § 9 VwVfG (für das Verwaltungsverfahren des Bundes), § 19 Abs. 1 S. 2 SGB X (für Sozialverwaltungsverfahren), § 17 Abs. 2 SGB I (bei der Ausführung von Sozialleistungen, insbesondere auch bei den begleitenden ärztlichen Untersuchungen und Behandlungen) sowie §§ 186, 191a GVG (für das gerichtliche Verfahren). Die Kosten für die notwendigen Hilfen werden durch die jeweiligen Behörden, Institutionen und Gerichte übernommen; die Regelungen hierzu trifft die Kommunikationshilfeverordnung (KHV).

- Bescheide, Allgemeinverfügungen, öffentlich-rechtliche Verträge und Vordrucke müssen so gestaltet sein, dass sie für Menschen mit Sehbeeinträchtigungen ohne zusätzliche Kosten wahrnehmbar sind (§ 10 BGG, das Nähere regelt die Verordnung über barrierefreie Dokumente, VBD). Insbesondere können auch blinde Menschen bei Bundestags- und Europawahlen Schablonen benutzen, um selbstständig und geheim wählen zu können;
- die Schaffung einer barrierefreien Informationstechnik für barrierefreie Internetangebote. Details regelt die Verordnung zur Schaffung barrierefreier Informationstechnik (BITV).

1.5.1.3 Zielvereinbarungen

Ein wichtiges Instrument für die Herstellung der Barrierefreiheit sind die Zielvereinbarungen, die nach § 5 BGG zwischen anerkannten Behindertenverbänden (§ 13 BGG)[22] und Unternehmen oder Unternehmensverbänden der verschiedenen Wirtschaftsbereiche für ihren jeweiligen sachlichen und räumlichen Organisations- oder Tätigkeitsbereich getroffen werden. Sie können aber auch – über den Wortlaut der Vorschrift hinaus – mit staatlichen Stellen, Kommunen, Gewerkschaften, Kirchen usw. abgeschlossen werden. Allerdings besteht gegen diese, im Gegensatz zu den Unternehmen oder Unternehmensverbänden, kein Anspruch auf die Aufnahme von Verhandlungen über die Zielvereinbarungen (§ 5 Abs. 1 S. 2 BGG).

---

[22] Eine Liste der bisher anerkannten Verbände findet sich unter http://www.bmas.de/DE/Themen/Teilhabe-behinderter-Menschen/Zielvereinbarungen/zielvereinbarungen-anerkannter-verbaende.html; die Liste ist nicht abschließend, es können sich weitere Verbände anerkennen lassen, wenn sie die Voraussetzungen des § 13 Abs. 3 BGG erfüllen.

Zielvereinbarungen helfen Unternehmen und anderen Stellen dabei, Barrierefreiheit herzustellen und Fachleute aus den Betroffenenorganisationen als Experten zu Rate zu ziehen. Es handelt sich hierbei um einvernehmliche Vereinbarungen, deren Inhalt durch § 5 Abs. 2 BGG bestimmt wird.

Auch eine Vertragsstrafe kann in die Zielvereinbarung aufgenommen werden, falls ihre Bestimmungen nicht oder nicht fristgemäß erreicht worden sind.

Da jeder der anerkannten Verbände berechtigt ist, Unternehmen zur Aufnahme von Verhandlungen über Zielvereinbarungen zu verpflichten, erfolgt eine Steuerung über ein Zielvereinbarungsregister, welches beim BMAS geführt wird[23]. Wenn ein Verband die Aufnahme von Zielvereinbarungsverhandlungen von einem Unternehmen verlangt, muss dies unter Benennung der Verhandlungsparteien und des Verhandlungsgegenstandes dem Zielvereinbarungsregister angezeigt werden. Innerhalb von vier Wochen haben dann die anderen Verbände das Recht diesen Verhandlungen beizutreten (§ 5 Abs. 3 BGG).

Beispiele

➜ Im Zielvereinbarungsregister können die bisher abgeschlossenen Zielvereinbarungen (z. B. Barrierefreie Gestaltung der Betriebsstätte Gensingen der GLOBUS Handelshof GmbH & Co. KG vom 6.10.2004 unter Beteiligung der BAG Selbsthilfe) oder die in Verhandlung befindlichen Zielvereinbarungen (z. B. Barrierefreie Dienstleistungen des Sparkassenverbandes Baden-Württemberg und seiner Mitgliedssparkassen vom 2.3.2012 unter Beteiligung des DBSV) sowie angekündigte Zielvereinbarungen (z. B. Herstellung von Barrierefreiheit nach § 5 BGG und dem Landesgesetz zur Herstellung gleichwertiger Lebensbedingungen für Menschen mit Behinderungen des Landes Rheinland-Pfalz bei Möbel Martin Konz vom 15.7.2013 unter Beteiligung der BAG Selbsthilfe) eingesehen werden.

Für die Durchsetzung von Barrierefreiheit und zur Umsetzung des BGG hat sich darüber hinaus das Bundeskompetenzzentrum Barrierefreiheit e. V. (BKB)[24] gebildet, ein privater Zweckverband von derzeit 15 bundesweit tätigen Sozial- und Behindertenverbänden. Das BKB bereitet Zielvereinbarungen vor, entwickelt Arbeitsmaterialien und führt Schulungen durch.

1.5.1.4 Rechtsdurchsetzung

Werden behinderte Menschen in bestimmten Rechten aus dem BGG verletzt (§ 12 S. 1 BGG), können sie dagegen klagen. An ihrer Stelle und mit ihrem Einverständnis können auch die Verbände klagen (§ 13 BGG ein sog. Verbandsklagerecht). Das bedeutet, dass ein Verband, ohne beauftragt oder bevollmächtigt zu sein und ohne dass er selbst in eigenen Rechten verletzt ist, vor dem Sozial- oder Verwaltungsgericht klagen und einen Verstoß gegen Pflichten aus dem BGG geltend machen kann.

---

[23] http://www.bmas.de/DE/Themen/Teilhabe-behinderter-Menschen/Zielvereinbarungen/Zielvereinbarungsregister/inhalt.html
[24] www.barrierefreiheit.de

Beispiel

🡢 Ein anerkannter Behindertenverband klagte gegen einen eisenbahnrechtlichen Planfeststellungsbeschluss, der der Deutschen Bahn bei der Modernisierung eines Bahnhofs erlaubte, einen Bahnsteig zu bauen, der nicht barrierefrei für Rollstuhlfahrer erreichbar war und damit gegen § 8 Abs. 2 BGG verstieß (BVerwG, Urteil vom 5.4.2006, 9 C 1/05).

1.5.2 Allgemeines Gleichbehandlungsgesetz (AGG)

Das AGG geht auf europarechtliche Vorgaben zurück. Es setzt vier europäische Antidiskriminierungsrichtlinien in deutsches Recht um.

Mit dem AGG sollen Benachteiligungen wegen bestimmter Gründe verhindert oder beseitigt werden (§ 1 AGG). Zur Durchsetzung haben die Personen, die benachteiligt wurden, verschiedene Rechte, v. a. ein Recht auf Schadensersatz und Beschwerderechte.

1.5.2.1 Benachteiligungsverbot

Das AGG verbietet Benachteiligungen aus Gründen der Rasse, der ethnischen Herkunft, des Geschlechts, der Religion oder Weltanschauung, einer Behinderung, des Alters oder der sexuellen Orientierung und ist auch nur für diese Diskriminierungsfälle anwendbar.

Beispiel

🡢 Einem Vorsitzenden der rechten Partei NPD wurde eine Hotelbuchung in einem Wellnesshotel storniert. Das Hotel gab u. a. an, dass die offensichtliche rechtsradikale Gesinnung des durch die Medien sehr bekannten Politikers mit dem Verständnis des Vier-Sterne-Hauses nicht vereinbar sei. In seiner Klage gegen die Stornierung berief sich dieser u. a. auch auf das AGG. Das Gericht wies darauf hin, dass die politische Gesinnung kein Diskriminierungsmerkmal und das AGG folglich nicht anwendbar sei (BGH, Urteil vom 9.3.2012, V ZUR 115/11).

Das AGG schützt vor Benachteiligungen aus den genannten Gründen in Beschäftigung und Beruf sowie in bestimmten Bereichen des Zivilrechtsverkehrs. Die Einzelheiten des Anwendungsbereichs des AGG benennt § 2 AGG.

§ 3 AGG definiert die einzelnen Begriffe. Eine unmittelbare (direkte) Benachteiligung liegt danach dann vor, wenn eine Person wegen eines in § 1 AGG genannten Grundes eine weniger günstige Behandlung als eine andere Person in einer vergleichbaren Situation erfährt, erfahren hat oder erfahren würde.

Beispiele

🡢 Unmittelbare Benachteiligungen liegen dann vor, wenn eine Frau bei gleicher Arbeit weniger als ihr männlicher Kollege verdient oder ein Vermieter grundsätzlich keine Wohnungen an Ausländer vermietet oder ein Unternehmen nur Personen einstellt, die maximal 30 Jahre alt sind oder eine kirchliche Einrichtung nur konfessionsgebundene Menschen beschäftigt.

Eine mittelbare (indirekte) Benachteiligung liegt dann vor, wenn dem Anschein nach neutrale Vorschriften, Kriterien oder Verfahren Personen wegen eines der in § 1 AGG genannten Gründe gegenüber anderen Personen in besonderer Weise benachteiligen können, es sei denn, dies ist durch ein rechtmäßiges Ziel sachlich gerechtfertigt und die Mittel sind angemessen und erforderlich.

Beispiel

➡ Eine mittelbare Benachteiligung ist anzunehmen, wenn von Bewerbern für eine Stelle ein Deutschtest verlangt wird und damit Migranten ohne ausreichende Deutschkenntnisse ausgeschlossen werden oder wenn Banken ihre Standarddienstleistungen wie Überweisungen, Ein- und Auszahlungen oder Kontoauszüge an Automaten verlagern, die für Rollstuhlfahrer, blinde oder alte Menschen nicht oder nur sehr schwer zu bedienen sind.

Eine Benachteiligung bedeutet noch nicht, dass auch eine verbotene Diskriminierung vorliegt. Sowohl bei Benachteiligungen in Beschäftigung und Beruf als auch im Zivilrechtsverkehr benennt das Gesetz Rechtfertigungsgründe, die eine solche Benachteiligung rechtfertigen können.

1.5.2.2 Schutz vor Benachteiligung bei Beschäftigung und im Beruf

Beschäftigte dürfen nicht wegen eines in § 1 AGG genannten Grundes benachteiligt werden; dies gilt auch, wenn die Person, die die Benachteiligung begeht, das Vorliegen eines Grundes nur annimmt (§ 7 Abs. 1 AGG).

Beispiel

➡ Eine Person wird nicht eingestellt, weil der Arbeitgeber annimmt, sie sei behindert; tatsächlich ist sie es aber nicht.

Wer als Beschäftigter gilt, definiert § 6 AGG (persönlicher Anwendungsbereich). Auch Bewerber für ein Beschäftigungsverhältnis werden erfasst.

Beim Zugang zur Erwerbstätigkeit und bei einem beruflichen Aufstieg werden darüber hinaus auch Selbstständige und Mitglieder von Organen (Geschäftsführung, Vorstand) erfasst. Adressaten des Benachteiligungsverbotes sind Arbeitgeber. Damit sind natürliche und juristische Personen sowie rechtsfähige Personengesellschaften erfasst, die Personen beschäftigen (§ 6 Abs. 2 AGG). Auch Kunden des Arbeitgebers oder Kollegen dürfen Personen aus einem der in § 1 AGG genannten Gründen nicht diskriminieren. Der Arbeitgeber muss für einen entsprechenden Schutz seines Arbeitnehmers sorgen.

Beispiel

➡ Beschäftigt ein Arbeitgeber einen Menschen mit einer geistigen Behinderung und muss dieser unter dem Spott der Kollegen leiden, hat der Arbeitgeber die Pflicht, dafür zu sorgen, dass der behinderte Arbeitnehmer nicht benachteiligt wird und muss ggf. entsprechende Maßnahmen dagegen ergreifen, wie Abmahnungen, Umsetzungen oder Kündigung. Auch vorbeugend muss der Arbeitgeber durch Schulungen und entsprechende Informationen über das AGG unterrichten.

Der Schutz vor Benachteiligung gilt für alle Bereiche des Arbeitslebens. Hierzu gehören:

- der Zugang zur Erwerbstätigkeit (Stellenausschreibung, Bewerbungsverfahren, Auswahlgespräch, Auswahlkriterien, Einstellungsbedingungen),
- die Vertragsgestaltung (Beschäftigungs- und Arbeitsbedingungen, Arbeitsentgelt, Zusatzleistungen, Sozialleistungen),
- die berufliche Ausbildung (Umschulung, Aus- und Weiterbildung),
- Fragen des beruflichen Aufstiegs (Beförderungen, Versetzungen oder Umsetzungen, Weisungen über Aus-, Fort- und Weiterbildung),
- die Mitgliedschaft in einer Arbeitnehmervereinigung, Gewerkschaft oder Berufsvereinigung sowie
- die Beendigung des Arbeitsverhältnisses und darüber hinaus, zum Beispiel bei der betrieblichen Altersversorgung.

Gleichwohl gilt das Benachteiligungsverbot nicht uneingeschränkt. Das Gesetz kennt verschiedene Rechtfertigungsgründe, die eine unterschiedliche Behandlung (bzw. eine Benachteiligung) zulassen. Diese Rechtfertigungsgründe sind im Arbeitsrecht:

- notwendige berufliche Anforderungen (§ 8 AGG)

Beispiel

⮕ So kann weder ein sehbehinderter Mensch als Pilot eingestellt werden noch ein Mensch mit schwerem Rückenleiden als Lager- und Transportarbeiter, wenn hierbei schwere Lasten zu tragen sind.

- Religion oder Weltanschauung (§ 9 AGG)

Beispiel

⮕ Kirchen und Religionsgemeinschaften können – zumindest dann, wenn die Beschäftigten wesentliche pädagogische oder repräsentative Aufgaben wahrnehmen (z. B. in konfessionellen Schulen, Hochschulen oder Kindergärten) – verlangen, dass der Beschäftigte oder Bewerber der entsprechenden Religionsgemeinschaft angehört. Ob dies auch in anderen Fällen (z. B. Hausmeister, Putztätigkeiten, Köche) gilt, ist allerdings fraglich.

- Altersgründe (§ 10 AGG)

In bestimmten Berufen gibt es Mindestaltersgrenzen, die objektiv gerechtfertigt sein können. Auch Jugendliche können, sofern es um ihre Eingliederung in den Arbeitsmarkt geht, bevorzugt werden.

Werden Beschäftigte benachteiligt und liegt kein Rechtfertigungsgrund vor, dann haben sie das Recht,

- sich bei den zuständigen Stellen des Betriebes, des Unternehmens oder der Dienststelle zu beschweren (§ 13 AGG),
- ihre Arbeitsleistung zu verweigern, wenn der Arbeitgeber keine oder offensichtlich ungeeignete Maßnahmen zur Unterbindung einer Belästigung oder sexuellen Belästigung am Arbeitsplatz ergreift, ohne dass das Arbeitsentgelt entfällt (§ 14 AGG) sowie
- Entschädigung und Schadensersatz innerhalb von zwei Monaten zu fordern (§ 15 AGG).

Darüber hinaus darf der Arbeitgeber den Beschäftigten nicht wegen der Inanspruchnahme dieser Rechte maßregeln (§ 16 AGG).

1.5.2.3 Schutz vor Benachteiligung im Zivilrecht

Im Zivilrechtsverkehr erstreckt sich das Benachteiligungsverbot auf die Begründung, Durchführung und Beendigung zivilrechtlicher Schuldverhältnisse (z. B. Verträge), die ein Massengeschäft oder eine privatrechtliche Versicherung zum Gegenstand haben (§ 19 Abs. 1 AGG). Massengeschäfte sind dabei Geschäfte, die

- typischerweise ohne Ansehen der Person,
- zu vergleichbaren Bedingungen und
- in einer Vielzahl von Fällen

abgeschlossen werden.

Beispiele für Massengeschäfte sind Taxifahrten, Restaurantbesuche, Gebrauchtwagenhandel, Betrieb in Freizeiteinrichtungen wie Schwimmbäder, Theater, Kulturstätten oder öffentlicher Nahverkehr. Auch die Vermietung von Wohnraum zählt dazu, allerdings nur, wenn der Vermieter mehr als 50 Wohnungen vermietet (§ 19 Abs. 3 S. 3 AGG).
Das AGG gilt nicht im Zivilrecht bei familien- und erbrechtlichen Schuldverhältnissen oder bei Schuldverhältnissen, bei denen ein besonderes Nähe- oder Vertrauensverhältnis begründet wird (z. B. Einstellung von Assistenz- oder Pflegekräften).

Auch beim zivilrechtlichen Benachteiligungsverbot kann nach § 20 AGG eine unterschiedliche Behandlung gerechtfertigt sein, nämlich dann, wenn ein sachlicher Grund vorliegt. Dazu gehört z. B. eine Ungleichbehandlung

- zur Vermeidung von Gefahren, der Verhütung von Schäden oder vergleichbaren Zwecken oder
- um dem Bedürfnis nach Schutz der Intimsphäre oder der persönlichen Sicherheit Rechnung zu tragen oder
- die besondere Vorteile gewährt und zur Durchsetzung der Gleichbehandlung notwendig ist (z. B. Preisnachlässe oder Sonderkonditionen für Menschen mit Behinderungen) oder
- die besonderen religiösen Bedürfnissen Rechnung trägt.

Wird ein Mensch im Zivilrechtsverkehr unter den genannten Voraussetzungen benachteiligt und liegt kein Rechtfertigungsgrund vor, hat er das Recht innerhalb von zwei Monaten (§ 21 AGG),

- die Beseitigung der Beeinträchtigung und deren Unterlassung zu verlangen sowie
- Schadensersatz und Entschädigung zu erhalten.

1.5.2.4 Rechtsdurchsetzung

Ein Verstoß gegen das AGG kann je nach Streitgegenstand vor verschiedenen Gerichten geltend gemacht werden.

Beispiele

1. Wird ein Mensch mit einer Sprachbehinderung, der sich für eine Stelle beworben hat, mit der Begründung abgelehnt, es mangele ihm an Kommunikationsstärke oder er habe große Kommunikationsprobleme, kann er seinen Anspruch auf Schadensersatz vor den Arbeitsgerichten geltend machen (LAG Köln, Beschluss vom 26.1.2012, 9 Ta 272/11).

2. Erhält ein blinder Mensch keine Heilpraktikererlaubnis durch die zuständige Behörde, kann er dagegen vor den Verwaltungsgerichten vorgehen (BVerwG, Urteil vom 13.12.2012, 3 C 26.11).

3. Lehnt eine private Versicherung den Abschluss eines Versicherungsvertrages ab, weil die Person behindert ist, kann diese dagegen vor den Zivilgerichten klagen (OLG Karlsruhe, Urteil vom 27.5.2010, 9 U 156/09).

Beim gerichtlichen Verfahren gilt nach § 22 AGG eine sog. Beweislastumkehr. Während normalerweise derjenige, der einen Anspruch durchsetzen will, die Tatsachen beweisen muss, die seinen Anspruch stützen, muss in einem AGG-Streitfall die klagende Partei nur Indizien vortragen, die eine Benachteiligung aus in § 1 AGG genannten Gründen vermuten lassen. Dann ist die andere (beklagte) Partei verpflichtet zu beweisen, dass sie nicht benachteiligt hat. Darüber hinaus können sich benachteiligte Personen von Antidiskriminierungsverbänden unterstützen lassen (§ 23 AGG).

1.5.2.5 Antidiskriminierungsstelle

Beim Bundesministerium für Familie, Senioren, Frauen und Jugend ist eine Antidiskriminierungsstelle eingerichtet, die Ansprechpartner für Personen ist, die aus einem in § 1 AGG genannten Grund benachteiligt werden (§§ 25 ff. AGG). Sie berät und unterstützt benachteiligte Personen bei der Durchsetzung ihrer Rechte, leistet Öffentlichkeitsarbeit, unterstützt Maßnahmen zur Verhinderung von Benachteiligungen und führt wissenschaftliche Untersuchungen durch.[25]

---

[25] Einzelheiten einschließlich einer Liste von Publikationen zu diesem Thema findet sich unter www.antidiskriminierungsstelle.de.

Übersicht 4

Prüfungsschema zur Prüfung eines Schadensersatzanspruches nach dem AGG

1. Liegt ein Diskriminierungsgrund vor? - § 1 AGG
2. Ist der Anwendungsbereich des AGG eröffnet? - § 2 AGG
3. Handelt es sich um eine unmittelbare oder mittelbare Benachteiligung oder eine Belästigung? - § 3 AGG
4. Handelt es sich um eine arbeitsrechtliche oder um eine zivilrechtliche Streitigkeit?
5. Je nach Art der Streitigkeit ist die Anspruchsgrundlage für einen Schadensersatzanspruch:

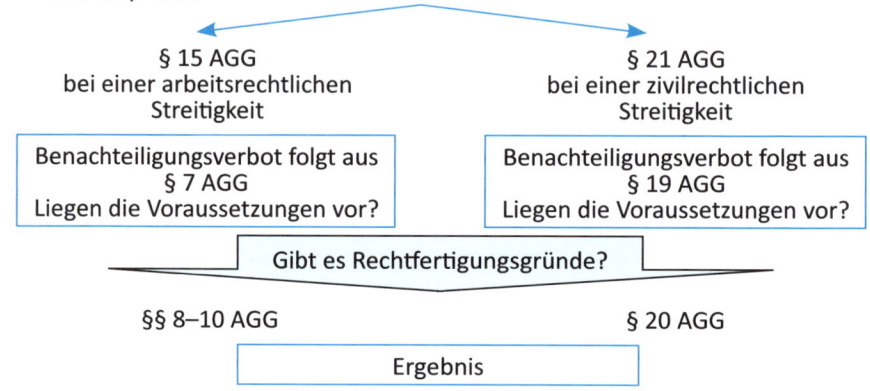

1.5 Gleichstellung und Gleichbehandlung

 Übungsaufgaben

1. Welche Ziele verfolgt das BGG? Wo finden sich diese?
2. Was verstehen Sie unter dem Begriff Barrierefreiheit? Welches Gesetz trägt diesem Begriff in besonderer Weise Rechnung?
3. Müssen gehörlose und hörbehinderte Menschen einen Gebärdensprachdolmetscher bezahlen, wenn sie bei einer Behörde oder einem Gericht zu tun haben? Begründen Sie Ihre Antwort!
4. Was verstehen Sie unter Zielvereinbarungen?
5. Was bedeutet ein Verbandsklagerecht?
6. Herr L ist Mitglied der CDU. Er bewirbt sich auf eine Stelle bei der SPD und erhält diese unter Hinweis auf die „falsche" Parteimitgliedschaft nicht. Hat er einen Schadensersatzanspruch aus dem AGG?
7. Frau F ist seit 20 Jahren Erzieherin. Durch ihre Tätigkeit hat sie ein chronisches Rückenleiden; sie kann sich nicht mehr bücken und darf nur noch leichte Lasten heben. Als sie sich auf die Stelle einer Erzieherin für Ein- bis Dreijährige in einer Kita bewirbt, wird sie unter Hinweis auf ihr Rückenleiden abgelehnt. Hat sie einen Anspruch auf Schadensersatz nach dem AGG?
8. Familie J hat drei Kinder im Alter zwischen vier und zehn Jahren. Der siebenjährige A hat eine schwere geistige Behinderung; er befindet sich auf dem Entwicklungsstand eines Zweijährigen, ist oft trotzig und schreit unkontrolliert. Als die Familie eine neue Wohnung sucht und sich für eine 5-Zimmer-Wohnung des Vermieter V, der in der ganzen Stadt etwa 200 Mietwohnungen vermietet, interessiert, teilt der ihnen telefonisch einen Termin zur Besichtigung mit. Außerdem teilt er ihnen mit, dass die Wohnung schon länger leer stehe und er froh sei, endlich Interessenten gefunden zu haben. Als die Familie zum Termin kommt und V den A sieht, fragt er mehrmals nach, was denn dieser für eine Behinderung habe. Am nächsten Tag ruft V bei Familie J an und teilt mit, dass die Wohnung anderweitig vergeben sei. Hat Familie J Anspruch auf Schadensersatz nach dem AGG?

2 Zivilrechtliche Grundlagen des Rechts für Menschen mit Behinderungen

2.1 Rechtsfähigkeit und Handlungsfähigkeit

Rechtsfähigkeit und rechtliche Handlungsfähigkeit sind zentrale Begriffe des Rechts, die jedoch als solche vom Gesetzgeber nicht definiert sind. Dieser hat nur bestimmte Voraussetzungen oder Rechtsfolgen ausgestaltet. Gegenstand des folgenden Kapitels ist nur die Rechtsfähigkeit und die rechtliche Handlungsfähigkeit von natürlichen Personen.

2.2 Rechtsfähigkeit

Rechtsfähigkeit wird allgemein als Fähigkeit definiert, Träger von Rechten und Pflichten zu sein. Damit ist gemeint, dass jedem Menschen, also jeder lebend geborenen natürlichen Person, grundsätzlich alle vom Recht eingeräumten Rechte oder vom Recht begründeten Pflichten zukommen können, wenngleich auch der einzelne Mensch immer nur Bruchteile dieser potenziell umfassenden Rechtsstellung für sich realisieren kann. Die Rechtsfähigkeit entsteht mit Vollendung der Geburt, also mit Austritt aus dem Mutterleib und Trennung der Nabelschnur, sofern vitale Funktionen festzustellen sind. Von intellektuellem Entwicklungsstand und geistiger Reife ist die Rechtsfähigkeit unabhängig.

Beispiel

➲ Auch ein ohne Großhirn geborenes Kind, dessen Kleinhirn intakt ist, ist als Mensch rechtsfähig.

Auch das ungeborene Kind wird vom Recht in vielfacher Hinsicht geschützt. Rechtsfähigkeit als solche kommt ihm allerdings nicht zu.

Beispiele

➡ Das Ungeborene ist auf Grund der Einnahme von Medikamenten durch die Schwangere nachhaltig geschädigt worden. Ansprüche auf Grund dessen können erst nach Geburt realisiert werden.
Der Ehemann der Kindesmutter ist während ihrer Schwangerschaft bei einem von einem Dritten schuldhaft verursachten Verkehrsunfall ums Leben gekommen. Die Durchsetzung von Unterhaltsersatzansprüchen ist erst nach Geburt des Kindes möglich. Das Kind ist bereits als Ungeborenes Erbe des Vaters geworden; das Erbe fällt ihm aber erst mit Geburt zu.

Als Mensch kommt der rechtsfähigen natürlichen Person Menschenwürde und das Recht auf freie Entfaltung der Persönlichkeit zu (Art. 1 und 2 GG). Zivilrechtlich wird dies durch den schadensrechtlichen Schutz des allgemeinen Persönlichkeitsrechts in § 823 ff. BGB und die nur durch das Strafrecht und die guten Sitten (vgl. § 826 BGB) eingeschränkte Betätigungsfreiheit sichergestellt.

2.3 Rechtliche Handlungsfähigkeit

Rechtliche Handlungsfähigkeit ist hingegen mit dem Menschsein als solchem nicht zwangsläufig verbunden. Ihr Erwerb hängt in erster Linie von psychischer und geistiger Gesundheit der Person ab, im Übrigen vom Überschreiten gesetzlich eingeführter Altersstufen oder dem Vorliegen weiterer Voraussetzungen.

2.3.1 Geschäftsunfähigkeit

Rechtlich nicht handlungsfähig sind geschäftsunfähige Personen. Dazu gehören zwei Gruppen:

1. Kinder vor Vollendung des 7. Lebensjahres (§ 104 Nr. 1 BGB). Das 7. Lebensjahr ist am 7. Geburtstag 0.00 Uhr vollendet.

Beispiele

➡ Das 5 Jahre alte Kind A kann kein Geschenk annehmen, kein Eis kaufen. Es kann aber den Einkaufszettel der Mutter im Geschäft abgeben.

2. Menschen jeglichen Alters, die auf Grund einer psychischen Krankheit oder geistigen oder seelischen Behinderung auf Dauer keinen vernünftigen Willen bilden können (§ 104 Nr. 2 BGB).

Durch das Merkmal der Dauer sind situative Einschränkungen (Vollrausch, Drogenrausch, Grand mal, operativ bedingte Narkose) ausgenommen. Stoffgebundene Abhängigkeitserkrankungen können zur Geschäftsunfähigkeit führen, wenn gehirnorganische Veränderungen erhebliche Auswirkungen auf die Willensbildung zeigen oder formale Denkstörungen auftreten. Problematisch sind zyklisch verlaufende Psychosen; dauert die psychotische Phase Wochen, ist von Geschäftsunfähigkeit bis zur erfolgreichen Medikamentierung auszugehen. Bei Menschen mit Lernbehinderung kommt es auf das Ausmaß der Beeinträchtigung der geistigen Leistungsfähigkeit und auf die situativen Anforderungen an die geistige Leistung an.

Beispiele

➡ Frau B leidet an einer schweren Lernbehinderung. Sie kennt zwar Umgebungspersonen und äußert Wünsche, indem sie auf entsprechende Symbole im Rahmen unterstützter Kommunikation drückt, zur Bildung eines freien Willens ist sie aber nicht in der Lage.
Herr C ist Analphabet, aber arbeitsfähig und arbeitet als Gehilfe eines Hausmeisters. Er kann Ausführungen in einfacher Sprache gut folgen. Er ist daher geschäftsfähig.
Frau D erleidet trotz Medikamentierung gelegentlich schwere epileptische Anfälle. Sie darf daher nicht Auto fahren, ist aber in anfallsfreien Zeiten geschäftsfähig.
Herr E ist viertgradig alkoholkrank. Der jahrelange exzessive Konsum hat zu schweren physischen und psychischen Beeinträchtigungen geführt. Er ist geschäftsunfähig.

Geschäftsunfähige Personen können keinen rechtlich relevanten Willen bilden. Dass sie oftmals einen sog. natürlichen Willen äußern oder faktisch durchsetzen können, bleibt unberührt. Der Ausschluss von der Bildung rechtlich bedeutsamen Willens bewirkt einen umfassenden Schutz der Person im Rechtsverkehr. Der Anschein rechtlichen Handelns, der entstehen kann, führt bei ihnen nicht zum (wirtschaftlichen und rechtlichen) Schaden. Hierbei gibt es für volljährige Personen eine lebenspraktische Ausnahme:

Nach § 105a BGB gelten Rechtsgeschäfte des täglichen Lebens, wie der Kauf von Lebens- und Genussmitteln in geringer Menge, dann als wirksam, wenn die vom Geschäftsunfähigen erbrachte Gegenleistung bewirkt ist, er also im obigen Fall den Kaufpreis bezahlt hat. Das Geschäft ist nicht wirksam, es gilt nur als wirksam; das bedeutet, dass sich keine Seite (d. h. weder der gesetzliche Vertreter des Geschäftsunfähigen noch sein Geschäftspartner) auf die Nichtigkeit berufen kann.

2.3.2 Willenserklärung als Element rechtlicher Handlungsfähigkeit

Rechtliche Handlungsfähigkeit liegt damit immer vor, wenn rechtswirksam eine Willenserklärung abgegeben werden kann. Auch die Willenserklärung wird vom Gesetzgeber nicht definiert. Man kann die Definition aber aus den Rechtsfolgen der Erklärung herleiten. Danach ist Willenserklärung eine geäußerte Entschließung, die auf die Begründung, Änderung oder Aufhebung eines Rechtsverhältnisses gerichtet ist, sofern dieser Wille von der Rechtsordnung zugelassen wird.

Beispiele

➡ Der geäußerte natürliche Wille einer geschäftsunfähigen Person ist keine Willenserklärung. Die Erklärung ist zivilrechtlich nichtig; kann aber unter Umständen für das rechtliche Handeln des gesetzlichen Vertreters bedeutsam sein. So ist eine Sterilisation einer geschäftsunfähigen Patientin mit Einwilligung ihres Betreuers ausgeschlossen, wenn sie ihrem natürlichen Willen widerspricht (vgl. § 1905

BGB), und ist die Behandlung eines geschlossen untergebrachten Patienten gegen dessen natürlichen Willen nur unter den engen Voraussetzungen des § 1906 Abs. 3 BGB zulässig.

In welcher Form dieser Wille geäußert wird, ist unerheblich. Die Willenserklärung kann in notariell beurkundeter (vgl. § 128 BGB), öffentlich beurkundeter oder in Schriftform (§ 126 BGB) oder in jeder anderen Form abgegeben werden. Schreibt das Gesetz nicht eine bestimmte Form vor, kann eine Willenserklärung auch in elektronischer Form, als mündliche Äußerung und durch faktisches Handeln abgegeben werden, sofern dieses Erklärungswert hat. Schreibt das Gesetz eine bestimmte Form vor, ist eine nicht formgerechte Erklärung nicht voll wirksam oder nichtig.

Beispiele

➡ Für den Kauf einer Immobilie müssen Käufer und Verkäufer ihre Erklärungen in notariell beurkundeter Form abgeben (§§ 145, 147, 311b Abs. 1, 433 BGB); damit der Käufer Eigentümer wird, ist aber ein weiteres Rechtsgeschäft, die Auflassung, erforderlich (§§ § 873, 925 BGB), die wiederum je eine Erklärung der Vertragsparteien voraussetzt. Auch die Einwilligung in die Adoption eines Minderjährigen durch seinen Elternteil verlangt notarielle Beurkundung (§§ 1747, 1750 Abs. 1 BGB). Die Erklärungen, die die Vaterschaft begründen, benötigen öffentliche Beurkundung (vgl. § 1596, 1597 Abs. 1 BGB, § 59 Abs. 1 Nr. 1 SGB VIII). Öffentliche Beurkundung genügt auch, wenn sich der festgestellte Vater zur Zahlung von Unterhalt an das Kind verpflichtet. Schriftform ist Bedingung eines wirksamen Staffelmietvertrages (§ 557a BGB). Der Kauf einer Fahrkarte im Reisebüro erfolgt in der Regel mündlich. Klickt man eine vorgegebene Erklärung eines Internetanbieters an, hat man damit seinen (mündlichen) Willen geäußert (die elektronische Form im Sinne des § 126a BGB ersetzt hingegen die Schriftform, ist daher an weitere Voraussetzungen geknüpft). Betritt man die Stadt- oder Untergrundbahn, kommt damit ein Beförderungsvertrag zustande, hebt man bei einer Versteigerung die Hand, hat man ein Gebot abgegeben.

Die Abgabe einer Willenserklärung ist wegen der dadurch hervorgerufenen Rechtsfolgen, die das Gesetz daran knüpft, entweder

- ein Rechtsgeschäft oder
- Bestandteil eines Rechtsgeschäfts, wenn dieses mehr als eine Erklärung bedingt, um zustande zu kommen.

Man unterscheidet daher

- einseitige,
- zweiseitige und
- mehrseitige Rechtsgeschäfte.

2.3 Rechtliche Handlungsfähigkeit

Beispiele

◗ Einseitige Rechtsgeschäfte sind u. a. die Kündigung eines Vertrages, die Erteilung einer Vollmacht, die Errichtung eines Testaments oder die Aufrechnung. Spezifisch familienrechtliche einseitige Rechtsgeschäfte sind der Antrag auf Beistandschaft des Jugendamtes oder die Benennung eines Vormunds durch letztwillige Verfügung. Zweiseitige Rechtsgeschäfte sind alle Austauschverträge, insbesondere Kauf- und Tauschvertrag, Schenkung, Miete, Pacht, Darlehen, Dienst- und Werkvertrag oder Reisevertrag. Von den familienrechtlichen Rechtsgeschäften gehören die Eingehung der Ehe oder Lebenspartnerschaft, der Abschluss eines Ehe- oder Lebenspartnerschaftsvertrages oder die vertragliche Verpflichtung von Erziehungsberechtigten hierher. Im Erbrecht zählen dazu der Erbvertrag oder der Erbverzichtsvertrag. Mehrseitige Rechtsgeschäfte prägen das Vereins- und Gesellschaftsrecht. Je zwei Willenserklärungen sind erforderlich für die Feststellung der Vaterschaft für das nicht ehelich geborene Kind oder betreffende Erklärungen zur Herbeiführung gemeinsamer elterlicher Sorge; diese stellen aber kein zweiseitiges Rechtsgeschäft dar.

Für den Abschluss eines mehrseitigen Rechtsgeschäfts sind daher mindestens zwei sich entsprechende Willensäußerungen erforderlich. Die komplizierten Regelungen beim Vorliegen von Willensmängeln und die komplexen Vorschriften zur Abwicklung von Verträgen bei Sach- und Rechtsmängeln müssen hier unberücksichtigt bleiben. Sie sind Gegenstand des zweiten Buches des Bürgerlichen Gesetzbuchs und ergänzender Vorschriften.

Mit dem Abschluss eines Kaufvertrages ist der Erwerb des Eigentums am gekauften Objekt nach deutschem Recht nicht verbunden (sog. Abstraktionsprinzip). Es bedarf daher eines weiteren Rechtsgeschäfts, der Übereignung des Kaufgegenstandes.

Beispiel

◗ Herr G legt wie jeden Morgen einen 5 Euro-Schein auf die Theke und erhält seine Morgenzeitung, einen Becher Kaffee und das Wechselgeld. G und sein Vertragspartner, der Betreiber des Kiosks, haben insgesamt zehn Willenserklärungen abgegeben. Je eine für den Abschluss des Kaufvertrages, je eine für die Übereignung der Morgenzeitung, je eine für die Übereignung des Kaffees, je eine für die Übereignung des 5 Euro-Scheins und je eine für die Übereignung des Restgeldbetrages. Auch die Schenkung ist nach h. M. ein zweiseitiger Vertrag. Erhält Frau J von Herrn K eine Rose, liegen vier Willenserklärungen vor, bevor die Rose in die Vase gesteckt wird.

Von den rechtsgeschäftlichen Erklärungen sind die geschäftsähnlichen und die Prozesserklärungen zu unterscheiden.

Rechtsgeschäftsähnliche Erklärungen sind rechtlich erhebliche Erklärungen, die im Zusammenhang mit einem Rechtsgeschäft stehen, dieses selbst aber nicht begründen, ändern oder aufheben. Dazu gehört u. a. die Aufforderung, dass das mit einem Minderjährigen geschlossene Geschäft genehmigt wird (vgl. § 108 Abs. 2 BGB), die Aufforderung zu leisten (§ 286 Abs. 1 BGB) oder einen Mangel zu beseitigen, die Mitteilung gegenüber einem Dritten, dass man dem Vollmachtnehmer eine Vollmacht erteilt hat oder die Erstellung eines Vermögensverzeichnisses als Betreuer.

Prozesshandlungen sind Willenserklärungen, die in gerichtlichen Verfahren abgegeben werden. Dazu gehören in zivilgerichtlichen Verfahren v. a. die Klageerhebung oder die Stellung eines Antrags und deren Rücknahme, die Einlegung eines Rechtsbehelfs oder eines Rechtsmittels, die Rücknahme oder der Verzicht auf die Einlegung eines Rechtsmittels, die Ablehnung wegen Befangenheit, die Stellung von Beweisanträgen.

In speziellen Verfahren sind auch geschäftsunfähige Personen rechtlich in der Lage, Prozesshandlungen vorzunehmen (Betroffene und Betreute in betreuungsgerichtlichen Verfahren, über 14 Jahre alte Minderjährige und Volljährige in Unterbringungsverfahren). Im Übrigen verlangt die Vornahme einer Prozesshandlung aber (zumindest beschränkte) Geschäftsfähigkeit.

Willenserklärungen sind nicht auf zivilrechtliche Rechtsverhältnisse beschränkt; im öffentlichen Recht sind Willenserklärungen bei öffentlich-rechtlichen Verträgen anzutreffen; auch die Stellung eines Antrags, z. B. auf Gewährung einer Sozialleistung, ist eine Willenserklärung. In Verwaltungs- und Sozialgerichtsprozessen gibt es vergleichbare Prozesserklärungen wie in Zivilprozessen.

Im Strafrecht ist insbesondere die Einwilligung in tatbestandsmäßiges Handeln, d. h. in Tathandlungen, die einem strafrechtliches Verbot oder Gebot zuwiderlaufen, als Rechtfertigungsgrund von Bedeutung. Einwilligungsfähigkeit verlangt in der Regel Einsichtsfähigkeit, die voller Geschäftsfähigkeit entspricht. Körperliche Eingriffe, zu denen auch die Behandlung mit Medikamenten gehört, sowie jede Untersuchung, Behandlung und jeder Eingriff, wodurch die Körperintegrität beeinträchtigt wird, sind daher nur mit Einwilligung des Betroffenen oder seines gesetzlichen Vertreters gerechtfertigt. Für Prozesserklärungen gilt das Gleiche wie in Zivil- und Verwaltungsverfahren.

Willenserklärungen sind auslegungsfähig. Da viele Begriffe sowohl in der Alltagssprache als auch in der Rechtssprache verwendet werden, und dies oftmals nicht deckungsgleich ist, ist der rechtlich relevante wirkliche Wille zu ermitteln, sofern nicht bereits der Wortlaut der Erklärung in sich stimmig ist (vgl. dazu §§ 133, 157, 305c Abs. 2 BGB).

Beispiel

➜ Ein 42-jähriger Mann betritt das Jobcenter und verlangt „Hartz-IV-Leistungen". Dies muss als Antrag auf Leistungen der „Grundsicherung für Arbeitssuchende" ausgelegt werden.

2.3.3 Relevante Altersstufen

Rechtliche Handlungsfähigkeit tritt in Stufen ein (Auswahl der gesetzlichen Grundlagen für die in diesem Lehrbuch behandelten Rechtsgebiete). Die im Familienrecht bestehende erste Altersstufe ist die Vollendung des 5. Lebensjahres (vgl. §§ 1617a Abs. 2 S. 2, 1617b Abs. 2 S. 2, Abs. 2 S. 1, 1617c Abs. 1 S. 1, 1618 S. 3, 1757 Abs. 2 S. 2 BGB). Das Kind muss allerdings, da geschäftsunfähig, vertreten werden.

Darüber hinaus sind folgende Altersstufen rechtlich relevant:
1. Mit Vollendung des 7. Lebensjahres tritt beschränkte Geschäftsfähigkeit ein, sofern das Kind nicht geschäftsunfähig ist. Außerdem ist das beschränkt geschäftsfähige Kind, außer für Schadensfälle im Verkehr, deliktsfähig (§ 828 Abs. 1 BGB); d. h. es muss für von ihm vorsätzlich oder fahrlässig verursachte Schäden eines Dritten mit seinem Vermögen haften.
2. Mit Vollendung des 10. Lebensjahres besteht auch für Schadensfälle im Verkehr Deliktsfähigkeit (§ 828 Abs. 2 BGB).
3. Hat das Kind das 12. Lebensjahr vollendet, kann gegen seinen Willen seine Konfessionszugehörigkeit nicht mehr geändert werden (§ 5 RelErzG).
4. Eine sehr wichtige Altersgrenze ist die Vollendung des 14. Lebensjahres.
   - Diese Grenze ist genannt in §§ 1596 Abs. 2, 1617a Abs. 2 S. 4, 1617b Abs. 1 S. 4, 1617c Abs. 1 S. 2, Abs. 2, 1618 S. 6, 1746 Abs. 1 S. 3 (Zustimmung des gesetzlichen Vertreters erforderlich), 1746 Abs. 2 S. 1 und 3 BGB (keine Zustimmung des gesetzlichen Vertreters erforderlich).
   - Der Minderjährige kann wichtige familienverfahrensrechtliche Prozesserklärungen allein tätigen (vgl. 113 Abs. 3, 1671 Abs. 1 Nr. 1, Abs. 2 Nr. 1, 1762 Abs. 1 S. 2–4, 1778 Nr. 5, 1887 Abs. 2 BGB).
   - Es tritt Religionsmündigkeit ein (§ 5 RelErzG).
   - Der Jugendliche ist bei Strafreife strafmündig (§ 3 JGG).
5. Im Sozialrecht tritt (begrenzte) sozialrechtliche Handlungsfähigkeit mit Vollendung des 15. Lebensjahres ein (§ 36 SGB I).
6. Hat der Jugendliche das 16. Lebensjahr vollendet, kann er ohne Zustimmung des gesetzlichen Vertreters den Antrag auf Befreiung vom Gebot der Ehemündigkeit stellen (§ 1303 Abs. 2 BGB), die Ehe mit einem volljährigen Partner eingehen, ehebetreffende Verträge schließen und Rechtsgeschäfte des Ehepartners genehmigen (§§ 1303 Abs. 2, 1355, 1411, 1585c BGB); nur für die Eingehung der Ehe ist keine Einwilligung des gesetzlichen Vertreters erforderlich. Für die Bestätigung der Ehe bei Aufhebungsgründen nach §§ 1304, 1314 Abs. 2 Nr. 1 und 1315 Abs. 2 S. 3 BGB ist ebenfalls die Zustimmung des gesetzlichen Vertreters notwendig (nicht aber für den Antrag auf Ersetzung der Zustimmung). Der Jugendliche kann ein öffentliches Testament errichten (§ 2229 BGB; Kapitel 2.9.4.1).

Ohne feste Altersgrenze ist der nicht geschäftsunfähige Minderjährige als (künftiger) Elternteil mit Zustimmung seines gesetzlichen Vertreters handlungsfähig nach §§ 1596 Abs. 1 S. 1 und 2, Abs. 1 S. 4 i. V. m. S. 1 und 2, 1626c Abs. 1 und 2 S. 1 BGB. Keiner Zustimmung bedürfen die Erklärungen nach §§ 1617 und 1617 BGB und der Antrag auf Eintritt der Beistandschaft (§ 1712 BGB) oder das Verlangen, dass sie endet (§ 1715 Abs. 1 BGB). Ohne Zustimmung des gesetzlichen Vertreters kann er die Prozesserklärungen nach §§ 1600a Abs. 2 S. 2 1626a Abs. 2, 1671 Abs. 2 BGB abgeben und ist in Ehesachen verfahrensfähig (§ 121 FamFG).

Ohne feste Altersgrenze gibt es Sonderregelungen für minderjährige, nicht geschäftsunfähige Erblasser oder Vertragspartner des Erblassers in § 2275 BGB (mit Zustimmung des gesetzlichen Vertreters) und in §§ 2290, 2347 Abs. 2 S. 1 BGB (ohne Zustimmung des gesetzlichen Vertreters).

2.3.4 Sonstige Voraussetzungen

In wenigen Ausnahmefällen kann bei Handeln eines Minderjährigen zusätzlich zur Zustimmung des gesetzlichen Vertreters noch die Genehmigung des Familiengerichts (in erster Instanz eine Abteilung des Amtsgerichts) erforderlich sein (§§ 1411 Abs. 1, 1746 Abs. 1 S. 4 BGB). Wesentlich häufiger ist dies aber bei Handeln eines Volljährigen als gesetzlichem Vertreter eines Minderjährigen (vgl. §§ 112 Abs. 1 und 2, 1411 Abs. 2, 1484 Abs. 2, 1491 Abs. 3, 1492 Abs. 3, 1596 Abs. 1 Satz 3, 1631b, 1643–1645, 1803 Abs. 2, 1810, 1812, 1814, 1815 Abs. 1, 1816, 1819–1823, 1829 Abs. 1, 2282 Abs. 2, 2293, 2347 Abs. 1 und 2 BGB) der Fall. Entsprechend gibt es zahlreiche Normen, die die Genehmigungsbedürftigkeit von Rechtsgeschäften des Betreuers vorsehen (§§ 1411 Abs. 1 und 2, 1484 Abs. 2, 1491 Abs. 3, 1492 Abs. 3, 1596 Abs. 1 S. 3, 1904, 1905 Abs. 2, 1906 Abs. 2, 3a, 4, 1907 Abs. 1 und 3, 1908, 1908i Abs. 1 in Verbindung mit den betreffenden Vorschriften des Vormundschaftsrechts, 2290 Abs. 3, 2347 Abs. 1 BGB). Dafür ist das Betreuungsgericht zuständig (dazu Kapitel 2.7.5.2).

Teilweise ist statt der Genehmigung des Familiengerichts bzw. des Betreuungsgerichts die Genehmigung eines Gegenvormunds oder eines Kontrollbetreuers ausreichend. In einigen Fällen benötigen auch Bevollmächtigte für das Handeln im Namen des Vollmachtgebers eine betreuungsgerichtliche Genehmigung (§§ 1904 Abs. 5, 1906 Abs. 5 BGB); entsprechende Möglichkeiten gibt es bei der Vertretung eines Minderjährigen nicht. Für die Wirksamkeit sind dann sowohl die Erklärung des Betreffenden wie die familiengerichtliche oder betreuungsgerichtliche Genehmigung erforderlich.

2.3.5 Beschränkte Geschäftsfähigkeit

Beschränkt geschäftsfähig sind Minderjährige, die nicht geschäftsunfähig sind. Sie müssen das siebente Lebensjahr vollendet haben. Um 0.00 Uhr des 18. Geburtstags endet die Beschränkung. Für die Tragweite der Handlungsfähigkeit sind einerseits

- einseitige und
- zwei- oder mehrseitige Rechtsgeschäfte

zu unterscheiden. Zum anderen muss die Form der Zustimmung unterschieden werden. Es gibt:

- die vorhergehende Zustimmung (Einwilligung in ein Rechtsgeschäft; vgl. § 183 BGB) und

- die nachträgliche Zustimmung (Genehmigung eines Rechtsgeschäfts, vgl. § 184 Abs. 1 BGB).

2.3.5.1 Einseitige Rechtsgeschäfte

Einseitige Rechtsgeschäfte sind nur mit Einwilligung des gesetzlichen Vertreters möglich; eine Genehmigung ist ausgeschlossen (§ 111 S. 1 BGB). Die Einwilligung muss in schriftlicher Form vorgelegt werden.

2.3.5.2 Schenkungen

Einen Schenkungsvertrag als zweiseitiges Rechtsgeschäft kann der Minderjährige ohne Einwilligung und ohne Genehmigung schließen, wenn er der Beschenkte ist, da er zu keiner Gegenleistung verpflichtet wird (vgl. § 107 BGB). Dass mit der Annahme eines Geschenks unter Umständen öffentliche Lasten (z. B. Grunderwerbssteuer, Hundesteuer) verbunden sind und das Geschenk möglicherweise wirtschaftlich erhebliche Folgekosten mit sich bringt (z. B. Sanierungskosten, Hundefutter), spielt keine Rolle. Diese Regelung lässt das Recht auf Erziehung ebenso unbeachtet wie die Auswirkungen von Eigentum und Besitz der Sache seitens des Minderjährigen auf die Personen, mit denen der Minderjährige in aller Regel zusammenlebt, und deren Hausrecht. Diese Regelung muss daher relativiert werden. Sorgeberechtigte dürfen und müssen aus erzieherischen Gründen den Abschluss eines solchen Vertrages dem Minderjährigen verbieten, sofern der Gegenstand sein physisches oder psychisches Wohl gefährdet oder ihre eigenen Belange (z. B. wegen Tierhaarallergie, Geruchsbelästigung, beengtem Wohnraum, Geräuschbelästigung) erheblich tangiert sind.

Beispiele

➡ Wenn Inhaltsstoffe gesundheitsschädliche Auswirkungen haben, das Tier Bisswunden zufügen kann, Medien erzieherisch ungeeignet sind, die Benutzung der Sache erhebliche Gefahren für den Minderjährigen mit sich bringt, wenn die öffentlichen Lasten und die laufenden Kosten nicht aus dem Vermögen des Minderjährigen bestritten werden können, der Gegenstand nicht öffentlich-rechtlichen Anforderungen entspricht. Das ist der Fall bei Gebrauchsuntauglichkeit für den Straßenverkehr, wenn Besitz oder Konsum eine Straftat darstellen.

Sorgeberechtigte haben aber entsprechende Wünsche, berechtigte Interessen und Anliegen der Minderjährigen abzuwägen, ggf. zu berücksichtigen und die Angelegenheit mit dem älteren Minderjährigen zu besprechen (vgl. § 1626 Abs. 2 BGB).

Eine gewisse Einschränkung nimmt das Recht der beschränkten Geschäftsführung im Übrigen selbst vor, indem die Überlassung von Geld durch den Dritten an den Minderjährigen zu dessen freier Verfügung von der Zustimmung des gesetzlichen Vertreters abhängig gemacht wird (vgl. § 110 BGB).

2.3.5.3 Sonstige Austauschverträge

Verträge, die nicht nur rechtlich vorteilhaft sind, sondern eine Gegenleistung bedingen, kann der Minderjährige wirksam

- mit vorheriger Einwilligung des gesetzlichen Vertreters schließen. Handelt er ohne Einwilligung ist das Rechtsgeschäft schwebend unwirksam, kann aber
- durch nachträgliche Genehmigung rückwirkend wirksam werden (§ 108 BGB). Der Vertragspartner kann bis zur Genehmigung seine Willenserklärung widerrufen, wenn er die Minderjährigkeit nicht kannte, im Übrigen den Vertreter zur Genehmigung auffordern (§§ 108 Abs.2, 109 Abs. 1 BGB).

Wird die Genehmigung verweigert, ist das Rechtsgeschäft endgültig unwirksam und kann nicht geheilt werden. Von der Voraussetzung, dass in ein konkretes Rechtsgeschäft eingewilligt wird, damit es von vornherein wirksam ist, gibt es eine lebenspraktische Ausnahme. Werden dem Minderjährigen Barmittel zu seiner Verfügung überlassen (Taschengeld), liegt darin, sofern kein entgegen gerichteter Wille des Sorgeberechtigten bekannt ist, die ausdrückliche oder stillschweigende Einwilligung in mit diesen Mitteln typischerweise erfüllte Alltagsgeschäfte.

Beispiele

➲ Ankauf von Eintrittskarten zum Volleyballspiel oder ins Kino, Ankauf von Genussmitteln (außer Alkohol und Tabakwaren), Erwerb von Gegenständen als übliche kleine Gelegenheitsgeschenke

§ 110 BGB stellt aber davon abgesehen keine Sonderregelung gegenüber den Grundsätzen der beschränkten Geschäftsfähigkeit dar.

2.3.5.4 Sonderregelungen

Der Minderjährige kann selbstständiger Unternehmer werden, d. h. einen Gewerbebetrieb als Betriebseigner führen, sofern er dazu durch den gesetzlichen Vertreter ermächtigt wird. Er ist dann partiell voll geschäftsfähig (§ 112 Abs. 1 BGB).

Beispiel

➲ Der verstorbene Vater des 17 Jahre alten L war Inhaber eines Malergeschäfts. Sein Sohn hatte bereits die Lehre begonnen. Die Witwe ermächtigt den Sohn, das Geschäft fortzuführen, um Mitarbeiter und Kundschaft halten zu können. L kann dann Arbeitsverträge eingehen oder kündigen, Aufträge abschließen und abrechnen, Konten führen, Betriebsmittel kaufen, leasen oder pachten und ist verpflichtet, auf die Einhaltung des Arbeitsschutzes zu achten oder Steuern und Abgaben abzuführen.

Ermächtigt der gesetzliche Vertreter den Minderjährigen ein Arbeitsverhältnis einzugehen, ist der Minderjährige für damit im Zusammenhang stehende Rechtsgeschäfte voll geschäftsfähig (§ 113 BGB).

Beispiel

➲ Die Minderjährige kann daher ohne Mitwirkung des gesetzlichen Vertreters in die Gewerkschaft eintreten, Arbeitskleidung kaufen, den gesetzlichen Krankenversicherungsträger wählen, Zusatzversicherungen abschließen oder ihren Lohn verwalten.

Für die Eingehung eines Ausbildungsverhältnisses bleibt der gesetzliche Vertreter aber mitwirkungsverpflichtet.

 Übungsaufgaben

1. Wann tritt Rechtsfähigkeit einer natürlichen Person ein? Ist auch ein Frühchen, das beatmet werden muss, dessen vitale Funktionen daher nur mit medizinischen Mitteln aufrechterhalten werden, rechtsfähig?
2. Wie wird rechtliche Handlungsfähigkeit eines Volljährigen genannt?
3. Nennen Sie vier unterschiedliche Formen schwerer geistiger Krankheit oder Behinderung, die zum Ausschluss der Geschäftsfähigkeit der Person führen.
4. Welche Voraussetzungen hat der Eintritt beschränkter Geschäftsfähigkeit?
5. Wie wird die vorherige Zustimmung des gesetzlichen Vertreters bezeichnet? Wie wird die nachträgliche Zustimmung seitens des gesetzlichen Vertreters genannt?
6. Ist ein Kaufvertrag, den ein Jugendlicher ohne Einwilligung des gesetzlichen Vertreters schließt, wirksam?
7. Welche Optionen hat der Vertragspartner?
8. Ist ein Alltagsgeschäft, das ein geschäftsunfähiger Volljähriger mit eigenen Mitteln bewirkt, wirksam?
9. Nennen Sie zwei Vorschriften aus dem Allgemeinen Teil des Bürgerlichen Gesetzbuchs, die einem Jugendlichen selbstständiges Handeln (ohne Mitwirkung des gesetzlichen Vertreters) ermöglichen.
10. Welche Formen für die Abgabe von Willenserklärungen sind im Text genannt?
11. Welche Vorschriften des Allgemeinen Teils des Bürgerlichen Gesetzbuchs sehen Entscheidungsbefugnisse des Familiengerichts vor?

2.4 Rechtsstellung Minderjähriger

Die Rechtsstellung Minderjähriger ist einerseits durch Rechtsfähigkeit und rechtliche Handlungsfähigkeit geprägt (s. Kapitel 2.1), andererseits durch die (elterliche) Sorge für den Minderjährigen. Die Sorge wird durch einen Elternteil, die Eltern, den Vormund und/oder Ergänzungspfleger wahrgenommen, diese werden zusammenfassend als gesetzliche Vertreter des Minderjährigen bezeichnet. Grundlage der elterlichen Verantwortung ist das Bestehen einer rechtlichen Eltern-Kind-Beziehung. Elterliche Sorge entsteht auf Grund der Geburt des Kindes oder durch betreffende Erklärungen oder auf Grundlage familiengerichtlicher Beschlüsse. Die Familiengerichte haben darüber hinaus zahlreiche Entscheidungskompetenzen, die letztendlich das Wohl des Kindes gewährleisten sollen. Es werden daher auch Grundzüge des jeweiligen Verfahrensrechts einbezogen.

2.4.1 Begründung des Verwandtschaftsverhältnisses zwischen Elternteil und Kind

Verwandt sind Personen, die voneinander abstammen (gerade Linie) oder von derselben dritten Person abstammen (Seitenlinie). Die Verwandtschaftsbeziehungen zu Vorfahren werden als Verwandtschaft in aufsteigender Linie, die Verwandtschaft zu den 3n wird als Verwandtschaft in absteigender Linie bezeichnet. Die Verwandtschaft wird gradmäßig bestimmt; die Grade entsprechen der Anzahl der vermittelnden Geburten; bei Seitenlinie bis zum gemeinsamen Vorfahren.

Beispiele

➲ Das Kind ist in gerader Linie aufsteigend mit jedem seiner Elternteile im ersten Grad verwandt; mit jedem seiner Großelternteile im zweiten Grad, da zwei Geburten (Geburt des Kindes und Geburt des Elternteils) den Grad ausmachen. Das Kind ist mit dem Geschwisterkind in Seitenlinie verwandt. Die Verwandtschaft setzt zwei Geburten voraus (die des Kindes und die des Geschwisterkindes), es besteht daher Verwandtschaft im zweiten Grad. Zur Schwester seines Vaters ist das Kind daher in Seitenlinie dritter Grad verwandt. Vermittelnde Geburten sind: die Geburt des Kindes, Geburt des Vaters, Geburt der Schwester des Vaters.

Mutter eines Kindes ist die Frau, die es geboren hat (§ 1591 BGB). Auch bei Leihmutterschaft ist die Ersatzmutter, die mit dem Kind genetisch nicht verwandt ist, rechtlich die Mutter des von ihr geborenen Kindes. Die Feststellung der genetischen Abkunft (vgl. § 1598a BGB), hat keine Auswirkungen auf die rechtliche Verwandtschaft.

Ein Kind ist ehelich, und daher mit beiden Elternteilen in gerader Linie verwandt, wenn es in eine bestehende Ehe oder innerhalb von 300 Tagen nach Auflösung der Ehe durch den Tod des Ehemannes zur Welt kommt (§§ 1591, 1592 Nr. 1, 1593 S. 1 BGB; der Gesetzgeber geht davon aus, dass es noch während der Ehe gezeugt worden ist). Ob das Kind genetisch vom Ehemann der Kindesmutter stammt, ist für die Verwandtschaft im Rechtssinne unmaßgeblich. Das BVerfG anerkennt aber ein Recht des Kindes auf Auskunft über den leiblichen Vater gegenüber der Mutter (aus § 1618a BGB).

Ist die Kindesmutter im Zeitpunkt der Geburt des Kindes nicht verheiratet, wird die Vaterschaft durch Vaterschaftsanerkennung oder gerichtliche Vaterschaftsfeststellung begründet (§ 1592 Nrn. 2 und 3 BGB).

Voraussetzungen der Vaterschaftsanerkennung sind:
1. Unbedingte, unbefristete, öffentlich beurkundete Anerkennungserklärung des Mannes oder des gesetzlichen Vertreters (§§ 1594 Abs. 3, 1596 Abs. 1 S. 1, 1596 Abs. 1, 3, 1597 Abs. 1 BGB); ist der Mann minderjährig, ist zusätzlich zu seiner Erklärung die Zustimmung des gesetzlichen Vertreters erforderlich (§ 1596 Abs. 1 S. 2 BGB). Dass der Erklärende genetisch Vater des Kindes ist, ist nicht erforderlich. Der Erklärende ist mindestens ein Jahr an seine Erklärung gebunden, sofern nicht bereits zuvor die Kindesmutter zugestimmt hat und damit die Anerkennung wirksam geworden ist (vgl. § 1597 Abs. 3 BGB). Kostenfrei beurkunden Jugendämter und Standesämter.

2. Unbedingte, unbefristete, öffentlich beurkundete Zustimmung der Mutter oder ihres gesetzlichen Vertreters (§§ 1595 Abs. 1 und 3, 1594 Abs. 3 analog, 1596 Abs. 1 S. 4 i. V. m. S. 1 und 3, 1597 Abs. 1 BGB); ist die Kindesmutter minderjährig, ist zusätzlich die Zustimmung des gesetzlichen Vertreters zu ihrer Zustimmung erforderlich (§ 1596 Abs. 1 S. 4 i. V. m. S. 2 BGB analog).
3. Zusätzlich ist die öffentlich beurkundete Zustimmung des Kindes oder seines gesetzlichen Vertreters erforderlich, wenn das Kind volljährig oder der Kindesmutter die elterliche Sorge entzogen worden ist (§§ 1595 Abs. 2, 1596 Abs. 2, 1597 Abs. 1 BGB). Teilweise wird die Zustimmung des Kindes überdies analog §§ 1629 Abs. 2 S. 1, 1795 Abs. 1 Nr. 1 BGB verlangt, wenn die Kindesmutter den Anerkennenden geheiratet hat; dies würde aber die Bestellung eines Ergänzungspfleger erforderlich machen und entspräche nicht dem Zweck der Ausschlussregelung.

Beispiel

➲ Die 17 Jahre alte unverheiratete A hat ein Kind geboren; sie weiß nicht, ob das Kind von Herrn B oder von Herrn C stammt. Herr B gibt die Anerkennungserklärung ab, Frau A stimmt zu, ihre alleinsorgeberechtigte Mutter stimmt der Erklärung von Frau A zu; die Erklärungen sind formgerecht. Rechtlicher Vater des Kindes ist danach B, auch wenn das Kind ggf. biologisch von C stammt.

Ist das Kind nach Eingang des Scheidungsantrags, d. h. nach Anhängigkeit der Ehescheidung, in eine (noch) bestehende Ehe geboren, ist für die Vaterschaftsfeststellung eines anderen Mannes als des Ehemannes neben den oben erwähnten Erklärungen zusätzlich die Zustimmung des (früheren) Ehemannes erforderlich (§§ 1599 Abs. 2, 1597 Abs. 1 BGB). Es erübrigt sich dann die Vaterschaftsanfechtung.

Beispiele

➲ Frau D ist mit Herrn D verheiratet, die Scheidung ist noch nicht rechtskräftig. Das Kind E ist vor Eingang des Scheidungsantrags bei Gericht geboren. Die Sonderregelung ist nicht anwendbar.
Frau F ist mit Herrn F verheiratet gewesen, die Ehescheidung ist seit drei Monaten rechtskräftig. Das Kind G ist nach Eingang des Scheidungsantrags bei Gericht geboren worden. Geben innerhalb der nächsten neun Monate Frau F, Herr F und Herr H, der mutmaßliche leibliche Vater des Kindes, formgerecht die Erklärungen ab, ist das Kind nichteheliches Kind von Frau F und Herrn H.

Die gerichtliche Vaterschaftsfeststellung erfolgt durch das Familiengericht auf Antrag. Kind, Mutter und mutmaßlicher Vater sind notwendige Beteiligte (§§ 169 Nr. 1, 171 Abs. 1, 172 FamFG). Das Gericht holt in aller Regel ein Sachverständigengutachten über die genetische Abkunft des Kindes ein (§§ 177 Abs. 2, 178 FamFG); eine Probenentnahme haben die Beteiligten zu dulden.

Beispiel

➲ Das Jugendamt ist Vormund des Kindes I, seine Mutter ist die 16 Jahre alte J. Die Vaterschaft ist bisher nicht festgestellt. Das Jugendamt stellt in Vertretung des Kindes H den Antrag, Herrn K als Vater festzustellen. Da das Abstammungsgutachten mit an Sicherheit grenzender Wahrscheinlichkeit die genetische Abkunft erweist und entgegenstehende Indizien nicht bekannt sind, wird Herr K als Vater des Kindes festgestellt.

Stammt das Kind nicht vom Ehemann der Kindesmutter oder von dem Mann, dessen Vaterschaft anerkannt ist, kann die Verwandtschaft angefochten werden. Die erfolgreiche Vaterschaftsanfechtung beseitigt die Verwandtschaft des Kindes mit dem betreffenden Mann.

Anfechtungsberechtigt sind
1. der Mann, dessen Vaterschaft nach § 1592 Nrn. 1 oder 2 BGB besteht oder sein gesetzlicher Vertreter (§§ 1600, 1600a Abs. 2 BGB),
2. der Mann, der an Eides statt versichert, der Mutter des Kindes beigewohnt zu haben, sofern keine sozial-familiäre Beziehung des Vater des Kindes zum Kind (mehr) besteht (§ 1600 Abs. 1 Nr. 2, Abs. 2 BGB),
3. die Kindesmutter oder ihr gesetzlicher Vertreter (§§ 1600, 1600a Abs. 2 BGB),
4. das Kind oder sein gesetzlicher Vertreter (§§ 1600, 1600a Abs. 3 und 4 BGB). Besteht gemeinsame elterliche Sorge, wird das Kind im gerichtlichen Verfahren durch einen Verfahrenspfleger vertreten (§ 57 ZPO analog); der gesetzliche Vertreter hat dabei das Kindeswohl zu berücksichtigen.

Bei Samenspende ist die Anfechtung nur eingeschränkt möglich (§ 1600 Abs. 5 BGB), nämlich nur durch das Kind[26] ; dieses hat einen Auskunftsanspruch gegen den behandelnden Arzt aus § 242 BGB.[27]

Die Anfechtung ist nur innerhalb der Frist **von zwei Jahren** statthaft (§ 1600b BGB). Für die Anfechtungsberechtigten läuft die Frist je gesondert. Im Anfechtungsverfahren wird, wie bei der Vaterschaftsfeststellung, gutachterlich geklärt, ob das Kind genetisch von seinem (rechtlichen) Vater abstammt. Die Abstammung von der Mutter kann nicht angefochten werden. Dass das Kind genetisch nicht von der Frau abstammt, die es geboren hat, sieht das deutsche Recht nicht vor; Leihmutterschaft ist verboten (§ 1 Nr. 6 ESchG).

---

[26] Dazu Wellenhofer FamRZ 2013, 825.
[27] OLG Hamm, Urteil vom 6.2.2013, I- 14 U 7/12, 14 U 7/12; vgl. § 14 Abs. 3 TransplantationsG.

Beispiele

➲ Der Ehemann der Kindesmutter weiß, dass das ehelich geborene Kind L nicht von ihm stammt. Als die Ehe vier Jahre nach Geburt des Kindes gescheitert ist, will er anfechten. Eine Anfechtung ist wegen Fristablaufs weder ihm noch der Kindesmutter noch dem vertretenen Kind möglich. Erst wenn das Kind volljährig geworden ist, kann es, Kenntnis der Umstände vorausgesetzt, innerhalb einer Frist von zwei Jahren selbst anfechten (vgl. § 1600b Abs. 3 BGB). Herr O ist leiblicher Vater des Kindes P; dieses ist in die Ehe von Frau R und Herrn R geboren worden. Das Ehepaar lebt mit dem Kind in einer sozialfamiliären Beziehung. Die Anfechtung seitens Herrn O ist ausgeschlossen. Trennen sich die Eheleute drei Jahre nach Geburt des Kindes, kann Herr O dennoch nicht anfechten, da die Anfechtungsfrist verstrichen ist.

Hat der leibliche Vater einen Anfechtungsbeschluss erstritten, beinhaltet dies die gerichtliche Feststellung seiner eigenen Vaterschaft (§ 182 FamFG). Neben der gerichtlichen Vaterschaftsfeststellung und der Vaterschaftsanfechtung gibt es weitere Verfahren in Abstammungssachen. Dazu gehört die Ersetzung der Einwilligung in eine außergerichtliche genetische Abstammungsuntersuchung und auf Duldung der Probenentnahme (§ 169 Nr. 2 FamFG). Durch die außergerichtliche Klärung der Abstammung ändert sich die Verwandtschaft des Kindes zu seinem Vater (oder seiner Mutter) nicht; sie kann aber Klarheit über den Erfolg eines Vaterschaftsanfechtungsantrags verschaffen. Den Anspruch auf Einwilligung in eine genetische Untersuchung zur Klärung der leiblichen Abstammung haben nur die in § 1598a BGB genannten Personen, d. h. nur die Elternteile und das Kind.

Beispiele

➲ Herr P zweifelt daran, dass das ehelich geborene Kind Q von ihm stammt, scheut aber die Kosten eines möglicherweise erfolglosen Anfechtungsverfahrens. Frau P bestreitet, dass sie während der Empfängniszeit mit einem anderen Mann verkehrt hat, und verweigert die Einwilligung in die Probenentnahme beim Kind. Antragsgerecht ersetzt das Familiengericht die Einwilligung und ordnet die Duldung der Probenentnahme durch einen Arzt an. Herr R, der der Behauptung der Kindesmutter entgegentritt, könnte hingegen einen solchen Antrag nicht stellen.

Von der Vaterschaftsanfechtung abgesehen, kann die Verwandtschaft des Kindes zu seinem Elternteil nur durch die Minderjährigenadoption verloren gehen.

Übungsaufgaben

1. A ist von B schwanger, heiratet aber C. Vier Wochen später wird das Kind geboren.
   a) Wer ist Vater des Kindes?
   b) Wie kann die genetische und die rechtliche Verwandtschaft in Übereinstimmung gebracht werden?
2. Die Eheleute D und E haben ein gemeinsames Kind (Kind 1). Sie leben getrennt und je in nichtehelicher Lebensgemeinschaft mit einem neuen Partner (F bzw. G). Beiden Paaren wird ein Kind geboren (Kind 2, Kind 3).
   a) Sind die Kinder ehelich oder nicht ehelich geboren?
   b) Ist eine Vaterschaftsfeststellung für Kind 2 oder Kind 3 nötig, wenn der genetische auch der rechtliche Vater sein will?
   c) Sind Kind 1 und die Kinder 2 und 3 miteinander verwandt oder verschwägert? Gegebenenfalls wie?
3. Die ledige H bringt ein Kind zur Welt.
   a) Mittels welcher Erklärungen wird die Vaterschaft des verheirateten J festgestellt?
   b) Welcher Form bedürfen die Erklärungen?
   c) Welche zusätzlich(en) Erklärung(en) ist/sind erforderlich, wenn J minderjährig ist?
   d) Kann sie als Betreute selbst zustimmen?
   e) Unter welcher Voraussetzung gibt für sie die Betreuerin oder der Betreuer die Erklärung ab?
   f) In welchen Fällen ist die Zustimmung des Kindes oder seines gesetzlichen Vertreters erforderlich? Wer ist gesetzlicher Vertreter des Kindes?
4. K hat wissentlich eine falsche Anerkennungserklärung abgegeben.
   a) Kann er widerrufen, wenn die Kindesmutter L noch nicht zugestimmt hat?
   b) Welcher Form bedarf ggf. der Widerruf?
   c) Kann das Anerkenntnis angefochten werden?
5. Frau M war in erster Ehe mit Herrn N verheiratet. Sechs Monate nach dessen Tod heiratet sie Herrn M. Zwei Wochen später bringt sie ein Kind zur Welt. Sie hat während der Empfängniszeit auch mit Herrn O verkehrt.
   a) Ist das Kind ehelich? Spielt es eine Rolle, von wem das Kind stammt?
   b) Hat Herr M Anspruch auf Einwilligung in die Entnahme einer Probe mit Gewebe des Kindes?
   c) Hat Herr O Anspruch auf Einwilligung in die Entnahme einer Probe mit Gewebe des Kindes?
   d) Hat die Klärung der Abkunft rechtliche Folgen?
   e) Wie können die genetische Abkunft und die Verwandtschaft zur Deckung gebracht werden?

2.4.2 Begründung eines Verwandtschaftsverhältnisses durch Adoption

Adoption ist gleichbedeutend mit der Annahme als Kind. Wird die Annahme vom Familiengericht ausgesprochen (im Verfahren nach §§ 186 ff. FamFG), ist das angenommene Kind das Kind derjenigen Person, die den Antrag gestellt hat oder derjenigen Personen, die den Antrag gestellt haben. Es können sowohl eine Einzelperson als auch ein Ehepaar ein Kind annehmen. Nach derzeitiger Rechtslage können aber eingetragene Lebenspartner ein Kind nicht gemeinsam annehmen. Voraussetzungen der Minderjährigenadoption sind:

1. Ein unbedingter, unbefristeter, notariell beurkundeter Antrag des oder der Annehmenden zu Lebzeiten des Kindes (§§ 1750, 1752 BGB),
2. das Erreichen der Altersgrenzen des oder der Annehmenden (§§ 1741 Abs. 2 i. V. m. 1743 BGB),
3. die volle Geschäftsfähigkeit des oder der Annehmenden (§ 1741 Abs. 2 S. 4 BGB),
4. das Vorhandensein der persönlichen und wirtschaftlichen Voraussetzungen der Bewerber, um das Wohl des Kindes zu sichern. Die Prüfung der Voraussetzungen und die beratende Begleitung der Antragsteller, bei offener oder halb offener Adoption auch der Herkunftseltern ist Inhalt des Adoptionsvermittlungsverfahren (vgl. § 9 AdVermG). Weitere Voraussetzungen sind
5. unbedingte, unbefristete, notariell beurkundete Einwilligungserklärungen
   - der ehelichen Eltern,
   - der nichtehelichen Kindesmutter,
   - des nichtehelichen Kindesvaters bei festgestellter Vaterschaft nach Maßgabe des § 1747 Abs. 3 BGB oder
   - des Mannes, der die Beiwohnung glaubhaft macht, sofern keine Vaterschaftsfeststellung erfolgt ist (§ 1747 Abs. 1 S. 2 BGB),
   - des mindestens 14 Jahre alten Minderjährigen oder des Vormunds oder Pflegers eines unter 14 Jahre alten Minderjährigen (vgl. § 1746 Abs. 3 S. 2 BGB),
   - des Ehe- oder Lebenspartners, wenn die Partnerin oder der Partner ein Kind allein annehmen will (§ 1749 Abs. 1 BGB, § 9 Abs. 7 LPartG) oder
   - bei Annahme eines verheirateten Minderjährigen dessen Ehepartners (§§ 1746 Abs. 1 und 2, 1747, 1749, 1750 BGB).

Eine Einwilligung ist jeweils nur dann nicht erforderlich, wenn der Betreffende geschäftsunfähig oder der Aufenthalt unbekannt ist (er keine ladungsfähige Anschrift hat). Letzterem ist gleichgestellt, wenn das Kind vertraulich geboren wurde (vgl. §§ 25 ff. SchKG), d. h. die Klardaten der Mutter nur im Herkunftsnachweis erfasst sind.

Notwendige Einwilligungen können nach Maßgabe der §§ 1746 Abs. 3, 1748, 1749 Abs. 1 S. 2 BGB ersetzt werden (zu den betreffenden Aufgaben des Jugendamtes vgl. § 51 SGB VIII). Den Antrag nach §§ 1746 Abs. 3, 1748 BGB kann nur das durch einen Ergänzungspfleger vertretene Kind stellen; den Antrag aus § 1749 Abs. 1 S. 2 BGB kann der Adoptionsbewerber stellen.

Mit Einwilligung oder bei vertraulicher Geburt (vgl. § 1674a BGB) ruht das Sorgerecht des Elternteils oder der Eltern; das Kind bedarf eines Vormunds (gesetzliche Vormundschaft nach § 1751 Abs. 1 S. 2 BGB). Das gilt nicht für die Stiefkindadoption. Der nicht sorgeberechtigte Vater kann die Übertragung der Sorge beantragen (§ 1671 Abs. 2 BGB), sofern er nicht bereits eingewilligt hat.

Adoptionspflege (vgl. § 1744 BGB) ist bei Adoption bald nach der Geburt des Kindes nicht Bedingung und bei Auslandsadoptionen i. d. R. ausgeschlossen. Besonderheiten für diese Familienpflege ergeben sich aus § 44 Abs. 1 SGB VIII und § 9 AdVermG. Ist die Einwilligung der alleinsorgeberechtigten Mutter oder beider Eltern erteilt, sind die Annehmenden dem Kind unterhaltspflichtig (§ 1751 Abs. 4 S. 1 BGB).

Folge der Adoption ist die Zuordnung des Minderjährigen als eheliches Kind des oder der Annehmenden (§ 1754 BGB, namensrechtliche Folgen s. § 1757 BGB); die bisherigen Verwandtschaftsverhältnisse erlöschen (§ 1755 Abs. 1 S. 1 BGB). Ausnahmen bestehen aber nach §§ 1755 Abs. 2, 1756 BGB, wenn der Ehepartner oder der Lebenspartner, die nicht Elternteil des Kindes sind, dieses (allein) adoptiert; es bleibt dann die Verwandtschaft zu dem in der Ehe oder Lebenspartnerschaft lebenden Elternteil erhalten, nur die Verwandtschaft zu dem je anderen Elternteil endet. Geschont wird auch die Verwandtschaft zu dem anderen Elternteil und dessen Verwandten, wenn dieser Elternteil vorverstorben ist und die elterliche Sorge hatte. Wird das Kind von Verwandten oder Verschwägerten adoptiert, hört nur die Verwandtschaft zwischen dem Kind und dem bisherigen Elternteil, nicht zu den weiteren Verwandten auf.

Beispiele

⇨ Frau S war mit Herrn S verheiratet und ist verwitwet; das Kind T ist ehelich. Sie heiratet erneut, ihr Ehemann nimmt das Kind T allein an. Es wird eheliches Kind der Eheleute, die durch Herrn S vermittelte Verwandtschaft bleibt bestehen. Das Kind hat also drei Großelternpaare.
Frau U und Herr U sind geschieden. Herr U geht eine eingetragene Lebenspartnerschaft ein, sein Partner adoptiert das eheliche Kind V. Das Kind wird Kind der Lebenspartner, die über Frau U vermittelte Verwandtschaft endet.
Nach dem Unfalltod der Kindesmutter W adoptiert ihr Bruder X das nicht ehelich geborene Kind Y. Die Vaterschaft für das Kind Y war festgestellt worden. Die Verwandtschaft zum festgestellten Vater endet durch Adoption, die Verwandtschaft auf Mutterseite bleibt erhalten; der Onkel wird aber Elternteil. Adoptiert statt dem Bruder X die Großmutter Z des Kindes das Kind, wird sie (auch) seine Mutter und der Bruder der Kindesmutter, der Onkel des Kindes Y, wird dessen Bruder.

Seit einer Entscheidung des BVerfG[28] ist die sukzessive Adoption für eingetragene Lebenspartner möglich. Bei Adoption des Kindes erhält der Annehmende oder erhalten die Annehmenden uneingeschränkt elterliche Sorge für das Kind. Das Kind erhält den Familiennamen des Annehmenden oder den Ehenamen der Annehmenden. Führen sie keinen, muss er bestimmt werden (§ 1757 Abs. 2 BGB).

Übungsaufgaben

1. Nennen Sie personenbezogene Voraussetzungen, die ein Adoptionsbewerber erfüllen muss!
2. Was ist der Sinn der Adoptionspflege? Welche rechtlichen Besonderheiten bestehen für die Adoptionspflege?
3. Unter welchen Voraussetzungen kann eine verheiratete Person ein Kind allein annehmen?
4. Kann ein in eingetragener Lebenspartnerschaft lebendes Paar ein Kind gemeinsam annehmen?
5. Kann eine nicht verheiratete Person ein Kind allein annehmen?
6. Welche Einwilligungserklärungen sind nötig
   a) bei ehelichem Kind?
   b) bei nichtehelichem Kind und festgestellter Vaterschaft?
   c) bei nichtehelichem Kind und nicht festgestellter Vaterschaft?
   d) bei verheiratetem Kind?
   e) bei Alleinadoption durch eine verheiratete oder in eingetragener Lebenspartnerschaft lebende Adoptionsbewerberin oder einen verheirateten oder in eingetragener Lebenspartnerschaft lebenden Adoptionsbewerber?
7. Welche Rechte hat ein Mann, der versichert der Kindesmutter beigewohnt zu haben, im Verfahren zur Adoption des Kindes?
8. Können verweigerte Einwilligungserklärungen ersetzt werden?
9. Wer kann den Antrag auf Ersetzung stellen?
10. Welche verwandtschaftsrechtlichen Folgen hat die Adoption? Unter welchen Voraussetzungen bleiben Verwandtschaftsbeziehungen zu Herkunftselternteilen bestehen?
11. Welche namensrechtlichen Optionen bestehen?
12. Wie ist das Verwandtschaftsverhältnis der Abkömmlinge des Annehmenden zum angenommenen Kind?
13. Welche Gründe können zur Aufhebung der Adoption führen?

---

[28] BVerfG, Urteil vom 19.2.2013, 1 BvL 1/11, 1 BvR 3247/09; s. a. EuGHMR, Urteil vom 19.2.2013, 19010/0-; dazu Maurer FamRZ 2013, 752.

2.5 Elterliche Sorge

Elterliche Sorge erhalten die Eltern eines ehelich geborenen Kindes von Gesetzes wegen; sie sind gesetzliche Vertreter, soweit sie voll geschäftsfähig sind. Wird die eheliche Geburt erfolgreich angefochten, entfällt die gemeinsame Sorge nachträglich und die Kindesmutter erhält rückwirkend alleiniges Sorgerecht, bereits getätigte Geschäfte für das Kind bleiben aber wirksam.

Für das nichtehelich geborene Kind erhält die Kindesmutter Sorgerecht mit Geburt des Kindes (§§ 1626, 1626a Abs. 3 BGB). Der Vater des Kindes kann gemeinsames Sorgerecht erhalten, wenn die Vaterschaft festgestellt ist und beide Elternteile Sorgeerklärungen abgeben oder er und die Kindesmutter heiraten (§ 1626a Abs. 1 Nr. 1 und 2 BGB). Eine Sorgeerklärung kann auch ein minderjähriger Elternteil abgeben; es ist hier aber außerdem die Zustimmung des gesetzlichen Vertreters des minderjährigen Elternteils erforderlich (§ 1626c Abs. 2 S. 1 BGB; diese kann auf Antrag vom Familiengericht ersetzt werden).

Auf Antrag eines Elternteils kann das Familiengericht auch die gemeinsame Sorge beider Elternteile für das Kind beschließen (§ 1626a Abs. 1 Nr. 3 BGB). Alleinsorgerecht kann ein Elternteil erhalten, wenn das Familiengericht es auf Antrag ganz oder teilweise überträgt (§ 1671 Abs. 2 BGB).

Ist ein Elternteil geschäftsunfähig oder beschränkt geschäftsfähig, ruht seine Sorge, d. h. er kann das Kind nicht vertreten (§§ 1673 Abs. 1, Abs. 2 S. 1, 1675 BGB). Trotz des Ruhens geht der Wille der minderjährigen Mutter des Kindes dem Willen des Vormunds des Kindes vor (§ 1673 Abs. 2 BGB). Das Sorgerecht der Kindesmutter ruht auch, wenn diese unter Verwendung eines Pseudonyms das Kind geboren hat (sog. vertrauliche Geburt; vgl. § 1674a BGB m. W. v. 1.5.2014). Es lebt erst wieder auf, wenn die Mutter des Kindes die Klardaten einem Familiengericht gegenüber offenbart hat.

Der Elternteil als gesetzlicher Vertreter hat das Recht und die Pflicht der Vertretung; das Kindeswohl ist zu beachten (§§ 1626 Abs. 1, 1627, 1629 Abs. 1 BGB).

Der Vertreter kann den Vertretenen nicht vertreten bei Verträgen zwischen dem Vertretenen und ihm selbst, § 181 BGB, oder einem nahen Angehörigen (vgl. §§ 1629 Abs. 2 S. 1, 1795 Abs. 1 BGB analog). Die Vertretungsmacht ist beschränkt (vgl. § 1630 Abs. 1 BGB), wenn sie teilweise entzogen und ein Pfleger bestellt wird (§§ 1629 Abs. 2 S. 3, 1666 Abs. 1, 1796 Abs. 1 BGB analog).

Die wichtigsten Aufgaben der Personensorge ergeben sich aus §§ 1631-1632 BGB; es sind aber nicht alle Belange aufgezählt. Erwähnt sind Pflege und Erziehung, schulische und berufliche Ausbildung und Aufsicht als tatsächliche Pflichten sowie Aufenthaltsbestimmung und Umgangsregelung als Angelegenheiten der Vertretung. Unter die Pflege kann auch die gesundheitliche Fürsorge und Vorsorge gefasst werden, die jedoch zu den Vertretungsangelegenheiten gehört, jedenfalls dann, wenn sie von Fachpersonal erfüllt wird. Zur Personensorge gehört aber auch das Recht der Namensgebung[29] und die angemessene Förderung des Kindes (ggf. unter Inanspruchnahme von Eingliederungshilfen). Der Gesetzgeber trennt außerdem wichtige von alltäglichen Aufgaben der Sorge, letztere wiederum von

---

[29] BGH, Beschluss vom 24.10.2001, XII ZB 88/99; vgl. auch §§ 1617 – 1618 BGB.

den Angelegenheiten der tatsächlichen Betreuung (Pflege und Erziehung als rein lebenspraktische Verantwortlichkeiten) und bezeichnet als alltägliche Angelegenheiten solche, die häufig vorkommen und keine schwer abzuändernden Auswirkungen auf die Entwicklung des Kindes haben.

Beispiele

➲ Die Entscheidung, ob das Kind mit einer dritten Person Umgang haben soll, ist keine alltägliche Angelegenheit, wohl aber, an welchen Tagen der Umgang stattfindet oder wie die Übergabe gestaltet wird. Ob das Kind fleischliche Kost erhalten soll, ist von grundsätzlicher Bedeutung, anders aber wie im jeweiligen Rahmen der tägliche Speisezettel aussieht. Ob das Kind in der Freizeit eine Risikosportart ausüben darf, wie im Verein Fußball spielen, ist keine alltägliche Entscheidung, jedoch im Anschluss an die Gestattung die Erlaubnis gegen eine andere Mannschaft zu spielen.

Leben gemeinsam sorgeberechtigte Eltern getrennt, kann derjenige Elternteil, bei dem das Kind lebt, alltägliche Angelegenheiten allein regeln; der andere nur während des Umgangs Angelegenheiten der tatsächlichen Betreuung. Wichtige Entscheidungen müssen sie hingegen im Einvernehmen treffen (§ 1687 Abs. 1 S. 1 bis 4 BGB).

Hat nur ein Elternteil das Sorgerecht, steht dem anderen Elternteil nur die Entscheidung in Angelegenheiten der tatsächlichen Betreuung zu (§ 1687a BGB). Das sog. kleine Sorgerecht soll Ehepartnern und Lebenspartnern eines alleinsorgeberechtigten Elternteils zukommen, die nicht Elternteil des Kindes sind (vgl. § 1687b BGB, § 9 Abs. 1 LPartG); entgegen dem Wortlaut bestehen aber keine Entscheidungsbefugnisse, da es allein auf den Willen des sorgeberechtigten Elternteils ankommt. Fürsorge- und Beistandspflichten gegenüber dem Kind ergeben sich bei erweiternder Auslegung bereits aus § 1618a BGB. Für (medizinische) Notfälle gibt es aber Rechtsgrundlagen für Handlungspflichten, die gemeinsames Handeln Sorgeberechtigter nicht verlangen und auch nicht sorgeberechtigten aufsichtspflichtigen Personen zukommen. Für Elternteile finden sich diese in § 1629 Abs. 1 S. 4, § 1687 Abs. 1 i. V. m. § 1629 Abs. 1 S. 4 BGB analog, § 1687a i. V. m. § 1687 Abs. 1 S. 5 i. V. m. § 1629 Abs. 1 S. 4 BGB analog, für Ehe- und Lebenspartner stehen diese in § 1687b Abs. 2 BGB, § 9 Abs. 2 LPartG, für Pflegepersonen und erziehungsberechtigte Personen in Einrichtungen in § 1688 Abs. 1 S. 3 und 2 i. V. m. Abs. 1 S. 3 i. V. m. § 1629 Abs. 1 S. 3 BGB analog.

Über personenbezogene Angelegenheiten hat der getrennt lebende Elternteil einen Auskunftsanspruch gegenüber dem anderen Elternteil, bei dem das Kind lebt. Bei stationären Hilfen bestehen Auskunftsansprüche gegenüber dem Träger aus Vertragsrecht. Auch ein nicht rechtlicher, leiblicher Vater des Kindes hat nach § 1686a BGB einen entsprechenden Auskunftsanspruch gegen Sorgeberechtigte für das Kind.

Die wichtigste Aufgabe der Vermögenssorge ist die Verwaltung des Vermögens des Kindes. Erträge und Einkünfte des Kindes können nach Abzug der Verwaltungskosten für den Unterhalt des Kindes verwendet werden; dementsprechend hat das Kind dann keinen Unterhaltsanspruch (vgl. § 1649 BGB). Nur ausnahmsweise können Einkünfte für den Elternunterhalt oder für den Unterhalt nicht verheirateter Geschwister des Kindes verwendet werden. Der Vermögensstamm, das Kapital, wird aber ausnahmslos geschont. Für das elterliche Vermögenssorgerecht wird im Gesetz (vgl. §§ 1643, 1667 Abs. 2 BGB) auf die Vermögenssorge des Vormunds verwiesen (vgl. Kapitel 2.6.2 auf Seite 89). Mit Mitteln des Kindes erworbene Sachen und Rechte werden unmittelbar Eigentum oder Recht des Kindes (sog. Surrogation; vgl. § 1646 BGB). Zur Vermögenssorge gehört beim vermögenslosen Minderjährigen die Inanspruchnahme von wirtschaftlichen Hilfen der öffentlichen Hand.

Vom Sorgerecht zu trennen ist das Umgangsrecht. Ein Umgangsrecht hat:

- das Kind im Verhältnis zu seinen rechtlichen Eltern (§ 1684 Abs. 1 BGB),
- die rechtlichen Eltern (§ 1684 Abs. 1 BGB) und der leibliche Vater (§ 1686a BGB) im Verhältnis zum Kind und
- die in § 1685 BGB genannten Verwandten (Großeltern des Kindes und volljährige Geschwister des Kindes) sowie enge Bezugspersonen des Kindes.

Unter Umgang versteht man die Pflege direkter Kontakte ebenso wie den Brief-, Telefon- und elektronischen Verkehr zwischen zwei Personen. Den Umgang des Kindes regelt der sorgeberechtigte Elternteil oder regeln die sorgeberechtigten Eltern mit Blick auf das Wohl des Kindes. Sind diese sich nicht einig, entscheidet das Familiengericht auf Antrag (§ 1632 Abs. 3 i. V. m. Abs. 2 BGB), bei allen sonstigen Konflikten entscheidet das Familiengericht, ohne dass ein entsprechender Antrag erforderlich wäre (vgl. §§ 1684, 1685 BGB). Erfordert es das Wohl des Kindes, kann auch begleiteter Umgang zur Anbahnung des Umgangs, zur geordneten Durchführung und zur Kontrolle des den Umgang wahrnehmenden Erwachsenen angeordnet werden. Besteht eine Umgangspflegschaft, entscheidet der Ergänzungspfleger über das Ob und Wann des Umgangs des Kindes. Begleiteten Umgang können die betreffenden Personen auch vereinbaren; eine Umgangspflegschaft setzt einen Eingriff des Familiengerichts voraus.

Im Sorgerecht, das zu den Kindschaftssachen gehört (vgl. § 151 FamFG), haben die Familiengerichte umfangreiche Entscheidungsbefugnisse. Rechtgrundlagen für die Zuständigkeiten des Familiengerichts in Verfahren, die das Sorgerecht eines Elternteils begründen oder die Sorge auf einen Elternteil oder Pfleger übertragen, sind:

1. § 1626a Abs. 1 Nr. 3, Abs. 2 BGB (Begründung gemeinsamen Sorgerechts der Eltern eines nichtehelich geborenen Kindes auf Antrag)

Beispiel

➲ Herr A ist als Vater des Kindes B festgestellt, die Mutter C des Kindes möchte die Alleinsorge behalten. Stellt Herr A Antrag auf Anordnung der gemeinsamen Sorge und widerspricht Frau C nicht, entscheidet das Gericht ohne mündliche Verhandlung (§ 1626a Abs. 2 BGB).

2. § 1630 Abs. 3 BGB (Übertragung von Teilen der elterlichen Sorge auf eine Pflegeperson auf Antrag)

Beispiel

➡ Das nicht ehelich geborene Kind D lebt seit drei Jahren bei Pflegeeltern; der Kontakt mit der Kindesmutter E reißt immer wieder für Wochen ab. Die Pflegeeltern beantragen die Übertragung von Teilen der Sorge auf sie als Ergänzungspfleger. Stimmt E zu, gibt das Familiengericht dem Antrag statt.

3. § 1671 Abs. 1 BGB (Übertragung des Alleinsorgerechts auf einen Elternteil, bei bisher gemeinsamem Sorgerecht auf Antrag)

Beispiel

➡ Die Eheleute F sind geschieden und haben weiterhin gemeinsame Sorge für das Kind G. Dies gestaltet sich zunehmend schwierig. Frau F stellt den Antrag auf Übertragung der Alleinsorge. Dem gibt das Familiengericht statt, wenn Herr F zustimmt oder die Übertragung auf Frau F dem Wohl des Kindes am besten entspricht.

4. § 1671 Abs. 2 BGB (Übertragung des Alleinsorgerecht oder von Teilen des Sorgerechts auf den anderen Elternteil auf Antrag)

Beispiel

➡ Herr H ist rechtlicher Vater des nicht ehelich geborenen Kindes I; die Mutter J ist alkoholkrank. Herr H beantragt die Übertragung der Alleinsorge von der Mutter des Kindes I auf ihn. Das Familiengericht gibt dem Antrag statt, wenn J zustimmt oder gemeinsame Sorge nicht in Betracht kommt und die Alleinsorge des H dem Wohl des Kindes am besten entspricht.

5. § 1678 Abs. 2 BGB (Übertragung des Alleinsorgerechts auf den Vater des nichtehelichen Kindes bei Ruhen der elterlichen Sorge der Kindesmutter)

Beispiel

➡ Herr K ist nach Übertragung des Sorgerechts alleinsorgeberechtigt für das Kind L. Er liegt nach einem Arbeitsunfall im Koma. Das Familiengericht überträgt die Sorge auf die Kindesmutter M zurück, wenn die Genesung nur geringe oder keine Aussichten hat.

6. § 1680 Abs. 2 BGB (Übertragung des Alleinsorgerechts auf den anderen Elternteil bei Tod des bisher Alleinsorgeberechtigten)

Beispiel

➡ Frau N ist alleinsorgeberechtigt für das nicht ehelich geborene Kind O. Die Vaterschaft ist nicht festgestellt. Sie verstirbt an Krebs. Eine Übertragung auf den leiblichen Vater des Kindes ist nicht möglich; das Kind O bekommt einen Vormund. Dieser kann dann die Vaterschaftsfeststellung betreiben, so dass eine Entlassung des Vormunds und die Übertragung der Sorge auf den Festgestellten möglich sind.

7. § 1680 Abs. 3 i. V. m. Abs. 2 BGB analog (Übertragung des Sorgerechts auf den anderen Elternteil nach Entzug der Sorge des bisher Alleinsorgeberechtigten)

Beispiel

➡ Der schwer drogenabhängigen Kindesmutter Q wird das Sorgerecht für das Kind R entzogen. Beim Familiengericht läuft bereits ein Verfahren auf gerichtliche Feststellung der Vaterschaft des Herrn S. Das Kind erhält einen Ersatzpfleger, bis jenes Verfahren abgeschlossen ist, anschließend kann dieser entlassen und die Sorge auf Herrn S übertragen werden, wenn es dem Wohl des Kindes dient.

Daneben bestehen Zuständigkeiten des Familiengerichts in Verfahren zur Entziehung des Sorgerechts und zur Übertragung des Sorgerechts auf einen Vormund oder Pfleger einschließlich der Verbleibeanordnungen. Entsprechende Rechtsgrundlagen sind:
1. § 1629 Abs. 2 S.3 BGB (Entziehung der Vertretungsmacht)
2. § 1632 Abs. 4 BGB (Anordnung des Verbleibs des Kindes bei der Pflegeperson)

Beispiel

➡ Das Kind T lebt seit der Entlassung aus der Klinik bei der Pflegemutter. Die Mutter des Kindes T, mit der bisher nur sporadischer Kontakt des Kindes T bestand, will nach ihrer Heirat das Kind zu sich nehmen. Die Pflegemutter kann für eine Übergangszeit eine Verbleibeanordnung beantragen.

3. § 1666 Abs. 1 und 3 BGB (Entziehung der elterlichen Sorge und Ersetzung von Erklärungen des Inhabers der elterlichen Sorge)

Beispiel

➡ Die Mutter des Kindes U hat geduldet, dass ihr Lebensgefährte das Kind wiederholt sexuell missbraucht hat. Das Familiengericht entzieht ihr die Sorge, weil sie nicht dagegen eingeschritten ist.

4. § 1671 Abs. 4 BGB (Übertragung des Sorgerechts entgegen einem Antrag)
5. § 1682 S. 1 BGB (Anordnung des Verbleibs beim nicht aufenthaltsbestimmungsberechtigten verheirateten Elternteil)

Beispiel

➡ Das Kind V lebt beim Vater und dessen Ehefrau. Die allein aufenthaltsbestimmungsberechtigte, im Übrigen gemeinsam sorgeberechtigte Mutter will nach fünf Jahren, dass das Kind V in ihren Haushalt umzieht. Das Familiengericht kann eine zeitlich befristete Verbleibeanordnung treffen.

6. § 1682 S. 2 BGB (ebenso bei Zusammenleben des Elternteils mit seinem eingetragenen Lebenspartner, vgl. § 1685 Abs. 2 3. Var. BGB)
7. § 1682 S. 2 i. V. m. 1685 Abs. 1 BGB (ebenso bei Zusammenleben des Elternteils mit einem Geschwisterkind oder einem Großelternteil des Kindes)
8. § 1696 Abs. 2 BGB (Abänderung einer Maßnahme nach §§ 1666, 1667 BGB)
9. § 1697 BGB (Anordnung der Vormundschaft oder Pflegschaft)

2.5 Elterliche Sorge

Von den Zuständigkeiten in Bezug auf die Ausübung der elterlichen Sorge sind zu nennen:
1. § 1631 Abs. 3 BGB (Unterstützung bei der Ausübung der Personensorge auf Antrag)
2. § 1628 BGB (Übertragung der Alleinentscheidungsbefugnis im Einzelfall auf Antrag)

Beispiel

➡ Die gemeinsam sorgeberechtigten Eltern des Kindes können sich nicht einigen, ob das Kind in einer konfessionellen oder einer staatlichen Grundschule angemeldet werden soll. Das Gericht überträgt die Alleinentscheidungsbefugnis in dieser Frage auf einen Elternteil. Die gemeinsame Sorge bleibt im Übrigen unberührt. Der Elternteil ist an seine bisher vertretene Auffassung nicht gebunden und vertritt das Kind bei der Anmeldung allein.

3. § 1630 Abs. 2 BGB (Entscheidung von Konflikten zwischen Eltern[teil] und Pfleger)
4. § 1640 Abs. 3 BGB (Anordnung betreffend das Verzeichnis ererbten Vermögens des Kindes)
5. § 1667 Abs. 1–3 BGB (Gerichtliche Maßnahmen bei Gefährdung des Kindesvermögens)

Beispiel

➡ Die alleinsorgeberechtigte Mutter des Kindes X hat das Kindergeld, das sie für das Kind X erhält, wiederholt für ihren eigenen Bedarf verwendet. Als das Kind X nach seinem väterlichen Großvater erbt, ordnet das Gericht an, dass über das ererbte Vermögen ein Verzeichnis angelegt und über die Verwaltung Rechenschaft gelegt wird.

6. § 1674 Abs. 1, Abs. 2 BGB (Feststellung des Ruhens und aufhebender Beschluss)
7. § 1683 Abs. 2 und 3 BGB (Ausnahmeregelungen hinsichtlich der Auseinandersetzung einer Vermögensgemeinschaft)
8. §§ 1687 Abs. 2, 1687a i. V. m. 1687 Abs. 2, 1687b Abs. 3, 1688 Abs. 3 und 4, 1751 Abs. 1 S. 5 i. V. m. 1688 Abs. 3 S. 2 BGB; 9 Abs. 3 LPartG (Regelung der Wahrnehmung elterlicher Sorge)
9. § 1693 BGB (Gerichtliche Maßnahmen bei Verhinderung der Eltern).

Zuständigkeiten in Herausgabe- und Umgangssachen finden sich in:
1. § 1632 Abs. 3 i. V. m. Abs. 1 und Abs. 2 (Herausgabe des Kindes und Regelung des Umgangs auf Antrag)
2. § 1684 Abs. 3 S. 1 (Entscheidung über den Umfang des Umgangsrechts und seine Ausübung auch gegenüber Dritten)

Beispiele

➡ Die väterlichen Großeltern, die im Ausland leben, wollen, dass das Kind Y sie während der sechswöchigen Schulferien besucht. Die Kindesmutter lehnt dies ab, da sie fürchtet, dass das Kind Y dort zurückgehalten wird. Die sorgeberechtigten Eltern der 16 Jahre alten Z untersagen ihr und ihrem 30 Jahre alten verheirateten Freund A sich zu treffen. Beide halten sich nicht an diese Vorgaben. Das Familiengericht kann ein Umgangsverbot gegenüber A erlassen; dieses wird von Amts wegen vollstreckt.

3. § 1684 Abs. 4 S. 1 und 3 (Einschränkung oder Ausschluss des Umgangsrechts oder des Vollzuges einer früheren Entscheidung über das Umgangsrecht)
4. § 1685 i. V. m. 1684 Abs. 3 und 4 BGB (Regelung des Umgangs des Kindes mit Dritten)
5. § 1686 BGB (Regelung von Auskunftsstreitigkeiten)
6. § 1686a BGB (Entscheidung über Umgangsrechte des leiblichen, nicht rechtlichen Vaters auf Antrag)

Beispiel

➡ Herr B, ein Nigerianer, ist leiblicher Vater der Zwillinge C und D. Diese sind eheliche Kinder des Ehepaares E. Herr B beantragt beim Familiengericht ihm Umgangsrecht mit C und D zu gewähren und stützt darauf seinen Anspruch auf Erteilung eines Aufenthaltstitels.

7. § 1686a BGB (Regelung von Streitigkeiten wegen Auskunftsansprüchen des leiblichen, nicht rechtlichen Vaters des Kindes auf Antrag).

Im Vorfeld gerichtlicher Verfahren hat das Jugendamt Hilfen, insbesondere Hilfen zur Erziehung und Eingliederungshilfen, anzubieten und ggf. in die Hilfeplanung einzutreten (vgl. § 1666a BGB). In Umgangssachen bestehen Beratungspflichten nach § 18 Abs. 3 SGB VIII (dazu Kapitel .4.3.3.6.2). Bei Verdacht auf Kindeswohlgefährdung hat das Jugendamt die Gefährdung abzuschätzen (§ 8a SGB VIII) und ggf. das Kind in Obhut zu nehmen (§ 42 SGB VIII; dazu 4.3.4).

Übungsaufgaben

1. Hat auch eine nicht verheiratete minderjährige Mutter Sorgerecht für ihr Kind? Kann sie ihr Kind vertreten?
2. Unter welchen Voraussetzungen erhält ein nichtehelicher Kindesvater gemeinsames Sorgerecht?
3. Unter welchen Voraussetzungen kann das Familiengericht auf Antrag das Alleinsorgerecht auf den bislang nicht oder nicht mehr sorgeberechtigten Kindesvater übertragen? Unter welchen Voraussetzungen muss das Familiengericht auf den bislang nicht oder nicht mehr sorgeberechtigten Kindesvater das Alleinsorgerecht übertragen?
4. Ist eine familiengerichtliche Sorgerechtentscheidung von Amts wegen änderbar?
5. Nennen Sie die Vorschrift, die die Vertretungsbefugnis der Elternteile für das minderjährige Kind begründet!
6. Zählen Sie Angelegenheiten der Personensorge auf! Welche wichtige Aufgaben fehlen im Gesetz?
7. Welche Vorschriften regeln die Vermögenssorge seitens der Eltern?
8. Welche Genehmigungsvorbehalte bestehen
   a) in personensorgerechtlichen Angelegenheiten?
   b) in vermögensrechtlichen Angelegenheiten?
9. Wann wird ein Rechtsgeschäft wirksam, das genehmigungsbedürftig ist?
10. Gehört die Unterhaltpflicht zur Vermögenssorge? Welche Folgen kann die Verletzung der Unterhaltpflicht für die Vermögenssorge haben?
11. Welche Sanktionsmöglichkeiten hat das Familiengericht bei
    a) Verstößen gegen Aufgaben der Personensorge
    b) Vernachlässigung/Verwahrlosung
    c) bei unzureichender Förderung von Minderjährigen mit Behinderung?
    d) bei Beeinträchtigungen des Kindeswohls durch dritte Personen?
    e) bei selbstschädigendem Handeln des Minderjährigen?
12. Die Eheleute Frau und Herr A können sich nicht einigen, an welcher Schule das eheliche Kind B eingeschult werden soll. Wer entscheidet?
13. Das Kind C ist krank. Welche Art von Vertrag muss bei stationärer Aufnahme in ein Krankenhaus geschlossen werden? Wer willigt in die ärztliche Untersuchung und Behandlung ein?
14. Welche Rechte haben im Notfall, d. h. bei akuter Behandlungsbedürftigkeit des Kindes
    a) jeder gemeinsam sorgeberechtigte Elternteil
    b) ein nicht sorgeberechtigter Elternteil
    c) eine Pflegeperson
    d) eine Erzieherin in einer Einrichtung
    e) ein Dritter?
15. In welchen Fällen muss das Familiengericht tätig werden um eine Behandlung des Kindes zu ermöglichen?
16. Ist es elterliche Pflicht sein Kind impfen zu lassen, an ärztlichen Vorsorgeangeboten teilnehmen zu lassen, ggf. in eine lebenserhaltende Bluttransfusion einzuwilligen? Wie können solche Maßnahmen ggf. durchgesetzt werden?

17. Den Eltern der D wurde das Sorgerecht entzogen, das Kind D lebt seither im Heim. Nach 2 Jahren haben sich die Verhältnisse gebessert und die Eltern wollen das Kind wieder selbst erziehen. Muss das Sorgerecht rückübertragen werden?
18. Kann das Familiengericht eine Verbleibeanordnung erlassen?
19. Unter welchen Konstellationen kann eine Verbleibeanordnung ergehen? Hat diese Auswirkungen auf das Sorgerecht des Elternteils?
20. Unter welchen Voraussetzungen besteht der Anspruch eines Elternteils gegen den anderen auf Herausgabe des Kindes? Ist ein entsprechendes Herausgabeverfahren antragsabhängig?
21. Wie wird ein Herausgabebeschluss vollstreckt?
22. Was meint Umgang? Hat auch ein Elternteil, der mit dem Kind zusammenlebt, Umgangsrecht?
23. Wer ist (sonst) umgangsberechtigt?
24. Sind Verfahren zur Regelung des Umgangs des Kindes Amtsverfahren?
25. Wer streitet sich mit wem, wenn ein Umgangsverfahren nach § 1632 Abs. 3 i. V. m. Abs. 2 BGB bei Gericht anhängig ist?
26. Kann ein Beschluss zur Herausgabe des Kindes zum Zweck des Umgangs mit dem Kind vollstreckt werden?
27. Welche Anordnungen kann das Familiengericht in Umgangssachen treffen?
28. Wer kommt als Umgangsbegleiter in Betracht? Findet sich eine entsprechende Vorschrift im SGB VIII? Welche Formen der Umgangsbegleitung kennen die Sozialarbeiter?
29. Welche Rechte hat der leibliche, nicht rechtliche Vater eines Kindes? Wer kann einen betreffenden Antrag stellen?
30. Welche sorgerechtlichen Folgen hat die Inobhutnahme des Minderjährigen (vgl. § 42 SGB VIII) durch das Jugendamt?

2.6 Vormundschaft und Pflegschaft

Die Verantwortlichkeit und gesetzliche Vertretung eines Kindes oder Minderjährigen kann neben oder statt der Eltern oder eines Elternteils bei einem Vormund oder Ergänzungspfleger liegen. Die Gründe für die Vormundschaft sind in § 1773 BGB aufgeführt. Sie ist notwendig, wenn

- das Kind oder der Jugendliche keine Eltern mehr hat (Waisenkind),
- der Familienstand des Kindes oder Jugendlichen nicht bekannt ist (Findelkind, Babyklappenkind, vertraulich geborenes Kind, anonym geborenes Kind),
- beiden Eltern oder dem alleinvertretungsberechtigten Elternteil das Sorgerecht entzogen wurde,
- beide Eltern oder der alleinvertretungsberechtigte Elternteil für Tod erklärt oder der Todeszeitpunkt nach Verschollenheitsgesetz festgestellt worden ist (vgl. § 1681 BGB) oder
- beide Eltern nicht zur Vertretung berechtigt sind oder ein alleinvertretungsberechtigter Elternteil nicht zur Vertretung berechtigt ist. Das ist der Fall, wenn

- das Sorgerecht bei beiden Eltern oder dem alleinvertretungsberechtigten Elternteil wegen Geschäftsunfähigkeit ruht (§§ 1673 Abs. 1, 1675 BGB),
- das Vertretungsrecht bei beiden Eltern oder dem sorgeberechtigten Elternteil wegen beschränkter Geschäftsfähigkeit ruht (§§ 1673 Abs. 2, 1675 BGB),
- wenn auf Wunsch der Kindesmutter die Geburt vertraulich durchgeführt wurde (§ 1674a BGB) oder
- wenn beide Elternteile oder der alleinvertretungsberechtigte Elternteil in die Adoption des Kindes durch einen Dritten eingewilligt hat (§ 1751 Abs. 1 S. 1 und 2 BGB).

Die Ergänzungspflegschaft unterscheidet sich von der Vormundschaft darin, dass der Ergänzungspfleger i. d. R. nicht sämtliche Aufgaben der Sorge wahrnimmt, sondern nur einen konkret bezeichneten Aufgabenkreis oder eine einzelne Aufgabe.[30] Das ist der Fall, wenn

- die Eltern oder der alleinvertretungsberechtigte Elternteil oder der Vormund von der Vertretung wegen Interessenskonflikten ausgeschlossen sind (§§ 181, 1629 Abs. 2 S. 1, 1795 BGB) oder
- beiden Eltern oder dem alleinvertretungsberechtigten Elternteil oder dem Vormund die Sorge teilweise entzogen worden ist (§§ 1629 Abs. 2 S. 3, 1666, 1796; 1796, 1837 Abs. 4 i. V. m. 1666 BGB analog).

Beispiele

➡ Die alleinsorgeberechtigte Mutter des Kindes A will einen Vertrag im Namen des Kindes mit ihrem Ehemann, der nicht Vater des Kindes ist, schließen. Das Kind kann nur durch einen Ergänzungspfleger vertreten werden. Das Gericht hat den gemeinsam sorgeberechtigten Eltern das Recht Hilfe zur Erziehung zu beantragen und das Aufenthaltsbestimmungsrecht entzogen und einem Ergänzungspfleger übertragen. Dieser stellt den Antrag auf Hilfe; hat er auch Aufenthaltsbestimmungsrecht, kann eine stationäre Hilfe umgesetzt werden.

Im Übrigen erklärt § 1915 BGB auf die Ergänzungspflegschaft die Regelungen des Vormundschaftsrechts für anwendbar.

Bei den Vormundschaften gibt es
1. gesetzliche und
2. bestellte Vormundschaften.

Ergänzungspflegschaften sind immer bestellte Pflegschaften.

Bei gesetzlichen Vormundschaften tritt die Vormundschaft von Gesetzes wegen ein, d. h. ohne dass das Familiengericht den Vormund bestellen muss. Gesetzlicher Vormund ist immer das Jugendamt als Behörde; das Familiengericht hat nach Unterrichtung durch den Standesbeamten lediglich dem Jugendamt eine Bescheinigung über den Eintritt der Vormundschaft zu erteilen (vgl. § 1791c Abs. 3 BGB). Eine gesetzliche Vormundschaft tritt ein, wenn

---

[30] Einzelheiten bei Hauck/Bohnert SGB VIII § 50 Rn. 9.

- eine unverheiratete minderjährige Frau ein Kind zur Welt bringt und die zur Anerkennung der Vaterschaft erforderlichen Erklärungen nicht bereits vor Geburt des Kindes beurkundet worden sind,
- eine unverheiratete geschäftsunfähige Frau ein Kind zur Welt bringt; da die natürliche Geschäftsunfähigkeit nur situativ festgestellt werden kann, wird jedoch regelmäßig ein Vormund bestellt,
- eine Frau unter Verwendung eines Pseudonyms ein Kind zur Welt bringt und die Vaterschaft nicht feststeht oder
- beide Eltern oder der alleinvertretungsberechtigte Elternteil in die Adoption des Kindes durch einen Dritten eingewilligt haben.

2.6.1 Grundzüge des Verfahren

Muss ein Vormund oder Ergänzungspfleger bestellt werden, wird das Familiengericht von Amts wegen tätig. Es prüft die Voraussetzungen, hört das Kind, Angehörige des Kindes und das Jugendamt (§ 1779 BGB, §§ 159, 162 FamFG) an. Das Jugendamt hat Vormünder und Ergänzungspfleger zu werben, auf ihre Geeignetheit zu prüfen und einen Vorschlag zu unterbreiten, welche Person oder Stelle in Frage kommt (§ 53 Abs. 1 SGB VIII).

Geeignetheit vorausgesetzt (vgl. §§ 1779-1781, 1784, 1786 BGB) besteht eine feste Rangfolge, die das Familiengericht zu berücksichtigen hat. Vorrangig ist zu bestellen, wen die Eltern oder der zuletzt verstorbene sorgeberechtigte Elternteil benannt haben; fehlt eine Benennung folgen Personen, zu denen das Kind eine persönliche Bindung aufgebaut hat, Verwandte und Verschwägerte. Stehen diese Personen nicht zur Verfügung, soll ein ehrenamtlich tätiger Dritter bestellt werden, andernfalls ein Berufsvormund oder beruflich tätiger Ergänzungspfleger. Ein Verein und zuletzt das Jugendamt als Behörde kommen nur in Frage, wenn keine natürliche Person geeignet ist.

Vormund und Ergänzungspfleger müssen als natürliche Personen die deutsche Staatsangehörigkeit haben, da die Übernahme einer Vormundschaft oder Pflegschaft als Staatsbürgerpflicht angesehen wird und die Übernahme zwangsweise durchgesetzt werden kann (vgl. §1785 BGB). Die Übernahme kann nur bei Vorliegen gesetzlich vorgesehener Umstände abgelehnt werden (vgl. § 1786 BGB).

Beispiele

➜ Frau A hat drei schulpflichtige Kinder; sie darf die Übernahme der Vormundschaft nicht ablehnen (wohl aber, wenn sie vier schulpflichtige Kinder erziehen würde). Herr B ist bereits 62 Jahre alt; er darf die Übernahme aufgrund seines Alters ablehnen. Herr C ist der Bruder der verstorbenen Kindesmutter; er lebt in einer 500 km entfernten Stadt und ist beruflich nur schwer abkömmlich. Er kann ablehnen, auch wenn er der einzige nahe Angehörige des Mündels ist.

Das Familiengericht führt Aufsicht und kann Kontrollmaßnahmen durchführen (vgl. §§ 1837 Abs. 2, 1837 Abs. 4 i. V. m. 1666, 1666a, 1796 Abs. 1, 1798, 1843 Abs. 1, 1854 Abs. 2 S. 2, 1857, 1886, 1887 Abs. 1, 1888, 1889, 1892 Abs. 2 BGB). Zur Arbeitsentlastung kann das Familiengericht auch einen Gegenvormund bestellen (§ 1792 BGB). Dieser nimmt dann statt dem Gericht Kontrollpflichten wahr. Das Gericht hat die jährlichen schriftlichen Auskünfte zur Person des Mündels und die Rechnungslegung entgegenzunehmen und sachlich wie rechnerisch zu prüfen. Sind ausnahmsweise mehrere Vormünder für ein Mündel bestellt, entscheidet das Familiengericht bei Meinungsverschiedenheiten (§ 1798 BGB).

Gesetzliche Vormundschaften enden von Gesetzes wegen mit Volljährigkeit der Kindesmutter oder mit Ausspruch der Adoption, bestellte Vormundschaft mit Tod oder Volljährigkeit des Mündels. Tritt elterliche Sorge auf Grund familiengerichtlicher Entscheidung (wieder) ein, muss die Vormundschaft aufgehoben und der Vormund entlassen werden. Pflegschaften enden in der Regel mit Erledigung der Aufgaben.

Vormund und Ergänzungspfleger sind im Übrigen zu entlassen, wenn eine ranghöhere Person geeignet und bereit ist die Vormundschaft oder Pflegschaft zu führen (§§ 1887, 1889 Abs. 2 BGB) oder – sofern Vormund oder Ergänzungspfleger sich nunmehr auf Ablehnungsgründe des § 1786 Abs. 1 Nr. 2–5, 7 BGB berufen könnten (§ 1889 Abs. 1 S. 1 BGB) – ein wichtiger Grund vorliegt (§ 1889 Abs. 2 S. 2 BGB) oder der Vormund oder Ergänzungspfleger sich pflichtwidrig verhalten haben (§ 1886 BGB).

Beispiele

↳ Die volljährige Schwester des Mündels ist bereit, die Vormundschaft zu führen. Der Vormund hat Vermögen des Mündels veruntreut.

2.6.2 Führung der Vormundschaft oder Ergänzungspflegschaft

Vormund und Ergänzungspfleger sind gesetzliche Vertreter des Kindes oder Jugendlichen. Aufgaben der tatsächlichen Sorge (Pflege, Erziehung, Beaufsichtigung) müssen (und können) sie i. d. R. nicht selbst ausführen, dazu verpflichten sie vertraglich erziehungsberechtigte Personen. Vormünder sind jedoch verpflichtet persönlichen Kontakt zum Mündel zu halten (vgl. § 1793 Abs. 1a BGB), diesen zu dokumentieren und dem Rechtspfleger beim Familiengericht nachzuweisen (§ 1840 Abs. 1 BGB). Das kann organisatorisch zu erheblichen Problemen führen und ist hinsichtlich der parallelen Verantwortlichkeiten von ASD (Allgemeinem Sozialen Dienst der Jugendämter), Heimaufsicht und Pflegekinderdienst unzureichend geregelt. Da der Gesetzgeber für den Vormund kein Recht auf Betreten der vom Minderjährigen bewohnten Räumlichkeiten vorgesehen hat, sind die Befugnisse auch gegenüber Pflegepersonen und Heimleitung ungeklärt.

Im Übrigen verweist § 1793 Abs. 3 S. 1 BGB mit wenigen Abweichungen pauschal auf das Recht der elterlichen Sorge.

Detailliert geregelt ist aber, anders als im elterlichen Sorgerecht, die Pflicht zur Vermögenssorge bei vermögendem Mündel oder Pflegling. Geld ist mündelsicher anzulegen, risikoreiche Wertpapieranlagen oder Spekulationen sind ausgeschlossen. Familiengerichtliche Entscheidungsbefugnisse finden sich in §§ 112 Abs. 2, 113 Abs. 2, 1411 Abs. 1 S. 3, 1810, 1811, 1812 Abs. 2 und 3, 1818, 1819, 1821, 1822, 1823 BGB. Wird die Vormundschaft oder Pflegschaft vom Jugendamt als

Behörde geführt, sieht § 56 Abs. 2 und 3 SGB VIII Vereinfachungen vor. Bei vermögenslosem Minderjährigen hat der Vormund Unterhaltsansprüche durchzusetzen und/oder wirtschaftliche Leistungen zu Gunsten des Mündels in Anspruch zu nehmen.

2.6.3 Haftung des Vormunds

Der Vormund, und in seinem Bereich der Ergänzungspfleger, haften dem Mündel oder Pflegling für den aus Pflichtverletzungen resultierenden Schaden zivilrechtlich uneingeschränkt (§ 1843 BGB), und damit schärfer als sorgeberechtigte Eltern (vgl. § 1664 Abs. 1 BGB).

2.6.4 Aufwendungsersatz, Aufwandsentschädigung und Vergütung des Vormunds und Ergänzungspflegers

Die Führung einer Vormundschaft oder Ergänzungspflegschaft ist mit Kosten und Zeiteinsatz verbunden. Für den Ausgleich hat der Gesetzgeber eine komplizierte Regelung geschaffen, die sich an der Unterscheidung ehrenamtlicher und beruflicher Führung, wie sie in der Rangfolge zum Ausdruck kommt, ausrichtet.

Ehrenamtlich tätige Vormünder und Ergänzungspfleger können

- bezifferten Aufwendungsersatz (§ 1835 BGB) oder
- pauschalierte Aufwandsentschädigung (§ 1835a BGB)

beantragen. Nur im Ausnahmefall steht dem ehrenamtlichen Vormund auch eine Vergütung nach § 1836 Abs. 2 BGB zu.

Beruflich tätige Vormünder und Ergänzungspfleger können ebenso Aufwendungsersatz erhalten. Ein Verein oder das Jugendamt erhalten Aufwendungsersatz nur, sofern das einzusetzende Vermögen und die Einkünfte des Mündels (vgl. §1836c BGB) hinreichen, Aufwandsentschädigung erhalten sie nicht (vgl. § 1835a Abs. 5 BGB). Daneben kann aber eine Vergütung der Dienstleistung verlangt werden, wenn zuvor das Familiengericht die berufsmäßige Führung der Vormundschaft festgestellt hat (§ 1 VBVG). Die Feststellung berufsmäßiger Führung kann mit Wirkung für die Zukunft nachgeholt werden. Die Höhe der Vergütung richtet sich nach dem Zeitaufwand und dem zu Grunde liegenden Stundensatz (vgl. § 3 Abs. 1 VBVG). Dieser ist abhängig von der beruflichen Qualifikation. Der Höchstsatz für beruflich tätige Vormünder beträgt derzeit 33,50 Euro (§ 3 Abs. 1 Nr. 2 VBVG). Obwohl nicht wie bei Betreuern gesetzlich vorgegeben, ist der Rahmen für die Vergütung des Zeitaufwands relativ eng. Bei Mittellosigkeit des Mündels (vgl. § 1836d BGB) besteht Anspruch gegen die Staatskasse (§ 1 Abs. 2 S. 2 VBVG). Einem Verein oder dem Jugendamt kann keine Vergütung bewilligt werden.

2.6.5 Fristen

Die Ansprüche auf Aufwendungsersatz, Aufwandsentschädigung und Vergütung sind innerhalb einer Frist von 15 Monaten geltend zu machen (Ausschlussfrist); diese Frist kann vom Gericht auf Antrag verlängert werden (§ 1835 Abs. 3 S. 1 BGB, § 2 VBVG).

2.6.6 Annex zur Beistandschaft

Die Beistandschaft ist eine Unterstützung des Jugendamtes für allein sorgeberechtigte Mütter zur (gerichtlichen) Feststellung der Vaterschaft für ein nichtehelich geborenes Kind und für allein sorgeberechtigte Elternteile zur (gerichtlichen) Durchsetzung von Unterhaltsansprüchen des Kindes (vgl. § 1712 BGB). Nach dem Wortlaut des Gesetzes bleibt die elterliche Sorge eines Elternteils vom Eintritt der Beistandschaft unberührt; der Beistand ist damit kein Ergänzungspfleger. Beistandschaft tritt auf Antrag des Berechtigten ein, wenn dieser beim Jugendamt eingeht (§§ 1713, 1714 BGB); das Familiengericht wird daher mit der Beistandschaft als solcher nicht befasst. Da im Übrigen aber Pflegschaftsrecht greift, stellt dies nur eine geringe Modifikation gegenüber den Ausführungen zur Ergänzungspflegschaft dar. Beistand wird das Jugendamt als Behörde.

Die Ausführungen zur Ergänzungspflegschaft (einschließlich der Umgangspflegschaft) lassen sich weitgehend auch auf die Verfahrensbeistandschaft und die Verfahrensstandschaft übertragen. Die Regelungen zu Aufwandsentschädigung und Vergütung weichen dabei allerdings ab. Verfahrensbeistände sind in kindschaftsrechtlichen Verfahren zur Wahrung der Rechte und Interessen des Kindes zu bestellen, wenn entsprechende Konflikte zwischen Sorgeberechtigten und Kind drohen (vgl. § 158 FamFG).

Lehnt das Bundesamt für Familie und zivilgesellschaftliche Aufgaben einem vertraulich geborenen Kind die Einsicht in seinen Herkunftsnachweis nach § 31 Schwangerschaftskonfliktgesetzes ab, kann im nachfolgenden familiengerichtlichen Verfahren dem Kind ein Verfahrensbeistand (§ 174 FamFG analog) oder ein Verfahrensstandschafter bestellt werden.

 Übungsaufgaben

1. Welche Voraussetzungen hat die gesetzliche Vormundschaft nach § 1791c BGB?
2. Welche Voraussetzungen hat die gesetzliche Vormundschaft nach § 1751 BGB?
3. Kann eine gesetzliche Vormundschaft durch eine bestellte abgelöst werden?
4. Welche Rangfolge besteht bei bestellter Vormundschaft?
5. Hat ein Vormund persönlichen Kontakt zum Mündel zu halten? Wer kontrolliert die Einhaltung der Pflichten?
6. Wann kann/muss ein Vormund entlassen werden?
7. Welche Pflichten hat der Vormund gegenüber dem Familiengericht? Welche Pflichten hat das Jugendamt im gerichtlichen Verfahren? Welche Pflichten hat das Jugendamt gegenüber dem Vormund? Lesen Sie dazu § 53 SGB VIII!

2.7 Betreuungsrecht

Betreuung im Sinne des Betreuungsrechts meint die Vertretung des Betreuten im Rechtsverkehr. Dazu gehören der Abschluss von Rechtsgeschäften und die Erfüllung öffentlich-rechtlicher Pflichten, darüber hinaus die Absicherung von Teilhaberechten und die Inanspruchnahme von öffentlichen Leistungen zu Gunsten des Betroffenen. Das Betreuungsrecht enthält materiell-rechtliche und verfahrensrechtliche Teile. Einbezogen werden überdies Vorschriften, die die Aufgaben der Betreuungsbehörde regeln.

Zur erfolgreichen Führung einer Betreuung sind Rechtskenntnisse, aber auch medizinische Grundkenntnisse sowie Einfühlungsvermögen und Gesprächsführungstechniken notwendig.

2.7.1 Voraussetzungen der Betreuung

Für die Einrichtung einer Betreuung und die Bestellung des Betreuers ist das Betreuungsgericht (in der ersten Instanz eine Abteilung des Amtsgerichts) zuständig. Es prüft die Voraussetzungen, die in § 1896 BGB aufgeführt sind.

2.7.1.1 Materiell-rechtliche Voraussetzungen der Betreuung

§ 1896 BGB verbindet medizinische und rechtliche Voraussetzungen.

2.7.1.1.1 Medizinische Voraussetzungen

§ 1896 Abs. 1 BGB nennt als medizinische Voraussetzungen: das Vorliegen einer psychischen Krankheit (a) oder einer geistigen oder seelischen Behinderung (b) oder einer körperlichen Behinderung (c). Die wichtigsten Diagnosen einschlägiger psychischer Erkrankungen sind: Demenzen, schizophreniforme Störungen, Störungen als Auswirkungen des Konsums von psychotropen Substanzen, affektive Störungen, Essstörungen, Persönlichkeitsstörungen und Intelligenzminderung.

- Das demenzielle Syndrom verläuft chronisch oder fortschreitend unter Beeinträchtigung höherer kortikaler Funktionen, begleitet von einer Verschlechterung der emotionalen Kontrolle und des Sozialverhaltens.

- Bei den schizophreniformen Störungen bestimmen anhaltende oder immer wieder auftretende Wahnideen oder Denkstörungen das klinische Bild.

- Psychische und Verhaltensstörungen können durch den Konsum von psychotropen Substanzen (Alkohol, Opioide, Cannabinoide, Kokain, Halluzinogene) ausgelöst werden. Charakteristisch sind Wahrnehmungsverzerrungen und halluzinogene Effekte.

- Bei affektiven Störungen bestehen die Hauptsymptome in Stimmungsveränderungen, meist zur Depression hin, mit begleitender Angst, oder zu gehobener, manischer Stimmung. Bei Manie mit psychotischen Symptomen können anhaltende körperliche Aktivität und Erregung in Aggression und Gewalttätigkeit münden. Es kommt gehäuft zu Selbstverletzungen und Suizidhandlungen.

- Essstörungen führen häufig zu Mangelerscheinungen. Die Patienten leiden außerdem unter depressiven Symptomen. Von Essstörungen sind v. a. Minderjährige betroffen, manifeste Störungen beeinträchtigen aber auch das Wohl von Erwachsenen.
- Persönlichkeits- und Verhaltensstörungen umfassen tief verwurzelte Verhaltensmuster, die sich in starren Reaktionen auf unterschiedliche persönliche und soziale Lebenslagen zeigen. Dabei bestehen gegenüber der Mehrheit der Menschen deutliche Abweichungen im Wahrnehmen, Denken und Fühlen und in den zwischenmenschlichen Beziehungen.
- Nicht zuletzt spielt Intelligenzminderung als stehengebliebene oder unvollständige Entwicklung der geistigen Fähigkeiten, oft mit deutlicher Verhaltensstörung einhergehend, für das Betreuungsrecht eine wichtige Rolle.

Psychische oder geistige Behinderungen sind dauerhafte Beeinträchtigungen der geistigen Funktionsfähigkeit oder der seelischen Befindlichkeit, die entweder auf Grund einer angeborenen Beeinträchtigung, einer psychischen Erkrankung, eines Unfalls oder tiefgreifender Störungen des Beziehungsgefüges entsteht. In § 2 SGB IX wird auf die Abweichung von dem für das Lebensalter typischen Gesundheitszustands abgestellt. Die Abweichung führt bei einer Dauer von mindestens sechs Monaten dazu, dass die Person als Mensch mit Behinderung bezeichnet wird (vgl. Kapitel 4.4.1.2).

Die Übersicht über einschlägige Diagnosen schwerer und schwerster körperlicher Behinderungen, die die Einrichtung einer Betreuung mit sich bringen (können), ist schwieriger zu erreichen, da durchaus unterschiedliche Ursachen (neurologische und infektiologische) zusammentreffen können. Die meisten dieser Krankheiten sind in der ICD-10 unter dem Abschnitt G verschlüsselt. Zu den Krankheitsbildern zählen Querschnittsyndrome mit einer Schädigung im Bereich der Halswirbelsäule oder andere spinale Erkrankungen, Intoxikationen und Erkrankungen des Gehirns, die selten ausschließlich zu motorischen Einschränkungen führen.

Beispiele

⊃ Herr A, 78 Jahre alt und verwitwet, verlässt zunehmend häufig ohne witterungsangepasste Bekleidung und Schlüssel seine Wohnung und irrt orientierungslos durch die Umgebung. Die Wohnung ist unzureichend gesäubert, Herr A nimmt notwendige Medikamente nicht regelmäßig ein und versäumt Arzttermine. Frau B, 52 Jahre alt und geschieden, ist alkoholkrank und mangelernährt; phasenweise hört sie außerdem Stimmen. Sie lehnt jeden Kontakt zu Behörden ab. Wegen hoher Mietrückstände droht ihr der Verlust der Wohnung. Der geschiedene Ehemann zahlt keinen nachehelichen Unterhalt. Frau C, 43 Jahre und verheiratet, hat bei einem Autounfall schwere Gehirnläsionen und Wirbelbrüche erlitten. Sie liegt im Wachkoma.

2.7.1.1.2 Soziale Beeinträchtigungen als Folge der medizinischen Befunde

Auf Grund der Erkrankung oder Behinderung muss die Teilhabe der Betroffenen am Rechtsverkehr und am Leben in der Gesellschaft beeinträchtigt sein. Dies kann rein faktisch der Fall sein, liegt darüber hinaus immer vor, wenn die Geschäftsfähigkeit zweifelhaft ist. Insbesondere zur Klärung der sozialen Auswirkungen der Krankheit oder der Behinderung sind die Anhörungen von Betroffenen, deren Angehöriger und der zuständigen Betreuungsbehörde (vgl. §§ 278 Abs. 1, 279 FamFG, § 8 BtBG) von Bedeutung.

Beispiele

➲ Herr D, 23 Jahre alt und ledig, ist hochgradig lernbehindert, er kann weder lesen noch schreiben. Er lebte bisher bei seiner Mutter. Nach deren Tod ist er völlig überfordert. Frau E, 38 Jahre alt und früher Freizeitpilotin, leidet an einem Lock-In-Syndrom.

2.7.1.2 Rechtliche Voraussetzungen

Der Gesetzestext umschreibt die rechtlichen Voraussetzungen mit den Worten, dass „ein Volljähriger [...] seine Angelegenheiten ganz oder teilweise nicht [mehr] besorgen [kann]". Das setzt voraus, dass Handlungsbedarf besteht (a) und dass rechtliches Handeln in Vertretung erforderlich ist (b) um entsprechende Regelungen zu treffen.

a) Angelegenheiten

Unter Angelegenheiten ist prinzipiell alles erfasst, was den Betroffenen selbst angeht. Das können einzelne Umstände sein wie der Wechsel des Aufenthaltsorts, die Anfechtung der Vaterschaft, die Annahme einer Erbschaft oder sog. Aufgabenkreise, wie die Gesundheitsfürsorge, Wohnungsangelegenheiten oder die Vermögenssorge. Von diesen Angelegenheiten führt der Gesetzgeber nur die Kontrolle über den Fernmeldeverkehr und die Post des Betroffenen (§ 1896 Abs. 4 BGB) und gesundheitliche Belange (vgl. §§ 1901 Abs. 4, 1901a Abs. 1, 1904, 1906 BGB) an, bezieht sich aber durch Verweisungen auf entsprechende weitere Aufgaben des Vormunds (vgl. § 1908i Abs. 1 BGB). Nicht zu den Angelegenheiten gehören die Eheschließung, die Wahrnehmung der elterlichen Sorge für ein Kind, Verantwortung für einen Mündel, Verwaltung des Vermögens für einen Ehegatten oder Lebenspartner oder die Abfassung eines Testaments. Solche Angelegenheiten können nie Aufgabe eines Betreuers werden.

b) Notwendigkeit rechtlicher Vertretung

Nur soweit für die Regelung von Angelegenheiten Willenserklärungen oder rechtsgeschäftsähnliche Erklärungen abgegeben werden müssen (wie bei einem Vertragsschluss, der Annahme einer Erbschaft oder der Einwilligung in einen ärztlichen Heileingriff) oder der Zugang von Willenserklärungen (wie für die Kündigung eines Vertragsverhältnisses durch den Vertragspartner) erforderlich ist, muss eine Betreuung eingerichtet werden. Kann die lebenspraktische Unterstützung durch

Dritte oder die Inanspruchnahme von Eingliederungshilfen (z. B. Assistenzleistungen im Rahmen eines Persönlichen Budgets) den Bedarf absichern, ist keine Betreuung notwendig.

Voraussetzung ist weiterhin, dass der Betroffene keine ausreichende Vollmacht erteilt hat; die Erteilung setzt Geschäftsfähigkeit voraus. Können die Rechtshandlungen auch durch einen Bevollmächtigten vorgenommen werden, ist eine Betreuung nicht erforderlich. Daher hat die Betreuungsbehörde über die Möglichkeit, eine Vorsorgevollmacht zu errichten, zu belehren (§ 4 BtBG). Hinsichtlich bestimmter Aufgaben (Einwilligung in gefährliche ärztliche Maßnahmen, Unterbringung in einer geschlossenen psychiatrischen Einrichtung) ist die Vollmacht formbedürftig. Als Vorsorgevollmacht kommt sie erst zum Tragen, wenn der Vollmachtgeber geschäftsunfähig und einwilligungsunfähig geworden ist. Da der Vollmachtgeber in solchen Fällen nicht mehr in der Lage ist, die Geschäftsführung durch den Vollmachtnehmer zu kontrollieren, kann das Betreuungsgericht ggf. einen Kontrollbetreuer bestellen (§ 1896 Abs. 3 BGB). Dieser hat ausschließlich Kontrollbefugnisse und kann bei Verstößen des Vollmachtnehmers gegen die Interessen des Vollmachtgebers die Vollmacht widerrufen (vgl. §§ 1908i Abs. 1 i. V. m. 1799 BGB analog).

2.7.2 Einleitung des Verfahrens

Leidet der Betroffene an einer psychischen Krankheit oder geistigen oder seelischen Behinderung, erfolgt die Prüfung der Voraussetzungen und die Einrichtung der Betreuung von Amts wegen. Das Gericht kann von jedermann in Kenntnis gesetzt werden, dass ein entsprechender Betreuungsbedarf erkennbar ist, zumeist aber erfolgt der Hinweis durch die Betreuungsbehörde, einen Sozialleistungsträger (vgl. § 71 Abs. 3 SGB X), eine medizinische Einrichtung oder die Polizei. Ein Antrag ist nicht erforderlich, aber auch nicht ausgeschlossen.

Hat der Betroffene jedoch keine dominante psychische Störung, ist vielmehr eine schwere körperliche Behinderung die Ursache eingeschränkter oder ausgeschlossener Äußerungs- und Handlungsfähigkeit, wird das Betreuungsgericht nur auf verfahrenseinleitenden Antrag (§ 23 FamFG) tätig.

§ 1806 Abs. 1a BGB schließt es aus, gegen den „freien Willen des Volljährigen" einen Betreuer zu bestellen. Kann der Betroffene einen freien Willen i. S. d. § 104 Nr. 2 BGB bilden, besteht keine die Geschäftsfähigkeit beeinträchtigende geistige oder psychische Erkrankung oder Behinderung, und es besteht damit die Möglichkeit der Bevollmächtigung. Ob ein solch freier Wille noch gebildet werden kann, ist im Zweifel gutachterlich zu klären. § 1896 Abs. 1a BGB wiederholt damit nur die sich bereits aus Absatz 1 der Vorschrift ergebende Unterscheidung zwischen den Amts- und den Antragsverfahren.

Beispiel

➲ Herr F, 49 Jahre alt und ledig, leidet an schweren psychotischen Schüben. Er ist aber nicht krankheitseinsichtig und lehnt die Bestellung eines Betreuers vehement ab. Er droht damit seinen Hund zu hetzen.

Besteht eine Vollmacht, kann eine Betreuung für Aufgabenbereiche in Betracht kommen, die nicht von der Vollmacht erfasst sind.

2.7.3 Grundzüge des Verfahren bei erstmaliger Bestellung eines Betreuers

Das Verfahren in Betreuungssachen zeichnet sich insbesondere dadurch aus, dass der Betroffene auch dann verfahrensfähig ist, wenn er nicht geschäftsfähig ist (§ 275 FamFG). Es soll ihm im Verfahren größtmöglicher Respekt gezollt und, ungeachtet natürlicher Geschäftsunfähigkeit und entsprechender Schutzbedürftigkeit, prozessual eigenes Handeln ermöglicht werden. Bei zweifelhafter Geschäftsfähigkeit hat das Gericht zum Schutz des Betroffenen einen Verfahrenspfleger zu bestellen; dies gilt insbesondere, wenn der Betroffene nicht anhörungsfähig ist (vgl. § 276 Abs. 1 Nr. 1 FamFG).

Beispiele

→ Frau G, 36 Jahre alt und getrennt lebend, leidet an Paranoia; sie hat Panikattacken bei der Vorstellung in das Gericht zu gehen oder Personen in ihre Wohnung zu lassen. Herr H, 35 Jahre alt und an einer schweren affektiven Störung leidend, meint sich durch Strafanzeigen, Dienstaufsichtsbeschwerden und Beschwerden gegen alle Entscheidungen des Gerichts wehren zu müssen. Frau I, 23 Jahre alt, ist außer Stande, dem Verfahren geistig zu folgen.

Persönliche Anhörung des Betroffenen ist in den §§ 278 Abs. 1 S. 1, 293 Abs. 1, 296 Abs. 2 S. 1, 297 Abs. 1 S. 1, 298 Abs. 1 S. 1, 299 S. 2, 300 Abs. 1 S. 1 Nr. 4 FamFG vorgeschrieben. Ausnahmen normieren nur die §§ 293 Abs. 2, 296 Abs. 2 S. 2 FamFG.

Das Gericht kann zur Durchsetzung der Anhörung auch den Betroffenen vorführen, d. h. von Mitarbeitern der Betreuungsbehörde, ggf. unter Amtshilfe der Polizei, ins Gericht verbringen lassen. Da eine solche Vorführung Grundrechte (Unverletzlichkeit der Wohnung oder allgemeine Handlungsfreiheit) berührt, bedarf sie einer Rechtsgrundlage. Seit 1.1.2013 findet sich die Rechtsgrundlage für den Eingriff in die Grundrechte und für die Anwendung von unmittelbarem Zwang ausdrücklich in §§ 278 und 283 FamFG. Gründe, von der Anhörung abzusehen, sind die offensichtliche Unfähigkeit sich zu äußern oder mögliche gesundheitliche Beeinträchtigungen bei einer Anhörung (§ 34 Abs. 2 FamFG). Erscheint der Betroffene zum Termin nicht (§ 34 Abs. 3 FamFG), ist eine Verfahrenspflegerbestellung indiziert, wenn das Verhalten Ausdruck der Krankheit oder Behinderung ist. Das Gericht hat sich überdies einen persönlichen Eindruck von der betreffenden Person zu verschaffen, möglichst in der üblichen Umgebung, sofern der Betroffene nicht widerspricht (§ 278 Abs. 1 Satz 2 und 3 FamFG). In diesen Fällen ist Zwang ausgeschlossen.[31] Die Anhörung dient auch dem Zweck zu erfahren, ob ein Wunsch im Hinblick auf die Auswahl des Betreuers besteht.

---

[31] BGH, Beschluss vom 17.10.2012, XII ZB 181/12.

Beispiele

➡ Frau C (vgl. oben) ist nicht äußerungsfähig. Frau G (vgl. oben) würde bei einer erzwungenen Anhörung schlimme Angstzustände erleiden. Herr J, 82 Jahre alt, behauptet vor Gericht, dass er allein im Stande sei, notwendige Hilfe zu organisieren. Bei einem Hausbesuch stellt sich aber heraus, dass man sich nur durch enge Gassen zwischen hohen Altpapierstapeln in der Wohnung bewegen kann und keine verwendbaren Lebensmittel vorhanden sind. Herr J ist vermögend, weiß aber nicht mehr, wo sich die Unterlagen befinden.

Die Bestellung eines Verfahrenspflegers ist auch notwendig, wenn der Inhalt eines Sachverständigengutachtens nicht mitgeteilt oder von der Bekanntgabe der Entscheidungsgründe an den Betroffenen abgesehen werden soll (§ 288 Abs. 1 FamFG). Der Verfahrenspfleger ist Beteiligter. Beteiligt werden können weitere Personen, nämlich Ehe- oder Lebenspartner, sofern sie nicht getrennt leben, Eltern, Großeltern, Kinder oder Enkel und Geschwister der betroffenen Person (vgl. § 274 Abs. 4 FamFG). Diese sind als Beteiligte anzuhören (§ 279 FamFG). Es kann auch die Anhörung einer sonstigen Vertrauensperson verlangt werden (§ 279 Abs. 3 FamFG). Unumgänglich ist die Einholung eines Sachverständigengutachtens, welches das Gericht kritisch zu prüfen hat (vgl. §§ 280, 293, 294 Abs. 2, 295 FamFG).[32] Ist der Betroffene (nur) körperlich schwer behindert und verzichtet auf die Einholung eines Gutachtens, genügt die Einholung eines ärztlichen Zeugnisses (§ 281 Abs. 1 Nr. 1 FamFG).

Ein Gutachten kann nur ein approbierter Arzt (vgl. §§ 1, 2 BÄO) abgeben; eine Ausbildung als psychologischer Psychotherapeut genügt, sofern dieser nach § 2 PsychThG approbiert ist. Ein Ausbildungsabschluss als Facharzt für Psychiatrie (und Psychotherapie) oder Geriater ist hingegen nicht erforderlich. Ausreichende Erfahrung auf dem Gebiet der Psychiatrie gewinnt man durch berufliche Tätigkeit zum Zweck der Facharztausbildung. Erforderlich ist eine psychiatrische Diagnostik.[33]

Das Gutachten und das ärztliche Zeugnis haben

- die genutzten Informationsquellen zu nennen und
- die Verständigungsmöglichkeit mit dem Patienten zu bewerten.

Das Gutachten im engeren Sinne hat

- den Krankheitsverlauf,
- die aktuelle Situation,
- den Untersuchungsanlass,
- den psychischen und somatischen Befund,
- die Diagnosen darzulegen und diese zu klassifizieren[34].

Das ärztliche Zeugnis kann auf ein vertieftes wissenschaftliches Fundament evtl. verzichten.

---

[32] Zuletzt BGH, Beschluss vom 21.11.2012, XII ZB 296/12.
[33] Zu den Aspekten und Befunden s. Möller/Laux/Deister, Psychiatrie und Psychotherapie, S. 15, 124
[34] Vgl. BGH, Beschluss vom 21.11.2012, XII ZB 270/12, 306/12.

Die Ausführungen zu den Folgen haben vorrangig die sozialen Auswirkungen der Krankheit oder Behinderung zu berücksichtigen. Aussagen zu den ggf. notwendigen Aufgabenkreisen können entgegen § 280 Abs. 3 Nr. 4 FamFG im Gutachten oder Zeugnis nicht getroffen werden, da dem Arzt die rechtlichen Voraussetzungen i. d. R. nicht bekannt sind.

Der Patient kann nicht gezwungen werden, Fragen zu beantworten oder eine körperliche Untersuchung zu dulden. Daher ist eine Zuführung zu einer ambulanten Untersuchung nur sinnvoll, wenn anschließend der Widerstand aufgegeben wird. Anderenfalls kommt nur eine geschlossene Unterbringung zum Zweck der Beobachtung als Grundlage der Begutachtung in Frage (s. §§ 283, 284 FamFG).

Nach § 279 Abs. 2 FamFG, § 8 Abs. 1 BtBG hat das Gericht vor der Bestellung des Betreuers auch die Betreuungsbehörde anzuhören; das Ergebnis der Anhörung hat der Sachverständige zu berücksichtigen, wenn es ihm bereits vorliegt (§ 280 Abs. 2 S. 1 FamFG).

2.7.4 Eignung und Auswahl des Betreuers

Das Betreuungsgericht ist bei der Auswahl des Betreuers an bestimmte Eignungskriterien und eine feste Rangfolge gebunden. Um dem Gericht die Prüfung der Eignung zu erleichtern, verpflichtet der Gesetzgeber die Betreuungsbehörde Personen, die sich eignen könnten, zu werben, ihre Eignung im Gespräch zu klären und einen entsprechenden Vorschlag zu unterbreiten (§§ 6 Abs. 1 , 8 BtBG, § 1897 Abs. 7 S. 1 BGB). Das Betreuungsgericht kann auch mehrere Betreuer bestellen, wenn dies die Wahrnehmung der Aufgaben besser gewährleistet.

Beispiele

➡ Herrn J (vgl. oben) hat eine Tochter und einen Sohn; die Tochter hat jedoch drei kleine Kinder, der Sohn lebt 500 km entfernt. Eine Nachbarin hat sich bisher um Herrn J gekümmert, ist aber selbst bereits 71 Jahre alt. Herr E wäre bereit für seine Frau (vgl. oben) die Betreuung zu übernehmen; deren Mutter wendet ein, dass sie selbst viel mehr Zeit aufwenden könne und ihm außerdem Insolvenz drohe. Die Eltern von Frau I und deren 20 Jahre alten Schwester sind bereit, eine Betreuung zu übernehmen. Der Vater von Frau I ist Jurist.

Sinnvoll ist zugleich mit der Einrichtung der Betreuung und der Bestellung des Betreuers einen Ergänzungsbetreuer (Verhinderungsbetreuer) und einen Vertretungsbetreuer (Ersatzbetreuer) zu bestellen, damit sowohl bei rechtlicher wie bei faktischer Verhinderung des Hauptbetreuers die Führung der Betreuung uneingeschränkt erfolgen kann.

Beispiele

➡ Die Betreuerin von Herrn K möchte einen Vertrag mit Herrn K schließen. Der Betreuer von Frau L ist sechs Wochen zur Kur.

2.7.4.1 Eignungskriterien

Der Betreuer sollte volljährig sein, über ausreichende rechtliche Kenntnisse und – bei umfangreicher Vermögensverwaltung – über entsprechenden wirtschaftlichen Sachverstand verfügen. Die betreffende Person darf nicht selbst Betroffene eines Insolvenzverfahrens sein oder unter Betreuung stehen (§ 1781 BGB analog). Nicht bestellt werden dürfen Personen, die in einem Vertragsverhältnis zu einer Einrichtung stehen, in der der Betroffene wohnt (§ 1897 Abs. 3 BGB).

Der Betreuer sollte in relativer Nähe zu dem Betreuten leben, um den regelmäßigen persönlichen Kontakt aufrechterhalten zu können, und über hinreichende Zeitressourcen verfügen (vgl. § 1897 Abs. 1 BGB). Kontaktfreudigkeit und Durchsetzungsvermögen sind von Nutzen. Deutsche Staatsangehörigkeit ist nicht erforderlich.

2.7.4.2 Rangfolge

Der Betroffene kann eine Person vorschlagen, die zum Betreuer bestellt werden soll. Diesem Vorschlag hat das Gericht zu entsprechen, wenn es dem Wohl des Volljährigen nicht zuwiderläuft (§ 1897 Abs. 4 S. 1 BGB). Damit entsprechende, zeitlich früher zum Ausdruck gebrachte Wünsche auch in das Verfahren eingeführt werden, verpflichtet § 1901c BGB jede Person, die eine entsprechende Verfügung (Betreuungsverfügung genannt) verwahrt, diese nach Kenntnis von der Eröffnung eines Betreuungsverfahrens beim Betreuungsgericht abzuliefern. Sicherer ist aber die Aufnahme in einem sog. Vorsorgeregister, das von der Bundesnotarkammer geführt wird (§§ 78 ff. BNotO) und in welchem Vorsorgevollmachten, Betreuungsverfügungen und Patientenverfügungen registriert und verwahrt werden (die Kosten betragen für Privatpersonen derzeit mindestens 13 Euro).

Schlägt der Betroffene keine geeignete Person vor, ist eine (andere) natürliche Person auszuwählen. Der Gesetzgeber gibt dabei ehrenamtlich tätigen Personen den Vorzug (vgl. § 1897 Abs. 6 S. 1 BGB). Bei der Auswahl kommen in erster Linie Eltern, Kinder, Ehegatten und Lebenspartner in Betracht, sofern keine Interessenskonflikte zu vermuten sind oder fehlende Distanz zum Betroffenen die Führung der Betreuung durch Dritte empfiehlt. Findet sich keine geeignete Person, die die Betreuung ehrenamtlich übernimmt, ist ein Berufsbetreuer zu bestellen. Nur wenn der Volljährige durch eine oder mehrere natürliche Personen nicht hinreichend betreut werden kann, kann ein rechtsfähiger Betreuungsverein, letztrangig die Betreuungsbehörde als Betreuerin bestellt werden (§ 1900 BGB). Der Verein oder die Behörde überträgt die Führung der Betreuung einem ihrer Mitarbeiter (§ 1900 Abs. 2 und 4 BGB). Findet sich nachgehend eine ranghöhere Person, die bereit ist, die Betreuung zu übernehmen, ist das Betreuungsgericht zu informieren, das den bisherigen Betreuer zu entlassen und die andere Person zu bestellen hat. Die Betreuungsbehörde führt die Statistiken über die Zahl der berufsmäßig geführten Betreuungen (vgl. § 1897 Abs. 8 BGB).

Die Einrichtung der Betreuung durch Bestellung des Betreuers erfolgt durch Beschluss; sie ist immer befristet und muss spätestens nach sieben Jahren überprüft werden (vgl. § 294 Abs. 3 FamFG). Der Beschluss unterliegt der Beschwerde;

diese kann außer durch den Betroffenen auch durch den Verfahrenspfleger und die sonstigen Beteiligten sowie die Betreuungsbehörde eingelegt werden (§§ 58, 59, 303 FamFG).

2.7.5 Aufgaben bei Führung der Betreuung

Man kann bei den Aufgaben im Zusammenhang mit der Führung der Betreuung zwischen allgemeinen Aufgaben, die bei jeder Betreuung bestehen, und speziellen Aufgaben im Zusammenhang mit der Durchführung ärztlicher Maßnahmen oder der Abwicklung von Rechtsgeschäften unterscheiden.

2.7.5.1 Allgemeine Aufgaben

Der Betreuer ist dem Wohl des Betreuten verpflichtet; dessen Wünschen ist zu entsprechen, soweit sie dem Wohl nicht zuwiderlaufen (§ 1901 Abs. 2, Abs. 3 S. 1 BGB). Eine zweite Schranke richtet das Kriterium der Zumutbarkeit für den Betreuer auf; dies ist besonders bedeutsam bei Lebensgemeinschaft mit dem Betroffenen. Der Betreuer hat wichtige Angelegenheiten mit dem Betreuten zu besprechen und ihn persönlich aufzusuchen. Allerdings hat der Gesetzgeber von der Pflicht, monatlich einen unmittelbaren Kontakt in der üblichen Umgebung herzustellen, (noch) abgesehen (vgl. aber § 1793 Abs. 1a BGB).

Wird die Betreuung berufsmäßig geführt, ist ein Betreuungsplan aufzustellen (§ 1901 Abs. 4 S. 2 BGB).

Gegenüber dem Betreuungsgericht ist jeder Betreuer verpflichtet, jährlich über die persönlichen Verhältnisse des Betroffenen zu berichten und auf Nachfrage jederzeit Auskunft zu geben (§§ 1908i Abs. 1 i. V. m. 1839, 1840 Abs. 1 BGB analog). Außerdem sind Veränderungen im Betreuungsbedarf zu melden (§ 1901 Abs. 5 BGB).

Beispiele

➡ Frau L (vgl. oben) lebt in einer Seniorenresidenz. Ihr Fernseher ist kaputt. Das Ersatzgerät darf die Betreute aus einer vom Betreuer getroffenen Vorauswahl selber auswählen, den Kaufvertrag schließt der Betreuer; ein persönlicher Kontakt ist nicht zwingend erforderlich. Die Einrichtung hat das Altgerät zu entsorgen und die Inbetriebnahme des Ersatzgeräts zu ermöglichen, falls dies nicht fachmännisch zu erfolgen hat. Die Berufsbetreuerin von Frau M, die in einem Pflegeheim lebt, hat mit dem ärztlichen und pflegerischen Personal Rehabilitationsmöglichkeiten abzuklären und zur Förderung der verbliebenen Kompetenzen der Betreuten Angebote und Unterstützung der Einrichtung zu vereinbaren. Die Ergebnisse fließen in den Betreuungsplan ein. Die Berufsbetreuerin ist zur Kontrolle der Umsetzung und dementsprechend zur Berichterstattung verpflichtet.

2.7.5.2 Spezielle Aufgaben

Die speziellen Aufgaben hängen von den jeweils zugewiesenen Aufgabenkreisen ab. Nach der Intention des Gesetzgebers sind die einzelnen Aufgaben bereichsmäßig zu nennen. Im Ausnahmefall können dem Betreuer aber auch sämtliche Aufgaben (außer der Einwilligung in eine Sterilisation) zugewiesen werden.

2.7.5.2.1 Gesundheitsfürsorge und Gesundheitsvorsorge

Da jede Betreuung auf Grund schwerer gesundheitlicher Beeinträchtigungen des Betroffenen eingerichtet wird, wird dieser Aufgabenkreis regelmäßig zugewiesen. Der Betreuer ist verpflichtet „dazu beizutragen, dass Möglichkeiten genutzt werden, die Krankheit oder Behinderung des Betreuten zu beseitigen, zu bessern, ihre Verschlimmerung zu verhüten oder ihre Folgen zu mildern" (§ 1901 Abs. 4 S. 1 BGB). Eine Einwilligung in ärztliche oder therapeutische Maßnahmen kann der Betreuer aber nur erteilen, wenn der Patient nicht mehr einwilligungsfähig ist. Einwilligungsfähigkeit setzt voraus, dass der Patient die Auswirkung der Erkrankung und die Folgen und Risiken, die sich aus diesem Zustand ergeben, kennt und die Behandlungsvarianten und deren Folgen und Risiken abschätzen und über die Optionen einen vernünftigen Willen bilden kann. Die Einwilligungsfähigkeit ist bei Geschäftsunfähigkeit immer ausgeschlossen. Ist die Einwilligungsfähigkeit unklar, wird bei stationärem Aufenthalt in einem Krankenhaus ein psychiatrisches Konsil abgehalten; im Übrigen hat der behandelnde Arzt allein die Einwilligungsfähigkeit einzuschätzen und kann eine psychiatrische Begutachtung nahelegen. Im Zweifel werden sowohl die Erklärung des Betroffenen wie des Betreuers eingeholt. Dass statt dem einwilligungsunfähigen Patienten der Betreuer einwilligt, stellt keine Zwangsbehandlung dar.

Ist zur Durchführung gesundheitlicher Fürsorge- oder Vorsorgemaßnahmen der Abschluss von Versicherungen und Verträgen mit niedergelassenen Ärzten oder Therapeuten oder medizinischen Einrichtungen notwendig, sind allerdings weitere Aufgabenkreise zu übertragen (Regelung von Angelegenheiten mit Ämtern und Behörden und/oder Vermögenssorge). Auch die Organisation der erforderlichen täglichen Pflege und der hauswirtschaftlichen Versorgung gehören mit zu diesem Aufgabenkreis. Entsprechende Dienst- oder Arbeitsleistungen selbst zu erbringen, ist der Betreuer als gesetzlicher Vertreter nicht verpflichtet.

Sind die ärztlichen Maßnahmen (Untersuchung, Behandlung, ärztlicher Eingriff) mit Lebensgefahr oder der Gefahr bleibender Schäden für den Betroffenen verbunden, muss der Betreuer vorhergehend die betreuungsgerichtliche Genehmigung dazu einholen (§ 1904 Abs. 1 BGB). Das ist immer der Fall, wenn es um Eingriffe am geöffneten Schädel, bei geöffnetem Brustkorb oder um Operationen an unpaarigen Organen geht. Das besondere Risiko kann sich aber auch aus Begleiterkrankungen oder besonderen Belastungen bei der Anästhesie ergeben. Nur im Eilfall kann auf die Einholung der Genehmigung verzichtet werden; sie braucht nicht nachträglich eingeholt zu werden. Liegt kein Eilfall vor, rechtfertigen den Eingriff nur die Einwilligung des Betreuers und die Erteilung der Genehmigung seitens des Gerichts.

Entsprechend ist die Nichteinwilligung in eine ärztliche Maßnahme oder der Widerruf der Einwilligung in eine Maßnahme genehmigungsbedürftig, wenn die Maßnahme medizinisch indiziert ist. Durch das Unterbleiben oder den Abbruch der Maßnahme muss der Patient vom Tod oder einem schweren gesundheitlichen Schaden bedroht sein (§ 1904 Abs. 2 BGB).

Hat der Betroffene eine Patientenverfügung errichtet, ist der Betreuer verpflichtet, dem Willen des Patienten Geltung zu verschaffen (§ 1901a Abs. 1 S. 2 BGB). Sind sich der behandelnde Arzt und der Betreuer einig, dass die Vornahme der Maßnahme oder ihr Unterbleiben dem Willen des Patienten entspricht, ist keine betreuungsgerichtliche Genehmigung erforderlich (§§ 1901a Abs. 1, 1904 Abs. 4 BGB). Eine Patientenverfügung setzt Schriftform voraus (§ 1901a Abs. 1 BGB). Fehlt eine Patientenverfügung, ist sie widersprüchlich oder ist unklar, ob sie auf die gegenwärtige Lebens- und Behandlungssituation zutrifft, hat der Betreuer den mutmaßlichen Willen des Patienten festzustellen. Dazu können alle früher geäußerten Überzeugungen und Wertvorstellungen einfließen; insbesondere sollen Familienangehörige und Vertrauenspersonen gehört werden (vgl. § 1901a Abs. 2 BGB).

Im Krisenfall oder bei schwerem Verlauf einer psychiatrischen Erkrankung kann eine Unterbringung in einer geschlossenen medizinischen Einrichtung unumgänglich werden. Dafür ist neben den oben genannten weiteren Aufgabenkreisen noch der Aufgabenkreis Aufenthaltsbestimmungsrecht notwendig.

Die Aufnahme in eine solche Einrichtung ist nur mit Genehmigung des Betreuungsgerichts rechtmäßig (§ 1906 Abs. 1 BGB); im Eilfall kann die Genehmigung nachträglich eingeholt werden (§ 1906 Abs. 2 S. 2 BGB). Die Einholung der Genehmigung ist eine Unterbringungssache nach § 312 Nr. 1 FamFG.

Genehmigungen des Betreuungsgerichts sind auf den jeweiligen Anwendungsfall bezogen und werden somit durch Zeitablauf „verbraucht", sofern der Betreuer diese nicht zeitnah verwendet.

Die Unterbringung kann jederzeit bei geänderter Aufenthaltsbestimmung seitens des Betreuers beendet werden; die Beendigung bedarf keiner weiteren Genehmigung (nur Anzeigepflicht nach § 1906 Abs. 2 Satz 3 BGB).

Ein Genehmigungsvorbehalt besteht auch, wenn dem Betreuten

- mittels Medikamenten (Sedativa, Psychopharmaka, Hypnotika, Mittel zur Regulierung eines gestörten Tag-Nacht-Rhythmus), die nicht ausschließlich zur Behandlung von Erregungszuständen, Störungen und Depressionen eingesetzt werden,
- durch Vorrichtungen

Beispiele

➲ Bettgitter, Fixiergurte, Fixierdecken, Blockiervorrichtungen an Rollstühlen, gekippte Stühle, verankerte Tische an Stühlen und Rollstühlen

- oder durch sonstige Maßnahmen

Beispiele

➡ Trickschlösser, bauliche Barrieren, Geräte zur Ortung, Wegnahme von Alltagskleidung und Straßenschuhen

die Bewegungsfreiheit des ganzen Körpers oder von Gliedmaßen ausgeschlossen oder eingeschränkt wird (unterbringungsähnliche Maßnahmen). Nach dem Wortlaut des Gesetzes (vgl. § 1906 Abs. 4 BGB) gilt dieser Vorbehalt nur, wenn sich der Betreute in einer offenen Einrichtung aufhält; die Vorschrift ist aber erweiternd auszulegen.[35] Danach sind ohne gerichtliche Genehmigung nur Fixierungen zur Durchführung notwendiger medizinischer Maßnahmen für begrenzte Zeit zulässig.

Ob der Betreuer in die Anwendung von Zwang zum Zweck der Behandlung einwilligen kann und darf, war lange Zeit umstritten. Nach § 1906 Abs. 3 BGB kann nunmehr der Betreuer auch in ärztliche Maßnahmen zum Wohl des Betroffenen einwilligen, wenn diesen der „natürliche Wille" des Betroffenen entgegensteht. Das hat zur Folge, dass für die Durchführung dieser Wille, der nicht gleichbedeutend mit Einwilligungsfähigkeit ist, unbeachtet bleibt und äußerstenfalls Gewalt angewendet werden kann, um die Maßnahme durchzusetzen. Die Einwilligung in diese bedarf dann der betreuungsgerichtlichen Genehmigung (§ 1906 Abs. 3a BGB).[36] Die Befugnis zur Zwangsanwendung liegt bei der psychiatrischen Einrichtung, die hoheitliche Befugnisse hat. Eine ambulante Zwangsbehandlung oder die Anwendung von Zwang bei Aufnahme in eine offene Abteilung einer medizinischen Einrichtung hat der BGH immer abgelehnt; es darf auch keine heimliche Medikamentierung (z. B. mit empfängnisverhütenden Mitteln) erfolgen.

Die Einwilligung in eine Sterilisation, die nach §§ 1905 BGB, 297 FamFG in einem aufwändigen Verfahren genehmigungsbedürftig ist, kann der Hauptbetreuer nie erteilen. Dazu ist nur ein eigens dafür bestellter Sterilisationsbetreuer zuständig. Für die Durchführung bedarf es aber der Zusammenarbeit mit dem Hauptbetreuer, der die Aufgabenkreise Gesundheitsfürsorge und -vorsorge, Aufenthaltsbestimmung und Regelung von Angelegenheiten mit Behörden oder Vermögenssorge übertragen bekommen hat.

2.7.5.2.2 Aufenthaltsbestimmung

Obwohl häufig als Aufgabenkreis zugewiesen, besteht Handlungsfähigkeit des Betreuers nur, wenn der Betreute keinen eigenen vernünftigen Willen in Hinsicht auf den eigenen Aufenthalt mehr bilden kann. Zudem hat der Betreuer keine Möglichkeit, eine Aufenthaltsänderung zwangsweise durchzusetzen; die einzige Ausnahme ist die Zuführung zur geschlossenen Unterbringung in einer psychiatrische Einrichtung nach betreuungsgerichtlicher Genehmigung (vgl. § 326 Abs. 1 FamFG). Unproblematisch ist hingegen die Wahrnehmung der mit einer Aufenthaltsänderung einhergehenden Aufgaben (meldebehördliche Ab- und Anmeldung, Mitteilung der geänderten Anschrift an Vertragspartner).

---

[35] Zuletzt AG Frankfurt, Beschluss vom 29.11.2012, 49 XVII HOF 3023/11.
[36] Grundlage der Neuregelung waren die Beschlüsse BVerfG, Beschluss vom 23.3.2011, 2 BvR 882/09 und BGH, Beschluss vom 20.6.2012, XII ZB 99/12.

2.7.5.2.3 Wohnungsangelegenheiten

Eng mit dem Aufgabenkreis Aufenthaltsbestimmung verknüpft ist die Regelung der Wohnungsangelegenheiten. Die zahlreichen in § 1907 BGB aufgeführten Genehmigungsvorbehalte bringen das Ziel des Gesetzes zum Ausdruck, dem Betroffenen das Wohnumfeld möglichst zu erhalten und vertiefen damit auch den Vorrang der Gewährung ambulanter Hilfen vor stationärer Versorgung. Langfristiger Leerstand ist jedoch nur sinnvoll, wenn hinreichende finanzielle Mittel zur Verfügung stehen und der Wohnraum Angehörigen oder Erben gesichert werden soll.

Genehmigungsbedürftig ist die Kündigung von Wohnraum, den der Betreute angemietet hat, bzw. der Abschluss eines betreffenden Aufhebungsvertrages mit dem Vermieter (§ 1907 Abs. 1 BGB). Kündigt der Vermieter, kann dies mit schriftlichem Widerspruch nach § 574 BGB verhindert werden; derartige Umstände sind dem Betreuungsgericht anzuzeigen (§ 1907 Abs. 2 BGB).

Genehmigungsbedürftig ist auch der Verkauf oder die Schenkung einer von dem Betreuten selbstgenutzten Eigentumswohnung oder eines selbstgenutzten Hauses auf Grund von § 1821 Abs. 1 Nr. 1 BGB analog. Da auch in diesem Fall das gewohnte Lebensumfeld verloren geht, sofern der Betroffene kein dinglich gesichertes Wohnrecht behält, ist dies nach § 1907 Abs. 2 BGB zudem anzeigepflichtig.

Der Abschluss eines Wohnraummietvertrages ebenso wie der Abschluss eines Heimvertrages oder die Anmietung von Räumlichkeiten in einer betreuten Wohnform bei Nutzung durch den Betreuten sind nur genehmigungsbedürftig, wenn für (mindestens) vier Jahre die Kündigung ausgeschlossen werden soll. Wohnraummietverträge sind im Übrigen genehmigungsbedürftig, wenn der Betreuer Immobilien des Betreuten vermietet, also die Wohnnutzung durch Dritte erfolgt (§ 1907 Abs. 3 BGB). Die betreffenden Verträge können aber nur abgewickelt werden, wenn der Betreuer zumindest Teile der Vermögenssorge hat.

2.7.5.2.4 Regelung von Angelegenheiten mit Behörden

Dieser Aufgabenkreis ist von zentraler Bedeutung bei vermögenslosen Betreuten, die auf Transferleistungen und wirtschaftliche Hilfen angewiesen sind. Soweit Betreute im Einzelfall erwerbsfähig sind, ist die Zusammenarbeit mit den Behörden der Arbeitsverwaltung wichtig, um die Eingliederung des Betroffenen zu ermöglichen. Der Aufgabenkreis umfasst auch Folgeregelungen mit Versicherungsträgern. Insoweit bestehen auch bei vermögenden Betreuten Aufgaben aus diesem Arbeitsfeld. Ist der Betroffene geschäftsfähig, kann er alle Anträge selbst stellen; der Betreuer ist jedoch ebenfalls handlungsfähig. Der Abschluss von Haftpflicht-, Haushaftpflicht- und Immobilienversicherungen gehört hingegen in den Aufgabenkreis der Vermögenssorge.

2.7.5.2.5 Vermögenssorge

In diesem Aufgabenkreis kann der Betreuer auch dann handeln, wenn der Betroffene noch einen entsprechenden Willen bilden kann. Das rechtsgeschäftliche Handeln des Betreuten bleibt möglich, auch wenn ein Betreuer für die Wahrnehmung dieser Angelegenheiten bestellt ist. Voraussetzung ist aber Geschäftsfähigkeit des Betreuten. Die Zuweisung dieses Aufgabenkreises kommt nur in Betracht, wenn eine Vermögensverwaltung – sei es Immobilienverwaltung, Verwaltung geldwerten Vermögens, Verwertung von Rechten oder Wahrnehmung der Aufgaben als Gesellschafter – erforderlich ist. Betreuer mit diesem Aufgabenkreis müssen nach Übernahme der Betreuung ein Vermögensverzeichnis anfertigen (lassen) (§§ 1908i Abs. 1 i. V. m. 1802 BGB analog).

Hinsichtlich der Verwaltung geldwerten Vermögens gibt es zahlreiche einschränkende Bestimmungen und betreuungsgerichtliche Entscheidungskompetenzen (vgl. §§ 1908i Abs. 1 i. V. m. 1803, 1805–1821, 1822 [mit Ausnahme der Nr. 6, vgl. § 1907], 1823–1825 BGB analog). Der Betreuer ist damit grundsätzlich einem Vormund in Hinsicht auf die Vermögensverwaltung gleichgestellt. Sonderregelungen gibt es ergänzend in § 1908 BGB. Weitere Kontrollbefugnisse des Betreuungsgerichts finden sich in §§ 1901 Abs. 4 S. 2, 1908i Abs. 1 i. V. m. 1837 Abs. 1 bis 3, 1839, 1840, 1843, 1892 Abs. 2, 1893 Abs. 2 S. 1 BGB analog i. V. m. 290 FamFG, 1908i Abs. 2 S. 2 i. V. m. 1852 Abs. 2, 1853, 1854, 1857a BGB analog. Seit 1.1.2013 ist die Frist für Rechtsmittel in Genehmigungsverfahren auf 14 Tage verkürzt worden (s. § 63 FamFG). Dasselbe gilt für Erinnerungen ab 1.1.2014 (§ 11 Abs. 2 RPflG n. F.).

2.7.5.2.6 Aufgaben bei Erlass eines Einwilligungsvorbehalts

Das Betreuungsgericht kann bei Anordnung eines Einwilligungsvorbehalts (§ 1903 BGB) durch Beschluss die rechtliche Handlungsfähigkeit des Betreuten einschränken. Ein Einwilligungsvorbehalt ist für den Fall der Geschäftsfähigkeit des Betreuten vorgesehen; wenn dieser sich wirtschaftlich unvernünftig und selbstschädigend verhält. In der Praxis wird insbesondere bei zweifelhafter oder fehlender Geschäftsfähigkeit von im Rechtsverkehr agierender Betreuter ein Einwilligungsvorbehalt erlassen. Er ermöglicht dem Betreuer für den Fall, dass der Betroffene im Einzelfall geschäftsfähig gewesen sein könnte, durch Verweigerung der Genehmigung des Rechtsgeschäfts dieses zu Fall zu bringen; im Übrigen den Anschein der Geschäftsfähigkeit abzuwehren, ohne im Streitfall ein Gericht anzurufen und auf das Ergebnis eines Sachverständigengutachtens hoffen zu müssen. Alltagsgeschäfte, die bar beglichen werden, bleiben für die Betroffenen möglich, sofern sich der Einwilligungsvorbehalt nicht ausdrücklich auch auf diese erstreckt (vgl. §§ 105a S. 2, 1903 Abs. 3 S. 2 BGB). Für bestimmte Rechtshandlungen ist der Erlass eines Einwilligungsvorbehalts ausgeschlossen. Dazu gehören die Eingehung einer Ehe oder Lebenspartnerschaft, die Errichtung eines Testaments oder der Abschluss eines Erbvertrags (vgl. Kapitel 2.9.5) und „Willenserklärungen, zu denen ein beschränkt Geschäftsfähiger (d. h. ein Minderjähriger) nach den Vorschriften des Buches vier und fünf (des Bürgerlichen Gesetzbuchs) nicht der Zustimmung seines gesetzlichen Vertreters bedarf." Dazu gehören: §§ 1316 Abs. 2 S. 2, 1600a Abs. 2 S. 2, 1713 Abs. 2 S. 2, 2282 Abs. 1, 2290 Abs. 2, 2347 Abs. 2 S. 1, 2351, 2352 BGB. Für die Erklärung des Elternteils bei der Vaterschaftsfeststellung bleibt ein Einwilligungsvorbehalt möglich (vgl. § 1596 Abs. 3 2. HS BGB).

2.7.6 Anpassung von Aufgabenkreisen

Nach dem Willen des Gesetzgebers soll eine Betreuung permanent dem jeweiligen Betreuungsbedarf angepasst werden; sie bleibt daher flexibel. Die betreffenden Beschlüsse des Betreuungsgerichts werden zwar bestandskräftig, bleiben aber abänderbar. Um den geänderten Bedarf zur Kenntnis des Gerichts zu bringen, sind Betreuer verpflichtet, solche Umstände dem Gericht mitzuteilen (§§ 1901 Abs. 5, 1903 Abs. 4 i. V. m. 1901 Abs. 5 BGB analog). Entsprechende Aufgaben hat auch die Betreuungsbehörde (§§ 7, 8 BtBG). Soll ein Aufgabenkreis eingeschränkt oder aufgehoben werden, hat das Gericht vorher die sonstigen Beteiligten und die Betreuungsbehörde anzuhören (§ 294 Abs. 1 FamFG i. V. m. § 279 FamFG analog). Bei Erweiterung der Aufgaben verweist § 293 Abs. 1 und 3 FamFG auf das Verfahren bei erstmaliger Anordnung einer Betreuung, wenn

- innerhalb der im anordnenden Beschluss bestimmten Frist die Aufgabenkreise erweitert werden,
- im Zusammenhang mit der Verlängerung der Betreuung die Aufgabenkreise erweitert werden,
- innerhalb des Fristlaufs oder im Zusammenhang mit der Verlängerung der Betreuung ein weiterer Betreuer bestellt wird, der für zusätzliche Aufgaben allein betraut wird oder dem mit dem bereits bestellten Betreuer zusammen die Wahrnehmung weiterer Aufgaben anvertraut wird,
- im Zusammenhang mit der Verlängerung der Betreuung der Kreis der einwilligungsbedürftigen Willenserklärungen erweitert wird, ohne dass zugleich der Aufgabenkreis des Betreuers erweitert werden muss oder
- innerhalb des Fristlaufs oder im Zusammenhang mit der Verlängerung sowohl eine Erweiterung des Aufgabenkreises erfolgt als auch eine Ausdehnung des Kreises der einwilligungsbedürftigen Willenserklärungen vorgenommen wird.

Der Betreute und die sonstigen Beteiligten sowie die Betreuungsbehörde sind dementsprechend anzuhören; ein neuerliches Gutachten ist einzuholen.

Im obigen Katalog der anwendbaren Verfahrensvorschriften fehlen die Kernbestimmungen des § 278 FamFG und der §§ 280 bis 284 FamFG. Diese werden für zwei Fallkonstellationen abgeändert:

1. Die Ausweitung der Aufgabenbereiche oder des Einwilligungsvorbehalts ist zwar wesentlich, die Bestellung oder Anordnung oder deren Verlängerung liegt aber keine sechs Monate zurück.
2. Die Erweiterung des Aufgabenkreises ist unwesentlich, dem zusätzlich bestellten Betreuer sind nur geringfügige weitere Aufgaben zugewiesen oder die Erweiterung des Kreises der einwilligungsbedürftigen Willenserklärungen ist gering (§ 293 Abs. 2 Nr. 2 FamFG).

2.7.7 Gerichtliche und behördliche Pflichten nach Bestellung

Zum Schutz des Betreuten hat das Betreuungsgericht nicht nur prozessuale Fürsorgepflichten, sondern weitere Verantwortlichkeiten. Der Rechtspfleger führt den ehrenamtlichen Betreuer in die Aufgaben ein und berät ihn (§ 1837 Abs. 1 BGB analog). Das Gericht hat darüber hinaus die Führung der Betreuung zu beaufsichtigen und bei Pflichtwidrigkeiten geeignete Gebote und Verbote auszusprechen. Diese können mit Zwangsgeld durchgesetzt werden (vgl. § 1837 Abs. 2 S. 2 und Abs. 3 S. 1 BGB analog).

Um das Gericht in Kenntnis zu setzen, hat der Betreuer auf Verlangen des Gerichts jederzeit über die Führung der Betreuung Auskunft zu erteilen und mindestens einmal jährlich Bericht zu erstatten (§§ 1839, 1840 Abs. 1 S. 1 BGB analog). Umfasst die Betreuung Vermögensangelegenheiten, hat der Betreuer i. d. R. jährlich, längstens aber alle drei Jahre Rechnung zu legen (§§ 1908i Abs. 1 i. V. m. 1840 Abs. 2, 1841, 1843 BGB analog) und sämtliche Belege und Unterlagen beizufügen. Die Abrechnung prüft der Rechtspfleger beim Betreuungsgericht.

Um das Betreuungsgericht zu entlasten, ist auch die Betreuungsbehörde zur Beratung der Betreuer verpflichtet. Die Betreuungsbehörde hat außerdem mit Sozialleistungsträgern zusammenzuarbeiten. Gegenüber der Betreuungsbehörde bestehen aber keine Kooperationspflichten der Betreuten oder der Betreuer.

2.7.8 Verlängerung der Betreuung

Da die Betreuung immer befristet ist, muss sie verlängert werden, wenn zwischenzeitlich nicht alle anstehenden Angelegenheiten geregelt werden konnten oder sich neue Defizite in Bezug auf den rechtlich relevanten Handlungsbedarf auftun. Das Verfahren bei Verlängerung entspricht mit geringen Ausnahmen dem Verfahren bei erstmaliger Einrichtung der Betreuung (§ 295 FamFG). Ist die erstmalige Bestellung auf Antrag des Menschen mit körperlicher Behinderung erfolgt, wird aber die Betreuung von Amts wegen verlängert, wenn zwischenzeitlich auch eine psychische Krankheit oder Behinderung deutlich geworden ist und wird ein Aufhebungsantrag des Betreuten daher abgelehnt, ist nunmehr ein Sachverständigengutachten einzuholen (vgl. § 294 Abs. 2 FamFG).

2.7.9 Aufhebung der Betreuung und Entlassung des Betreuers

Stirbt der Betreute, muss die Betreuung nicht aufgehoben werden. Das Betreuungsverfahren endet mit der Genehmigung der Schlussabrechnung des Betreuers seitens des Gerichts.

Der Betreuer ist zu entlassen, weil die Betreuung aufzuheben ist, wenn

- sich der gesundheitliche Zustand des Betroffenen wesentlich gebessert hat und daher das Krankheitsbild (psychische Störung, körperliche Behinderung) als notwendige Voraussetzung der Betreuung entfallen ist oder der Aufgabenkreis des Betreuers begrenzt war und die betreffenden Angelegenheiten voraussichtlich auf längere Sicht geregelt sind; das Vorliegen dieser Bedingungen ist von Amts wegen zu prüfen oder
- eine Vollmacht mit entsprechendem Aufgabenprofil aufgefunden oder erteilt wird. Ist der Betroffene geschäftsfähig, kann er auch nach Einrichtung der Betreuung eine Vollmacht erteilen. Ggf. kann die Betreuung aber durch eine Kontrollbetreuung abgelöst werden.

War die Einrichtung der Betreuung antragsabhängig (körperliche Behinderung), muss die Betreuung auf Antrag aufgehoben und der Betreuer entlassen werden (§ 1908d Abs. 3 BGB), sofern im Entscheidungszeitpunkt keine psychische Störung diagnostiziert wird.

Die Betreuung ist auch aufzuheben und der Betreuer zu entlassen, wenn die als Aufgabenkreis bezeichnete Einzelaufgabe (z. B. Einwilligung in die Sterilisation und Ersuchen um Genehmigung der Einwilligung [§ 1905 Abs. 1 und 2 BGB] oder Abgabe der rechtsgeschäftlichen Erklärung unter den Voraussetzungen der §§ 1908i Abs. 1 i. V. m. 1795, 1796 BGB analog) erfüllt ist.

Der Kontrollbetreuer ist zu entlassen, wenn der Vollmachtgeber die Vollmacht widerruft. Widerruft der Kontrollbetreuer die Vollmacht, hat das Gericht von Amts wegen zu prüfen, ob ein Betreuer bestellt werden muss.

Der Betreuer ist zu entlassen, ohne dass dies die Betreuung tangiert, wenn

- die nach § 1888 BGB analog erforderliche Erlaubnis zurückgenommen oder die Führung der Betreuung versagt wird oder
- die in § 1908b Abs. 2 und 3 BGB genannten Gründe vorliegen.

Ohne dass die Betreuung aufgehoben wird, ist das Gericht verpflichtet den Betreuer zu entlassen, wenn ein im materiellen Recht begründetes Antragsrecht ausgeübt wird (vgl. § 1908b Abs. 4 BGB) oder ein Rangvorrang besteht.

Der Betreuer ist zu entlassen, wenn

- seine Eignung nicht mehr gewährleistet ist (§ 1908b Abs. 1 BGB; eine Ausnahme davon besteht für die Betreuungsbehörde) oder
- andere wichtige Gründe für die Entlassung bestehen (vgl. § 1908b Abs. 1 S. 2 BGB: z. B. falsche Rechnungslegung, kein Kontakt zum Betreuten).

Das Verfahren bei Entlassung ist (teilweise) in § 296 Abs. 1 FamFG geregelt.

2.7.10 Haftung

Der Betreuer haftet nach § 1833 BGB analog, sofern Pflichtwidrigkeit zu einem Schaden beim Vertretenen geführt hat. Der Betreuer kann nicht von der Haftung freigestellt werden. Der Betreute haftet für dem Betreuer zugefügte Schäden deliktisch aus § 823 BGB.

Im Vordergrund für eine Haftung stehen z. B.

- die Unterlassung der Anlage von Geldmitteln,
- Fehlinvestitionen und wirtschaftliche ungünstige Anlage von Geldmitteln,
- das Unterbleiben der Geltendmachung von Rechten und Ansprüchen,
- keine Trennung von Betreuten- und Eigengeld,
- Unterschlagungen,
- Führung von aussichtslosen Prozessen,
- Fristversäumnisse,
- unterlassene Beantragung von Sozialleistungen,
- fehlender Abschluss von Versicherungen für den Betreuten,[37]
- fehlende Vorsorge durch Sicherungsmöglichkeiten bei sturzgefährdeten Betreuten,

---

[37] Vgl. OLG Nürnberg, Beschluss vom 17.12.2012, 4 U 2022/12.

- Nichtbeseitigung von Vermüllung, unzureichende Sicherheitsstandards,
- Anwendung von körperlichem Zwang oder
- Beleidigung.

Haftungsrechtlich relevant kann auch die Verletzung von Mitteilungspflichten an das Gericht sein. Wird deshalb ein Aufgabenkreis nicht bedarfsgerecht erweitert, kann der Schaden darin bestehen, dass Rechtsansprüche verjähren oder eine Nachforderung ausgeschlossen ist. Kann die nicht mehr erforderliche Betreuung mangels Benachrichtigung des Gerichts nicht aufgehoben werden, stellen Aufwendungsersatz und Vergütung einen wirtschaftlichen Schaden dar. Ein Schaden für den Betreuten kann auch verursacht werden, wenn der Betreuer Akteneinsichtsrechte nicht wahrnimmt.[38]

2.7.11 Aufwendungsersatz, Aufwandsentschädigung und Vergütung des Betreuers

Die Führung einer Betreuung ist mit Kosten und Zeiteinsatz verbunden. Für den Ausgleich hat der Gesetzgeber eine komplizierte Regelung geschaffen, die sich an der Unterscheidung ehrenamtlicher und beruflicher Betreuung, wie sie in der Rangfolge zum Ausdruck kommt, ausrichtet.

2.7.11.1 Ehrenamtlich geführte Betreuung

Bereits aus der Bezeichnung ergibt sich, dass bei ehrenamtlich geführter Betreuung keine Vergütung des Zeitaufwandes in Betracht kommt. Die Betreuer können aber

1. einen bezifferten Aufwendungsersatz beantragen (§ 1835 BGB analog).

Zum erstattungsfähigen Aufwand gehören neben Porto- und Telefonkosten auch die Kosten für die Privathaftpflicht sowie für Dienstleistungen eines Anwalts, eines Dolmetschers oder eines Steuerberaters. Als Aufwendungen gelten auch solche Dienste des Betreuers, die zu Beruf oder Gewerbe gehören. Für Fahrtkosten findet sich jedoch in § 1835 Abs. 1 S. 1 2. HS BGB eine pauschalierte Abrechnungsart unter Verweis auf § 5 Justizvergütungs- und -entschädigungsG (JVEG).

Alternativ kommt

2. eine pauschalierte Aufwandsentschädigung in Betracht (§§ 1908i Abs. 1, 1835a BGB analog). Danach kann pro Jahr das Neunzehnfache dessen, was einem Zeugen als Höchstbetrag der Entschädigung für eine Stunde versäumter Arbeitszeit (§ 22 JVEGG) gewährt werden kann, als pauschale Aufwandsentschädigung angesetzt werden (§§ 1908i Abs. 1, 1835a Abs. 1 BGB analog), bei zeitlich beschränkter Betätigung wird anteilig gekürzt. Ist der Betreute mittellos, kann Ersatz aus der Staatskasse verlangt werden (§§ 1835 Abs. 4 S. 1, 1835a Abs. 3 BGB analog). Bei fehlender Mittellosigkeit kann die pauschale Aufwandsentschädigung aus dem Vermögen des Betreuten entnommen werden; eine Kontrolle findet nur im Rahmen der Rechnungslegung statt.

---

[38] Zur Vermeidung steuerlicher Haftung nach § 69 AO s. Pump, Krüger BtPrax 2013, 51.

Nur im Ausnahmefall steht dem ehrenamtlichen Betreuer auch eine Vergütung nach §§ 1908i Abs. 1, 1836 Abs. 2 BGB analog zu[39] ; das VBVG ist nicht anwendbar.

2.7.11.2 Berufsbetreuung

Für den Aufwendungsersatz gelten bei Betreuung seitens eines selbstständigen Berufsbetreuers dieselben Grundsätze wie für Ehrenamtliche. Allerdings sind die Kosten für die Privathaftpflicht ausgenommen (§ 1835 Abs. 2 S. 2 BGB analog). Daneben kann aber eine Vergütung der Dienstleistung verlangt werden, wenn zuvor das Betreuungsgericht die berufsmäßige Führung der Betreuung festgestellt hat. Die Höhe der Vergütung richtet sich nach dem Stundenansatz (Bestimmung des zu vergütenden Zeitaufwandes) und dem zu Grunde liegenden Stundensatz (vgl. §§ 4 und 5 VBVG). Dieser ist abhängig von der beruflichen Qualifikation. Der Höchstsatz für beruflich tätige Betreuer beträgt derzeit 44 Euro (§ 4 Abs. 1 Nr. 2 VBVG[40]). Bei pauschalierter Vergütung sind Aufwendungen abgedeckt (Ausnahme: § 1835 Abs. 3 BGB analog). Berufsbetreuer sind nach jüngster Rechtsprechung nicht gewerbesteuerpflichtig.[41] Bei Mittellosigkeit besteht Anspruch gegen die Staatskasse.[42]

Beispiele

→ Die Betreute, Frau N, lebt in einer stationären Einrichtung der Behindertenhilfe. Die Berufsbetreuerin kann für den ersten bis dritten Monat 5,5 Stunden pro Monat, für den vierten bis sechsten Monat 4,5 Stunden im Monat, für den siebten bis zwölften Monat 4 Stunden im Monat, für die spätere Zeit 2,5 Stunden pro Monat abrechnen: Als Stundensatz kommen 27 Euro (keine Ausbildung], 33,50 Euro (Heilerziehungspflege, Lehre oder vergleichbare Ausbildung) oder 44 Euro ([Heilpädagogik] Studium oder vergleichbare Qualifikation) in Betracht. Der Berufsbetreuer von Herrn O, der nicht in einer Einrichtung lebt, kann für den ersten bis dritten Monat 8,5 Stunden pro Monat, für den vierten bis sechsten Monat 7 Stunden im Monat, für den siebten bis zwölften Monat 6 Stunden im Monat, für die spätere Zeit 4,5 Stunden pro Monat abrechnen. Der Stundensatz ist gleichfalls gestaffelt.

2.7.11.3 Vereins- und Behördenbetreuung

Im Hinblick auf den Aufwendungsersatz kommt bei der Führung der Betreuung durch einen Betreuungsverein oder die Betreuungsbehörde Ersatz aus der Staatskasse nicht in Betracht. Außerdem sind Verwaltungskosten und Versicherungskosten nicht erstattungsfähig (vgl. § 1835 Abs. 5 i. V. m. Abs. 2 BGB analog); pauschalierte Aufwandsentschädigung und Vergütung erhält ein Verein oder die Betreuungsbehörde nicht (§ 1835a Abs. 5 BGB analog). Ist ein Vereins- oder Behördenmitarbeiter bestellt, steht dem Verein bzw. der Behörde Aufwendungsersatz

---

[39] Dazu LG Mainz, Beschluss vom 18.2.2013, 8 T 225/12.
[40] Zu den Sonderfällen nach § 8 VBVG BGH, Beschluss vom 20.3.2013, XII ZB 231/12.
[41] Dazu BGH, Beschluss vom 20.3.2013, XII ZB 207/12. Auch die Umsatzsteuerpflicht ist entfallen (vgl. § 4 Nr. 16 lit. K UStG).
[42] Zur Mittellosigkeit BGH, Beschluss vom 6.2.2013, XII ZB 582/12.

in entsprechendem Umfang zu. Eine Vergütung ist dem Verein zu bewilligen (§ 7 Abs. 1 VBVG), der Betreuungsbehörde kann eine angemessene Vergütung bewilligt werden (§ 8 Abs. 1 VBVG i. V. m. § 1836 Abs. 2 BGB analog).

2.7.11.4 Fristen

Die Ansprüche auf Verwendungsersatz, Aufwandsentschädigung und Vergütung sind innerhalb einer Frist von 15 Monaten geltend zu machen (Ausschlussfrist); diese Frist kann vom Gericht auf Antrag verlängert werden (§ 1835 Abs. 3 S. 1 BGB analog, § 2 VBVG). Die Frist beginnt mit Ablauf der Drei-Monats-Frist des § 9 VBVG.[43]

Übungsaufgaben

1. Welche Voraussetzungen für die Bestellung einer Betreuerin oder eines Betreuers nennt § 1896 BGB?
2. Welche Aufgabenkreise eines Betreuers sind im Bürgerlichen Gesetzbuch aufgeführt? Nennen Sie drei weitere!
3. Welche Normen legen die Rangfolge für das Betreuungsgericht bei Bestellung eines Betreuers fest? Stellen Sie diese Reihenfolge auf! Unter welchen Voraussetzungen könnten für eine Person mehrere Betreuer bestellt werden?
4. Was unterscheidet die Ergänzungspflegschaft von der Betreuung? Welche Auswirkungen hat ein Einwilligungsvorbehalt bei geschäftsfähigem Betreutem? Welche Auswirkungen hat ein Einwilligungsvorbehalt bei nicht geschäftsfähigem Betreutem?
5. Welche Pflichten hat die Betreuungsbehörde zur Vorbereitung des gerichtlichen Verfahren? Welche Pflichten hat die Betreuungsbehörde im gerichtlichen Verfahren? Welche Pflichten hat die Betreuungsbehörde gegenüber Betroffenen und Betreuern?
6. Welche Vorschriften des FamFG betreffen die Anhörung der betroffenen Person; die Anhörung der beteiligten Eltern der betroffenen Person; die Anhörung der Betreuungsbehörde?
7. In welchen Betreuungsverfahren muss das Gericht ein Sachverständigengutachten einholen? Kann das Gericht die Ergebnisse des Gutachtens unbesehen sich zu eigen machen?
8. Kann eine geschäftsunfähige Person, für die ein Betreuer bestellt wird, gegen den Beschluss des Gerichts Beschwerde einlegen? Kann dies auch die Betreuungsbehörde tun, wenn die Bestellung eines Betreuers abgelehnt wird?
9. Unter welchen Voraussetzungen muss das Betreuungsgericht einen Betreuer entlassen?

---

[43] BGH, Beschluss vom 13.3.2013, XII ZB 26/12.

> 10. Wie hoch ist die monatliche Vergütung einer Berufsbetreuerin, die Heilerziehungspflegerin ist, wenn der Betreute bereits seit drei Jahren in einem Heim lebt? Kann ein ehrenamtlicher Betreuer ausnahmsweise eine Vergütung erhalten?

2.8 Aufsichtspflichten und Haftungsrecht

Aufsichtspflichten und Haftungsrecht betreffen unterschiedliche Rechtsbereiche. Sie sind v. a. im Zivilrecht angesiedelt, können aber gleichwohl im Kinder- und Jugendhilferecht, im Sozialversicherungsrecht, Arbeitsrecht oder Strafrecht eine Rolle spielen. Aufsichtspflichten umfassen die Pflichten, Minderjährige oder andere anvertraute Personen mit dem Ziel zu beaufsichtigen, sie einerseits vor einer Selbstschädigung oder einer Schädigung durch Dritte zu bewahren und andererseits zu verhindern, dass sie ihrerseits Dritte schädigen. Tritt dennoch ein Schaden ein, muss die aufsichtspflichtige Person u. U. für diesen Schaden einstehen – sie haftet für ihn.

Die Haftung bei Aufsichtspflichtverletzungen ist im Kapitel „Unerlaubte Handlungen" im BGB geregelt. Sie kann neben eine vertragliche Haftung treten.

2.8.1 Deliktische Verschuldenshaftung

Nach § 823 BGB haftet jeder, der vorsätzlich oder fahrlässig ein Rechtsgut eines anderen (z. B. Leben, Körper, Eigentum) widerrechtlich verletzt, für den daraus entstandenen Schaden. Dabei kann die Verletzungshandlung sowohl in einem aktiven Tun (z. B. eine Sache eines anderen mutwillig zerstören) als auch in einem Unterlassen (z. B. Nichteinschreiten, wenn jemand anderes eine Sache zerstört) bestehen. Ein Unterlassen steht jedoch einem aktiven Tun nur dann gleich, wenn derjenige, der nicht eingreift, eine besondere Rechtspflicht zum Einschreiten hatte (sog. Garantenpflicht).

Die Garantenstellung kann sich aus Vertrag, Gesetz, Berufsausübung oder tatsächlicher Obhut ergeben, ggf. auch aus eigenem vorangegangenem gefährlichen Tun.

Beispiele

➲ Ärzte haben eine Garantenpflicht gegenüber ihren Patienten aus dem Behandlungsvertrag, Pflegekräfte für die Patienten aus beruflichen Gründen, Eltern für ihre Kinder aufgrund gesetzlicher Vorschriften. Hat jemand eine Baugrube angelegt, hat er eine Gefahr geschaffen und muss durch entsprechende Vorkehrungen sicherstellen, dass niemand hineinfällt.

Vorsätzlich oder fahrlässig – d. h. schuldhaft – kann nur jemand handeln, der auch schuldfähig ist. Schuldfähigkeit bzw. Schuldunfähigkeit ist im Zusammenhang mit strafrechtlichen Taten bekannt (vgl. §§ 19, 20 StGB). Zivilrechtlich bedeutet Schuldfähigkeit auch Deliktsfähigkeit.

Das BGB benennt in den §§ 827, 828 Ausnahmen von der Deliktsfähigkeit, d. h. von der Fähigkeit für eigenes schuldhaftes Handeln verantwortlich zu sein. Die Ausnahmen betreffen zum einen Volljährige und zum anderen Minder-

2.8 Aufsichtspflichten und Haftungsrecht

jährige. Volljährige sind dann nach § 827 S. 1 BGB nicht für die Verursachung eines Schadens verantwortlich, wenn sie die Handlung im Zustand der Bewusstlosigkeit begangen haben (z. B. jemand erleidet beim Autofahren eine Gehirnblutung und fährt in bewusstlosem Zustand einen Fußgänger tot) oder sich in einem die freie Willensbestimmung ausschließenden Zustand krankhafter Störung der Geistestätigkeit befinden. Dabei ist letztere Voraussetzung mit dem Vorliegen der Geschäftsunfähigkeit vergleichbar. Eine Person, die unter rechtlicher Betreuung steht, ist allerdings nicht ohne weiteres deliktsunfähig. Erfasst werden damit v. a. Menschen mit schwerer geistiger Behinderung, die geschäftsunfähig sind.

Bei Minderjährigen gilt nach § 828 BGB eine differenzierte Regelung. Bis zur Vollendung des 7. Lebensjahres sind Minderjährige grundsätzlich deliktsunfähig und haften für den von ihnen verursachten Schaden nicht (§ 828 Abs. 1 BGB).

Beispiel

➡ Zwei Fünfjährige spielen im Hof Fußball. Der Ball fliegt in das Fenster einer Erdgeschosswohnung und zerstört dieses. Die beiden Kinder können für diesen Schaden nicht zur Verantwortung gezogen werden.

Kinder ab vollendetem 7. Lebensjahr bis zum vollendeten 10. Lebensjahr haften nicht für einen Schaden, der bei einem Unfall im Straßen- oder Schienenverkehr eintritt, es sei denn, sie haben diesen Unfall vorsätzlich herbeigeführt (§ 828 Abs. 2 BGB).

Beispiel

➡ Ein Achtjähriger stürzt mit seinem Fahrrad auf der Straße, ein Autofahrer will ausweichen und fährt sein Auto an einen Laternenpfahl. Der Achtjährige haftet nicht für den Schaden, der am Auto entstanden ist. Hat sich der Achtjährige dagegen mit Freunden ein Wettrennen auf der Straße geliefert, auch um den Autoverkehr auszubremsen, ist er für den entstandenen Schaden ggf. verantwortlich.

Minderjährige ab vollendetem siebten Lebensjahr, die nicht am Straßen- oder Schienenverkehr teilnehmen, sind für den von ihnen verursachten Schaden nicht verantwortlich, wenn sie bei der Tat nicht die erforderliche Einsichtsfähigkeit hatten, um die Folgen abzusehen (§ 828 Abs. 3 BGB). Einsichtsfähigkeit besitzt, wer diejenige geistige Entwicklung erreicht hat, die ihn befähigt, das Unrechtmäßige seiner Handlung und zugleich die Verpflichtung zu erkennen, in irgendeiner Weise für die Folgen seines Tuns einstehen zu müssen. Entscheidend sind dabei Alters- und Entwicklungsstufe.

Beispiel

➡ Eine Gruppe von seelisch behinderten 12- bis 14-Jährigen macht einen Ausflug. Während eines Besuchs auf einem Bauernhof entfernt sich der 13-jährige A unbemerkt, um heimlich in einer Scheune eine Zigarette zu rauchen. Dabei fängt die Scheune Feuer. Ob A für den Schaden aufkommen muss, entscheidet sich danach, ob er die notwendige Einsicht hatte, um zu erkennen, dass offenes Feuer in einer Scheune zu einem Brand führen kann. Das muss u. U. durch ein psychologisches Gutachten geklärt werden.

Hat ein Deliktsunfähiger einen Schaden verursacht und muss keine andere Person für diesen Schaden aufkommen, bleibt der Geschädigte auf seinem Schaden grundsätzlich sitzen. Eine Ausnahme macht § 829 BGB, nach dem der deliktsunfähige Schädiger dann haftet, wenn es die Billigkeit erfordert. Entscheidend sind hier die Verhältnisse der Beteiligten; auch das Vorhandensein einer Haftpflichtversicherung kann eine Rolle spielen.

2.8.2 Vermutetes Verschulden

Neben dem Grundsatz der Verschuldenshaftung, bei der jeder für seine eigenen schuldhaften Handlungen einsteht, kennt das BGB noch eine Haftung für vermutetes Verschulden. Hier wird vermutet, dass jemand schuldhaft gehandelt hat. Das hat insbesondere für die Beweislastverteilung Auswirkungen, denn bei vermutetem Verschulden muss der Verantwortliche beweisen, dass ihn keine Schuld trifft. Vermutetes Verschulden liegt insbesondere im Fall der Haftung als Aufsichtspflichtiger (§ 832 BGB) oder für einen Verrichtungsgehilfen (§ 831 BGB) vor.

2.8.2.1 Aufsichtspflichten

§ 832 BGB begründet die Haftung einer aufsichtspflichtigen Person für Schäden, die derjenige verursacht, für den die Aufsichtspflicht bestanden hat. Aufsichtspflichten müssen übernommen werden für Personen, die wegen Minderjährigkeit oder wegen ihres geistigen oder körperlichen Zustandes der Beaufsichtigung bedürfen. Schadensersatzpflichtig ist dann der Aufsichtspflichtige.

Gleichwohl schließt die Haftung einer aufsichtspflichtigen Person nicht aus, dass auch der Schadensverursacher selbst schadensersatzpflichtig ist. Das ist dann der Fall, wenn z. B. ein Minderjähriger ausreichend einsichtsfähig ist, um die Folgen seiner Handlung zu erkennen. Dann kann sich der Geschädigte an zwei Personen wenden – sowohl an den Schädiger als auch an den Aufsichtspflichtigen. Beide haften dann als Gesamtschuldner gem. § 840 BGB.

Beispiel

➲ Der 13-jährige B, der gern zündelt und dadurch schon Schäden verursacht hat, legt im Treppenhaus eines Mehrfamilienhauses Feuer unter einem Kinderwagen. Eine Erdgeschosswohnung brennt daraufhin völlig aus. Hier kann der Geschädigte einen Schadensersatzanspruch sowohl gegen B (§§ 823, 828 Abs. 3 BGB) als auch gegen seine Eltern (§ 832 BGB) geltend machen. Die Betreffenden sind Gesamtschuldner i. S. d. § 840 BGB. Dass B möglicherweise als 13-Jähriger keine ausreichenden finanziellen Mittel hat, ist dabei unerheblich; ein entsprechendes Urteil würde erst in 30 Jahren verjähren.

2.8 Aufsichtspflichten und Haftungsrecht

Die Aufsichtspflicht kann auf zweierlei Weise begründet werden:

Übersicht 5

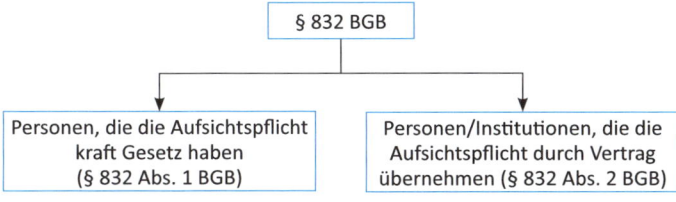

Personen, die die Aufsichtspflicht kraft Gesetz haben (§ 832 Abs. 1 BGB)	Personen/Institutionen, die die Aufsichtspflicht durch Vertrag übernehmen (§ 832 Abs. 2 BGB)
Beispiele:	Beispiele:
• Eltern bzw. Elternteile • Vormund und Pfleger • Betreuer • Lehrer an öffentlichen Schulen gegenüber minderjährigen Schülern (z. B. § 51 SchulG Berlin) • Mitarbeiter öffentlicher sozialpädagogischer Einrichtungen (z. B. städtischer Kindergarten)	• Kindertageseinrichtung, Erzieher, Sozialpädagogische Assistenten (private Träger) • Babysitter • Verein • Übungsleiter • private Lehrer • Krankenhäuser

Die Voraussetzungen des Eintretens für den durch die aufsichtspflichtige Person verursachten Schaden sind in beiden Fällen gleich.

Beispiele

➡ Die Eltern haften für ihr minderjähriges Kind im Rahmen der Personensorge nach §§ 1626, 1631 BGB; der Betreuer für den Betreuten nur im Rahmen der ihm übertragenen Aufgabenkreise nach §§ 1896, 1901 BGB – beides sind gesetzlich begründete Aufsichtspflichten. Bringen die Eltern ihr Kind allerdings in eine Tageseinrichtung oder verbringt der Betreute tagsüber seine Zeit in einer WfbM, dann übernimmt die Tageseinrichtung bzw. die WfbM die Aufsichtspflicht durch den entsprechenden Vertrag (Betreuungsvertrag oder Beschäftigungsvertrag).

§ 832 BGB ist nur anzuwenden, wenn die Person, für die die Aufsichtspflicht besteht, einer anderen Person einen Schaden zufügt. Erleidet sie selbst einen Schaden, weil derjenige, der die Aufsichtspflicht hatte, dieser nicht ausreichend nachgekommen ist, dann begründet sich die Schadensersatzpflicht der aufsichtspflichtigen Person nach § 823 BGB (oder durch Verletzung des entsprechenden Vertrages).

Beispiel

➡ In einer betreuten Wohneinrichtung verletzt eine Betreute eine Mitbewohnerin mit dem Küchenmesser – geht es um den Schaden der Mitbewohnerin, dann stellen sich Fragen der Aufsichtspflicht des Betreuungspersonals in der Einrichtung.

Hat sie sich dagegen selbst mit dem Messer verletzt, dann ist die Frage, ob das Betreuungspersonal den vertraglichen Pflichten aus dem Betreuungsvertrag, zu denen auch Schutzpflichten gehören, ausreichend nachgekommen ist.

Da ein Verschulden der aufsichtspflichtigen Person vermutet wird, kann diese sich entlasten. § 832 Abs. 1 S. 2 BGB sieht zwei Fälle vor, in denen die Haftung nicht eintritt:
1. wenn die aufsichtspflichtige Person ihrer Aufsichtspflicht genügt hat oder
2. der Schaden auch bei gehöriger Aufsichtsführung eingetreten wäre.

Ob eine aufsichtspflichtige Person ihrer Aufsichtspflicht genügt hat, kann grundsätzlich nur im Einzelfall festgestellt und muss durch diese auch nachgewiesen werden. Denn auch wenn ein Minderjähriger oder eine volljährige Person mit geistiger Behinderung dem Grunde nach der Aufsicht bedürfen, so besteht doch die Aufsichtspflicht nicht „rund um die Uhr" in einer Totalüberwachung. Sowohl Kinder als auch volljährige betreute Personen haben das Recht auf einen persönlichen Freiraum, da ihnen entsprechend ihren Fähigkeiten Entfaltungsmöglichkeiten geboten werden müssen. Letztlich stehen hier die freie Entwicklung der Persönlichkeit des zu Beaufsichtigenden mit der Aufsichtspflicht in einem erheblichen Spannungsverhältnis.

Das Maß der Aufsichtspflicht ist dabei von verschiedenen Kriterien abhängig, die von Fall zu Fall differieren können. Dabei können insbesondere das Vorverhalten, erfolgte Belehrungen, die individuelle Situation, in der der Schaden eingetreten ist, oder das Krankheitsbild eine Rolle spielen.

Beispiele

➔ Ein neunjähriger Sonderschüler, der geistig retadiert, schwer verhaltensauffällig ist und ein hohes Aggressionspotenzial hat, darf nicht allein die Wohnung seiner Eltern für längere Zeit (30 bis 60 Min.) unbeaufsichtigt verlassen; wenn er nach Verlassen der Wohnung sämtliche Seitenspiegel der vor dem Haus parkenden Autos abschlägt, haften die Eltern wegen Verletzung der Aufsichtspflicht. War ein Neunjähriger bis zu diesem Tag allerdings nicht auffällig, hat auch mehrmals schon ohne besondere Vorkommnisse die Wohnung verlassen und wurde er von den Eltern auf den Schutz des Eigentums anderer hingewiesen, schlägt er dann aber aus einer Laune heraus sämtliche Seitenspiegel ab, sind die Eltern nicht schadensersatzpflichtig aus § 832 BGB.

Eine Haftung besteht dann nicht, wenn der Schaden auch bei gehöriger Aufsichtsführung entstanden wäre. In diesem Fall muss der Aufsichtspflichtige beweisen, dass der Schaden auch eingetreten wäre, wenn er ordnungsgemäß Aufsicht geführt hätte.

Beispiel

➔ Die Kinder einer Tageseinrichtung spielen im Garten Fangen. Plötzlich und unvorhersehbar greift der fünfjährige M einen großen Kieselstein aus dem Traufstreifen des Hauses und wirft diesen auf ein Auto des angrenzenden Parkplatzes.

Hier hätte auch eine ordnungsgemäße Aufsicht den Schaden nicht verhindern können, auch wenn die Erzieherin möglicherweise den M in dem Moment nicht im Blick gehabt hat.

2.8.2.2 Haftung für Verrichtungsgehilfen

Ein vermutetes Verschulden liegt auch bei demjenigen vor, der sich verpflichtet hat, eine bestimmte Verrichtung oder einen bestimmten Dienst vorzunehmen, und der sich dafür einer weiteren Person oder mehrerer Personen bedient, wenn dann diese einem anderen einen Schaden zufügen. Diese Konstellation findet häufig Anwendung, wenn ein Auftragnehmer andere Personen anstellt, die ihn bei der Erfüllung seines Auftrages unterstützen. Es wird vermutet, dass der Auftragnehmer dann für das Verhalten der von ihm angestellten oder zur Unterstützung geholten Personen bei der Ausführung eines Auftrags haften muss.

Die Haftung für Verrichtungsgehilfen trifft in gleichem Maße den Träger einer Einrichtung, der Leistungen im sozialen Bereich erbringt, für Handlungen, die seine Angestellten oder von ihm beschäftigte Honorarkräfte vornehmen und bei denen ein Schaden verursacht wird.

Beispiel

➲ In einer betreuten Wohneinrichtung wird der Bewohner B, der eine geringe geistige Behinderung hat, gebadet. Es ist bekannt, dass B Epileptiker ist und alle zwei bis drei Wochen einen Anfall hatte. Während des Bades verlässt die Angestellte A für mehrere Minuten das Bad, um einem anderen Bewohner zu helfen, der sie gerufen hat. B erleidet in diesem Moment einen Anfall, gelangt mit dem Kopf unter Wasser und liegt seitdem im Koma. Er muss in einer speziellen Pflegeeinrichtung gepflegt werden. Hier hat sich der Träger der Wohneinrichtung mit dem Abschluss des Betreuungsvertrages verpflichtet, die Bewohner so zu betreuen, dass ihnen kein Schaden entsteht. Der Geschädigte bzw. sein gesetzlicher Vertreter kann einen Schadensersatz nicht nur gegen A, die das Bad verlassen und damit ihre Sorgfaltspflichten verletzt hat (sie hätte ggf. eine Ersatzperson rufen müssen), sondern über § 831 BGB auch gegen den Einrichtungsträger einklagen.

Da auch hier das Verschulden vermutet wird, kann sich der Schadensersatzpflichtige dadurch entlasten, dass er gem. § 831 Abs. 1 S. 2 BGB nachweist, dass er
1. die bestellte Person, die den Schaden verursacht hat, sorgfältig ausgewählt hat oder
2. der Schaden auch bei Anwendung dieser Sorgfalt entstanden wäre.

Beispiel

➲ wie eben. Kann nunmehr der Träger der Wohneinrichtung nachweisen, dass er die A sorgfältig ausgewählt hat und trifft ihn auch kein sonstiges Organisationsverschulden, weil er z. B. ausreichend Personal beschäftigt, oder wäre der Schaden auch eingetreten, wenn die A den B sofort aus dem Wasser gezogen hätte, entfällt seine Haftung.

2 Zivilrechtliche Grundlagen des Rechts für Menschen mit Behinderungen

Es ist hier gleichfalls möglich, dass sich der Geschädigte sowohl an den Schädiger selbst als auch an den Geschäftsherrn, der für die Ausführung der Verrichtung oder Dienstleistung verantwortlich war, wendet. In diesen Fällen haften wiederum beide als Gesamtschuldner nach § 840 BGB.

> Vorrangig vor der deliktischen Haftung nach § 831 BGB gilt die vertragliche Haftung desjenigen, der sich gegenüber einem Dritten zur Vornahme einer Verrichtung/Dienstleistung verpflichtet hat und dessen Verrichtungsgehilfe dann einen Schaden bei dem Dritten bei der Ausübung dieser Aufgabe verursacht. In diesen Fällen haftet der Vertragspartner nach § 278 BGB, der Verrichtungsgehilfe ist dann der Erfüllungsgehilfe, da er bei der Erfüllung einer vertraglichen Pflicht hilft.

2.8.3 Übertragung der Aufsichtspflicht

Aufsichtspflichten, die gesetzlich oder vertraglich bestehen, können an andere Personen übertragen bzw. delegiert werden. Sie sind dann dafür verantwortlich, dass die beaufsichtigte Person keinen Schaden verursacht.

Die Delegation der Aufsichtspflicht erfolgt in einer Einrichtung sozialer Dienste i. d. R. vom Träger der Einrichtung an die Arbeitnehmer mittels Arbeitsvertrag. Das muss nicht ausdrücklich im Vertrag vereinbart sein; Beschäftigte in einer sozialen Einrichtung sind zur Aufsicht der dort betreuten Personen, sofern diese der Aufsicht bedürfen, verpflichtet. Schematisch lässt sich dies so darstellen:

Übersicht 6

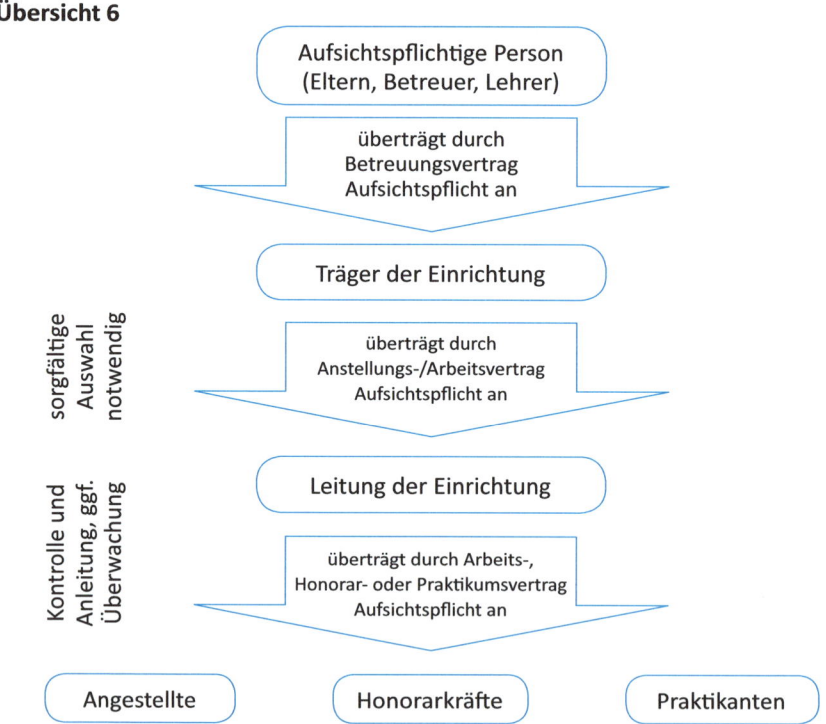

Da zwischen den Mitarbeitern (Angestellten, Honorarkräften, Praktikanten) i. d. R. keine vertraglichen Beziehungen bestehen (der Vertrag wird i. d. R. mit dem Träger einer Einrichtung geschlossen), kommt im Falle der Aufsichtspflichtverletzung mit einer Schadensfolge nur die Haftung über § 832 BGB in Betracht.

Der Träger wird allerdings durch die Übertragung der Aufsichtspflicht nicht völlig frei von seinen Verpflichtungen. Er muss dann durch eine angemessene Organisations- und Personalplanung sicherstellen, dass die Aufsichtspflicht auch tatsächlich erfüllt werden kann.

2.8.4 Rechtliche Konsequenzen bei Aufsichtspflichtverletzungen

Die Verletzung von Aufsichtspflichten ist nur dann problematisch, wenn ein Schaden eintritt, der bei gehöriger Aufsicht verhindert worden wäre. Ist ein Schaden eingetreten, können verschiedene rechtliche Konsequenzen daraus folgen.

So führt die Verletzung von Aufsichtspflichten zunächst zivilrechtlich zu einem Anspruch auf Schadensersatz (§§ 832, 823 BGB) für materielle Schäden (z. B. Reparaturkosten, Krankenbehandlungskosten, Verdienstausfall, Ersatzkosten für zerstörte Gegenstände). Der Anspruch setzt voraus, dass entweder ein Schaden bei der betreuten Person eingetreten ist (Personen- oder Sachschaden) oder dass der Schaden an Einrichtungsgegenständen des Träger oder der Person oder Sachen von Mitarbeitern des Trägers oder bei Dritten, d. h. außerhalb des Einrichtungsträgers, entstanden sind und keine Entlastung nach § 832 Abs. 1 S. 2 BGB möglich ist. Darüber hinaus besteht u. U. ein Anspruch auf Schmerzensgeld für immaterielle Schäden (§ 253 BGB).

Aufsichtspflichtverletzungen können allerdings auch strafrechtliche Konsequenzen haben. Wurde mit der Aufsichtspflichtverletzung gleichzeitig ein Straftatbestand verwirklicht (z. B. §§ 222, 229 StGB), kommt eine Geld- oder Haftstrafe in Betracht.

Schließlich können Verletzungen der Aufsichtspflicht auch arbeitsrechtliche Konsequenzen haben, v. a. dann, wenn durch den Arbeitsvertrag die Verpflichtung zur Aufsicht übernommen wurde. In diesen Fällen ist Abmahnung oder – bei schweren Pflichtverletzungen – auch Kündigung möglich.

Beispiel

➲ Bei einem Waldausflug einer heilpädagogisch betreuten Kindergruppe von zehn Kindern im Alter zwischen drei und vier Jahren kommt ein dreijähriges Mädchen vom Weg ab und rutscht in einen hinter Bäumen versteckten Weiher. Die begleitenden Heilpädagogen bemerken das Verschwinden des Kindes erst nach 15 Minuten, als es gefunden wird, muss es reanimiert werden. Es trägt durch den Sauerstoffmangel, den es im Wasser erlitten hat, schwere Hirnschädigungen davon. Zivilrechtlich haften die begleitenden Aufsichtspersonen auf Schadensersatz (Behandlungskosten, Krankenhauskosten, spätere notwendige Behandlungen, zusätzliche Hilfsmittel, Verdienstausfall der Eltern, die sich künftig um das Kind intensiver kümmern müssen usw.) und ggf. Schmerzensgeld. Gleichzeitig haben sie durch ihre Unaufmerksamkeit und eine erhebliche Sorgfaltspflichtverletzung eine fahrlässige

Körperverletzung begangen und werden strafrechtlich zur Verantwortung gezogen. Und letztlich wird auch der Arbeitgeber, der Träger der Einrichtung, auf diese Pflichtverletzung reagieren und den Begleitpersonen zumindest eine Abmahnung erteilen.

2.8.5 Haftungsfreistellung und Versicherungsschutz

Ist die geschädigte Person gesetzlich unfallversichert, so wird u. U. der Aufsichtspflichtige von seiner Haftung freigestellt. Dies richtet sich nach den arbeits- und versicherungsrechtlichen Beziehungen. Eine solche Haftungsfreistellung kennt die gesetzliche Unfallversicherung in den §§ 104 ff. SGB VII. Nach den §§ 104 – 106 SGB VII haften die Mitarbeiter einer Einrichtung nicht für einen Schaden, den sie einem Versicherten desselben Betriebes, einem Betriebsangehörigen desselben Unternehmens oder dem Arbeitgeber zugefügt haben, wenn dieser auf einem von der gesetzlichen Unfallversicherung erfassten Unfall beruht. Allerdings betrifft die Haftungsfreistellung nur den Ausgleich wirtschaftlicher Folgen, die durch unfallbedingte Gesundheitsbeeinträchtigungen oder einen unfallbedingten Todesfall eingetreten sind, nicht dagegen immaterielle Schäden oder Sachschäden. Der Anspruch auf Schmerzensgeld ist nach § 105 Abs. 1 SGB VII i. d. R. ausgeschlossen. Eine Einschränkung besteht auch, wenn die aufsichtspflichtige Person grob fahrlässig oder vorsätzlich gehandelt hat. In diesen Fällen kann der Träger der Unfallversicherung auch die aufsichtspflichtige Person in Regress nehmen.

 Übungsaufgaben

1. Nach welchem Grundsatz haftet eine Person nach dem Schadensersatzrecht?
2. Was verstehen Sie unter einer Garantenpflicht? Woraus kann sich eine solche Garantenpflicht ergeben?
3. Welcher Unterschied besteht zwischen Schuldfähigkeit und Deliktsfähigkeit?
4. Benennen Sie Personen, die grundsätzlich deliktsunfähig sind! Wo finden sich die gesetzlichen Regelungen dazu?
5. Der achtjährige T läuft auf die Straße, um seinen Fußball zu holen. Ein Autofahrer weicht aus und rammt ein anderes Fahrzeug auf der Gegenfahrbahn. Muss T für den Schaden aufkommen? Was gilt, wenn T mit seinen Freunden ein „Zielschießen" auf vorbeifahrende Fahrzeuge gemacht hat?
6. Der 17-Jährige K lädt illegal Musik aus dem Internet herunter. Muss er für den dabei verursachten Schaden aufkommen?
7. Was bedeutet vermutetes Verschulden und welche Formen kennen Sie?
8. Wie wird die Aufsichtspflicht begründet und wo ist die Haftung bei Verletzung der Aufsichtspflicht geregelt?
9. Gilt eine Aufsichtspflicht uneingeschränkt und „rund um die Uhr"?
10. Wie kann sich eine aufsichtspflichtige Person entlasten?

11. Die sehbehinderte K wohnt in einer betreuten Wohneinrichtung. Als sie nachts die Küche aufsuchen will, um sich etwas zu trinken zu holen, stürzt sie die Treppe hinunter, weil die Betreuerin vergessen hat, das Sicherheitsnetz an der Treppe zu schließen. Wer muss für den Schaden von K aufkommen? Welche gesetzlichen Vorschriften sind anzuwenden?
12. Der psychisch kranke N, der ein hohes Aggressionspotenzial aufweist, verlässt des Nachts seine Wohneinrichtung, weil die Türen – anders als sonst – nicht abgesperrt sind. Auf der Straße findet er eine kaputte Bierflasche und zerkratzt damit 10 am Straßenrand geparkte Autos. Der ihm entgegenkommende L, der eingreifen will, wird von N zusammengeschlagen und erleidet ein Schädel-Hirn-Trauma. Haben die Autobesitzer und L Anspruch auf Schadensersatz? Gegen wen richtet sich der Anspruch und welche gesetzlichen Vorschriften sind anzuwenden?

2.9 Grundzüge des Erbrechts

Jeder Mensch ist bei seinem Tod Eigentümer und Besitzer von Gegenständen; er hat eventuell noch minderjährige Kinder oder behinderte oder wirtschaftlich bedürftige Kinder und Eltern, ist möglicherweise Unternehmer, Halter von Tieren, Urheber von Werken, Inhaber von Patenten und Rechten, Opfer von Straftaten und Ordnungswidrigkeiten. Viele Erblasser, so werden die Personen im Erbrecht bezeichnet um deren (künftigen) Nachlass es geht, sind aber auch verschuldet, haben Straftaten und Ordnungswidrigkeiten begangen oder unterliegen der Zwangsvollstreckung. Die Regelung der vermögensbezogenen Angelegenheiten ist Aufgabe des Erbrechts. Dessen Bestimmungen werden ergänzt durch familienrechtliche (Sorge für verwaiste Minderjährige, güterrechtlicher Einfluss), lebenspartnerschaftliche (vgl. § 10 LPartG) und betreuungsrechtliche Regelungen sowie durch zahlreiche weitere gesetzliche Bestimmungen für den Todesfall. Das Erbrecht betrifft (nur) Fragen der Erbfolge, also das Erben und Vererben von Vermögensbestandteilen und Schulden. Die Person, die die Vermögensnachfolge antritt, heißt Erbe. Erbe wird, wer das Erbe annimmt, d. h. nicht ausschlägt. Schlägt derjenige, dem die Erbschaft anfällt, aus, wird er nicht Erbe (vgl. § 1942 Abs. 1 BGB). Die Annahme der Erbschaft ist eine einseitige Willenserklärung; ein beschränkt geschäftsfähiger Minderjähriger braucht die vorhergehende Zustimmung (vgl. Kapitel 2.3.5.1).

Wie mit der Leiche der verstorbenen Person zu verfahren ist, unterliegt teils dem öffentlichen Recht (Bestattungsgesetze der Länder), evtl. auch dem Strafverfahrensrecht.

2.9.1 Familienerbfolge

Nach den Regeln der gesetzlichen Erbfolge soll das Vermögen des Erblassers den Familienangehörigen zu Gute kommen, wenn der Erblasser keine entgegengerichteten Bestimmungen über seine Erbfolge getroffen hat. Damit werden die rechtlichen Regelungen über Linie und Grad der Verwandtschaft (vgl. Kapitel 2.4.1) auch für das Erbrecht bedeutsam. Sind Kinder vorhanden und enterbt, steht ihnen zumindest das Pflichtteilsrecht, wertmäßig die Hälfte des gesetzlichen Erbteils

(§ 2303 Abs. 1 Satz 2 BGB), zu.[44] Das Pflichtteilsrecht schränkt daher den Grundsatz der Testierfreiheit mit Rücksicht auf die rechtlichen Familienbindungen ein. Hat der Erblasser keine letztwillige Verfügung (Testament oder Erbvertrag) getroffen, tritt die gesetzliche Erbfolge ein. Sie ist in den §§ 1924–1936 BGB geregelt. In der Praxis ist die gesetzliche Erbfolge der Regelfall, da zumeist keine letztwillige Verfügung vorhanden ist. Die gesetzliche Erbfolge kann aber auch ergänzend zu einer partiellen gewillkürten Erbfolge in Betracht kommen.

Gesetzliche Erben sind die Verwandten (§§ 1924–1930 BGB), der Ehegatte (§§ 1931, 1371 BGB), der Lebenspartner (§ 10 Abs. 1 bis 3 LPartG) und der Staat (§ 1936 BGB).

2.9.1.1 Verwandte als gesetzliche Erben

Ausschlaggebend ist die rechtliche Verwandtschaft. Das Erbrecht benutzt den Begriff der Ordnung. Die Zugehörigkeit bestimmt sich nach folgendem Prinzip (aufgeführt werden nur vier Ordnungen):

1. Erste Ordnung: Abkömmlinge des Erblassers (§ 1924 Abs. 1 BGB [Kinder und Enkel])
2. Zweite Ordnung: Eltern des Erblasser und deren Abkömmlinge (§ 1925 BGB; Geschwister des Erblassers und deren Nachkommen)
3. Dritte Ordnung: Großeltern des Erblasser und deren Abkömmlinge (§ 1926 Abs. 1 BGB; Tanten und Onkel des Erblassers und deren Nachkommen)
4. Vierte Ordnung: Urgroßeltern des Erblassers und deren Abkömmlinge (§ 1928 Abs. 1 BGB; Großtanten und Großonkel des Erblassers und deren Nachkommen).

Sofern ein Erbe einer niedrigeren Ordnung lebt, schließt er alle weiteren Verwandten höherer Ordnungen aus; dieses Prinzip wird als Ordnungs- oder Parentelsystem bezeichnet. Innerhalb derselben Ordnung schließt ein gradmäßig niedriger mit dem Erblasser Verwandter, die gradmäßig höher mit dem Erblasser verwandten Personen von der Erbfolge aus. Dieser Ausschluss von der Erbfolge wird als Repräsentationssystem bezeichnet (§ 1924 Abs. 2 BGB; vgl. auch §§ 1925 Abs. 2, 192 Abs. 2, 1928 Abs. 2 BGB).

Beispiele

➲ Lebt ein Enkelkind, aber kein Kind des Erblassers mehr, schließt es die Eltern des Erblassers und deren Abkömmlinge von der Erbfolge aus, obwohl es in einem höheren Grad mit dem Erblasser verwandt ist (2. Grad) als jeder Elternteil des Erblasser (1. Grad). Lebt hingegen das Kind des Erblassers, von dem das Enkelkind abstammt, noch, gehört das Enkelkind zwar zur ersten Ordnung, wird aber von dem gradmäßig näher mit dem Erblasser verwandten Kind (1. Grad) von der Erbfolge ausgeschlossen. Ist das Enkelkind Halbwaise, weil das Kind des Erblassers, vom dem es abstammt, vorverstorben ist und lebt ein zweites Kind des Erblassers, werden dieses und das Enkelkind Erben.

---

[44] BVerfG, Beschluss vom 19.4.2005, 1 BvR 1644/00, 1 BvR 188/03.

Hat der Erblasser keine Abkömmlinge, leben keine Eltern und Geschwister mehr, aber lebt ein Abkömmling eines Geschwisters, schließt dieser sämtliche weiteren Verwandten von der Erbfolge aus.

Angehörige derselben Ordnung, die gradmäßig mit dem Erblasser im selben Grad verwandt sind, erben zu gleichen Teilen; diese Regelung wird als Liniensystem bezeichnet. Jedes Kind des Erblasser bildet einen Stamm, jedes Enkelkind einen Unterstamm (vgl. § 1924 Abs. 3 BGB). Bei der Erbfolge in aufsteigender Linie müssen die väterliche Linie und die mütterliche jeweils getrennt betrachtet werden; dasselbe gilt für die geraden Linien zu den Großelternteilen und den Urgroßelternteilen (es bestehen zu acht Urgroßelternteilen [vier Urgroßelternpaaren] acht unterschiedliche Linien).

Beispiele

➡ Hat der Erblasser zwei vorverstorbene Kinder (A und B) und von A ein Enkelkind (C), von B zwei Enkelkinder (D und E), erben C ½ und D und E je ¼. Ist ein weiteres Kind des Erblassers ohne Abkömmlinge zu haben vorverstorben, fällt diese Linie weg. Hat der Erblasser weder Abkömmlinge noch überlebende Eltern, aber noch einen Bruder (F) und eine Halbschwester (G), die nichteheliche Tochter der verstorbenen Mutter, die mit dem Vater des Erblassers nicht verwandt ist, erben nach der Mutter sowohl der Bruder wie die Halbschwester zu je ¼, nach dem Vater nur der Bruder zu ½. Im Endergebnis erhält also (F) ¾, (G) ¼ der Erbschaft. Hat der Erblasser weder Abkömmlinge noch Geschwister und sind die Eltern vorverstorben, erben die überlebenden Großeltern. Das Großelternpaar (1), die Eltern der Mutter des Erblassers, erben je ¼, der überlebende Vater des Vaters (Großelternteil aus dem Großelternpaar [2]) erbt ¼ + ¼ = ½ (§ 1926 Abs. 3 BGB), sofern keine weiteren Abkömmlinge von der Mutter des Vaters vorhanden sind. Ansonsten erbt das auf die Großmutter entfallende Viertel der mit ihr im niedrigsten Grad verwandte Abkömmling. Lebt das Großelternpaar (2) nicht mehr, erben die Anteile von je ¼ ihre Abkömmlinge, anderenfalls das Großelternpaar (1) (§ 1926 Abs. 4 BGB).

2.9.1.2 Ehegatte als gesetzlicher Erbe

Der Ehegatte wird gesetzlicher Erbe, wenn die Ehe im Zeitpunkt des Todes noch bestand. Ist die Ehe bereits durch familiengerichtliches Urteil (Scheidung, Aufhebung der Ehe) aufgelöst worden, wird der geschiedene oder frühere Ehepartner nicht mehr gesetzlicher Erbe. Das gilt aber auch für den Fall, dass der Erblasser die Scheidung oder Aufhebung der Ehe bereits (zulässig) beantragt oder dem Antrag zugestimmt hat (§ 1933 BGB). Trifft der verwitwete Ehegatte mit anderen gesetzlichen Erben zusammen, hängt seine Quote von der Ordnung ab, der der andere gesetzliche Erbe angehört. Außerdem spielt der Güterstand der aufgelösten Ehe eine Rolle.

2.9.1.2.1 Quote des Ehegatten

Neben Verwandten der ersten Ordnung (Kinder und Enkelkinder des Erblassers) erbt der verwitwete Ehegatte ¼; wie viele Erben erster Ordnung neben dem Ehegatten erben, spielt keine Rolle. Der Anteil von ¾ des Nachlasses teilt sich unter diesen auf, falls es mehrere gesetzliche Erben gibt.

Neben Erben der zweiten Ordnung erbt der verwitwete Ehegatte ½; die andere Hälfte wird ggf. unter den Verwandten aufgeteilt.

Neben den Großeltern des Erblassers als Erben der dritten Ordnung erbt der Ehegatte ½; diese Quote erhöht sich aber um die Quote von vorverstorbenden Großelternteilen, da deren Abkömmlinge bei gesetzlicher Erbfolge des Ehegatten ausgeschlossen werden (§ 1931 Abs. 1 S. 2 BGB).

Neben Verwandten der vierten (und weiterer) Ordnung(en), erbt der Ehegatte allein (§ 1931 Abs. 2 BGB).

2.9.1.2.2 Erbrecht und Güterstand

Lebten die Ehegatten im Güterstand der Gütertrennung (Wahlgüterstand), erbt der Überlebende neben einem gesetzlichen Erben der ersten Ordnung 1/2, neben zwei Erben der ersten Ordnung 1/3, neben drei und mehr Erben der ersten Ordnung erbt er 1/4. Gütergemeinschaft (weiterer Wahlgüterstand) ist praktisch ohne Bedeutung, rechtlich kompliziert und soll daher unberücksichtigt bleiben.

Bei der Zugewinngemeinschaft, die den gesetzlichen Güterstand darstellt, gibt es zwei Möglichkeiten:

1. Wählt der überlebende Ehegatte die erbrechtliche Lösung, erhöht sich sein gesetzlicher Anteil um 1/4; neben Erben der ersten Ordnung erhält er also 1/2, neben Erben der zweiten und dritten Ordnung 3/4. Erbt er aber sowieso 3/4, wird er (bei Vorversterben von Großelternteilen) Alleinerbe (§ 1371 Abs. 1 BGB). Ob tatsächlich ein Zugewinn seitens des Erblassers erzielt wurde, spielt keine Rolle.
2. Schlägt er aus oder wird er enterbt, kann der Überlebende aber berechneten Zugewinn geltend machen (§ 1371 Abs. 2 BGB) und erhält den Pflichtteil in Höhe der Hälfte des nicht erhöhten Erbteils (§ 1371 Abs. 2 BGB).

Teilweise wird angenommen, dass der überlebende Ehegatte auch stattdessen einen Pflichtteil aus der erhöhten Quote geltend machen kann.

Beispiele

➜ Der Erblasser hinterlässt seine Witwe H und drei Kinder; er lebte im gesetzlichen Güterstand. H erhält 1/2, die Kinder je 1/6 des Nachlasses. Aus dem zusätzlichen 1/4 hat die Witwe aber die Ausbildung von Kindern des Erblassers, mit denen sie nicht verwandt ist und denen sie daher keinen Unterhalt schuldet, zu finanzieren (vgl. § 1371 Abs. 4 BGB). Den Erblasser hat seine Mutter (I) und die Ehefrau (J) überlebt. I erhält 1/4, J 3/4 des Nachlasses. Ist auch die Mutter vorverstorben, erbt J allein. Schlägt der verwitwete Ehemann (K) aus, erhält die Tochter der Erblasserin (L) alles. Der Nachlass ist aber mit 1/8 des Wertes als Pflichtteil belastet, außerdem erhält der Witwer die Hälfte des Zugewinns, den die Bilanz für die verstorbene Ehefrau aufweist. Diese Lösung ist für ihn vorteilhaft, wenn der Wert des Zugewinns mehr als die Hälfte des Werts des Nachlasses minus den Pflichtteil ausmacht.

Außerdem erhält der Ehegatte als gesetzlicher Erbe ein gesetzliches Vermächtnis, den sog. Voraus. Das bedeutet, dass er Anspruch darauf hat, dass Haushaltsgegenstände und Hochzeitgeschenke ihm übereignet werden (vgl. § 1932 Abs. 2 BGB). Ein weiteres gesetzliches Vermächtnis ist der sog. Dreißigte. Danach haben Familienangehörige des Erblassers, die bis zu dessen Tod im selben Haushalt lebten und Unterhalt bezogen, gegen den Erben Anspruch auf Unterhalt und Nutzung der Wohnung und der Haushaltsgegenstände für 30 Tage nach dem Erbfall (vgl. § 1969 BGB).

2.9.1.3 Lebenspartner als gesetzlicher Erbe

Bestand im Todeszeitpunkt eine Lebenspartnerschaft und ist kein Aufhebungsantrag des Erblassers bei Gericht eingegangen oder hat der Erblasser einer Aufhebung nicht zugestimmt, wird der Lebenspartner gesetzlicher Erbe seines verstorbenen Lebenspartner (vgl. § 10 LPartG). Die Erbquote richtet sich wie bei Ehegatten danach, ob weitere gesetzliche Erben vorhanden sind, zu welcher Ordnung diese gehören und ob die Partner in einem vertraglichen Güterstand oder im gesetzlichen Güterstand gelebt haben. Auch im Lebenspartnerschaftsrecht heißt der gesetzliche Güterstand Zugewinngemeinschaft. Die Lebenspartner können durch Lebenspartnerschaftsvertrag (vgl. §§ 6, 7 LPartG) aber auch Gütertrennung oder Gütergemeinschaft vereinbaren.

Die Regelungen entsprechen den oben für die Ehegatten dargestellten Grundsätzen (vgl. § 10 LPartG).

Auch einen Voraus kennt das Lebenspartnerschaftsrecht; mit kleinen Abweichungen, wenn der Lebenspartner neben Verwandten der ersten Ordnung erbt (§ 10 Abs. 1 S. 3 und 4 LPartG).

2.9.2 Gesetzliches Erbrecht des Staates

Es gibt keinen erbenlosen Nachlass. Greift daher keine gesetzliche Erbfolge von Verwandten, Ehe- und Lebenspartner, wird der Staat Erbe (§ 1936 BGB). Dabei spielt es keine Rolle, ob solche Personen tatsächlich nicht vorhanden sind oder ausgeschlagen haben. Erbe wird das jeweilige Bundesland, in dem der Verstorbene gemeldet war oder seinen gewöhnlichen Aufenthalt hatte. Voraussetzung ist ein Beschluss, der feststellt, dass ein anderer Erbe als der Fiskus nicht vorhanden ist (§ 1964 Abs. 1 BGB). Der Staat kann nicht ausschlagen oder auf das Erbe verzichten, er haftet allerdings, anders als die anderen Erben, nicht unbeschränkt.

2.9.3 Pflichtteilsrecht

Werden Pflichtteilsberechtigte durch letztwillige Verfügung von der Erbfolge ausgeschlossen, können sie den Pflichtteil verlangen. Pflichtteilsberechtigt sind aber nur die Nachkommen des Erblassers, der Gatte einer bestehenden Ehe, der Lebenspartner einer bestehenden Lebenspartnerschaft und die Eltern des

Erblassers. Es werden aber entferntere Abkömmlinge von gradmäßig mit dem Erblasser niedriger Verwandten und Eltern als Pflichtteilsberechtigte der zweiten Ordnung durch Pflichtteilsberechtigte der ersten Ordnung verdrängt.

Schlägt ein Erbe das Erbe aus, kann er seinen Pflichtteil nur unter den Voraussetzungen des § 2306 BGB verlangen; dies ist der Fall bei Beschwerungen des Erben (z. B. durch die Anordnung der Testamentsvollstreckung oder ein Vermächtnis). Häufig geht daher bei Ausschlagung auch der Pflichtteil verloren. Ausschlagen kann aber der Ehegatte des Erblassers, um den berechneten Zugewinn und den Pflichtteil aus der nicht erhöhten Quote geltend machen zu können. Die Erbschaft ausschlagen kann man nur innerhalb der Frist von regelmäßig sechs Wochen (im Ausnahmefall von sechs Monaten, vgl. § 1944 Abs. 1 und 3 BGB). Schlägt der gesetzliche Vertreter einer erbberechtigten Person aus, bedarf er der Genehmigung des Familien- bzw. des Betreuungsgerichts. Die Ausschlagung muss gegenüber dem örtlich zuständigen (vgl. § 344 FamFG) Nachlassgericht[45] zu Protokoll oder in öffentlich beglaubigter Form geschehen. Bei gesetzlicher Erbfolge beginnt die Frist zu laufen, wenn dem Erben sein Verwandtschaftsverhältnis zum Erblasser bekannt und kein Hinweis auf eine letztwillige Verfügung vorhanden ist; im Übrigen mit Eröffnung der letztwilligen Verfügung durch das Nachlassgericht.

Beispiele

➡ Der Erblasser hat seine Ehefrau und seine Eltern enterbt und als Alleinerben M eingesetzt; es bestand Zugewinngemeinschaft. Wären die Genannten Erben geworden, hätte bei erbrechtlicher Lösung die Witwe 3/4 und die Eltern je 1/8 geerbt. Der Pflichtteilsanspruch der Witwe beträgt 3/8, der der Eltern je 1/16. M erhält daher nur die Hälfte des Nachlasswertes. Der verwitwete Erblasser hinterlässt Sohn (N) und Tochter (O). Der Sohn wird testamentarisch Miterbe zu 5/6, die Tochter erhält 1/6. Wäre die Tochter gänzlich enterbt, erhielte sie 1/4; die Differenz zwischen 1/6 und 1/4 ist 1/12. Sie sollte daher das Erbe annehmen, aber einen Pflichtteilsrestanspruch in Höhe von 1/12 des Nachlasses geltend machen. Der Erblasser errichtet ein Testament, wonach die Tochter (P), die Lebensgefährtin (Q) und sein Freund (R) Miterben zu je 1/3 werden. Da der Pflichtteil der Tochter 1/2 beträgt und der hinterlassene Erbteil mit 1/3 kleiner ist, sollte P ausschlagen und den Pflichtteil verlangen. Der Erblasser hat seinen Sohn (S) enterbt und die ihn pflegende Krankenschwester (T) eingesetzt. Er hat S einen größeren Geldbetrag zu Lebzeiten geschenkt; dieser bleibt aber im Betrag unter der Hälfte des gesetzlichen Erbteils. S muss sich die Zuwendung auf den Pflichtteil in Höhe von 1/2 anrechnen lassen, er erhält daher nur einen Pflichtteilsrestanspruch (§ 2305 BGB) gegenüber T. Hätte der Erblasser die Schenkung nicht seinem Sohn, sondern einer dritten Person zugewendet und entsprach diese keiner sittlichen Pflicht, hätte S aber zu Ergänzung des rechnerisch um die Summe geminderten Nachlasswerts einen Anspruch gegen die Erbin, nur im Fall des § 2329 Abs. 2 BGB gegen den Beschenkten oder seine Erben (sog. Pflichtteilergänzungsanspruch).

---

[45] In Baden-Württemberg gegenüber dem staatlichen Notariat.

Der Pflichtteil wird aus dem bereinigten Nachlasswert errechnet. Der Erbe kann daher die Erblasserschulden und ggf. die Erbfallschulden vom Nachlasswert abziehen; auch Zugewinnausgleichsansprüche werden vorab befriedigt. Schuldner des Pflichtteilsanspruchs ist der Erbe oder sind die Erben als Gesamtschuldner.

2.9.4 Gewillkürte Erbfolge

Um den Nachlass nach seinem Willen zuzuwenden, hat der Erblasser zwei Möglichkeiten: er kann ein Testament errichten oder einen Erbvertrag (zweiseitiges Rechtsgeschäft) schließen. Testamente gibt es als einseitige Verfügung von Todes wegen oder als gemeinschaftliches Testament (aufeinander bezogene Verfügungen auf einer Urkunde). Der Erblasser kann:

- Erbeinsetzungen, Enterbungen, Vor- und Nacherbschaft anordnen,
- den Erben mit Vermächtnissen und Auflagen beschweren,
- Teilungsanordnungen treffen,
- Testamentsvollstreckung anordnen und Bestimmungen über die Person des Testamentsvollstreckers formulieren,
- die Eltern des Erben von der Verwaltung des ererbten Vermögens ausschließen, Anordnungen für die Verwaltung durch einen Ergänzungspfleger aufnehmen oder
- als Elternteil einen Vormund benennen, eine Person als Vormund ausschließen oder Anordnungen über die Führung der Vormundschaft treffen.

Auch der Widerruf eines Testaments durch Testament ist möglich; ebenso der Widerruf einer Schenkung.

2.9.4.1 Testierfähigkeit

Für die Errichtung eines Testaments muss der Erblasser mindestens beschränkt geschäftsfähig sein und das 16. Lebensjahr vollendet haben. Er muss dann allerdings das Testament durch Erklärung gegenüber dem Notar oder durch Übergabe einer offenen Schrift, die der Notar zu prüfen hat, errichten (§§ 2232, 2233 Abs. 1 BGB). Das gilt auch für ein gemeinschaftliches Testament von Ehegatten, wenn einer noch nicht volljährig ist.

Für den Abschluss eines Erbvertrages als Erblasser ist volle Geschäftsfähigkeit Bedingung (§ 2275 Abs. 1 BGB), sofern der Erblasser nicht den Vertrag mit seinem Ehegatten (oder Verlobten) schließt. Letztwillige Verfügungen muss man persönlich errichten; Stellvertretung ist ausgeschlossen (der Einsatz eines Dolmetschers oder eines Sprachmitteln ist hingegen möglich, ggf. notwendig vgl. §§ 16, 22 BeurkG).

2.9.4.2 Testamentsformen

Bei der Errichtung einer letztwilligen Verfügung durch einen Volljährigen stehen verschiedene Formen zur Verfügung.

2.9.4.2.1 Ordentliches Testament

Das ordentliche Testament wird auch öffentliches Testament genannt. Es wird entweder durch Erklärung gegenüber einem Notar oder durch Übergabe einer offenen Schrift oder durch Übergabe einer verschlossenen Schrift an denselben errichtet (§ 2232 BGB). Es wird eine Niederschrift des Notars gefertigt; dieser hat bei Zweifeln die Geschäftsfähigkeit zu prüfen und bestätigt mit der Beurkundung der Niederschrift, dass der Erklärende (beschränkt) geschäftsfähig ist (§§ 8, 17, 30 BeurkG). Der Wille des Testierenden muss erkennbar sein, gesprochenes Wort ist nicht (mehr) erforderlich. Auch vor einem Berufskonsul kann ein Testament errichtet werden (vgl. § 10f KonsularG). Die örtliche Zuständigkeit des Notars ergibt sich aus § 11 BNotO. Die Niederschrift muss im Anschluss vom Erblasser und dem Notar (oder Berufskonsul) unterschrieben werden. Kann der Erblasser weder lesen noch schreiben, muss ein Zeuge beigezogen werden, der statt dem Erblasser unterzeichnet (§ 25 BeurkG). Die Rücknahme eines öffentlichen Testaments aus der amtlichen Verwahrung, stellt einen irreparablen Widerruf der Verfügung dar.

2.9.4.2.2 Eigenhändiges Testament

Das eigenhändige Testament muss zur Gänze vom Erblasser mit der Hand geschrieben und unterschrieben sein. Anderenfalls ist es nichtig (§ 2247 BGB). Kein eigenhändiges Testament können daher Personen errichten, die nicht lesen oder schreiben können. Zweck der Regelung ist es, Fälschungen vorzubeugen.

Beispiele

➲ Der Erblasser hat den Text mit dem PC geschrieben, ausgedruckt und unterschrieben; das Testament ist nichtig. Dasselbe gilt, wenn der Erblasser ausnahmsweise, wenn auch in bester Absicht, Druckbuchstaben schreibt. Weil die eindeutige Zuordnung zum Ersteller der Urkunde fehlt, wird nach h. M. auch die Punktschrift eines Blinden ausgeschlossen. Eine Unterzeichnung nur mit Namenskürzel genügt nicht, wohl aber die Verwendung eines Spitznamens oder einer Verwandtschaftsbezeichnung. Ist die Erklärung nicht unterschrieben, befindet sie sich aber in einem verschlossenen Umschlag, der den Namenszug aufweist, ist der Form nach h. M. genügt, nicht aber, wenn der Umschlag nicht verschlossen ist. Eine mit Blaupapier hergestellte Pause ist ein gültiges Testament. Auch im Übrigen spielt der Untergrund keine Rolle. So kann man auch einen Bierdeckel, ein Stück Zeitung benutzen oder, nachdem man das Testament durch Streichung widerrufen hatte, auf derselben Urkunde ein neues errichten. Auch das Schreibgerät ist nicht entscheidend. Man kann (sollte aber nicht) einen Bleistift oder Geheimtinte benutzen. Wesentlich ist, dass der Inhalt der Erklärungen mittels Augenschein sicher festgestellt werden kann. Wird in den Sand geschrieben, ist hingegen im Zweifel kein Wille in Hinsicht auf eine bindende Regelung gegeben.

Orts- und Zeitangaben sind nicht zwingend erforderlich (vgl. § 2247 BGB); existieren aber widersprüchliche Testamente, muss geklärt werden können, welche Verfügung die jüngste ist (§ 2254 BGB). Auch das privatschriftliche Testament kann (und sollte) amtlich verwahrt werden. Der Erblasser kann es jederzeit aus der Verwahrung zurücknehmen. Anders als beim öffentlichen Testament bedeutet dies keinen Widerruf der Verfügung.

2.9.4.2.3 Gemeinschaftliches Testament

Eheleute und Lebenspartner können ein gemeinschaftliches Testament als öffentliches wie als privatschriftliches errichten (§ § 2265 ff. BGB, § 10 Abs. 4 S. 1 LPartG unter Verweis auf die bürgerlich-rechtlichen Vorschriften). Im letzten Fall muss der Text von dem einen geschrieben und von beiden unterschrieben sein. Ist ein Ehepartner minderjährig, müssen beide Verfügungen notariell beurkundet werden. Auch ein Widerruf ist nur in notarieller Form oder durch gemeinsame Rücknahme aus der amtlichen Verwahrung möglich; für letzteres braucht der minderjährige Ehegatte keine Zustimmung seines gesetzlichen Vertreters.

Wird die Ehe vor dem Tod eines der Erblasser geschieden bzw. aufgehoben oder die Lebenspartnerschaft aufgehoben, wird die Verfügung unwirksam (§ 2268 Abs. 1 BGB). Die Erklärenden können wechselbezügliche Verfügungen treffen; diese gemeinschaftlichen Verfügungen stellen keinen Erbvertrag dar. Nach § 2270 Abs. 2 BGB ist ein solches Verhältnis der Verfügungen zueinander anzunehmen, wenn sich die Erblasser gegenseitig bedenken „oder wenn dem einen Ehegatten von dem anderen eine Zuwendung gemacht und für den Fall des Überlebens des Bedachten eine Verfügung zugunsten einer Person getroffen wird, die mit dem anderen Ehegatten [oder Lebenspartner] verwandt ist oder ihm sonst nahe steht." Ein solches Testament kann nach Eintritt des ersten Erbfalls nicht mehr geändert werden. Dem Überlebenden steht nur die Möglichkeit offen, Rechtsgeschäfte unter Lebenden durchzuführen.

Der bekannteste Typ des gemeinschaftlichen Testaments ist das sog. Berliner Testament. Bei diesem bedenken sich die Partner gegenseitig und als Erben des zuletzt Versterbenden einen Dritten, zumeist das gemeinsame Kind bzw. die gemeinsamen Kinder. Es gibt zwei Varianten dieses Testamentstyps:

1. Bei der Einheitslösung setzen sich die Verfügenden zu unbeschränkten Alleinerben ein; der Überlebende wird Vollerbe. Damit verschmelzen das ererbte und das Privatvermögen des Längerlebenden. Das bedeutet, dass der zuletzt Erbende (noch) nicht Erbe wird. Werden Pflichtteilsberechtigte nach dem ersten Erbfall daher nicht Erben, können sie den Pflichtteil verlangen. Das ist aber i. d. R. nicht im Sinne der Testierenden und kann durch Sanktionsklauseln erschwert werden.

2. Bei der Trennungslösung wird keine Vollerbschaft angeordnet, sondern Vor- und Nacherbschaft. Der Längerlebende wird in Hinsicht auf das ererbte Vermögen in seiner Handlungsmöglichkeit eingeschränkt, da er nur Vorerbe des zuletzt Erbenden wird. Das Vermögen setzt sich also aus zwei verschiedenen Vermögensmassen zusammen. Nur über das Eigenvermögen kann der Vorerbe frei verfügen; insoweit ist er nur erbrechtlich gebunden. Beim Tod des Längerlebenden erhält der Erbe das Vermögen des zuerst Verstorbenen als dessen Nacherbe und das Eigenvermögen des Längerlebenden als dessen unmittelbarer Erbe. Vor- und Nacherbe sind daher unterschiedliche Personen und beide Erben des Erblassers, aber zeitlich nacheinander.

Selbstverständlich können auch alle weiteren Verfügungen als Erbeinsetzungen Gegenstand eines gemeinschaftlichen Testaments werden. Das gemeinschaftliche Testament muss zweimal eröffnet werden; nach dem ersten Erbfall werden nur die trennbaren Anordnungen für den Erbfall bekannt gegeben.

2.9.5 Erbvertrag

Hat der Erblasser das Bedürfnis bindende vermögensbezogene Regelungen auf den Todesfall zu treffen und kommt ein wechselbezügliches Testament nicht in Betracht oder genügt dessen schwächere Bindung nicht, steht das Rechtsinstitut des Erbvertrages zur Verfügung (§§ 1941, 2274–2302 BGB). Er hat eine Doppelnatur, ist also eine letztwillige Verfügung und ein in der Regel zweiseitiger Vertrag. Auch beim Erbvertrag wird die Verfügung des Erblassers erst mit dem Tod wirksam, für den Vertragspartner können jedoch Vertragspflichten bereits für die Lebenszeit des Verfügenden begründet werden (z. B. Dienstleistungen wie Pflege oder vertragliche Unterhaltsleistungen). Für den Erbvertrag ist die Form des öffentlichen Testaments vorgeschrieben. Nach § 1941 Abs. 1 BGB kann der Erblasser durch Erbvertrag einen Erben einsetzen sowie Vermächtnisse und Auflagen anordnen. Trifft der Erblasser weitere Verfügungen, liegt insoweit ein öffentliches Testament vor. Es muss aber mindestens in einer Hinsicht eine die Vertragspartner bindende Regelung gewollt sein.

Zu unterscheiden sind
- einseitige,
- zweiseitige und
- mehrseitige Erbverträge.

Bei einseitigen Erbverträgen trifft nur ein Vertragspartner eine oder mehrere Verfügungen von Todes wegen, der andere Vertragspartner nimmt nur die Erklärung des Erblassers an, um die Bindungswirkung herbeizuführen, oder er verpflichtet sich seinerseits zu einer Leistung unter Lebenden. Angenommen wird nur die Erklärung des Erblassers; d. h. bei Erbeinsetzung und Erbanfall kann das Erbe auch ausgeschlagen werden.

Es können aber auch beide Seiten letztwillige Verfügungen, bei mehrseitigen Erbverträgen alle Vertragsparteien letztwillige Verfügungen treffen. Hinsichtlich von Verfügungen des Vertragspartners des Erblassers, die keine letztwilligen Verfügungen sind (z. B. eine Abtretung), muss bei Betreuten unter Einwilligungsvorbehalt der gesetzliche Vertreter mitwirken. Es kann auch der Vertragspartner, nicht aber der Erblasser, als Geschäftsunfähiger vom gesetzlichen Vertreter vertreten sein. Ein minderjähriger Vertragspartner, der beschränkt geschäftsfähig ist, kann aber ohne Zustimmung des gesetzlichen Vertreters handeln, wenn keine eigenen Rechtspflichten begründet werden; anderenfalls bedarf es der Zustimmung und ggf. familiengerichtlicher Genehmigung. Als Erblasser kann nur ein verheirateter Minderjähriger mit seinem Ehepartner einen Erbvertrag schließen (§ 2275 Abs. 2 BGB). Als Verlobter kann auch die Untergrenze von 16 Jahren unterschritten werden (§ 2275 Abs. 3 BGB). Für den Abschluss des Vertrages als Erblasser ist die Mitwirkung des gesetzlichen Vertreters notwendig; ist gesetzlicher Vertreter ein Vormund, ist überdies die Genehmigung des Familiengerichts notwendig (§ 2275 Abs. 2 S. 2 BGB). Diese kann nur zu Lebzeiten des Minderjährigen erteilt werden. Der minderjährige Erblasser kann nach Erreichen der vollen Geschäftsfähigkeit den schwebend unwirksamen Erbvertrag auch selbst genehmigen; einer familiengerichtlichen Genehmigung bedarf es dann nicht mehr.

Es können auch ausschließlich Dritte bedacht werden. Die Zustimmung des gesetzlichen Vertreters ist nicht formbedürftig, sollte aber schriftlich erfolgen (vgl. § 182 Abs. 2 BGB).

2.9.6 Vermächtnis und Auflage

Zuwendungen können nicht nur über Erbeinsetzungen erfolgen, der Erblasser kann vielmehr auch ein Vermächtnis aussetzen oder den Erben mit einer Auflage belasten. Beim Vermächtnis handelt es sich um die Zuwendung einzelner Vermögensbestandteile oder Vermögensvorteile, ohne dass der Zuwendungsempfänger Rechtsnachfolger des Erblassers wird. Macht das „Vermächtnis" aber den wesentlichen Teil des Nachlasses aus, liegt im Zweifel eine Erbeinsetzung vor.

Der Vermächtnisanspruch gegen den Erben oder die Erbengemeinschaft entsteht mit Annahme der Erbschaft. Stirbt der Vermächtnisnehmer vor dem Erbfall, fällt im Zweifel das Vermächtnis weg; die Erben des Vermächtnisnehmers treten also im Regelfall nicht ein (§ 2160 BGB, vgl. aber auch § 2069 BGB). Der Vermächtnisnehmer kann auch mit einem Untervermächtnis beschwert werden (§ 2147 BGB).

Die Auflage ist eine Anordnung des Erblassers, die den Beschwerten verpflichtet, ohne dem Begünstigten ein Recht auf die Zuwendung zu geben.

Beispiele

➲ Der Erblasser hat seinem Gärtner (U) ein Geldvermächtnis ausgesetzt. Erbe ist V. U hat den Anspruch auf Zahlung der Summe gegenüber V. W soll als Vermächtnis ein bebautes Grundstück erhalten, aber an X eine bestimmte Geldsumme zahlen (Untervermächtnis). X muss seinen Anspruch gegenüber W geltend machen. Der Erbe Y erhält die Auflage das Haustier des Verstorbenen angemessen zu pflegen. Z erhält die Auflage an die Kirchengemeinde eine bestimmte Summe zu zahlen, die für das Lesen der Messe einzusetzen ist. Auf die Zahlung hat die Kirchengemeinde keinen Anspruch. Erhält sie das Geld, muss es bestimmungsgerecht eingesetzt werden und darf nicht in den allgemeinen Haushalt fließen.

2.9.7 Sinn der Nachlassplanung

Da Erbteil wie Pflichtteil gepfändet werden oder vom Sozialleistungsträger übergeleitet werden können, ist Nachlassplanung insbesondere sinnvoll bei

- besonderen Bedarfslagen von Erben oder Pflichtteilsberechtigten,
- drohendem Zugriff von Gläubigern auf den Nachlass oder
- bei nur schwer teilbaren Vermögensgegenständen.

Außerdem stehen oft steuerliche Gestaltungsmöglichkeiten im Vordergrund.

Ziele der Nachlassplanung können insbesondere

- Sonderregelungen im Sinne eines Behindertentestaments,

- eines Bedürftigentestaments,
- Sonderregelungen zugunsten Überschuldeter oder
- Teilungsregelungen

sein.

Im Folgenden werden nur die Grundsätze des Behindertentestaments erläutert. Wird ein Mensch mit Behinderung, der nicht in der Lage ist, seinen Lebensunterhalt zu verdienen, und der auf Eingliederungshilfen und wirtschaftliche Transferleistungen angewiesen ist, Erbe eines nicht überschuldeten Vermögens, ist dieses bis auf die Schongrenzen zu verbrauchen, bevor wirtschaftliche Leistungen wieder in Anspruch genommen werden können. Es ist daher das Ziel vieler Erblasser dem (behinderten) Kind die Sozialleistungsansprüche zu erhalten, dieses aber zumindest teilweise vom Erbe profitieren zu lassen und zwar möglichst langfristig.

Zur Erreichung dieses Ziels stehen mehrere Möglichkeiten offen, von denen aber manche auf rechtliche oder ethische Bedenken stoßen können:

1. Es besteht die Möglichkeit den Menschen mit Behinderung zu enterben. Ist dieser pflichtteilsberechtigt, kann aber auf den Pflichtteil zugegriffen werden; außerdem wird erbrechtlich der Mensch mit Behinderung, z. B. gegenüber seinen Geschwistern, benachteiligt.
2. Ein Erbverzicht des Menschen mit Behinderung führt ebenfalls zu einer Erhöhung der Quote und einer entsprechenden wirtschaftlichen Benachteiligung. Ist das Handeln des gesetzlichen Vertreters notwendig, bedarf der Verzicht auch der familiengerichtlichen oder der betreuungsgerichtlichen Genehmigung. Gesetzlicher Vertreter ist bei Verträgen mit Eltern ein Ergänzungspfleger oder weiterer Betreuer. Dass der Verzichtende Empfänger wirtschaftlicher Leistungen ist, macht einen Verzicht zwar nicht grundsätzlich unwirksam, die Leistungen können aber gekürzt werden.[46] Aus diesen Gründen ist diese Lösung die insgesamt ungünstigste. Allerdings können mit einem Erbverzicht auf Grund eines Erbvertrages auch Leistungen unter Lebenden ausbedungen werden, die damit die Lebensbedingungen des Menschen mit Behinderung vor dem Erbfall verbessern können.
3. Man kann eine Erbeinsetzung auf den Pflichtteil vornehmen. Das stellt weitere Erben quotenmäßig günstiger, hat aber für den Betroffenen langfristig den Verlust des Vermögens zur Folge. Denkbar ist auch eine Enterbung unter Aussetzung eines Vermächtnisses in Höhe des Pflichtteils. Beides kann durch Anordnungen zur Verwaltung abgefedert werden, die möglichst den Stamm des Vermögens erhalten. Die Erträge kommen dann dem Menschen mit Behinderung zugute. Gesichert werden kann die Einhaltung der Anordnungen durch Testamentsvollstreckung.
4. Der Erblasser kann auch auf die maximale Dauer von 30 Jahren die Auseinandersetzung der Erbengemeinschaft zwischen den Miterben, zu denen der Mensch mit Behinderung gehört, ausschließen. Das hindert den Sozialleistungsträger am Zugriff auf den Miterbenanteil. Es bedeutet aber eine erhebliche Einschränkung der Verwertbarkeit und einen gesteigerten Verwaltungsaufwand für alle Beteiligten.

---

[46] BGH, Urteil vom 19.1.2011, IV ZB 7/10.

5. Setzt man den Menschen mit Behinderung als nicht befreiten Vorerben ein, kommt man dem Ziel den Nachlass für die Familie weitgehend zu erhalten, aber dem Menschen mit Behinderung sozialleistungsunschädliche Verbesserung zukommen zu lassen, näher. Nacherbe wird der überlebende Ehegatte, andere Kinder oder dritte Personen; dabei sollte die Erbquote für den Vorerben über dem hälftigen gesetzlichen Erbteil liegen.

Die Einsetzung auf den Pflichtteil oder die Anordnung eines Vermächtnisses in Höhe des Pflichtteils oder die Einsetzung als nicht befreiter Vorerbe sollten mit der Anordnung der Testamentsvollstreckung verbunden werden. Die Dauertestamentsvollstreckung ist mit der Anweisung zu verbinden, dass der Testamentsvollstrecker nur Erträge zuweist, die einem Zugriff des Sozialleistungsträgers nicht unterliegen. Der Bedachte erhält damit die Nutzungen, der Zugriff auf die Vermögenssubstanz ist verwehrt. Im Eintritt des Nacherbfalls (Tod des Menschen mit Behinderung) ist ein Zugriff des Sozialhilfeträgers wegen § 102 SGB XII ausgeschlossen. Diese Lösung bedingt aber nicht unerhebliche Kosten für die Dauertestamentsvollstreckung und bedeutet gegenüber der Lage eines Vermögenslosen nur eine mäßige Verbesserung.

Bei der Vermächtnislösung wird der Mensch mit Behinderungen nicht Miterbe, sondern mit einem Vorvermächtnis, das mindestens die Höhe des Pflichtteils betragen muss, bedacht. Nachvermächtnisnehmer werden der Ehegatte oder andere Kinder des Erblassers oder dritte Personen. Ob auch auf diesen Fall § 102 SGB XII Anwendung findet, ist unklar.[47]

2.9.8 Testamentsvollstreckung

Der Testamentsvollstrecker hat den Nachlass in Besitz zu nehmen und zu verwalten. Dazu kann er auch über Nachlassgegenstände verfügen (§ 2205 BGB). Sein Aufgabenbereich wird im Übrigen vom Erblasser bestimmt. Es gibt zwei Varianten: die Abwicklungsvollstreckung und die Verwaltungsvollstreckung.
1. Die Abwicklungsvollstreckung soll die Durchführung der Anordnungen des Erblassers gewährleisten (§ 2203 BGB). Bevor der Testamentsvollstrecker den (Rest)Nachlass dem Erben aushändigt, hat er die Nachlass- und Erbfallschulden zu tilgen und Vermächtnisse und Auflagen zu erfüllen. Bei mehreren Erben obliegt ihm die Erbauseinandersetzung. Es kann auch ein Miterbe als Testamentsvollstrecker eingesetzt sein.
2. Verwaltungsvollstreckung ist hingegen Dauervollstreckung. Sie verhindert die Auseinandersetzung des Erbes vorübergehend (vgl. § 2209 BGB). Der Testamentsvollstrecker hat im Übrigen die Rechte und Pflichten wie bei der Abwicklungsvollstreckung (vgl. §§ 2205 ff. BGB).

Auch die Nacherbenvollstreckung und die Vermächtnisvollstreckung sind Dauertestamentsvollstreckungen.

Dem Erben fehlt während der Dauer der Testamentsvollstreckung die Möglichkeit über Nachlassgegenstände zu verfügen. Für die Gründe der Beendigung des Amtes des Testamentsvollstreckers vgl. §§ 2210, 2225, 2226, 2227, 2201 BGB.

---

[47] Vgl. Baltzer/Reisnecker, Vorsorgen mit Sorgenkindern, Rn. 667.

2.9.9 Stellung des Erben

Der Erbe rückt in die rechtliche Stellung des Erblassers ein. Das bedeutet, dass ihm die Aktiva zustehen und der Besitz auf ihn übergeht (§ 857 BGB); er erhält in der Regel auch die Position des Erblassers als Gesellschafter eines Unternehmens und kann die gerichtlichen Verfahren, die zwischenzeitlich ruhen, fortführen. Es bedeutet aber auch, dass das ererbte Vermögen und das Eigenvermögen verschmelzen und der Erbe für die Schulden des Erblassers und die Kosten des Erbfalls (z. B. Pacht einer Begräbnisstätte, Gebühren, Überführungskosten, Blumenschmuck, Grabpflege) einstehen muss. Er kann diese Folgen nur durch Nachlassverwaltung und Nachlassinsolvenz abwenden. Für Regressforderungen wegen Sozialleistungen, die dem Erblasser erbracht worden waren, ist die Haftung aber auf den Nachlass beschränkt. Strafverfahren und Ordnungswidrigkeitenverfahren gegen den Verstorbenen werden endgültig eingestellt. Ist der Erblasser Opfer eines Delikts geworden, kann der Erbe Strafanzeige erheben und Strafantrag stellen. Dazu verpflichtet ist er indessen nicht.

Sind mehrere Personen Erben geworden, verwalten sie den Nachlass gemeinsam und haften als Gesamtschuldner. Sie müssen aber spätestens 30 Jahre nach dem Erbfall die Erbengemeinschaft auseinandersetzen (vgl. § 2042 BGB). Das geschieht nach Berichtigung der Nachlassverbindlichkeiten (§ 2046 Abs. 1 BGB) gemäß den Teilungsanordnungen des Erblassers oder durch Verteilung oder Verwertung und Erlösteilung (§§ 2042, 2047 BGB) auf Grundlage des Auseinandersetzungsvertrages.

2.9.10 Exkurs: Aufgaben im Todesfall

Für Angehörige und Erben stellen sich mit dem Tod des Betroffenen zahlreiche Aufgaben.

1. Der Tod ist dem Standesbeamten spätestens am folgenden Werktag mitzuteilen. Anzeigeverpflichtet sind die nahen Angehörigen, aber auch solche Personen, die die Leichenschau zu veranlassen haben (damit auch der Leiter der Einrichtung, in der der Betroffene verstorben ist).
2. Hat der Erblasser eine Obduktion nicht untersagt, können nahe Angehörige in eine solche einwilligen; ist letztwillig eine Leichenöffnung verboten worden, ist dieser Wille nur unbeachtlich bei einer Leichenöffnung auf Anordnung der Staatsanwaltschaft oder des ermittelnden Strafgerichts (vgl. §§ 87, 159 StPO).
3. Die Überlassung des Leichnams zu Ausbildungszwecken, zu Zwecken der Forschung oder für eine Plastinierung ist nur zulässig, wenn sie der Verstorbene gewollt hat. Grundlage der Überlassung ist ein zivilrechtlicher Vertrag mit der betreffenden Einrichtung.
4. Hat der Verstorbene einer Gewebe- oder Organentnahme nicht widersprochen, können nahe Angehörige (Totenfürsorgeberechtigte) in die Spende einwilligen (vgl. §§ 1–4 TransplantationsG).
5. Auch die Form der Bestattung und die nähere Ausgestaltung kann der Betroffene bindend regeln; ansonsten ist die Entscheidung Pflicht der nach Landesrecht bezeichneten Bestattungsverpflichteten. Die Kosten trägt der Erbe (§ 1968 BGB); Ausnahmen gibt es aber nach § 79 Abs. 2 SeeArbG, § 18 BeamtenversorgungsG und § 1615m BGB. Bei Dürftigkeit des Nachlasses (nicht höher

als doppelter Grundbetrag als Nachlasswert) und geringer Leistungsfähigkeit des Erben oder wenn dieser in häuslicher Gemeinschaft mit der verstorbenen Person gelebt hat, kann das Sozialamt die Kosten der Bestattung ganz oder teilweise übernehmen, allerdings sind diese der Höhe nach begrenzt (§§ 74, 102 SGB XII). Sofern sich niemand rechtzeitig um die Bestattung kümmert, lässt sie das Ordnungsamt im Wege der Ersatzvornahme durchführen; die Kosten trägt der Erbe.

6. Künstliche Körperteile (z. B. Prothesen) sind nicht vererblich, der Erbe hat aber ein Aneignungsrecht. Abnehmbare Prothesen, Hörgeräte und Ähnliches fallen in den Nachlass und damit in das Eigentum des Erben.
7. Bis zur Kenntnis vom Tod hat ein gesetzlicher Vertreter Vertretungsbefugnis mit Rechtsfolgen für den Nachlass. Nach Kenntnis vom Ableben des Vertretenen sind nur noch Notgeschäftsführungsmaßnahmen rechtmäßig.
8. Sind Kinder des Verstorbenen ohne die notwendige Aufsicht und Pflege, ist das Jugendamt zu informieren (Rechtsgedanke aus § 323c StGB), das die Kinder in Obhut nimmt (§ 42 SGB VIII).
9. Haustiere müssen ggf. zu einem Tierheim oder in Tierpflege gegeben, zumindest aber die Polizei von der Tierhaltung des Verstorbenen informiert werden.

 Übungsaufgaben

1. Nennen Sie gesetzliche Erben der ersten und der zweiten Ordnung!
2. Gehört der Ehegatte oder der Lebenspartner zu einer dieser Ordnungen?
3. Welche Auswirkungen hat der gesetzliche Güterstand des Ehepartners oder des Lebenspartners bei gesetzlicher Erbfolge?
4. Welche letztwilligen Verfügungen gibt es?
5. In welchen Formen kann a) ein lediger Minderjähriger, b) ein verheirateter Minderjähriger eine letztwillige Verfügung errichten?
6. Muss der Vertragspartner des Erblassers geschäftsfähig sein?
7. Was unterscheidet das Vermächtnis von der Erbeinsetzung?
8. Was unterscheidet das Vermächtnis von der Auflage?
9. Der Erblasser hat im Testament „meine gesetzlichen Erben" bedacht. Liegt gesetzliche Erbfolge oder eine letztwillige Verfügung vor?
10. Kann man auf ein Erbe verzichten? Was ist der Unterschied zur Ausschlagung der Erbschaft?
11. Welche Formen der Testamentsvollstreckung gibt es?
12. Für welchen Zeitraum kann der Erblasser Testamentsvollstreckung anordnen?
13. Welche Ziele verfolgen Erblasser, wenn sie ein sog. Behindertentestament errichten?
14. Was bedeutet die Erbenhaftung?
15. Was sind die Unterschiede zwischen Erblasserschulden und Erbfallschulden?
16. Wer ist totenfürsorgeberechtigt?

3 Verwaltungsverfahren und Rechtsschutz

3.1 Sozialverwaltungsverfahren

Sozialverwaltungsverfahren ist das Verwaltungsverfahren, das bei der Umsetzung des SGB anzuwenden ist. Es richtet sich nach den Vorschriften des SGB I und des SGB X, sofern es keine abweichenden Verfahrensvorschriften in den besonderen Leistungsgesetzen gibt. Nach § 8 SGB X ist das Verwaltungsverfahren im Sinne des SGB „die nach außen wirkende Tätigkeit der Behörden, die auf die Prüfung der Voraussetzungen, die Vorbereitung und den Erlass eines Verwaltungsaktes oder auf den Abschluss eines öffentlich-rechtlichen Vertrages gerichtet ist; es schließt den Erlass des Verwaltungsaktes oder den Abschluss des öffentlich-rechtlichen Vertrags ein." In dieser Vorschrift sind bereits die zwei wichtigsten Handlungsformen der Verwaltung aufgeführt: der Verwaltungsakt und der öffentlich-rechtliche Vertrag. Diese Handlungsformen schließen ein Verwaltungsverfahren ab. Darüber hinaus kann die Behörde noch schlicht-hoheitlich handeln; hierbei gelten allerdings nicht die Verfahrensvorschriften der §§ 8–66 SGB X, sondern nur die allgemeinen Grundsätze, die in §§ 1–7 SGB X sowie im SGB I enthalten sind.

3.1.1 Träger öffentlicher Verwaltung

Im Sozialverwaltungsverfahren handeln Behörden. Eine Behörde ist nach § 1 Abs. 2 SGB X „jede Stelle, die Aufgaben der öffentlichen Verwaltung wahrnimmt".

Dies sind i. d. R. hoheitlich tätige, oft in Selbstverwaltung agierende Institutionen und Träger. Es handelt sich hierbei um juristische Personen des öffentlichen Rechts. Dazu gehören:

- Körperschaften,
- Anstalten und
- Stiftungen.

Hoheitlich handeln können aber auch private Rechtsträger, sofern ihnen entsprechende Aufgaben zugewiesen sind.

Körperschaften des öffentlichen Rechts sind rechtsfähige Verwaltungseinheiten, die auf einer Mitgliedschaft natürlicher und/oder juristischer Personen beruhen, vom Wechsel der Mitglieder allerdings unabhängig sind und hoheitliche Aufgaben erfüllen. Man unterscheidet sie in Gebietskörperschaften und in Personenkörperschaften.

Bei Gebietskörperschaften sind die Mitglieder räumlich zugeordnet, d. h. alle Personen, die innerhalb eines bestimmten Gebietes wohnen oder ihren gewöhnlichen Aufenthalt dort haben, sind Mitglieder dieser Körperschaft. Gebietskörperschaften sind Bund, Länder und Gemeinden.

Die Mitglieder von Personenkörperschaften werden personal zugeordnet. Sie zeichnen sich durch gemeinsame persönliche Eigenschaften oder eine bestimmte berufliche Tätigkeit aus. Personenkörperschaften haben gesetzlich festgelegte öffentlich-rechtliche Befugnisse. Sie haben grundsätzlich ein Recht auf Selbstverwaltung, d. h. die Mitglieder der Personenkörperschaft wählen die Organe, die das Selbstverwaltungsrecht gestalten und ausüben. Personenkörperschaften sind z. B. staatliche Hochschulen, die gesetzlichen Krankenkassen und Pflegekassen, die Träger der gesetzlichen Rentenversicherung, die Berufsgenossenschaften, die Ärztekammer, die Handwerkskammer oder die Industrie- und Handelskammer.

Anstalten des öffentlichen Rechts sind rechtlich oder organisatorisch selbstständige Einrichtungen mit eigenen personellen und sächlichen Ressourcen, die Aufgaben öffentlicher Verwaltung wahrnehmen und zwar nicht in mitgliedschaftlicher Verfassung wie die Körperschaften, sondern „benutzerorientiert". Anstalten des öffentlichen Rechts sind z. B. die Rundfunkanstalten der Länder, Studentenwerke oder kommunale Sparkassen. In einigen Bundesländern sind auch kommunale Krankenhäuser oder andere Einrichtungen staatlicher Daseinsvorsorge als Anstalten des öffentlichen Rechts organisiert, wie z. B. in Berlin die Berliner Stadtreinigung (BSR).

Stiftungen des öffentlichen Rechts sind mit Rechtsfähigkeit ausgestattete Organisationen, die einen Bestand an Vermögensmasse (Kapital- oder Sachvermögen) zu einem bestimmten – i. d. R. gesetzlich festgelegten – Zweck verwalten. Diejenigen, die von diesem Stiftungszweck erfasst werden, sind nicht Mitglieder (wie bei Körperschaften) oder Benutzer (wie bei Anstalten) einer Stiftung, sondern deren Nutznießer. Die Anzahl öffentlich-rechtlicher Stiftungen ist, im Gegensatz zu privaten Stiftungen, überschaubar. Öffentlich-rechtliche Stiftungen des Bundes sind z. B. die Stiftung Preußischer Kulturbesitz, die Stiftung Erinnerung, Verantwortung und Zukunft zur Entschädigung der NS-Zwangsarbeiter, die Stiftung Mutter und Kind oder die Contergansstiftung; eine Stiftung der Länder sind z. B. die Berliner Philharmoniker. Die Studienstiftung des Deutschen Volkes, die begabte Studierende fördert, ist keine öffentlich-rechtliche, sondern eine private Stiftung.

Neben den juristischen Personen des öffentlichen Rechts können auch private Rechtsträger Aufgaben öffentlicher Verwaltung wahrnehmen. Dies geschieht einerseits durch Beleihung, d. h. durch eine Übertragung von öffentlich-rechtlichen Hoheitsbefugnissen an private Träger.

Beispiele

➲ 1. Der TÜV oder die DEKRA nehmen als privat organisierte Vereine hoheitliche Aufgaben der Verkehrssicherheit nach der Straßenverkehrs-Zulassungs-Ordnung (StVZO) wahr.
2. Private Hochschulen, die eine staatliche Anerkennung haben, dürfen Prüfungen abnehmen und Bachelor- und Mastertitel verleihen, die genauso wie die an staatlichen Hochschulen erreichten Abschlüsse anerkannt sind.

Andererseits können private Rechtsträger auch originär, d. h. ohne Beleihung, Verwaltungsaufgaben wahrnehmen. Dazu gehören v. a. die freien, privatrechtlich organisierten Träger der Kinder- und Jugendhilfe oder der Sozialhilfe. Sie nehmen Aufgaben der öffentlichen Verwaltung aufgrund eines autonomen Betätigungsrechts wahr und sind damit nicht selbst Träger der öffentlichen Sozialverwaltung. Sie werden häufig durch die öffentlichen Sozialleistungsträger beauftragt und teilweise refinanziert. Gegenüber ihren Klienten sind sie privatrechtlich, nicht öffentlich-rechtlich tätig. Private Träger im Sozialverwaltungsrecht sind v. a. die in der Bundesarbeitsgemeinschaft der freien Wohlfahrtspflege zusammengeschlossenen Spitzenverbände (Arbeiterwohlfahrt, Caritasverband, Deutsches Rotes Kreuz, Diakonisches Werk, Paritätischer Wohlfahrtsverband und Zentralwohlfahrtsverband der Juden in Deutschland).

Die Träger der Sozialverwaltung sind in Deutschland nach zwei Prinzipien strukturiert, die sich zum einen aufgrund des Föderalismus (Kompetenzaufteilung zwischen Bund und Ländern) und zum anderen aus der Gliederung und Organisation staatlicher Verwaltung ergeben.

Das Föderalismusprinzip erfordert eine Aufteilung der Verwaltungsaufgaben zwischen Bund und Ländern (Art. 70 ff., 83 ff. GG). So gibt es Bundesbehörden (Bundesverwaltung) und Landesbehörden (Landesverwaltung), die noch hierarchisch untergliedert sein können. Die jeweils höhere Behörde besitzt gegenüber der nachgeordneten Behörde die Rechts- und Fachaufsicht; die nachgeordnete Behörde ist weisungsgebunden. Darüber hinaus unterscheidet man danach, ob der Staat seine Verwaltungsaufgaben unmittelbar (selbst) wahrnimmt – dann handelt es sich um unmittelbare Staatsverwaltung – oder ob er die Aufgaben an juristische Personen des öffentlichen Rechts überträgt, die zu diesem Zweck geschaffen wurden, die Verwaltungsaufgaben selbstständig wahrnehmen und nur der Aufsicht des Staates unterliegen – dann handelt es sich um mittelbare Staatsverwaltung. Mittelbare Staatsverwaltung gibt es auf Bundes- und Landesebene. Die Verwaltungsträger haben Selbstverwaltungsrecht.

Zur mittelbaren Staatsverwaltung auf Bundesebene zählen die als Körperschaften des öffentlichen Rechts geführten Sozialversicherungsträger, deren Zuständigkeitsbereich sich über das Gebiet eines Landes hinaus erstreckt (Art. 87 Abs. 2 GG, z. B. Deutsche Rentenversicherung Bund, Bundesagentur für Arbeit). Zur mittelbaren Staatsverwaltung auf Landesebene gehören z. B. gesetzliche Krankenkassen wie AOK oder BKK, Studentenwerke, Notarskammern, Hochschulen.

3 Verwaltungsverfahren und Rechtsschutz

Kommunale Gebietskörperschaften und hier insbesondere die Gemeinden nehmen eine Doppelstellung ein. Sie sind einerseits Selbstverwaltungseinheiten, die alle Angelegenheiten der örtlichen Gemeinschaft in eigener Verantwortung erledigen (Art. 28 Abs. 2 GG). Dazu gehören auch die vom Bundesgesetzgeber übertragenen, aber als eigene Aufgaben wahrzunehmenden Aufgaben der Kinder- und Jugendhilfe oder der Sozialhilfe. Andererseits nehmen die Kommunen auch Auftragsangelegenheiten wahr, d. h. sie erfüllen staatliche Aufgaben, die ihnen durch Bundes- und Landesgesetze übertragen sind. In dieser Funktion sind die Kommunen Landesbehörden.

3.1.2 Zuständigkeiten

Anträge auf Sozialleistungen sollen beim zuständigen Leistungsträger gestellt werden (§ 16 Abs. 1 S. 1 SGB I). Möchte also jemand eine Sozialleistung erhalten und stellt einen Antrag, wird der jeweilige Leistungsträger zunächst prüfen, ob und inwieweit er eigentlich zuständig ist. Die Zuständigkeit eines Leistungsträgers ergibt sich aus den besonderen Teilen des SGB. Darüber hinaus können Sozialleistungsanträge auch bei allen anderen Leistungsträgern, von allen Gemeinden und bei Personen, die sich im Ausland aufhalten, auch von den amtlichen Vertretungen der Bundesrepublik Deutschland im Ausland entgegengenommen werden (§ 16 Abs. 1 S. 2 SGB I).

Die Zuständigkeiten lassen sich wie folgt darstellen:

Übersicht 7

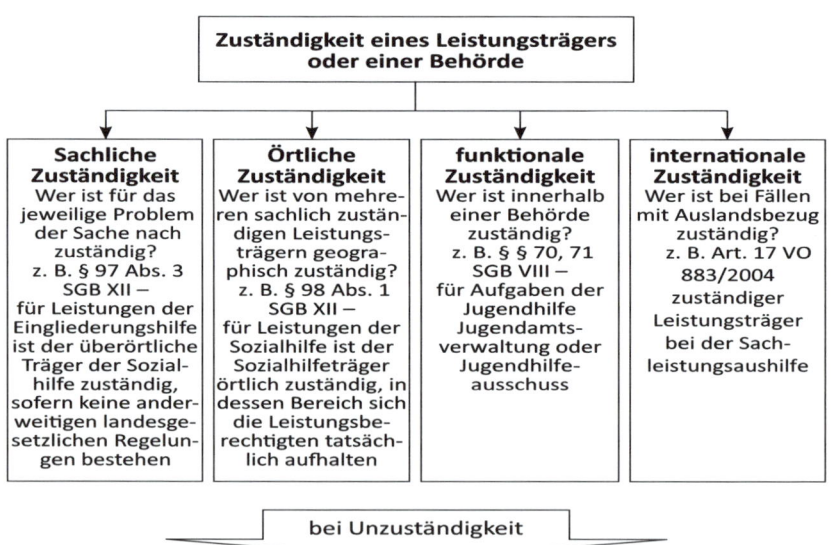

§ 16 Abs. 2 S. 1 SGB I : Anträge, die bei einem unzuständigen Leistungsträger, bei einer für die Sozialleistung nicht zuständigen Gemeinde oder bei einer amtlichen Vertretung der Bundesrepublik Deutschland im Ausland gestellt werden, sind unverzüglich an den zuständigen Leistungsträger wei-terzuleiten.

3.1.3 Handlungsformen öffentlicher Verwaltung

Verwaltungen bedienen sich verschiedener Handlungsformen, um ihre staatlichen Aufgaben zu erfüllen. Sie können hoheitlich (öffentlich-rechtlich) oder privatrechtlich handeln. Die Unterscheidung, ob eine Behörde öffentlich-rechtlich oder privatrechtlich handelt und welcher Handlungsform sie sich bedient, ist hinsichtlich des Rechtsschutzes und der entsprechenden Rechtsmittel von hoher Relevanz.

Handelt die Behörde öffentlich-rechtlich, unterscheidet man i. d. R. drei verschiedene Handlungsformen:

Übersicht 8

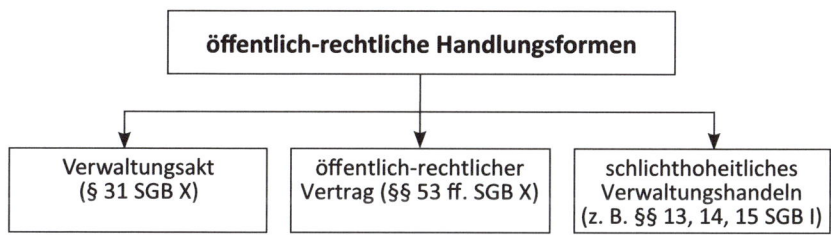

3.1.3.1 Der Verwaltungsakt

Die häufigste und bekannteste Handlungsform der Verwaltung ist der Verwaltungsakt. Er wird auch als „Bescheid", „Verfügung", „Entscheidung", „Bewilligung" oder Ähnliches bezeichnet. Die Definition für den Verwaltungsakt findet sich in § 31 SGB X (bzw. § 35 VwVfG, sofern es sich nicht um Sozialverwaltung handelt). Ein Verwaltungsakt ist danach: „jede Verfügung, Entscheidung oder andere hoheitliche Maßnahme, die eine Behörde zur Regelung eines Einzelfalles auf dem Gebiet des öffentlichen Rechts trifft und die auf unmittelbare Rechtswirkung nach außen gerichtet ist."

Nach dieser Definition erfüllt ein Verwaltungsakt fünf Merkmale:
1. Maßnahme einer Behörde: in Abgrenzung zu gerichtlichen oder gesetzgeberischen Entscheidungen sowie Handlungen von Privatpersonen; Behörde ist i. S. d § 1 Abs. 2 SGB X gemeint;
2. auf dem Gebiet des öffentlichen Rechts: in Abgrenzung zu privatrechtlichen Handlungen;
3. Regelung: kennzeichnet das einseitige Handeln der Behörde, in Abgrenzung zum öffentlich-rechtlichen Vertrag und zum schlichthoheitlichen Verwaltungshandeln;
4. Einzelfall: ist eine konkret individuelle Regelung für einen bestimmten Adressaten, in Abgrenzung von generellen Regelungen. Verwaltungsakte können auch als sog. Allgemeinverfügung ergehen (§ 31 S. 2 SGB X). In diesen Fällen gelten sie für einen Personenkreis oder für eine Sache (z. B. Aufstellen eines Parkverbotsschildes);
5. auf unmittelbare Rechtswirkung nach außen gerichtet: die Maßnahme hat direkte Auswirkungen auf die Rechtsposition des Adressaten, in Abgrenzung von verwaltungsinternen Maßnahmen und Mitteilungen, die noch

keine unmittelbare Rechtswirkung haben, sondern nur der Vorbereitung des Verwaltungsaktes dienen (z. B. Ermittlung des Sachverhalts, Führen von Gesprächen, vorbereitende medizinische oder andere Gutachten). Auch nachfolgendes Handeln (z. B. Auszahlung der mit dem Verwaltungsakt bewilligten Geldleistung) ist kein mit Rechtswirkung verbundenes Handeln mehr.

Beispiel

⇨ Die gehörlose Studentin Z beantragt für die Teilnahme an den Lehrveranstaltungen einen Schriftdolmetscher. Sie erhält folgenden Bescheid:

Bescheid

                Landkreis A
                Postfach
                X-Stadt
                Aktenzeichen: ABC- 123/2013
                (Bitte immer angeben)

Frau Z
B-Straße 1
X-Stadt

Bescheid über die Bewilligung eines Schriftdolmetschers nach den §§ 53, 54 SGB XII i.V.m. EinglHV

Sehr geehrte Frau Z,
aufgrund Ihres Antrags vom 4.8.2013 wird Ihnen ab dem 1.10.2013 ein Schriftdolmetscher für die Teilnahme an den Lehrveranstaltungen im Umfang von 20 Stunden bewilligt. Der Schriftdolmetscher erhält eine Vergütung von 35 € pro Stunde.
Begründung:

Mit freundlichen Grüßen
Unterschrift
Rechtsbehelfsbelehrung: Gegen diesen Bescheid können Sie innerhalb eines Monats ab Bekanntgabe beim Landkreis A, Postfach, X-Stadt schriftlich oder zur Niederschrift Widerspruch einlegen.

Es handelt sich hierbei um eine Maßnahme (Verfügung) einer Behörde, nämlich des Landkreises A, auf dem Gebiet des öffentlichen Rechts – hier des Sozialgesetzbuches, SGB XII. Es ist eine einseitige Regelung, die die Behörde aufgrund des Antrags trifft, ohne dass Frau Z mitspracheberechtigt ist; es betrifft mit Frau Z einen Einzelfall, weil nur ihr ein Schriftdolmetscher bewilligt wird. Die Bewilligung beeinflusst ihre Rechtsposition unmittelbar und direkt, da sie nunmehr mit Hilfe eines Schriftdolmetschers an den Vorlesungen und Seminaren teilnehmen kann. Es handelt sich mithin um einen Verwaltungsakt.

Ein Verwaltungsakt kann begünstigend – indem er die Rechtsposition des Adressaten verbessert – oder belastend (nicht begünstigend) – indem er die Rechtsposition des Adressaten verschlechtert – sein. Darüber hinaus gibt es Verwaltungsakte, die eine doppelte Wirkung haben, nämlich einerseits begünstigend, andererseits belastend sind.

Beispiel

➡ Herr K beantragt eine Arbeitsassistenz für 30 Stunden in der Woche beim Integrationsamt. Das Integrationsamt bewilligt ihm eine Arbeitsassistenz, aber nur für 20 Stunden in der Woche. Hinsichtlich der 20 Stunden stellt der VA eine Begünstigung dar, hinsichtlich der nicht bewilligten Stunden eine Belastung.

Bei manchen Verwaltungsakten spricht man von Verwaltungsakten mit Drittwirkung. Das sind Verwaltungsakte, die nicht nur auf den Adressaten des VA, sondern noch auf eine weitere Person begünstigende oder belastende Rechtswirkungen haben.

Beispiel

➡ Geschäftsführer A der B-GmbH möchte dem schwerbehinderten Arbeitnehmer C kündigen. Er beantragt beim Integrationsamt die Zustimmung zu der Kündigung. Erteilt das Integrationsamt diese Zustimmung, dann betrifft diese nicht nur den Antragsteller – A – bzw. die antragstellende Firma – B-GmbH – sondern auch den Arbeitnehmer C, dem aufgrund dieser Zustimmung nun gekündigt werden kann.

In zeitlicher Hinsicht sind Verwaltungsakte danach zu unterscheiden, ob sie sich in einer einmaligen Regelung oder Anordnung erschöpfen (z. B. Bewilligung einer medizinischen Rehabilitation oder eines Hilfsmittels) oder ob es sich um Verwaltungsakte mit Dauerwirkung handelt. Deren Regelungen sind auf unbestimmte oder bestimmte Zeit angelegt (z. B. Erteilung eines Schwerbehindertenausweises oder Bewilligung von Grundsicherungsleistungen). Bei diesen Verwaltungsakten wird das Vorliegen der Leistungsvoraussetzungen im Rahmen des Antragsverfahrens geprüft und dann grundsätzlich während des Bewilligungszeitraums nicht mehr, es sei denn, dass Umstände erkennbar sind, die den Wegfall des Anspruchs erkennen lassen.

> Nur gegen Verwaltungsakte, die jemanden in seiner Rechtsposition verschlechtern oder belasten („beschweren"), können Widerspruch und im Anschluss Klage eingereicht werden. Zudem gelten bei der Aufhebung von Verwaltungsakten nach ihrer Bestandskraft unterschiedliche Regelungen – je nachdem, ob sie begünstigend oder belastend sind oder ob sie einmalig oder auf längere Zeit Leistungen bewilligen.

Der VA unterliegt bestimmten Regelungen über Inhalt, Form und Begründung. Dazu gehören u. a.:
1. Bestimmtheit (§ 33 Abs. 1 SGB X): Da der VA eine Regelung (z. B. Gebot, Verbot, Genehmigung, Versagung) enthält, muss er inhaltlich hinreichend bestimmt, d. h. klar, verständlich und widerspruchsfrei sein. Auch die erlassende Behörde und der Adressat müssen klar erkennbar sein.
2. Formfreiheit (§ 33 Abs. 2 SGB X): Der VA unterliegt grundsätzlich keinen Formvorschriften und kann sowohl mündlich (z. B. Aufforderung der Polizei, den Versammlungsplatz zu verlassen) als auch schriftlich (z. B. Bescheid) als auch

elektronisch (z. B. per E-Mail) oder auch in anderer Weise (z. B. Aufkleben der Plakette durch den TÜV, Wink des Polizeibeamten mit der Aufforderung zum Anhalten) erfolgen. Allerdings ist häufig die Schriftform in besonderen Gesetzen vorgeschrieben.
3. Erkennbarkeit der Behörde (§ 33 Abs. 3 SGB X): Wird der VA schriftlich oder elektronisch erlassen, müssen die erlassende Behörde sowie die Unterschrift und der Name des Sachbearbeiters erkennbar sein.
4. Begründung (§ 35 Abs. 1 und 2 SGB X): Ein schriftlich oder elektronisch erlassener VA muss begründet werden. Es sind die wesentlichen tatsächlichen und rechtlichen Gründe für die Entscheidung darzulegen, d. h. der Sachverhalt und die der Regelung zugrunde liegenden Vorschriften. Dies gilt v. a. für Ermessensentscheidungen. Auf eine Begründung kann nur in den Fällen des § 35 Abs. 2 SGB X (abschließende Aufzählung) verzichtet werden, so z. B. dann, wenn die Behörde dem Antrag entsprochen hat.
5. Rechtsbehelfsbelehrung (§ 36 SGB X): Bei schriftlichen oder schriftlich bestätigenden Verwaltungsakten muss der Adressat über den richtigen Rechtsbehelf, die Frist und die zuständige Stelle informiert werden.
6. Bekanntgabe (§ 37 SGB X): Der VA muss demjenigen, für den er bestimmt ist, bekanntgegeben werden. Erst dann ist er wirksam und erst dann beginnt die Rechtsbehelfsfrist zu laufen. Die Bekanntgabe ist grundsätzlich formfrei, es sei denn, es ist eine bestimmte Form (z. B. förmliche Zustellung, § 85 Abs. 3 SGG) vorgeschrieben. Ist der genaue Zugang nicht nachweisbar, wird nach § 37 Abs. 2 SGB X der Zugang fingiert. Danach gilt ein zur Post aufgegebener Bescheid am dritten Tag nach Absendung als bekannt gegeben.

Beispiel

➜ Ein Bescheid vom 20.8.2013 wird nachweisbar (z. B. durch Einwurfeinschreiben) am 22.8.2013 in den Briefkasten des Adressaten geworfen. Die Bekanntgabe des Bescheides ist der 22.8.2013, unabhängig davon, ob der Adressat an diesem Tag seinen Briefkasten geleert hat. Gibt es keinen ausdrücklichen Nachweis, gilt die Zugangsfiktion des § 37 Abs. 2 SGB X; der Bescheid gilt am 23.8.2013 als bekannt gegeben.

Ein VA kann auch mit Nebenbestimmungen versehen werden (§ 32 SGB X). Bei Anspruchsleistungen ist das nur möglich, wenn das Gesetz selbst sie vorsieht (z. B. Befristung der Pflegestufe nach § 33 Abs. 1 S. 4 SGB XI). Bei Ermessensleistungen sind grundsätzlich folgende Nebenbestimmungen möglich (§ 32 Abs. 2 SGB X):

- Befristung: die Wirksamkeit des Verwaltungsakts beginnt oder endet mit einem bestimmten Datum oder gilt nur für einen bestimmten Zeitraum (z. B. eine Erwerbsminderungsrente wird vom 1.9.2013 bis 31.8.2015 gewährt).
- Bedingung: die Wirksamkeit des Verwaltungsakts hängt von einem zukünftigen Ereignis ab, dessen Eintritt noch nicht feststeht (z. B. die Bewilligung einer Aufenthaltsgenehmigung wird vom erfolgreichen Abschluss eines Studiums abhängig gemacht).

- Widerrufsvorbehalt: die Wirksamkeit des Verwaltungsakts kann durch einen, im VA bereits vorbehaltenen Widerruf nachträglich beseitigt werden (z. B. die Genehmigung von Fördermitteln für eine Ferienfreizeit erfolgt unter dem Vorbehalt des Widerrufs, wenn nicht 30 Prozent der teilnehmenden Kinder behindert sind).
- Auflage: ein selbstständiger Teil eines Verwaltungsakts, der dem Begünstigten ein Tun, Dulden oder Unterlassen auferlegt (z. B. die Erlaubnis zum Betrieb einer integrativen Kindertageseinrichtung wird nur erteilt, wenn zwei Heilpädagogen dort beschäftigt werden).
- Auflagenvorbehalt: die Behörde behält sich vor, später eine entsprechende Auflage zu erteilen.

Ein Verwaltungsakt wird nach Ablauf der Rechtsbehelfsfrist bestandskräftig, sofern er nicht nichtig (§ 40 SGB X) ist oder an unheilbaren Fehlern (§§ 41, 42 SGB X) leidet. Auch ein rechtswidriger VA ist wirksam und entfaltet verbindliche Wirkung, sofern er nicht aufgehoben wird. Nach Bestandskraft kann ein VA vollstreckt werden, ohne dass ein Gerichtsurteil ergehen muss.

Beispiel

➲ Frau Z erhält Grundsicherung im Alter und bei Erwerbsminderung nach den §§ 41 ff. SGB XII. Um diese aufzubessern, arbeitet sie wöchentlich einige Stunden in einem Blumenladen, gibt dies allerdings dem Leistungsträger nicht an. Nachdem dieser von dem Einkommen von Frau Z erfährt, hebt er den Grundsicherungsbescheid auf und fordert 2.000 Euro zurück. Wehrt sich Frau Z nicht gegen diese Bescheide, kann nach Ablauf der Rechtsbehelfsfrist von einem Monat das Grundsicherungsamt direkt aus dem VA vollstrecken und z. B. den Gerichtsvollzieher auf die Suche nach Vermögensgegenständen in die Wohnung von Frau Z schicken, damit die 2.000 Euro bezahlt werden können.

Nach Bestandskraft können VA nur nach den besonderen Vorschriften der §§ 44–49 SGB X aufgehoben werden. Handelt es sich um Dauerverwaltungsakte, ist zu prüfen, ob der Grund für die Aufhebung bereits bei Erlass des Verwaltungsaktes bestanden hat oder während des Bewilligungszeitraums eingetreten ist.

Bei der Suche nach der anwendbaren Vorschrift ist deshalb zunächst festzustellen, ob der VA zum Zeitpunkt seines Erlasses rechtmäßig oder rechtswidrig war.

Übersicht 9

Verwaltungsakte

- rechtmäßiger VA, wenn er mit dem geltenden Recht übereinstimmt, d. h. keine beachtlichen formellen oder materiellen Fehler aufweist
- rechtswidriger VA, wenn er durch unrichtige Anwendung von Rechtsvorschriften zustande gekommen ist (auf das Verschulden der erlassenden Behörde kommt es nicht an)

maßgeblicher Zeitpunkt für die Beurteilung der Rechtmäßigkeit ist die Sach- und Rechtslage zum Zeitpunkt des Erlasses

Beispiel

➲ Familie S, die Leistungen nach dem SGB II („Hartz IV") erhält, bekommt mit Bescheid vom 22.8.2013 ein Darlehen bewilligt, um einen neuen Kühlschrank zu kaufen, da der alte kaputt ist und sie kein Geld für einen neuen Kühlschrank hat. Hat Herr S am 10.8.2013 von seinen Eltern einen neuen Kühlschrank erhalten, ist der Bescheid vom 22.8.2013 rechtswidrig, weil die Voraussetzungen für das Darlehen nach § 24 Abs. 1 SGB II („einmaliger unabweisbarer Bedarf") nicht vorlagen; er hatte bereits einen neuen Kühlschrank. Bekommt er einen Kühlschrank erst am 30.9.2013 geschenkt, war der Bescheid vom 22.8.2013 rechtmäßig, denn da hatte Familie S noch den Bedarf. Sie kann in diesem Fall beide Kühlschränke behalten oder einen verkaufen und das Darlehen sofort zurückzahlen.

Die Aufhebung rechtswidriger Verwaltungsakte heißt Rücknahme und erfolgt je nachdem, ob sie belastend oder begünstigend sind, nach dem § 44 oder dem § 45 SGB X. Die Aufhebung rechtmäßiger Verwaltungsakte heißt Widerruf. Rechtmäßige belastende VA werden nach § 46 SGB X, rechtmäßige begünstigende VA nach § 47 SGB X widerrufen. Die Voraussetzungen für die Aufhebung müssen dann anhand dieser Vorschriften geprüft werden.

Es ist deshalb in einem nächsten Schritt zu entscheiden, ob der aufgehobene VA belastend oder begünstigend war. Begünstigend ist ein VA, wenn er ein Recht oder einen rechtlich erheblichen Vorteil begründet oder bestätigt hat (Legaldefinition in § 45 Abs. 1 S. 1 SGB X).

Auch bei Dauerverwaltungsakten (diese sind i. d. R. begünstigend) wird zunächst geprüft, ob diese bei ihrem Erlass rechtswidrig oder rechtmäßig waren. Waren sie zunächst rechtmäßig, ist aber während des Bewilligungszeitraums ein Umstand eingetreten, der die Sach- und Rechtslage verändert hat, dann kann auch der Dauerverwaltungsakt nach § 48 SGB X aufgehoben werden.

3.1 Sozialverwaltungsverfahren

Beispiel

➲ Familie S erhält mit Bescheid vom 22.8.2013 Leistungen nach dem SGB II für die Zeit vom 1.9.2013 bis 28.2.2014 bewilligt. Hat Herr S am 10.8.2013 eine hohe Erbschaft gemacht, ist der Bescheid vom 22.8.2013 rechtswidrig (und begünstigend, weil Leistungen bewilligt wurden), da die Anspruchsvoraussetzungen (hier Hilfebedürftigkeit) nicht vorlagen. Die Rücknahme erfolgt unter den Voraussetzungen des § 45 SGB X. Hat Herr S die Erbschaft erst am 30.9.2013 gemacht, war der Bescheid am 22.8.2013 rechtmäßig, allerdings sind die Anspruchsvoraussetzungen für den Bezug von SGB II-Leistungen am 30.9.2013 weggefallen. Das Jobcenter kann dann nach § 48 SGB X den Bewilligungsbescheid für die Zukunft aufheben. Auch eine Aufhebung für die Vergangenheit ab dem 30.9.2013 ist möglich, wenn z. B. der Aufhebungsbescheid erst am 1.12.2013 ergeht und in der Zwischenzeit die Leistungen weiter geflossen sind.

Wird ein begünstigender VA mit Wirkung für die Vergangenheit aufgehoben, können Leistungen, die bis dahin erbracht wurden, zurückgefordert werden (§ 50 SGB X). Nachzahlungen bei zu Unrecht nicht erbrachten Leistungen können bis zu vier Jahre rückwirkend erfolgen.

Übersicht 10

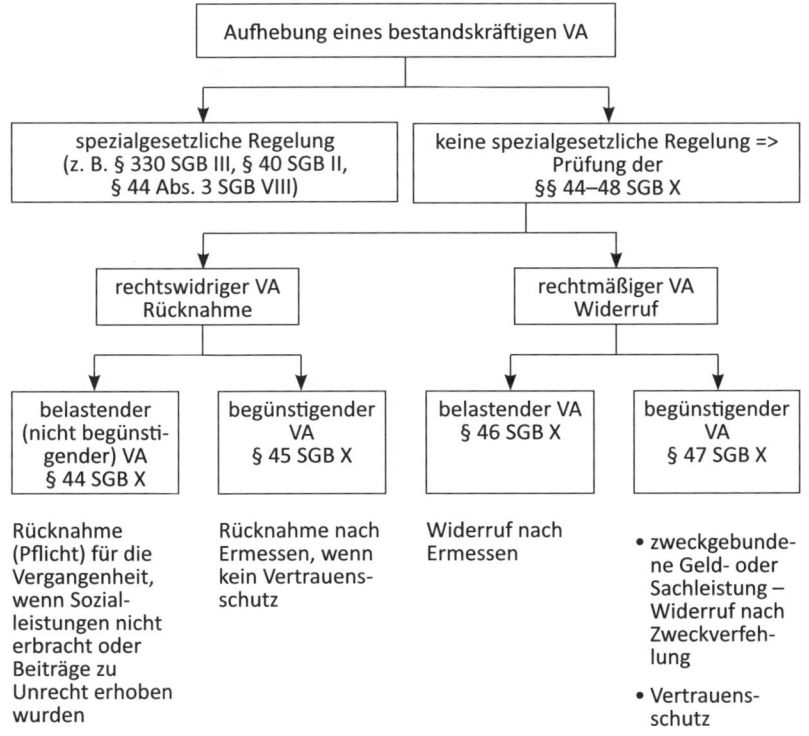

 Bei Änderung der Sach- oder Rechtslage NACH Erlass des Verwaltungsakts und des Dauerverwaltungsakts – Aufhebung nach § 48 SGB X

3 Verwaltungsverfahren und Rechtsschutz

Wurde rechtswidrig eine Leistung versagt, kann auch nach Ablauf der Widerspruchsfrist ein Antrag auf Rücknahme des rechtswidrigen – und durch die Versagung auch belastenden – Verwaltungsaktes nach § 44 SGB X gestellt und um Neuprüfung gebeten werden.

3.1.3.2 Der öffentlich-rechtliche Vertrag

Anstelle eines Verwaltungsaktes kann eine Behörde auch einen öffentlich-rechtlichen Vertrag schließen. Die Verträge dienen der Begründung, Änderung oder Aufhebung eines Rechtsverhältnisses auf dem Gebiet des öffentlichen Rechts.

Kennzeichen eines öffentlich-rechtlichen Vertrages ist, dass er keine einseitige hoheitliche Regelung ist, sondern dieser im Prinzip – wie im Zivilrecht auch – auf Verhandlungen zwischen Vertragspartnern beruht. Es handelt sich hierbei um kooperatives Verwaltungshandeln, das die Akteure in den Entscheidungsprozess der Behörde mit einbezieht. Der öffentlich-rechtliche Vertrag ist in den §§ 53–61 SGB X geregelt. Er ist nur dann zulässig, wenn keine Rechtsvorschriften ihm entgegenstehen. Über die Gewährung von Sozialleistungen kann er nur dann geschlossen werden, wenn die Erbringung der Leistung im Ermessen des Leistungsträgers (§ 53 Abs. 2 SGB X) steht.

Besteht ein Anspruch auf eine Sozialleistung (Muss-Leistung), darf die Behörde keinen öffentlich-rechtlichen Vertrag über die Erbringung der jeweiligen Leistung mit dem Leistungsberechtigten schließen.

Öffentlich-rechtliche Verträge sind:
1. der koordinationsrechtliche Vertrag – hierzu gehören insbesondere die Verträge, die mit freien Trägern (§ 17 Abs. 2 SGB II, §§ 76 f., 78b SGB VIII, § 75 Abs. 3 SGB XII) als Leistungserbringern (vgl. zum sozialrechtlichen Dreiecksverhältnis Kap. 4.1.4);
2. der subordinationsrechtliche Vertrag – der anstelle eines VA geschlossen wird; hierzu gehört insbesondere die Eingliederungsvereinbarung nach § 15 Abs. 1 SGB II;
3. der Vergleichsvertrag (§ 54 SGB X) – der zur Vermeidung oder Beendigung von Rechtsstreitigkeiten geschlossen wird und durch ein gegenseitiges Nachgeben bzw. einen Kompromiss gekennzeichnet ist;
4. der Austauschvertrag (§ 55 SGB X) – in dem sich der Vertragspartner der Behörde zu einer Gegenleistung verpflichtet (z. B. um eine Genehmigung zu erhalten).

Ein öffentlich-rechtlicher Vertrag unterliegt der Schriftform (§ 56 SGB X). Nichtigkeitsgründe ergeben sich aus § 58 SGB X. Haben sich die Verhältnisse, die für die Festsetzung des Vertragsinhalts entscheidend waren, so wesentlich geändert, dass einer Vertragspartei das Festhalten an der ursprünglichen Vereinbarung nicht mehr zugemutet werden kann, besteht die Möglichkeit, den Vertrag entsprechend anzupassen oder (schriftlich) zu kündigen (§ 59 SGB X).

Beispiel

➡ Der Geschäftsführer eines Vereins, der Notübernachtungen für Wohnungslose aufgrund einer Vereinbarung mit dem Sozialhilfeträger anbietet und in diesem Rahmen Hilfen zur Überwindung besonderer sozialer Schwierigkeiten gem. §§ 67 ff. SGB XII erbringt, wird in den Medien dadurch bekannt, dass er auf Kosten des Vereins einen Maserati fährt und eine Villa in einer besonders teuren Wohngegend bewohnt. Auf Nachforschung des Sozialhilfeträgers stellt sich heraus, dass Gelder zweckentfremdet wurden und Leistungen nicht entsprechend den Leistungsvereinbarungen erbracht wurden. Der Sozialhilfeträger war berechtigt, den Vertrag mit dem Verein zu kündigen, weil ein Festhalten an der ursprünglichen Vereinbarung nicht mehr zumutbar war. Es bestand der dringende Verdacht, dass öffentliche Gelder zweckentfremdet verwendet wurden.

Für den öffentlich-rechtlichen Vertrag gelten ergänzend die Regelungen des BGB (§ 61 S. 2 SGB X).

Gegen (ungünstige) öffentlich-rechtliche Verträge sind weder Widerspruch noch Anfechtungsklage zulässig. Will der Vertragspartner eine Leistung oder eine Änderung durchsetzen oder eine Kündigung feststellen lassen, muss er Leistungsklage oder Feststellungsklage erheben.

3.1.3.3 Schlicht-hoheitliches Verwaltungshandeln

Außer durch Verwaltungsakt und öffentlich-rechtlichen Vertrag kann die Behörde auch schlicht-hoheitlich handeln. Diese Handlungsform ist nicht auf einen Rechtserfolg, sondern auf einen tatsächlichen Erfolg gerichtet und umfasst sämtliche Handlungen einer Behörde, die keine unmittelbare Rechtwirkung haben.

Zum schlichten Verwaltungshandeln gehören v. a. Beratungen, die Weitergabe von Auskünften und Informationen, Aussprache von Warnungen, vorbereitendes Verwaltungshandeln wie die Erarbeitung von Stellungnahmen, Gutachten, Hilfeplänen oder Realakte wie Dienstfahrten, Auszahlung von Geldleistungen u. ä.

Beispiele

➡ **1.** Frau K beantragt Leistungen der Pflegeversicherung bei ihrer Pflegekasse. Die Pflegekasse beauftragt den Medizinischen Dienst der Krankenversicherung (MDK), die Begutachtung bei Frau K vorzunehmen. In seinem Gutachten empfiehlt er für Frau K Pflegestufe I. Als Frau K eine Kopie des Gutachtens erhält, ist sie damit nicht einverstanden, weil ihr Bedarf – ihrer Ansicht nach – wenigstens Pflegestufe II erfordert. Frau K kann gegen das Gutachten zunächst keinen Widerspruch einlegen, da es nur vorbereitendes und damit schlichtes Verwaltungshandeln ist. Erst wenn der Bescheid der Pflegekasse vorliegt, der die Pflegestufe festlegt, kann sie dagegen Rechtsbehelfe einlegen.

2. Das BaföG-Amt fordert vom Studenten L die Einkommensnachweise seiner Eltern an, weil sonst keine Berechnung der Leistungen erfolgen kann. Auch diese Aufforderung ist nur vorbereitendes Handeln.

3. Frau M möchte vom Träger der Rentenversicherung eine Beratung darüber, ob es sich lohnt, Beiträge nachzuzahlen, um so die Rentenansprüche zu erhöhen.

> Gegen schlichtes Verwaltungshandeln kann weder Widerspruch noch Klage eingelegt werden. Lediglich bei falscher Beratung nach den §§ 14, 15 SGB I besteht ggf. ein sozialrechtlicher Herstellungsanspruch.

3.1.4 Das Verwaltungsverfahren

Das Sozialverwaltungsverfahren unterliegt den Vorschriften des SGB I und des SGB X, sofern keine spezialgesetzlichen Verfahrensvorschriften gelten (§ 37 SGB I).

Es lässt sich im Überblick so darstellen:

Übersicht 11

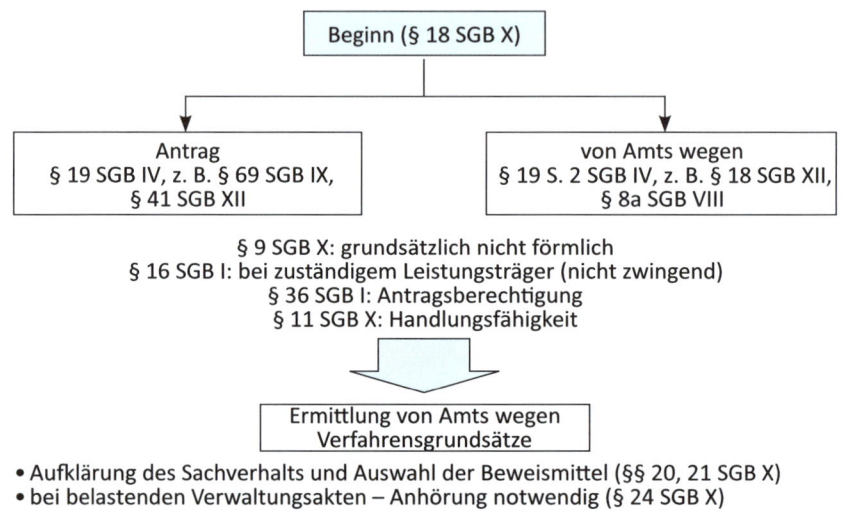

- Aufklärung des Sachverhalts und Auswahl der Beweismittel (§§ 20, 21 SGB X)
- bei belastenden Verwaltungsakten – Anhörung notwendig (§ 24 SGB X)
- Akteneinsicht für Beteiligte – § 25 SGB X, soweit dies zur Geltendmachung oder Wahrung ihrer rechtlichen Interessen erforderlich ist
- Mitwirkungspflichten §§ 60 bis 65 SGB I

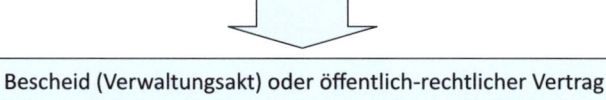

3.1.4.1 Verfahrensbeginn

Ob ein Verwaltungsverfahren eingeleitet wird, liegt nach § 18 Satz 1 SGB X im pflichtgemäßen Ermessen der Behörde, es sei denn, sie muss von Amts wegen, d. h. von sich aus tätig werden oder es liegt ein Antrag vor (§ 18 S. 2 SGB X).

Viele Sozialleistungen werden nur auf Antrag erbracht (z. B. § 37 SGB II, § 115 Abs. 1 SGB VI, § 33 Abs. 1 SGB XI, § 41 SGB XII). Dieser Antrag kann grundsätzlich formlos erfolgen, es sei denn, es ist eine Form vorgeschrieben.

So erfordert z. B. der Anspruch auf Arbeitslosengeld I eine persönliche Arbeitslosmeldung des Leistungsberechtigten bei der Arbeitsagentur (§ 137 SGB III) oder ein BAföG-Antrag die Schriftform (§ 46 Abs. 1 BAföG).

Ist für eine Leistungsgewährung der Zeitpunkt der Antragstellung entscheidend, um den Leistungsbeginn festzulegen, ist der Antrag auch dann wirksam gestellt, wenn er beim unzuständigen Leistungsträger gestellt wurde (§ 16 Abs. 2 S. 2 SGB I).

Beispiel

→ Beantragt jemand am 23.8.2013 Leistungen der Pflegeversicherung statt bei der Pflegekasse bei der Krankenkasse und erhält die Pflegekasse den Antrag aufgrund interner Verzögerungen erst am 23.9.2013, ist der 23.8.2013 Leistungsbeginn und nicht erst der 23.9.2013, an dem die Pflegekasse tatsächlich Kenntnis von dem Antrag hatte.

Anträge können im Sozialrecht bereits von 15-Jährigen gestellt werden (§ 36 Abs. 1 SGB I). So sind auch Minderjährige im Sozialverwaltungsverfahren handlungsfähig und können Stellungnahmen abgeben oder Rechtsbehelfe einlegen. Die gesetzlichen Vertreter sollen vom Leistungsträger über die Antragstellung informiert werden, allerdings kann es auch Gründe geben, dass dies nicht erfolgt.

Beispiel

→ Der 17-Jährige L hat Ärger mit seinen Eltern. Die Familie bezieht Leistungen nach dem SGB II. Zieht L aufgrund der unzumutbaren familiären Zustände aus, kann er selbst einen Antrag stellen und erhält dann die Leistungen (Regelbedarf und Kosten der Unterkunft und Heizung). Gibt es Gründe, die Eltern von der Antragstellung nicht zu informieren, muss dies auch nicht erfolgen.

Wird der Leistungsträger von Amts wegen tätig (z. B. § 18 SGB XII: Leistungen nach dem SGB XII mit Ausnahme der Grundsicherung im Alter und bei Erwerbsminderung oder § 19 S. 2 SGB IV: Leistungen der gesetzlichen Unfallversicherung) bedarf es keines Antrags. Das Verfahren beginnt, wenn der Leistungsträger Kenntnis von den leistungsberechtigenden Umständen erlangt.

Eine Behörde darf die Entgegennahme von Erklärungen oder Anträgen, die in ihren Zuständigkeitsbereich fallen, nicht mit der Begründung verweigern, die Erklärung oder der Antrag seien unzulässig oder unbegründet (§ 20 Abs. 3 SGB X). Die Bürger haben ein Recht darauf, dass ihr Anliegen beschieden wird und sie sich ggf. bei Ablehnung dagegen zur Wehr setzen können.

3.1.4.2 Verfahrensgrundsätze

Nach Art. 1 Abs. 3 GG ist die vollziehende Gewalt (= Verwaltung) an die Grundrechte, nach Art. 20 Abs. 3 GG an Recht und Gesetz gebunden. Aus dieser Verfassungsbindung und dem Rechtsstaatsprinzip folgen eine Reihe von Grundsätzen, denen die Verwaltung – ebenso wie andere staatliche Organe – verpflichtet ist.

Das Verwaltungsverfahren ist grundsätzlich nicht förmlich. Es ist einfach, zweckmäßig und zügig durchzuführen (§ 9 SGB X). Das Verfahren ist kostenfrei (§ 64 SGB X). Die Behörde ermittelt den Sachverhalt von Amts wegen und ist für dessen

Aufklärung verantwortlich (Amtsermittlungs- oder Untersuchungsgrundsatz, § 20 SGB X). Sie darf dabei die ihrer Ansicht nach notwendigen Beweismittel nach pflichtgemäßem Ermessen heranziehen (§ 21 SGB X).

Am Verfahren sind

- Antragsteller und Antragsgegner,
- diejenigen, an die die Behörde einen VA richten will oder gerichtet hat (wenn es kein Antragsverfahren ist),
- diejenigen, mit denen die Behörde einen öffentlich-rechtlichen Vertrag schließen will oder geschlossen hat, sowie
- bestimmte andere Personen, die hinzugezogen werden,

zu beteiligen (§ 12 SGB X). Eine Vertretung durch Bevollmächtigte und Beistände ist möglich (§ 13 SGB X). Bestimmte Personen sind kraft Gesetzes ausgeschlossen (§ 16 SGB X); besteht ein Grund anzunehmen, dass ein Behördenmitarbeiter nicht objektiv und unparteiisch entscheidet (z. B. ist der zuständige Sachbearbeiter der Krankenkasse ein Nachbar, mit dem schon seit Jahren Rechtsstreitigkeiten wegen einer Grenzbebauung bestehen), kann er für befangen erklärt werden (§ 17 SGB X).

Die Amtssprache ist deutsch. Hörbehinderte Menschen haben das Recht, zur Verständigung Gebärdensprache zu verwenden; wird ein Gebärdensprachdolmetscher benötigt, erfolgt dies auf Kosten der Behörde oder des Leistungsträgers (§ 19 Abs. 1 SGB X).

Bei einem Verwaltungsakt, der in die Rechte des Betroffenen eingreift (z. B. Herabsetzung, Kürzung oder Einstellung einer Leistung, Aufhebungs- und Rückforderungsbescheide), müssen die Betroffenen angehört werden (§ 24 Abs. 1 SGB X, zu den Ausnahmen § 24 Abs. 2 SGB X).

Nach § 25 SGB X haben die Beteiligten das Recht, die ihr Verfahren betreffenden Akten einzusehen, sofern die Kenntnis dieser Akten zur Geltendmachung oder Verteidigung ihrer rechtlichen Interessen erforderlich ist. Einschränkungen können sich bei sensiblen medizinischen Daten oder Rechten Dritter ergeben.

Weitere Beteiligungsrechte im Sozialverwaltungsverfahren und bei der Erbringung von Sozialleistungen können sich auch aus den besonderen Gesetzen ergeben. So ist z. B. bei der Gewährung von Sozialleistungen das Wunsch- und Wahlrecht (vgl. § 9 SGB IX, § 9 Abs. 2 SGB XII, § 2 Abs. 2 SGB XI) zu berücksichtigen, in der Kinder- und Jugendhilfe können Minderjährige bei bestimmten Leistungen beteiligt werden.

3.1.4.3 Mitwirkungspflichten

Im Sozialleistungsrecht sind die Beteiligten zur Mitwirkung verpflichtet. Diese Mitwirkungspflicht unterstützt die Leistungsträger bei ihrer Untersuchungs- und Amtsermittlungspflicht, damit die für die Aufklärung des Sachverhalts notwendigen Informationen zusammengetragen werden können. Die Mitwirkungspflichten, ihre Einschränkungen und die Folgen ihrer Nichtberücksichtigung sind in den §§ 60 – 67 SGB I geregelt. Jeder, der Sozialleistungen beantragt, ist verpflichtet:

- alle für die Leistung erheblichen Tatsachen anzugeben,

- einer Auskunftserteilung durch Dritte zuzustimmen (z. B. Arbeitgeber, Ärzte, Krankenhäuser, Sozialarbeiter),
- alle Änderungen in den Verhältnissen, die für die Leistung erheblich sind, unaufgefordert und unverzüglich mitzuteilen (z. B. Einkommensänderungen),
- vorhandene Beweismittel zu benennen,
- auf Verlangen des Sozialleistungsträgers zur mündlichen Erörterung des Antrags oder zur Vornahme anderer für die Entscheidung über die Leistung notwendiger Maßnahmen persönlich zu erscheinen,
- sich aller notwendigen ärztlichen und psychologischen Untersuchungen zu unterziehen, soweit sie verhältnismäßig und zumutbar sind,
- Heilbehandlungen einschließlich Operationen in einem bestimmten Umfang zu dulden, wenn diese der Besserung des Gesundheitszustandes dienen oder eine Verschlechterung verhindern und
- sich an berufsfördernden Maßnahmen zu beteiligen.

Die Mitwirkungspflichten bestehen nicht uneingeschränkt. Die Einschränkungen und Grenzen sind in § 65 SGB I geregelt (z. B. Unverhältnismäßigkeit oder Unzumutbarkeit der Mitwirkung).

Wer seiner Mitwirkungspflicht nicht nachkommt, obwohl er Sozialleistungen beantragt hat oder erhält, und kann der Sachverhalt dadurch nicht ausreichend aufgeklärt werden, können die Leistungen ganz oder teilweise versagt oder entzogen werden (§ 66 SGB I).

Die fehlende Mitwirkung darf nur dann zu einer Versagung oder Entziehung der Leistungen führen, wenn der Leistungsberechtigte auf die Folgen fehlender Mitwirkung vorher schriftlich hingewiesen wurde und er für die Mitwirkung eine angemessene Frist erhalten hat (§ 66 Abs. 3 SGB I).

Neben den allgemeinen Mitwirkungspflichten im SGB I gibt es in einigen besonderen Teilen des Sozialgesetzbuches weitere Mitwirkungspflichten (z. B. §§ 56 ff. SGB II), die teilweise auch sanktioniert werden können.

3.1.4.4 Wenn die Behörde nicht entscheidet

Es kommt häufig vor, dass trotz Antrag und trotz bestehender Dringlichkeit die Behörden und Leistungsträger über eine Leistung nicht entscheiden. Die Leistungsberechtigten haben dann verschiedene – wenn auch teilweise sehr eingeschränkte – Optionen.

Es besteht zunächst die Möglichkeit, bei einem Anspruch auf eine Geldleistung einen Vorschuss nach § 42 SGB I zu beantragen. Der Anspruch muss dabei dem Grunde nach bestehen, lediglich über die Höhe sind noch weitere, länger andauernde Feststellungen zu treffen. Die Höhe der Vorschüsse liegt im pflichtgemäßen Ermessen des Leistungsträgers; er ist verpflichtet, einen Vorschuss zu zahlen, wenn der Berechtigte einen Antrag gestellt hat. In diesen Fällen beginnt die Vorschusszahlung spätestens nach Ablauf des Kalendermonats nach Eingang des Antrags. Die Vorschüsse werden auf die zustehenden Leistungen angerechnet und müssen – sofern sie den Leistungsanspruch übersteigen – auch zurückgezahlt werden.

Im Krankenversicherungsrecht (§ 13 Abs. 3 SGB V) und im Rehabilitationsrecht (§ 15 SGB IX) kann der Leistungsberechtigte unter den dort genannten Voraussetzungen sich die Leistung selbst beschaffen und dann die Kosten erstattet bekommen.

Darüber hinaus gibt es noch das Instrument der Untätigkeitsklage, die sowohl im Falle eines nicht beschiedenen Antrags als auch während eines Widerspruchsverfahrens beim zuständigen Gericht (hier Sozial- oder Verwaltungsgericht) eingelegt werden kann (§ 88 SGG, § 75 VwGO). Die Untätigkeitsklage im Antragsverfahren ist dann zulässig, wenn über den Antrag nicht innerhalb von sechs Monaten entschieden wurde, ohne dass es hierfür einen zureichenden Grund gab. Im Widerspruchsverfahren beträgt die Frist drei Monate, bevor eine Untätigkeitsklage erhoben werden kann. Zureichende Gründe sind z. B. programmtechnische Schwierigkeiten bei der Rentenberechnung oder das Nichtausfüllen von Antragsformularen durch den Antragsteller oder ausstehende medizinische Gutachten. Nicht ausreichende Gründe sind allgemeiner Personalmangel oder eine unzureichende, auch finanzielle Ausstattung; auch das Abwarten eines Musterprozesses ist kein zureichender Grund. Problematisch bei Einreichung einer Untätigkeitsklage ist allerdings, dass das Gericht in diesen Fällen die Akten aus der Verwaltung anfordert und dies letztlich weitere Verzögerungen bei der Bearbeitung mit sich bringt.

Besteht der begründbare Verdacht, dass die Verzögerung der Entscheidung auf einem persönlichen Fehlverhalten des Sachbearbeiters beruht, besteht darüber hinaus die Möglichkeit der Dienstaufsichtsbeschwerde bei dem jeweiligen Vorgesetzten.

Manche besonderen Leistungsgesetze schreiben Fristen vor, innerhalb derer die Leistungsträger entscheiden müssen. So muss z. B. nach § 18 Abs. 3 S. 2 SGB XI die Pflegekasse innerhalb von fünf Wochen über den Antrag der Leistungsberechtigten entscheiden, teilweise ist die Frist noch kürzer. Überschreitet die Pflegekasse diese Frist und hat sie dies zu vertreten, muss sie dem Antragsteller pro angefangene Woche 70 Euro zahlen. Auch das SGB IX kennt Fristen zur Entscheidung, § 14 SGB IX (vgl. S. 237).

 Übungsaufgaben

1. Welche Träger öffentlicher Verwaltung kennen Sie?
2. Herr A geht zum Bürgeramt und beantragt „Hartz IV". Für diese Leistungen ist das Jobcenter zuständig. Ist der Antrag von Herrn A unzulässig? Begründen Sie!
3. Welche privatrechtlichen und welche öffentlich-rechtlichen Handlungsformen einer Verwaltung kennen Sie?
4. Wo ist der Verwaltungsakt definiert? Nennen Sie die Merkmale eines Verwaltungsaktes!

5. Welcher Unterschied besteht zwischen einem begünstigenden und einem belastenden Verwaltungsakt? Was sind Verwaltungsakte mit Dauerwirkung?
6. Frau B beantragt einen Stehtrainer als Hilfsmittel beim zuständigen Leistungsträger. Mit Bescheid vom 30.8.2013 wird die Gewährung dieses Hilfsmittels abgelehnt. Wann ist der Bescheid bekanntgegeben? Nennen Sie die entsprechende Vorschrift!
7. Wann wird ein Verwaltungsakt bestandskräftig?
8. Können Verwaltungsakte nach Bestandskraft aufgehoben werden? Benennen Sie die Vorschriften!
9. Was verstehen Sie unter einem öffentlich-rechtlichen Vertrag? Wo ist er geregelt?
10. Nennen Sie ein Beispiel für einen öffentlich-rechtlichen Vertrag!
11. Frau K möchte vom Rentenversicherungsträger wissen, ob sich die Nachzahlung von Beiträgen positiv auf ihren Rentenanspruch auswirken würde. Die zuständige Sachbearbeiterin kennt sich nicht genau aus und rät Frau K davon ab, obwohl tatsächlich eine Nachzahlung den Rentenanspruch von Frau K erhöht hätte. Frau K zahlt nicht nach. Nach zwei Jahren erfährt sie, dass eine Nachzahlung besser gewesen wäre. Welchen Anspruch hat Frau K gegen den Rentenversicherungsträger?
12. Herr C geht am 14.8.2013 zum Jobcenter und sagt, dass er Geld braucht. Das Jobcenter schickt Herrn C weg mit einem Stapel Formulare, die er erst auszufüllen habe. Herr C kommt erst am 30.9.2013 wieder zum Jobcenter mit den ausgefüllten Formularen. Wann hat er einen wirksamen Antrag gestellt?
13. Welche Mitwirkungspflichten des Antragstellers bestehen im Verwaltungsverfahren? Wo sind diese geregelt? Was passiert, wenn diese Mitwirkungspflichten verletzt werden?
14. Welche Möglichkeiten hat ein Leistungsberechtigter, wenn die Behörde nicht über einen gestellten Antrag entscheidet?

3.2 Rechtsschutz und Rechtsdurchsetzung

Wird ein Antrag von einem Leistungsträger abgelehnt oder wird dem Antrag nicht im beantragten Umfang stattgegeben oder statt der begehrten Leistung etwas anderes bewilligt, obwohl dies nicht der Zielrichtung des Antrags entspricht, dann besteht die Möglichkeit, gegen diese Entscheidung des Leistungsträgers vorzugehen. Bürger, die sich von der öffentlichen Gewalt in ihren Rechten verletzt fühlen, haben ein Grundrecht auf effektiven Rechtsschutz (Art. 19 Abs. 4 GG). In Deutschland gibt es unterschiedliche Gerichtszweige, die durch das Grundgesetz festgelegt sind (Art. 95 GG). Je nachdem, welche rechtliche Angelegenheit in Streit steht, sind entsprechende Gerichte zuständig.

Der Aufbau der Gerichtsbarkeit in Deutschland lässt sich so darstellen (mit den jeweilig geltenden Prozessvorschriften und den jeweilig obersten Gerichten):

Übersicht 12

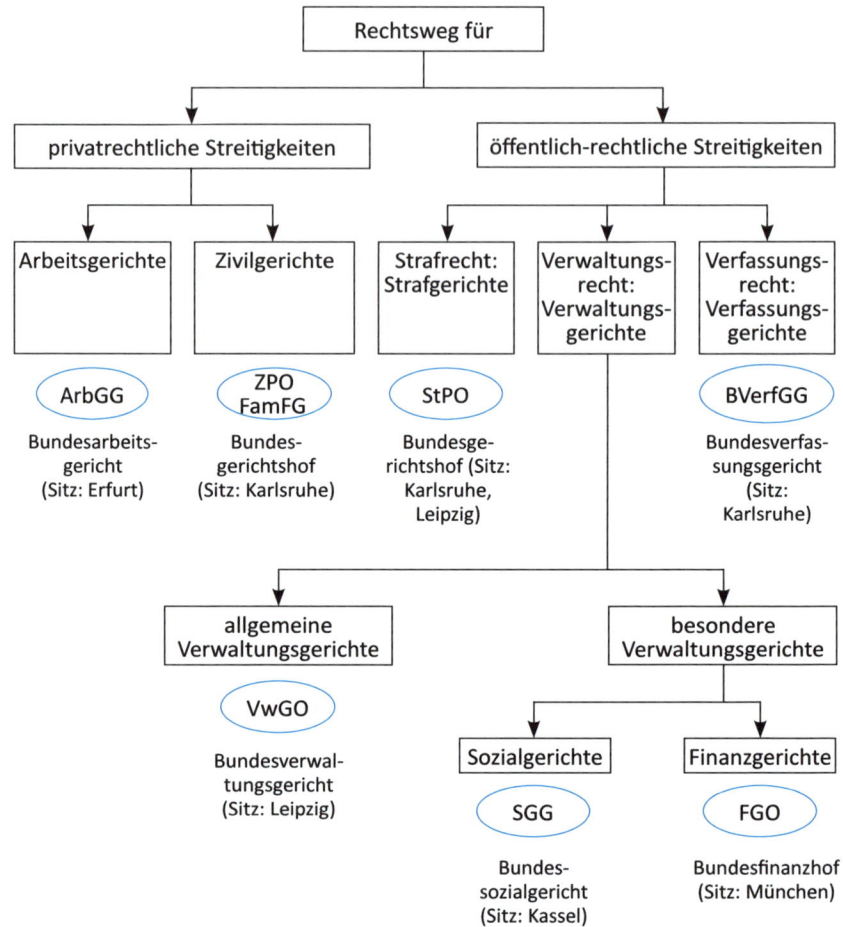

Ob das jeweilige Gericht sachlich zuständig ist, ergibt sich i. d. R. aus der jeweiligen Prozessordnung (z. B. § 40 VwGO für Verwaltungsstreitigkeiten, § 51 SGG für sozialrechtliche Streitigkeiten oder § 2 ArbGG für arbeitsrechtliche Streitigkeiten). Einige Gesetze benennen ausdrücklich das jeweilig zuständige Gericht (z. B. § 54 BaföG, § 68 Abs. 2 IfSG, § 7 Abs. 1 OEG). Regelungen für die funktionelle Zuständigkeit gibt es z. B. in der ZPO (§ 348 ZPO) vor allem aber im RPflG.

Die Sozialgerichte sind nur in den Fällen, die inhaltlich § 51 SGG zugeordnet werden können, zuständig. Von dieser Vorschrift werden allerdings einige Bereiche nicht erfasst, die zum Sozialgesetzbuch gehören oder diesem nach § 68 SGB I zugeordnet sind (z. B. das Kinder- und Jugendhilferecht [SGB VIII], das WohnGG, das BaföG, das UnterhVG oder das BKKG). Gibt es Streitigkeiten in diesen Bereichen, sind deshalb nicht die Sozialgerichte, sondern die allgemeinen Verwaltungsgerichte zuständig. Es gilt allerdings hier – wie bei den Sozialgerichten auch – die Gebührenfreiheit (§ 188 VwGO).

Die meisten Gerichte haben drei Instanzen. Für die Sozial- und Verwaltungsgerichte bedeutet dies, dass es eine erste Instanz für die Klage i. d. R. auf Ortsebene gibt (Sozial- oder Verwaltungsgerichte), eine zweite Instanz für die Berufung auf Landesebene (Landessozial- oder Oberverwaltungsgerichte, Letztere heißen z. T. auch Verwaltungsgerichtshöfe) und eine dritte Instanz für die Revision auf Bundesebene (Bundessozial- oder Bundesverwaltungsgericht). Auf diese Weise wird sichergestellt, dass eine gerichtliche Entscheidung mehrmals überprüft werden kann.

3.2.1 Rechtsschutz

Verletzt die Maßnahme eines Leistungsträgers – hier ein VA – den Leistungsberechtigten in seinen Rechten, kann er dagegen vorgehen. Bei den Sozialgerichten läuft dies wie dargestellt ab:

Übersicht 13

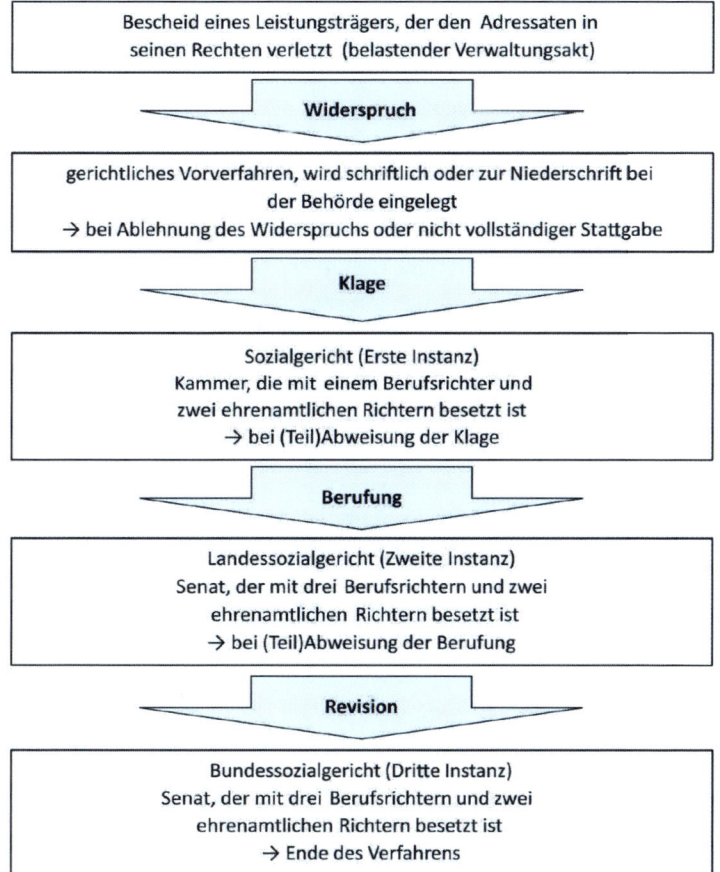

Widerspruch und Klage sind formelle Rechtsbehelfe, die unabhängig eine konkrete Angelegenheit überprüfen und formell innerhalb einer bestimmten Frist sowie in einer bestimmten Form eingelegt werden müssen. Diese Rechtsbehelfe führen rechtlich verbindliche Entscheidungen herbei.

Neben diesen formellen Rechtsbehelfen gibt es auch formlose Rechtsschutzmöglichkeiten wie

- Gegenvorstellung: unmittelbare Aufforderung an die handelnde Behörde, die beanstandete Maßnahme zu überprüfen, zu ändern oder aufzuheben – diese bietet sich an, wenn es nicht um Verwaltungsakte geht,

- Fach- oder Dienstaufsichtsbeschwerden: Erstere zielt auf eine Überprüfung der Maßnahme durch die Fachaufsichtsbehörde, Letztere wendet sich persönlich gegen einen Mitarbeiter der Behörde,

- Petitionen, die entweder an die Petitionsausschüsse der Landesparlamente oder des Bundestages oder an Ombudsfrauen und -männer gerichtet werden können und die auch eine sachliche Prüfung der Angelegenheit bewirken können; allerdings wird hiermit keine rechtsverbindliche Entscheidung herbeigeführt.

3.2.2 Das Widerspruchsverfahren

Bevor Klage beim Sozial- oder Verwaltungsgericht gegen eine Entscheidung einer Behörde oder eines Leistungsträgers eingelegt werden kann, muss ein Widerspruchsverfahren durchgeführt werden, sofern es sich bei der beanstandeten Maßnahme um einen Verwaltungsakt handelt. Das Widerspruchsverfahren gibt der Verwaltung noch einmal Gelegenheit, einerseits unter Berücksichtigung der Argumentation der Widerspruchsführer ihre Entscheidung auf Recht- und Zweckmäßigkeit hin zu überprüfen und entlastet auf diese Weise andererseits die Gerichte. Da das Widerspruchsverfahren Prozessvoraussetzung für Klagen ist, die auf die Aufhebung eines belastenden Verwaltungsaktes gerichtet sind (Anfechtungsklage) oder mit denen der Erlass eines bestimmten Verwaltungsaktes begehrt wird (Verpflichtungsklage), sind die Einzelheiten im Sozialgerichtsgesetz oder in der Verwaltungsgerichtsordnung geregelt. Entscheidend sind die §§ 78, 83, 84 SGG bzw. die §§ 68–70 VwGO, die festlegen:

- wann ein Vorverfahren durchgeführt werden muss,
- wann das Vorverfahren beginnt und
- in welcher Form und innerhalb welcher Frist der Widerspruch als Vorverfahren eingelegt werden muss.

Wie ein Widerspruch erledigt wird, regelt § 85 SGG bzw. § 73 VwGO: wird dem Widerspruch stattgegeben, ergeht ein Abhilfebescheid; wird er zurückgewiesen, wird ein Widerspruchsbescheid erlassen.

Widerspruch und Anfechtungsklage haben i. d. R. aufschiebende Wirkung, d. h. solange das Widerspruchs- und das Klageverfahren läuft, ist der angegriffene Verwaltungsakt nicht wirksam und kann nicht vollstreckt werden (§ 86a Abs. 1 SGG, § 80 VwGO, Ausnahmen, in denen Widerspruch und Anfechtungsklage keine aufschiebende Wirkung haben, regeln § 86a Abs. 2 SGG, § 80 Abs. 2 VwGO).

3.2 Rechtsschutz und Rechtsdurchsetzung

Beispiel

➲ Der zehnjährige P hat aufgrund einer körperlichen Behinderung Pflegestufe II zuerkannt bekommen und erhält ein entsprechendes Pflegegeld. Nachdem seine Eltern einen Neuantrag auf eine höhere Pflegestufe gestellt haben, stellt der MDK nach der Begutachtung fest, dass P nicht mehr die Voraussetzungen der Pflegestufe II erfüllt, sondern nur noch die der Pflegestufe I. Die Pflegekasse erlässt daraufhin einen Bescheid, in dem P nur noch Pflegestufe I zuerkannt bekommt. Gehen jetzt die Eltern – in Vertretung des P – in Widerspruch gegen diesen Bescheid, entfaltet dieser Widerspruch aufschiebende Wirkung, d. h. für P ändert sich erst einmal nichts. Da der neue Bescheid während des Widerspruchsverfahrens keine Wirkung entfaltet und nicht vollstreckbar ist, erhält P weiter Leistungen nach Pflegestufe II.

Der Widerspruch muss eigentlich nicht begründet werden. Die Behörde ist auch in diesem Verfahren verpflichtet, von Amts wegen zu ermitteln, allerdings ist es ratsam, wenn der Widerspruchsführer darlegt, warum er der Ansicht ist, dass die Entscheidung rechtswidrig war. Anderenfalls fällt die Entscheidung über den Widerspruch auf der gleichen Ausgangsbasis wie der ursprüngliche Bescheid.

Besonders wichtig ist die Einhaltung der Frist. Sie beträgt nach Bekanntgabe (§ 37 SGB X) des Ausgangsbescheids einen Monat. Dieser wird immer mit 30 Tagen berechnet, auch in den Monaten, die 31 Tage haben oder im Februar, der nur 28 oder 29 Tage hat. Die Frist beginnt am Tag nach der Bekanntgabe zu laufen und endet dann am 30. Tag. Fällt dieser Tag auf einen Samstag, Sonntag oder Feiertag, endet die Frist am folgenden Werktag.

Beispiel

➲ Wird ein Bescheid am 28.8.2013 bekannt gegeben, endet die Frist am 28.9.2013. Da der 28.9.2013 ein Samstag ist, endet die Frist für die Einlegung des Widerspruchs am Montag, den 30.9.2013 um 24 Uhr.

> Es ist für das Einlegen eines Widerspruchs nicht notwendig, dass man die genauen juristischen Formulierungen benutzt. Es genügt, dass derjenige, der Widerspruch einlegen will, deutlich macht, dass er mit dem Bescheid unzufrieden ist und er dagegen vorgehen will. Darüber hinaus genügt es auch, fristwahrend sehr kurz Widerspruch einzulegen und die möglicherweise noch zu erarbeitende oder mit Fachleuten zu besprechende Begründung nachzureichen. Wird ein fristgemäßer Widerspruch versäumt, wird der Verwaltungsakt bestandskräftig, auch wenn er eigentlich rechtswidrig ist, und kann vollzogen werden.

Der Ablauf des Widerspruchsverfahrens lässt sich so darstellen:

Übersicht 14

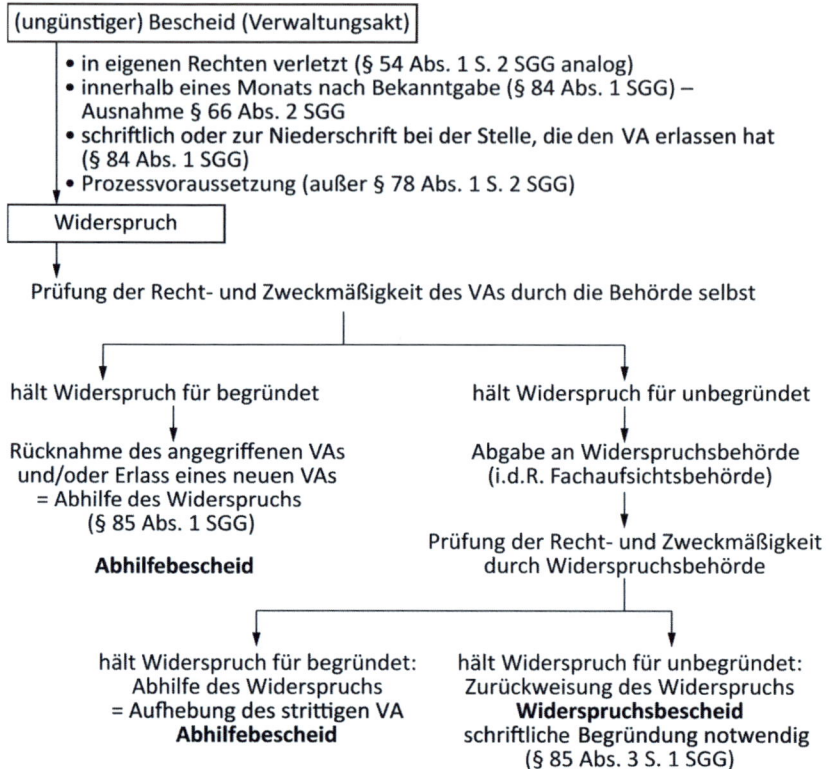

3.2.3 Das Verfahren vor den Sozial- und Verwaltungsgerichten

Hat der Leistungsberechtigte mit seinem Widerspruch keinen Erfolg und wird sein Widerspruch mit Widerspruchsbescheid ganz oder teilweise abgewiesen, kann er Klage beim Sozialgericht einreichen, sofern dieses nach § 51 SGG zuständig ist. Andernfalls ist die Klage beim Verwaltungsgericht einzulegen. Das Klageverfahren ist in den §§ 87 ff. SGG bzw. §§ 74, 78, 79, 81 ff. VwGO geregelt.

3.2.3.1 Klageantrag

Nach §§ 87, 90 SGG und §§ 74, 81 VwGO ist eine Klage innerhalb eines Monats nach Bekanntgabe des Verwaltungsaktes (i. d. R. des Widerspruchsbescheids) beim zuständigen Gericht der Sozial- oder Verwaltungsgerichtsbarkeit schriftlich zu erheben. Im sozialgerichtlichen Verfahren ist nach § 91 SGG die Frist auch gewahrt, wenn die Klageschrift statt beim zuständigen Gericht bei einer anderen inländischen Behörde oder bei einem Versicherungsträger eingeht, der verpflichtet ist, die Klage unverzüglich an das zuständige Gericht weiterzuleiten. Will der Leistungsberechtigte die Klageschrift nicht selbst verfassen, obwohl es hierfür nur eines einfachen Antrags („Hiermit erhebe ich Klage gegen den Bescheid vom 3.5.2013 in Gestalt des Widerspruchsbescheids vom 8.8.2013 und beantrage….") bedarf, kann er die Klage auch beim Urkundsbeamten der Geschäftsstelle einlegen. Die Sozial- und Verwaltungsgerichte haben hierfür sog. Rechtsantragsstellen eingerichtet, in denen Rechtspfleger die Anträge aufnehmen. Der Kläger sollte dabei die entsprechenden Bescheide, gegen die er vorgehen will, mitbringen.

Da bereits 15-Jährige im Sozialrecht handlungsfähig sind (§ 36 SGB I), können auch sie Klage einreichen.

Voraussetzung für einen Klageantrag ist die sog. Beschwer. Sie ist in § 54 Abs. 1 S. 2 SGG, § 42 Abs. 2 VwGO geregelt und besagt, dass die Klage nur zulässig ist, wenn der Kläger behauptet, durch den Verwaltungsakt oder durch die Ablehnung oder Unterlassung eines Verwaltungsaktes beschwert zu sein. Das bedeutet, dass der Kläger behaupten muss, in seinen eigenen Rechten verletzt zu sein.

Beispiele

1. Die Tochter kann nicht für die Mutter klagen, wenn diese nicht die begehrte Pflegestufe erhalten hat. Das muss die Mutter allein tun, ggf. vertreten durch einen rechtlichen Betreuer.
2. Auch die Eltern eines behinderten Kindes können nicht klagen, wenn das Kind keine Eingliederungshilfe bekommt. Das muss das Kind selbst tun, es wird hierbei allerdings i. d. R. durch die Eltern vertreten.

3.2.3.2 Klagearten

Das sozialgerichtliche Verfahren kennt drei verschiedene Klagetypen:
1. Gestaltungsklagen,
2. Leistungsklagen und
3. Feststellungsklagen,

die sich ihrerseits in verschiedene Klagearten (§§ 54, 55 SGG, §§ 42, 43 VwGO) unterteilen lassen. Die Klageart richtet sich danach, welches Ziel der Kläger verfolgt.

Soll mit der Klage ein belastender Verwaltungsakt ganz oder teilweise aufgehoben oder abgeändert werden, ist die richtige Klageart eine Anfechtungsklage. Die Anfechtungsklage ist eine Gestaltungsklage, weil das Gericht mit dem Urteil unmittelbar die Rechtslage gestalten kann.

Beispiel

Herr A erhält Grundsicherung im Alter und bei Erwerbsminderung. Er arbeitet nebenbei als Maler und verdient damit ca. 600 Euro im Monat, die er beim Grundsicherungsamt aber nicht angibt. Nach einer Kontenprüfung wird das Einkommen festgestellt, der ursprüngliche Bewilligungsbescheid aufgehoben und eine Rückzahlung der überzahlten Sozialleistungen gefordert. Gegen den Aufhebungs- und

Rückforderungsbescheid kann Herr A Anfechtungsklage einlegen. Der richtige Antrag wäre: „Ich erhebe Klage und beantrage, den Bescheid des Beklagten vom ... (Az. ...) in Gestalt des Widerspruchsbescheids vom ... (Az. ...) aufzuheben."

Begehrt der Kläger vom Leistungsträger oder einer Behörde ein bestimmtes Tun oder Unterlassen, kommt eine Leistungsklage in Betracht. Die wichtigste Form ist die Verpflichtungsklage, mit der der Erlass eines begünstigenden Verwaltungsaktes verlangt wird. Häufig wird die Verpflichtungsklage mit einer Anfechtungsklage kombiniert. Mit der kombinierten Anfechtungs- und Verpflichtungsklage wird der ablehnende Bescheid angegriffen und gleichzeitig der Erlass eines neuen Bescheides angestrebt.

Beispiel

➲ Die Studierende F leidet an einer progressiven Muskeldystrophie und benötigt Studienassistenz für den Besuch der Lehrveranstaltungen. Sie beantragt eine Unterstützung für 20 Stunden in der Woche. Der Sozialhilfeträger als Träger der Eingliederungshilfe bewilligt nur 10 Stunden. Der Antrag hierfür wäre:
„Ich erhebe Klage und beantrage,
1. den Bescheid des Beklagten vom ... (Az. ...) in Gestalt des Widerspruchsbescheids vom ... (Az. ...) aufzuheben und
2. den Beklagten zu verpflichten, der Klägerin eine Studienassistenz in Höhe von 20 Stunden wöchentlich zu gewähren."

Handelt es sich bei dem begehrten Verwaltungsakt um einen, bei dessen Erlass der Leistungsträger Ermessen auszuüben hat, kann das Gericht den Leistungsträger i. d. R. nicht zum Erlass dieses Verwaltungsaktes verurteilen (Ausnahme: es gibt keine andere richtige Entscheidung als die begehrte, sog. Ermessensreduktion auf Null), sondern wird eine Entscheidung auf Neuprüfung und Neubescheidung des Antrags treffen, wobei es hier Hinweise für eine rechtmäßige Entscheidung trifft („unter Rechtsauffassung des Gerichts").

Leistungsklagen, die nicht auf den Erlass eines Verwaltungsaktes zielen, sind verhältnismäßig selten, was Individualklagen von Leistungsberechtigten anbelangt. Sie treten häufig nur in Kombination mit einer Anfechtungsklage auf. Allerdings sind Leistungsklagen die richtige Klageart, wenn es um öffentlich-rechtliche Verträge geht oder um Erstattungsansprüche der Leistungsträger untereinander. Auch Unterlassungsklagen sind möglich, wenn der Kläger möchte, dass der Leistungsträger eine bestimmte Handlung nicht vornimmt (z. B. Weitergabe von Sozialdaten).

Feststellungsklagen sind zur Feststellung einer konkreten Rechtslage zulässig. Die Einzelheiten regelt § 55 SGG bzw. § 43 Abs. 1 VwGO.

3.2.3.3 Verfahrensgrundsätze

Wie das Verwaltungsverfahren richtet sich auch das Sozialgerichtsverfahren nach bestimmten Grundsätzen, die im SGG und teilweise im GVG festgelegt sind. Gleiches gilt für das Verwaltungsgericht. Die wichtigsten Grundsätze sind:

1. Grundsatz der Amtsermittlung (sog. Offizialmaxime oder Untersuchungsgrundsatz): Das Gericht ermittelt den Streitstoff von Amts wegen und ist nicht an die Angaben und Beweisanträge der Parteien gebunden.
2. Grundsatz der Mündlichkeit und des rechtlichen Gehörs: Die Entscheidung des Gerichts ergeht i. d. R. aufgrund einer mündlichen Verhandlung (Ausnahme: Gerichtsbescheid § 105 SGG, der ohne mündliche Verhandlung das Verfahren beendet; hierfür müssen aber beide Parteien zugestimmt haben). Das Urteil darf nur auf Tatsachen gestützt werden, zu denen sich die Beteiligten äußern konnten.
3. Grundsatz der Unmittelbarkeit: Das Gericht muss den streitigen Sachverhalt aus eigener und unmittelbarer Wahrnehmung kennen. Nur diejenigen Richter, die an der Verhandlung teilgenommen haben, dürfen ein Urteil fällen.
4. Grundsatz der freien Beweiswürdigung: Das Gericht entscheidet nach seiner freien, aus dem Gesamtergebnis der Verhandlung gewonnenen Überzeugung.
5. Grundsatz der Öffentlichkeit: Der Zutritt zum Verhandlungsraum steht allen Personen frei, auch wenn sie selbst vom Prozess nicht betroffen sind (Ausnahmen sind nach §§ 170 ff. GVG möglich, z. B. wenn es sich um Umstände aus dem persönlichen Lebensbereich handelt, deren öffentliche Erörterung schutzwürdige Interessen verletzt). Ton- und Rundfunkaufnahmen sowie Ton- und Filmaufnahmen zum Zwecke der öffentlichen Aufführung sind unzulässig (§ 169 S. 2 GVG).

Das sozialgerichtliche Verfahren ist für die Leistungsberechtigten grundsätzlich kostenfrei (§ 183 SGG), d. h. es fallen in keiner Instanz Gerichtsgebühren an. Unter Umständen können Kosten wegen mutwilliger Prozessführung unter den Voraussetzungen des § 192 SGG auferlegt werden. Man benötigt vor den Sozialgerichten und den Landessozialgerichten keinen Rechtsanwalt, sondern kann sich selbst vertreten. Da das Gericht dem Untersuchungsgrundsatz folgt, hat es auch die Pflicht den Kläger auf die notwendig beizuschaffenden Nachweise, die den Klageanspruch unterstützen, hinzuweisen.

3.2.3.4 Rechtsmittel

Gegen Urteile der Sozialgerichte findet gem. § 143 SGG die Berufung an das Landessozialgericht statt, sofern die Berufung nach § 144 Abs. 1 S. 1 SGG nicht unzulässig ist.

Gegen die Urteile eines LSG ist die Revision an das BSG zulässiges Rechtsmittel. Die Überprüfung beschränkt sich hier auf die richtige Rechtsanwendung. Das BSG ist an die Tatsachenfeststellungen des LSG gebunden; wurde der Sachverhalt noch nicht richtig aufgeklärt, kann das BSG keine abschließende Entscheidung treffen, sondern muss das Verfahren an das LSG zurückverweisen.

Die Revision ist nur zulässig, wenn sie ausdrücklich im Urteil des LSG oder auf eine Nichtzulassungsbeschwerde hin durch das BSG selbst zugelassen wurde. Zulassungsgründe finden sich in § 160 Abs. 2 SGG.

3.2.3.5 Einstweiliger Rechtsschutz

Die Gewährung effektiven Rechtsschutzes nach Art. 19 Abs. 4 GG bedeutet auch, dass Rechtsschutz zeitnah gewährt werden muss, v. a. dann, wenn ohne diesen die Rechte des Betroffenen so erheblich verletzt werden können, dass dies durch das Hauptsacheverfahren nicht mehr beseitigt werden kann. Da Sozialleistungen für die Betroffenen häufig existenznotwendig sind, gibt es in diesem Bereich Verfahren im einstweiligen Rechtsschutz. In diesen Verfahren findet grundsätzlich nur eine summarische Prüfung der Ansprüche statt, da umfassende Ermittlungen aufgrund der Zeitnot kaum möglich sind.

Einstweiliger Rechtsschutz kommt immer dann in Betracht, wenn die Sache eilbedürftig ist und das Hauptsacheverfahren nicht abgewartet werden kann. Er kann beim Gericht der Hauptsache beantragt werden – ist das Sozialgericht im Hauptsacheverfahren zuständig (z. B. § 51 SGG), wird dort der einstweilige Rechtsschutz beantragt, ist das Verwaltungsgericht in der Hauptsache zuständig, ist es das auch für den einstweiligen Rechtsschutz. Es ist nicht notwendig, dass bereits Klage in der Hauptsache erhoben wurde (§ 86b Abs. 3 SGG, § 123 VwGO).

Welche Form des einstweiligen Rechtsschutzes in Betracht kommt, richtet sich wiederum nach dem Ziel des Betroffenen. Möchte jemand gegen einen Verwaltungsakt vorgehen, der ihm Pflichten auferlegt und der sofort vollzogen werden kann, ist ein Antrag auf Anordnung der aufschiebenden Wirkung möglich; soll dagegen die Behörde oder der Leistungsträger zu einer bestimmten Maßnahme, die sie abgelehnt hat, veranlasst werden, ist ein Antrag auf einstweilige Anordnung möglich. Ein Verwaltungsakt ist sofort vollziehbar, wenn Widerspruch und Anfechtungsklage keine aufschiebende Wirkung haben (vgl. Kapitel 3.2.2). Dies liegt in den Fällen des § 86a Abs. 2 SGG, § 80 Abs. 2 VwGO vor. Wird ein Bescheid von diesen Ausnahmevorschriften erfasst, muss man zwar ebenfalls Widerspruch und ggf. Klage dagegen einreichen, um ihn nicht bestandskräftig werden zu lassen, allerdings kann er trotzdem sofort vollzogen werden. Um diese sofortige Vollziehung und die damit einhergehende Rechtsbeeinträchtigung zu verhindern, muss der entsprechende Antrag gestellt werden.

Widerspruch und Anfechtungsklage haben keine aufschiebende Wirkung, wenn es sich um Versicherungs-, Beitrags- oder Umlagepflicht oder die Anforderung von Beiträgen u. a. öffentlichen Abgaben handelt (§ 86a Abs. 2 Nr. 1 SGG, § 80 Abs. 2 Nr. 1 VwGO) oder wenn bei Sozialversicherungsangelegenheiten laufende Leistungen herabgesetzt oder entzogen werden (§ 86a Abs. 2 Nr. 3 SGG). Es gibt auch Bundesgesetze, die ausdrücklich den sofortigen Vollzug ermöglichen (§ 86a Abs. 2 Nr. 4 SGG, § 80 Abs. 2 Nr. 3 VwGO). Dazu gehören § 39 SGB II (bei Aufhebung, Rücknahme oder Widerruf oder Kürzungen von Leistungen der Grundsicherung für Arbeitssuchende) oder § 88 Abs. 4 SGB IX, der eine Zustimmung zur Kündigung eines schwerbehinderten Arbeitnehmers für sofort vollziehbar erklärt.

Bei der Entscheidung, welcher Antrag zulässig ist, geht es letztlich um die Fragen:
- Will der Betroffene, dass alles bleibt, wie es vor Erlass des belastenden Verwaltungsaktes war, und den status quo beibehalten: dann Antrag auf Anordnung der aufschiebenden Wirkung, wenn der belastende VA sofort vollziehbar ist.

3.2 Rechtsschutz und Rechtsdurchsetzung

Beispiele

➡ Kürzung des ALG II nach einer Sanktion, Verpflichtung zur Zahlung von Sozialversicherungsbeiträgen

- Will der Betroffene, dass eine Leistung gewährt wird, die vorher abgelehnt wurde, d. h. eine Veränderung zur vorherigen Situation: dann Antrag auf einstweilige Anordnung.

Beispiele

➡ Gewährung von Grundsicherungsleistungen nach Ablehnung oder Bewilligung eines Schulhelfers, weil die Einschulung unmittelbar bevorsteht

Überblick über die (wichtigsten) Verfahren des einstweiligen Rechtsschutzes:

Form des einstweiligen Rechtsschutzes	Antrag auf Anordnung der aufschiebenden Wirkung	Antrag auf einstweilige Anordnung
Rechtsgrundlage	§ 86b Abs. 1 Nr. 2 SGG, § 80 Abs. 5 VwGO	§ 86b Abs. 2 SGG, § 123 VwGO
Ziel	Aussetzung des Vollzugs eines sofort vollziehbaren VA / Wiederherstellung der aufschiebenden Wirkung von Widerspruch und Anfechtungsklage, Beibehaltung des status quo	Vorläufige Gewährung einer abgelehnten Leistung
Voraussetzungen	• sofort vollziehbarer VA • Widerspruch oder Anfechtungsklage wurde bereits eingelegt • Eilbedürftigkeit	• abgelehnte Leistung oder eindeutiges Signal des Leistungsträgers, die Leistung abzulehnen • Vorliegen eines Anordnungsanspruchs (Anspruch auf die begehrte Leistung) • Vorliegen eines Anordnungsgrundes, da ein wesentlicher Nachteil droht und Warten bis zur Hauptsacheentscheidung nicht zumutbar ist • Antrag ist gegenüber anderen Rechtsschutzformen nachrangig
Prüfung des Gerichts	Abwägung zwischen dem öffentlichen Interesse an der sofortigen Vollziehung und dem Interesse des Betroffenen, die Vollziehung auszusetzen, dabei summarische Prüfung der Erfolgsaussichten des Rechtsmittels in der Hauptsache	Summarische Prüfung des Anspruchs auf die Leistung und des Anordnungsgrundes, Folgenabwägung zwischen den (grundrechtlich geschützten) Belangen des Leistungsberechtigten und der Behörde – je schwerer die Belastungen des Betroffenen, die mit Versagung des einstweiligen Rechtsschutzes verbunden sind, umso eher ist er zu gewähren

Form des einstweiligen Rechtsschutzes	Antrag auf Anordnung der aufschiebenden Wirkung	Antrag auf einstweilige Anordnung
(Muster)Antrag	„Ich beantrage, den Antragsgegner im Wege des einstweiligen Rechtsschutzes zu verpflichten, die aufschiebende Wirkung des Widerspruchs des Antragstellers vom ... gegen den Bescheid des Antragsgegners vom ... (Az. ...) anzuordnen."	„Ich beantrage, den Antragsgegner im Wege der einstweiligen Anordnung zu verpflichten, der Antragstellerin bis zur endgültigen Entscheidung in der Hauptsache eine Schulhelferin oder einen Schulhelfer im Umfang von 20 Stunden in der Woche für den Besuch der Arnold-Zweig-Grundschule zu bewilligen."
Rechtsmittel gegen Beschluss	Beschwerde beim LSG (§ 172 Abs. 1 SGG) bzw. OVG (§ 146 VwGO)	

3.2.4 Unterstützung zur Rechtsdurchsetzung

Zu dem Grundrecht auf effektiven Rechtsschutz gehört auch, dass es dem Rechtssuchenden tatsächlich möglich sein muss, außergerichtlichen oder gerichtlichen Rechtsschutz in Anspruch zu nehmen und dies nicht aufgrund fehlender finanzieller Mittel scheitert. Aus diesem Grund gibt es staatliche Unterstützung für diejenigen, die Hilfe in Rechtsstreitigkeiten suchen und denen das dafür notwendige Geld fehlt. Diese staatliche Unterstützung ist – je nach dem, in welchem Stand sich der Rechtsstreit gerade befindet – im Beratungshilfegesetz oder in der ZPO, ggf. i. V. m. mit anderen Prozessordnungen geregelt. Dabei erfasst die staatliche Unterstützung nicht nur sozialrechtliche Streitigkeiten, sondern fast alle Prozesse.

3.2.4.1 Beratungshilfe

Die Beratungshilfe unterstützt einen Rechtssuchenden bei der Inanspruchnahme eines Rechtsanwalts, wenn es um die Wahrnehmung von Rechten außerhalb eines Gerichtsprozesses geht (z. B. beim Widerspruchsverfahren). Nach § 1 BerHG sind diejenigen antragsberechtigt, die

- die erforderlichen Mittel nach ihren persönlichen und wirtschaftlichen Verhältnissen nicht aufbringen können, d. h. bedürftig sind,
- keine andere zumutbare Hilfe für den Streit erhalten können,

Beispiele

➡ Hat der Rechtssuchende eine Rechtsschutzversicherung, erhält er rechtliche Unterstützung hierüber und benötigt keine Beratungshilfe. Betrifft seine Rechtsstreitigkeit einen Bereich, in dem ein Verband oder ein Verein, in dem er Mitglied ist, rechtliche Unterstützung anbietet (z. B. für sozialrechtliche Streitigkeiten der Sozialverband Deutschland – SoVD, für mietrechtliche Streitigkeit der Mieterverein oder für arbeitsrechtliche Streitigkeiten die Gewerkschaften), ist die Beratungshilfe in diesem Bereich ebenfalls ausgeschlossen.

- ihre Rechte nicht mutwillig in Anspruch nehmen.

Mutwillig ist die Rechtsverfolgung dann, wenn ein selbst zahlender Rechtssuchender aus vernünftigen und nachvollziehbaren Gründen keine anwaltliche Hilfe in Anspruch nehmen würde. Mutwilligkeit liegt auch dann vor, wenn der Betroffene für eine Angelegenheit mehrmals Beratungshilfe beantragt, z. B. weil er sich eine „zweite Meinung" einholen will.

Ob jemand bedürftig ist, berechnet sich nach den Vorschriften der ZPO. Beratungshilfe erhält derjenige, dem nach Abzug aller Freibeträge, den Kosten für Unterkunft und Heizung und ggf. weiterer Belastungen vom Nettoeinkommen weniger als 15 Euro verbleiben. Die Freibeträge werden jedes Jahr neu festgelegt und betragen derzeit (seit 1.1.2014):

- Freibetrag für Antragsteller und Ehepartner bzw. Lebenspartner 452 Euro
- Freibetrag bei Erwerbstätigkeit 206 Euro
- Freibeträge für unterhaltsberechtigte Erwachsene 362 Euro, Jugendliche zwischen 14 und 18 Jahren 341 Euro, Kinder zwischen 6 und 13 Jahren 299 Euro und Kinder zwischen 0 und 6 Jahren 263 Euro.

Beispiel

⮕ Die 46-jährige A möchte aufgrund schwerwiegender Rückenprobleme eine medizinische Rehabilitationsmaßnahme erhalten, die von der Krankenkasse abgelehnt wurde. Sie möchte eine rechtliche Beratung für das Widerspruchsverfahren. Sie verdient als Krankenschwester 2.200 Euro netto, ist verheiratet und lebt mit zwei Kindern (15 und 12 Jahre) in einer Eigentumswohnung, die monatliche Kosten von 700 Euro verursacht.
Von dem Einkommen von 2.200 Euro werden abgezogen:
- 452 Euro für sie selbst und 452 Euro für ihren Ehepartner
- 206 Euro, weil sie erwerbstätig ist,
- 341 Euro für ihr 15-jähriges und 299 Euro für ihr 12-jähriges Kind sowie
- 700 Euro für die Wohnung.
Nach Abzug aller Freibeträge und der Wohnungskosten verbleiben ihr weniger als 15 Euro (hier -250 Euro). Sie hat deshalb Anspruch auf Beratungshilfe.

Die Beratungshilfe gibt Anspruch auf eine Erstberatung bei Rechtsanwälten. Es gibt zwei Möglichkeiten der Beantragung von Beratungshilfe (§§ 4–7 BerHG):

Übersicht 15

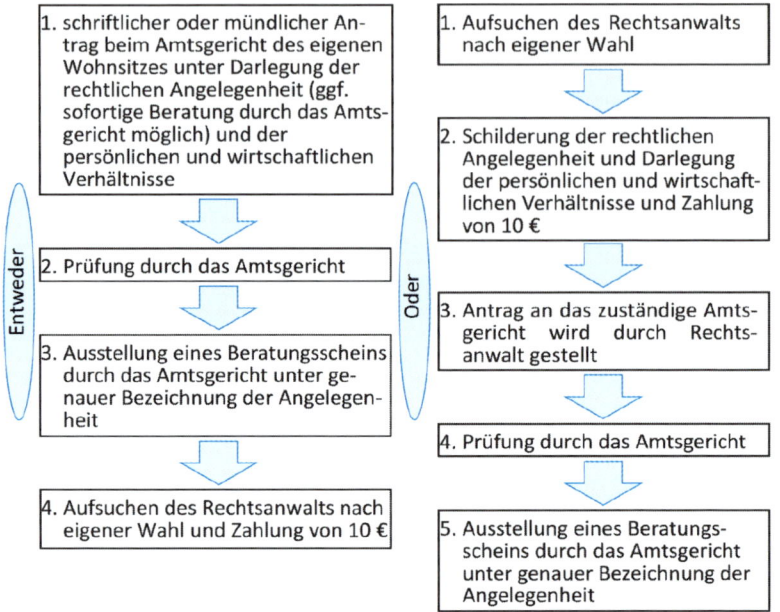

3.2.4.2 Prozesskostenhilfe (PKH)

Während die Beratungshilfe bei der Rechtsdurchsetzung außerhalb des Gerichtsprozesses hilft, dient die Prozesskostenhilfe der Finanzierung eines Gerichtsprozesses. Da die Gerichtsverfahren in sozialrechtlichen Angelegenheiten grundsätzlich gerichtskostenfrei sind, werden über die Prozesskostenhilfe v. a. die Mittel für eine rechtsanwaltliche Vertretung übernommen. Die Voraussetzungen der PKH für das sozialgerichtliche Verfahren finden sich in § 73a SGG i. V. m. §§ 114 ff. ZPO, für das verwaltungsgerichtliche Verfahren in § 166 VwGO i. V. m. §§ 114 ff. ZPO. Nach § 114 ZPO wird PKH dann gewährt, wenn

- eine Partei nach ihren persönlichen und wirtschaftlichen Verhältnissen nicht in der Lage ist, die Kosten der Prozessführung nicht, nur zum Teil oder nur in Raten aufzubringen (Bedürftigkeit),
- die beabsichtigte Rechtsverfolgung oder Rechtsverteidigung hinreichende Aussicht auf Erfolg bietet und
- die Rechtsverfolgung oder -verteidigung nicht mutwillig ist.

PKH wird beim Gericht der Hauptsache beantragt (§ 117 ZPO). Dem Antrag muss eine Erklärung über die persönlichen und wirtschaftlichen Verhältnisse beigefügt werden (Formblatt, § 117 Abs. 3, 4 ZPO); das Streitverhältnis ist unter Angabe der Beweismittel darzustellen.

Der Antrag auf PKH hemmt nicht den Ablauf der Rechtsmittelfrist. Es muss also neben diesem Antrag auch immer noch Klage eingereicht werden, damit die Monatsfrist nicht abläuft und der angegriffene Verwaltungsakt bestandskräftig wird.

 Übungsaufgaben

1. Herr O erhält am 24.9.2013 einen Bescheid, mit dem die beantragten Leistungen der Grundsicherung im Alter und bei Erwerbsminderung abgelehnt werden. Was kann er dagegen tun und was muss er dabei beachten? Nennen Sie die entsprechenden Vorschriften!
2. Was bedeutet aufschiebende Wirkung eines Widerspruchs und einer Anfechtungsklage?
3. Die 80-jährige demenzkranke Frau P beantragt Leistungen bei der Pflegeversicherung und die Zuerkennung der Pflegestufe II. Sie erhält nach der Begutachtung nur Pflegestufe I. Der Widerspruch wird zurückgewiesen. Kann ihre Tochter S nunmehr Klage erheben?
4. Die elfjährige M ist hörbehindert. Sie möchte auf ein Gymnasium in der Stadt S, das speziell auf ihre Behinderung ausgerichtet ist und das sehr begehrt ist. Der Sozialhilfeträger weigert sich, die Kosten für dieses Gymnasium zu übernehmen, weil die nahegelegene Sonderschule viel günstiger sei. M befürchtet, da das neue Schuljahr unmittelbar bevorsteht und der Platz im Gymnasium anderweitig vergeben wird, dass sie ein langes Klageverfahren nicht abwarten kann. Was können Sie ihr raten?
5. Der nach einem Unfall querschnittsgelähmte Herr M möchte einen Elektrorollstuhl von der Krankenkasse. Der Antrag wird abgelehnt, weil Herr M mit einem Schieberollstuhl ausreichend versorgt ist. Herr M möchte seinen Anspruch gern durchsetzen, fürchtet allerdings die finanziellen Folgen, weil er arbeitslos ist. Was können Sie ihm sagen?

4 Sozialrechtliche Grundlagen

Die Umsetzung des Sozialstaatsprinzips erfolgt durch das System der sozialen Sicherheit bzw. das Sozialrecht insgesamt. Deutlich wird das in § 1 SGB I. Danach soll das Recht des Sozialgesetzbuchs „[…] zur Verwirklichung sozialer Gerechtigkeit und sozialer Sicherheit Sozialleistungen einschließlich sozialer und erzieherischer Hilfen gestalten. Es soll dazu beitragen,

- ein menschenwürdiges Dasein zu sichern,
- gleiche Voraussetzungen für die freie Entfaltung der Persönlichkeit, insbesondere auch für junge Menschen zu schaffen,
- die Familie zu schützen und zu fördern,
- den Erwerb des Lebensunterhalts durch eine frei gewählte Tätigkeit zu ermöglichen und
- besondere Belastungen des Lebens, auch durch Hilfe zur Selbsthilfe, abzuwenden oder auszugleichen."

Das Sozialrecht gliedert sich, um diesen Vorgaben des § 1 SGB I gerecht zu werden, in unterschiedliche Bereiche mit einer Vielzahl von Leistungen und Leistungsträgern, mit unterschiedlichen staatlichen und privaten Akteuren, Leistungserbringern und rechtlichen Regelungen, die teilweise sehr kompliziert sind. Überdies sind die Leistungen an die finanzielle Lage des Staates gebundene und dadurch häufig Änderungen unterworfen. Gegenstand des vorliegenden Kapitels sind die wesentlichen sozialrechtlichen Regelungen, die für Menschen mit Behinderungen relevant sind.

Das System der Sozialen Sicherung gliedert sich in vier verschiedene Bereiche. Je nach Berechtigtenkreis, Finanzierung und Bedürftigkeit lässt sich das Sozialleistungsrecht so unterteilen:

4 Sozialrechtliche Grundlagen

Soziale Vorsorge	Soziale Förderung	Soziale Hilfe	Soziale Entschädigung
Leistungsprinzip			
Sozialversicherung	öffentliche Förderung	Fürsorge	Versorgung
Beispiele			
Krankenversicherung, Rentenversicherung, Pflegeversicherung, Arbeitslosenversicherung, Unfallversicherung	Kinder- und Jugendförderung, Arbeitsförderung, Wohnungsförderung, Rehabilitation und Teilhabe behinderter Menschen, Ausbildungsförderung	Grundsicherung für Arbeitsuchende, Sozialhilfe, Wohngeld, Grundsicherung im Alter und bei Erwerbsminderung	Kriegsopferentschädigung, Entschädigung bei Impfschäden, Opferentschädigung
Zielsetzung			
Absicherung typischer Lebensrisiken	Leistungen zur Schaffung sozialer Chancengleichheit	nachrangige Existenzsicherung, Absicherung bei Bedürftigkeit	Entschädigung bei Aufopferung für die Allgemeinheit - Sonderopfer
Leistungsberechtigte			
Mitglieder der Sozialversicherungen	bestimmte Bevölkerungsgruppen, die die Voraussetzungen erfüllen	Menschen ohne ausreichendes Einkommen und Vermögen	bestimmte Bevölkerungsgruppen, die die Voraussetzungen erfüllen
Finanzierung			
Beiträge zur Sozialversicherung	Steuermittel	Steuermittel	Steuermittel

Diese Sozialleistungsbereiche sind in den §§ 4 bis 10 SGB I als soziale Rechte festgehalten. Sie werden durch die Einweisungsvorschriften der §§ 18 bis 29 SGB I konkretisiert. Die Vorschriften vermitteln keine Rechtsansprüche, sondern einen Überblick über Ziele, Leistungen und Leistungsträger. Die einzelnen Rechtsansprüche ergeben sich aus den jeweiligen einzelnen Leistungsgesetzen.

Beispiel

➲ Ein Anspruch auf Krankenbehandlung ergibt sich nicht aus den §§ 4, 21 SGB I, sondern aus dem § 27 SGB V. Die Voraussetzungen und der Inhalt der Leistungen sind dort geregelt.

4.1 Grundzüge des Sozialgesetzbuchs

4.1.1 Die Bücher des Sozialgesetzbuchs

Das Sozialrecht ist im Wesentlichen im Sozialgesetzbuch geregelt. Dieses besteht aus allgemeinen und besonderen Teilen; die allgemeinen Teile gelten für das gesamte Sozialgesetzbuch. Leistungen, Leistungsberechtigung und Leistungsvoraussetzungen finden sich in den besonderen Teilen. Bisher existieren folgende Teile (in Klammern findet sich das Jahr des Inkrafttretens):

Erstes Buch (SGB I)	Allgemeiner Teil (1.1.1976)
Zweites Buch (SGB II)	Grundsicherung für Arbeitsuchende (1.1.2005)
Drittes Buch (SGB III)	Arbeitsförderung (1.1.1998)
Viertes Buch (SGB IV)	Gemeinsame Vorschriften für die Sozialversicherung (1.7.1977)
Fünftes Buch (SGB V)	Gesetzliche Krankenversicherung (1.1.1989)
Sechstes Buch (SGB VI)	Gesetzliche Rentenversicherung (1.1.1992)
Siebtes Buch (SGB VII)	Gesetzliche Unfallversicherung (1.1.1997)
Achtes Buch (SGB VIII)	Kinder- und Jugendhilfe (1.1.1991)
Neuntes Buch (SGB IX)	Rehabilitation und Teilhabe behinderter Menschen (1.7.2001)
Zehntes Buch (SGB X)	Sozialverwaltungsverfahren und Sozialdatenschutz (1.1.1981/1.7.1983)
Elftes Buch (SGB XI)	Soziale Pflegeversicherung (1.1.1995)
Zwölftes Buch (SGB XII)	Sozialhilfe (1.1.2005)

Neben diesen Teilen des Sozialgesetzbuches gelten nach § 68 SGB I weitere Teile als besondere Teile. Dazu gehören z. B.

- das Bundesausbildungsförderungsgesetz (BAföG)
- das Bundesversorgungsgesetz (BVG)
- das Bundeskindergeldgesetz (BKKG)
- das Wohngeldgesetz (WoGG)
- das Unterhaltsvorschussgesetz (UnterhVG)

Die allgemeinen Teile des Sozialgesetzbuches (SGB I und SGB X) gelten auch für diese Gesetze. Darüber hinaus gibt es weitere Sozialgesetze, die formell nicht als Teil des Sozialgesetzbuches gelten. Dazu gehören z. B. die Versorgungsgesetze für Beamte, Richter und Soldaten oder auch das Asylbewerberleistungsgesetz.

Neben dem SGB und seinen besonderen Teilen, welche als formelle Gesetze durch den parlamentarischen Gesetzgeber erlassen werden, gelten im Bereich des Sozialrechts weitere Rechtsvorschriften, die das SGB ergänzen oder konkretisieren. Hierzu gehören v. a. die durch die Exekutive (z. B. Ministerien) erlassenen Rechtsverordnungen oder die von Selbstverwaltungsorganen (z. B. einer Krankenkasse) erlassenen Satzungen.

Beispiele

➡ Die Eingliederungshilfeverordnung ist eine Rechtsverordnung, die aufgrund des § 60 SGB XII erlassen wurde. Sie konkretisiert die Voraussetzungen und Leistungen der Eingliederungshilfe nach den §§ 53 ff. SGB XII. Die Verordnung zur Früherkennung und Frühförderung behinderter und von Behinderung bedrohter Kinder (Frühförderungsverordnung – FrühV) konkretisiert Früherkennungs- und Frühförderungsleistungen. Ihre Rechtsgrundlage findet sich in § 32 SGB IX.

Darüber hinaus gibt es eine Vielzahl von Regelungen, die eigentlich keine Rechtsnormen sind und dennoch eine gewisse Rolle bei der Auslegung von Rechtsvorschriften spielen. Dazu gehören z. B. die von Leistungsträgern und deren Verbänden oder von Gremien der gemeinsamen Selbstverwaltung erlassenen Rahmenvereinbarungen, Empfehlungen oder Richtlinien.

Beispiel

➡ Die Bundesarbeitsgemeinschaft für Rehabilitation (BAR e. V.) erarbeitet Empfehlungen, die ein einheitliches Handeln bei der Gewährung von Leistungen zur Rehabilitation ermöglichen sollen. Diese Empfehlungen sind keine Rechtsnormen, allerdings werden sie bei der Leistungsgewährung berücksichtigt. Es gibt seitens der BAR z. B. Empfehlungen zum Zuständigkeitsverfahren nach § 14 SGB IX, zu den Integrationsfachdiensten oder Handlungsempfehlungen zum Trägerübergreifenden Persönlichen Budget. Diese finden sich unter www.bar-frankfurt.de.

Auch Landesrecht kann unter Umständen noch eine Rolle spielen. So gibt es z. B. Sozialleistungen nach landesrechtlichen Vorschriften wie Landesblindengeld oder Pflegewohngeld.

4.1.2 Sozialleistungen

Sozialleistungen sind individuelle Begünstigungen, die nach den Vorschriften des SGB zur Verwirklichung der sozialen Rechte (§§ 3–10 SGB I) einzelnen Leistungsberechtigten oder einer Gruppe von Leistungsberechtigten zugutekommen sollen. Sie werden in § 11 SGB I definiert. Danach sind Sozialleistungen, „die in diesem Gesetz vorgesehenen Dienst-, Sach- und Geldleistungen […]. Die persönliche und erzieherische Hilfe gehört zu den Dienstleistungen."

Welche Sozialleistungen gewährt werden können, benennen die §§ 18 bis 29 SGB I.

Sozialleistungen können folgendermaßen eingeteilt werden:

Übersicht 16

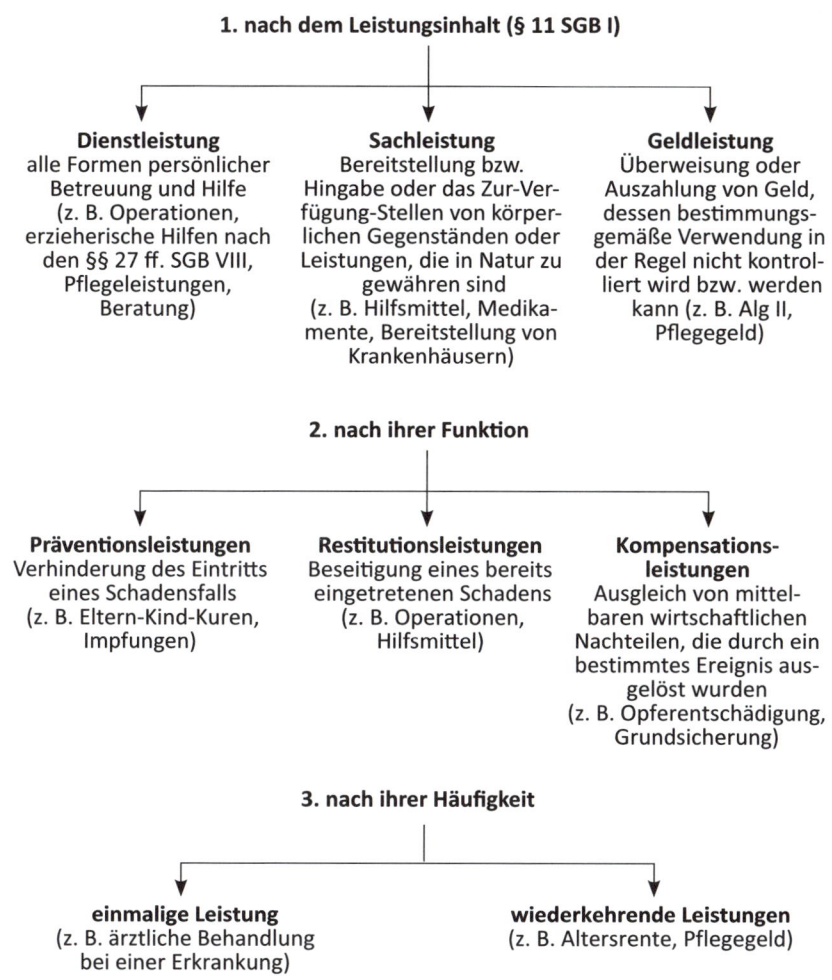

Auf Sozialleistungen besteht ein Anspruch, wenn die Voraussetzungen vorliegen, soweit die Leistungsträger kein gesetzlich vorgesehenes Ermessen bei der Gewährung der Leistungen haben (§ 38 SGB I). Sind die Leistungsträger ermächtigt Ermessen auszuüben, so haben sie dieses entsprechend dem Zweck der Ermächtigung auszuüben und die gesetzlichen Grenzen einzuhalten. Die Bürger haben Anspruch auf eine pflichtgemäße Ermessensausübung (§ 39 SGB I).

Da das Sozialleistungsrecht kompliziert und die Vielfalt der Leistungsträger unübersichtlich ist, haben die Bürger einen Anspruch auf umfassende Aufklärung, Beratung und Auskunftserteilung durch die Leistungsträger (§§ 13–15 SGB I). Werden die Beratungspflichten verletzt, weil der Leistungsberechtigte eine falsche Beratung erhält und daraufhin entweder eine Leistung nicht oder falsch beantragt, hat er einen sog. sozialrechtlichen Herstellungsanspruch. Dies ist ein richterrechtlich entwickelter Anspruch bei Verletzung der Beratungspflichten. Der Anspruch geht darauf hinaus die Leistung so zu gewähren, als hätte der Leistungsträger sich pflichtgemäß verhalten und ordnungsgemäß beraten.

Sozialleistungen gibt es nur, wenn eine gesetzliche Grundlage dafür besteht (sog. Vorbehalt des Gesetzes, § 31 SGB I).

4.1.3 Sozialleistungsträger

Sozialleistungen werden von Sozialleistungsträgern erbracht. Nach § 12 SGB I sind Leistungsträger die in den §§ 18 bis 29 SGB I genannten Körperschaften, Anstalten und Behörden; Abs. 2 der einzelnen Vorschriften benennt die für die Leistungen zuständigen Sozialleistungsträger. Die genaue Zuständigkeit im Einzelfall richtet sich nach den jeweiligen Leistungsgesetzen.

Beispiele

➲ Für die Leistungen der Krankenversicherung sind die Orts-, Betriebs- und Innungskrankenkassen, die Seekrankenkasse, die landwirtschaftlichen Krankenkassen, die Deutsche Rentenversicherung Knappschaft-Bahn-See und die Ersatzkassen die zuständigen Leistungsträger (§ 21 Abs. 2 SGB I); für Leistungen der Ausbildungsförderung die Ämter und Landesämter für Ausbildungsförderung (§ 18 Abs. 2 SGB I).

4.1.4 Leistungserbringer

Die Leistungsträger, die gegenüber den Leistungsberechtigten zur Erbringung von Sozialleistungen verpflichtet sind, erbringen diese Leistungen, v. a. wenn es sich um Sach- oder Dienstleistungen handelt, zum großen Teil allerdings nicht selbst. Das hat zum einen mit fehlenden personellen und sachlichen Mitteln zu tun, zum anderen aber schließen rechtliche Gründe und hier insbesondere das Subsidiaritätsprinzip eine eigene Leistungserbringung aus.

Das Subsidiaritätsprinzip betrifft im sozialrechtlichen Sinn das Verhältnis von freien Trägern zu öffentlichen Trägern. Es bedeutet, dass staatliches Handeln so lange nicht notwendig ist, solange sich Bürger selbst helfen können. Freie Träger sollen bei der Erbringung von Leistungen gegenüber staatlichen Trägern vorrangig berücksichtigt werden. Auf diese Weise soll eine totale fürsorgerische Abhängigkeit des Bürgers vom Staat verhindert werden.

Deshalb bedienen sich die jeweiligen Leistungsträger Dritter zur Erbringung der Leistungen. Diese sind die Leistungserbringer. Es handelt sich dabei überwiegend um natürliche oder juristische Personen, die privatrechtlich (z. B. Verein, gGmbH, GbR) oder auch öffentlich-rechtlich (z. B. Religionsgemeinschaften und Kirchen) organisiert sind. Leistungserbringer sind die Wohlfahrtsverbände, freie Träger der Kinder- und Jugendhilfe, der Behindertenhilfe oder auch Ärzte, Krankenhäuser und Träger von Rehabilitationseinrichtungen. Leistungserbringer können als natürliche Personen (z. B. als Familienhelfer, Heilpädagogen) oder als eingetragener Verein (z. B. Bundesvereinigung Lebenshilfe e. V.), als gemeinnützige Stiftung (z. B. Björn-Schulz-Stiftung) oder als gemeinnützige GmbH (z. B. Albatros gGmbH) tätig sein.

Leistungsberechtigte können aufgrund der Vielfalt der Leistungserbringer zwischen mehreren Alternativen wählen und so von ihrem im Sozialrecht an verschiedenen Stellen gewährten Wunsch- und Wahlrecht Gebrauch machen (vgl. § 33 S. 2 SGB I, § 9 SGB IX, § 2 Abs. 2 SGB XI oder § 9 Abs. 2 SGB XII).

Leistungsberechtigte, Leistungsträger und Leistungserbringer stehen bei der Erbringung von Sozialleistungen in einem sog. sozialrechtlichen Dreiecksverhältnis, in dem drei verschiedene Rechtsbeziehungen bestehen.

Übersicht 17

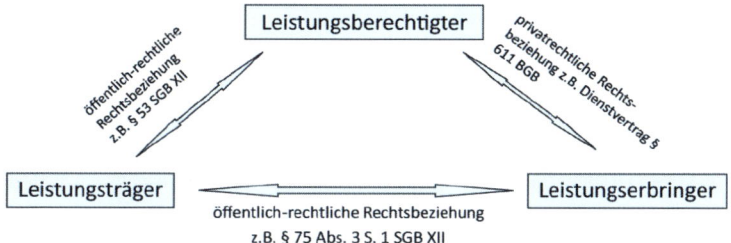

Die jeweiligen Rechtsbeziehungen sind streng voneinander zu unterscheiden:

Der Leistungsberechtigte hat gegen den Leistungsträger einen Anspruch auf eine Sozialleistung aus dem SGB. Dieses Sozialrechtsverhältnis zwischen beiden ist dem öffentlichen Recht zuzuordnen.

Beispiel Übersicht 18

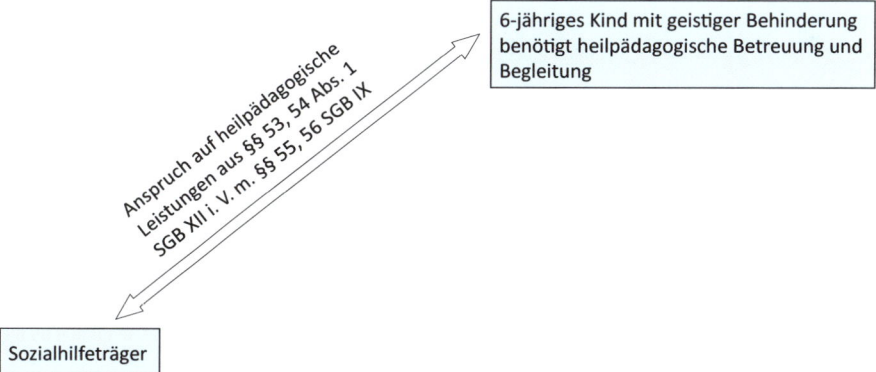

Der Leistungsträger bedient sich eines Leistungserbringers, um den Anspruch des Leistungsberechtigten auf die Sozialleistung zu erfüllen. Der Leistungsträger schließt mit dem Leistungserbringer einen (i. d. R. öffentlich-rechtlichen) Vertrag, in dem die Leistungen, die Vergütung und die Qualitätsstandards nebst Prüfung geregelt sind. Aufgrund dieses Vertrages erhält der Leistungserbringer seine Leistungen vergütet; der Leistungsberechtigte weiß i. d. R. nicht, welche Kosten anfallen und kann darauf – im Falle einer Schlechtleistung – auch nicht unmittelbar z. B. durch geringere Bezahlung reagieren.

Beispiel Übersicht 19

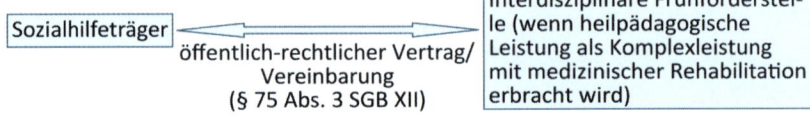

Letztlich schließt der Leistungsberechtigte mit dem Leistungserbringer einen privatrechtlichen Vertrag (z. B. einen Behandlungsvertrag). Hier gelten die zivilrechtlichen Vorschriften.

Beispiel Übersicht 20

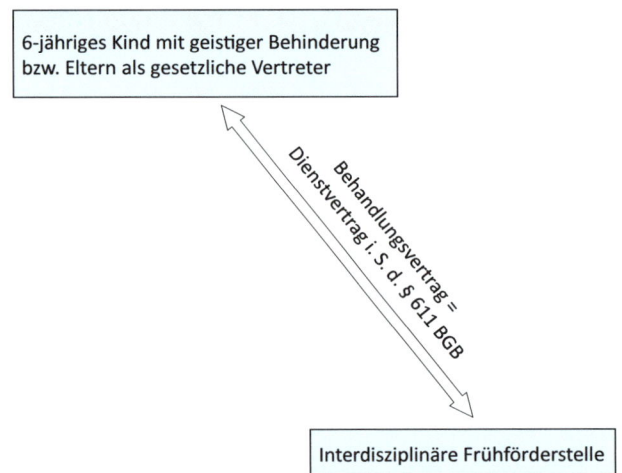

 Übungsaufgaben

1. Welche Bereiche des Systems der sozialen Sicherung kennen Sie? Nennen Sie die wichtigsten Unterschiede!
2. Wo sind die Sozialleistungen geregelt?
3. Was verstehen Sie unter dem sozialrechtlichen Dreiecksverhältnis? Beschreiben Sie die jeweiligen rechtlichen Beziehungen zwischen den Beteiligten des Leistungsdreiecks!

4.2 Grundzüge des Sozialversicherungsrechts

Die Sozialversicherung ist eine Versicherung, die auf sozialem Ausgleich beruht, öffentlich-rechtlich organisiert ist und der Absicherung eines bestimmten Lebensrisikos dient. In Deutschland gibt es derzeit fünf Versicherungszweige, die die Versicherten im Falle

- der Krankheit,
- der Pflegebedürftigkeit,
- von Arbeitsunfällen und Berufskrankheiten,
- der Arbeitslosigkeit oder
- des Alters

absichern. Die einzelnen Versicherungszweige sind in den Büchern des SGB III (Arbeitslosenversicherung), V (Krankenversicherung), VI (Rentenversicherung), VII (Unfallversicherung) und XI (Pflegeversicherung) geregelt. Die zuständigen Leistungsträger bezeichnet man als Sozialversicherungsträger. Diese sind Körperschaften des öffentlichen Rechts mit Selbstverwaltungsrecht.

4.2.1 Grundsätze der Sozialversicherung

Kennzeichen der Sozialversicherungen sind:
1. wesentliche Finanzierung durch Beiträge der Versicherten und deren Arbeitgeber
2. Zwangsgemeinschaft, d. h. bestehende Versicherungspflicht bzw. Versicherung kraft Gesetzes, der auch freiwillig Versicherte angehören können
3. Organisation nach dem Solidarprinzip, d. h.
   - jeder zahlt nach Leistungsfähigkeit bei Berücksichtigung einer Beitragsbemessungsgrenze,
   - paritätische Mitfinanzierung durch Arbeitgeber,
   - Einbeziehung nicht beitragszahlender Angehöriger in Kranken- und Pflegeversicherung,
   - grundsätzlich keine Risikoprognose im Einzelfall (wie sie z. B. die privaten Krankenversicherungen, privaten Unfallversicherungen und privaten Lebensversicherungen durchführen) und
   - sozialer Ausgleich.

Gemeinsame Vorschriften für die Sozialversicherungen finden sich im SGB IV. Dazu gehören z. B. Regelungen zum Kreis der versicherten Personen (v. a. Geltungsbereich und Umfang der Versicherung), zum Begriff der Beschäftigung oder zum Arbeitsentgelt, was für die Beitragshöhe i. d. R. eine Rolle spielt. Im Übrigen gelten die einzelnen Leistungsgesetze.

Beispiele

➲ Wer kraft Gesetzes versicherungspflichtig ist, bestimmen für die gesetzliche Krankenversicherung § 5 SGB V, für die gesetzliche Rentenversicherung die §§ 1–3 SGB VI oder für die gesetzliche Unfallversicherung § 2 SGB VII.

Übersicht 21

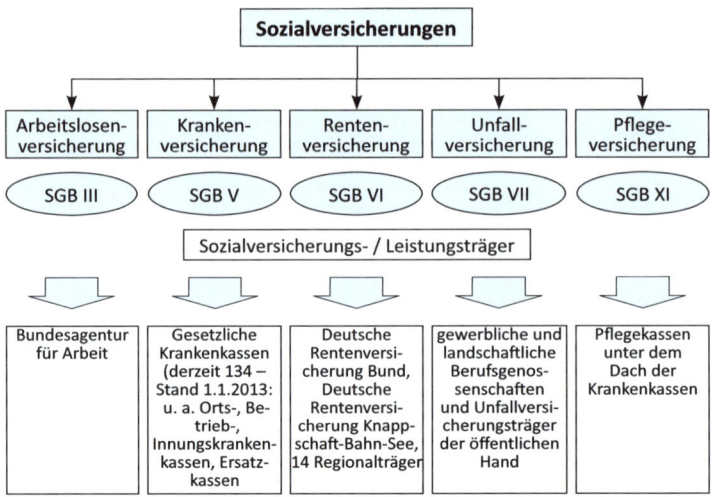

4.2.2 Gemeinsame Vorschriften für alle Versicherungszweige (SGB IV)

Nach § 2 Abs. 1 SGB IV werden Personen von der Sozialversicherung erfasst, die kraft Gesetzes oder Satzung oder aufgrund freiwilligen Beitritts bzw. aufgrund freiwilliger Fortsetzung der Versicherung versichert sind. Bereits das SGB IV trifft Regelungen, wer in allen Zweigen der Sozialversicherung versichert ist (§ 2 Abs. 2 SGB IV):

- gegen Arbeitsentgelt beschäftigte Personen,
- behinderte Menschen, die in Werkstätten oder vergleichbaren Einrichtungen beschäftigt sind, sowie
- Landwirte.

Von zentraler Bedeutung im Versicherungsrecht ist der Begriff der Beschäftigung. Nach § 7 Abs. 1 SGB IV ist Beschäftigung „die nichtselbstständige Arbeit, insbesondere in einem Arbeitsverhältnis. Anhaltspunkte für eine Beschäftigung sind eine Tätigkeit nach Weisungen und eine Eingliederung in die Arbeitsorganisation des Weisungsgebers."

Mit dieser Begriffsbestimmung erfolgt insbesondere eine Abgrenzung zur selbstständigen Tätigkeit. Bei einer solchen besteht keine überwiegende Abhängigkeit vom Arbeitgeber; die Tätigkeit kann für mehrere Auftraggeber ausgeübt werden, Aufträge werden i. d. R. selbstständig akquiriert und das wirtschaftliche Risiko übernommen. Arbeitet jemand im Rahmen eines Arbeitsverhältnisses mit Arbeitsvertrag, ist die Abgrenzung in der Regel unproblematisch. Durch die Flexibilisierung des Arbeitsmarktes, die Zunahme von Leiharbeit, „schein-selbstständig" Beschäftigte, Minijobs oder wegen der immer häufiger auftretenden Praxis, mit eigentlich abhängig beschäftigten Arbeitnehmern Werkverträge abzuschließen, wird die Abgrenzung schwieriger. Deshalb besteht nach § 7a SGB IV die

Möglichkeit, auf schriftlichen Antrag eine Entscheidung darüber zu erhalten, ob jemand beschäftigt (und insofern versicherungspflichtig) ist oder nicht. Über den Antrag entscheidet die Deutsche Rentenversicherung Bund.

Stellt ein Sozialversicherungsträger (i. d. R. der Rentenversicherungsträger, § 28p SGB IV) bei einer Betriebsprüfung fest, dass der Arbeitgeber Schein-Selbstständige beschäftigt, muss er unter Umständen die Sozialversicherungsbeiträge bis vier Jahre rückwirkend nachzahlen. Zwar kann er den Arbeitnehmeranteil, der während der vier Jahre angefallen wäre, mit dem Lohn aufrechnen, allerdings muss dafür noch ein Arbeitsverhältnis bestehen, ansonsten trägt er die Beiträge allein. Selbst wenn noch ein Arbeitsverhältnis besteht, darf nur in den darauffolgenden drei Monaten mit Lohn und Gehalt aufgerechnet werden.

Nicht sozialversicherungspflichtig sind Beschäftigungsverhältnisse, die geringfügig ausgeübt werden (sog. „450-Euro-Jobs"). Eine geringfügig ausgeübte Beschäftigung liegt nach § 8 Abs. 1 SGB IV dann vor, wenn das Arbeitsentgelt im Monat nicht höher als 450 Euro ist oder die Tätigkeit innerhalb eines Jahres nicht mehr als zwei Monate oder 50 Arbeitstage ausgeübt wird; im letzteren Fall darf die Beschäftigung nicht berufsmäßig mit einem Einkommen über 450 Euro ausgeübt werden. Mehrere geringfügige Beschäftigungen werden zusammengerechnet. Wird bei mehreren geringfügig ausgeübten Beschäftigungen die 450 Euro-Entgeltgrenze überschritten oder ist der Betroffene mehr als zwei Monate im Jahr beschäftigt, besteht eine Versicherungspflicht für alle Beschäftigungsverhältnisse.

Weitere wichtige Regelungen für Sozialversicherungen im SGB IV sind z. B.
- an welchem Ort jemand als beschäftigt gilt (§ 9 SGB IV);
- was zum Arbeitsentgelt oder Arbeitseinkommen zählt und damit zur Beitragsberechnung herangezogen werden kann (§§ 14, 15 SGB IV);
- die Bezugsgröße für die Sozialversicherung – Durchschnittsentgelt (§ 18 SGB IV);
- Beitragsbemessung und Beitragsfälligkeit (§§ 20 ff. SGB IV);
- Meldepflichten, Verfahren bei der Beitragszahlung, Auskunftspflichten, Betriebsprüfungen u. ä. (§§ 28a ff. SGB IV);
- Sozialversicherungsausweis (§§ 95 ff. SGB IV).

Übungsaufgaben

1. Gegen welche Lebensrisiken besteht in Deutschland eine Versicherung und in welchen Teilen des SGB ist diese jeweils geregelt?
2. Heilpädagogin M arbeitet für einen freien Träger der Behindertenhilfe. Sie hat einen Honorarvertrag, der sie verpflichtet, 40 Stunden wöchentlich in einer stationären Einrichtung zu arbeiten. Außerdem sind Urlaub, Entgeltfortzahlung im Krankheitsfall und die Weisungsbefugnis der Geschäftsleitung geregelt. Um die Sozialversicherung muss sie sich laut Honorarvertrag selbst kümmern. Zu Recht? Nennen Sie die gesetzliche Vorschrift!

4.3 Recht der Kinder- und Jugendhilfe

Das Recht der Kinder- und Jugendhilfe gehört zum Sozialverwaltungsrecht. Die einschlägigen Regelungen finde sich im Achten Buch Sozialgesetzbuch (SGB VIII), im Adoptionsvermittlungsrecht, im Jugendschutz- und Jugendarbeitsschutzrecht und in den Bestimmungen über den Arrest und (Jugend)Strafvollzug. Die verfahrensrechtlichen Pflichten in Verfahren vor dem Familiengericht sind im FamFG niedergelegt; jugendhilferechtliche Streitigkeiten werden hingegen vor dem Verwaltungsgericht ausgetragen, so dass insoweit die VwGO Anwendung findet.

4.3.1 Verpflichtung auf Grund des SGB VIII

Als Gesetz verpflichtet das SGB VIII wie die anderen genannten Vorschriften den Träger der öffentlichen Jugendhilfe. Wer örtlicher Träger und wer überörtlicher Träger der öffentlichen Jugendhilfe ist, bestimmt das jeweilige Landesrecht (Länderhoheit im Organisationsrecht). In aller Regel sind die Landkreise und kreisfreie Gemeinden örtliche Träger; als überörtliche Träger kommen die Länder (Bayern, Berlin, Brandenburg, Bremen, Freie und Hansestadt Hamburg, Niedersachsen, Rheinland-Pfalz, Saarland, Sachsen, Sachsen-Anhalt, Schleswig-Holstein, Thüringen) oder eine Körperschaft des öffentlichen Rechts (in Baden-Württemberg der Kommunalverband für Jugend und Soziales, in Hessen der Landeswohlfahrtsverband, in Mecklenburg-Vorpommern der Kommunale Sozialverband, in NRW die Landschaftsverbände) in Betracht. Die örtlichen Träger richten je ein Jugendamt, und die überörtlichen Träger richten je ein Landesjugendamt als Behörden im Sinne des verwaltungsverfahrensrechtlichen Behördenbegriffs ein (vgl. § 1 Abs. 2 SGB X); teilweise erfüllen die Oberbehörden die Aufgaben der Landesjugendämter mit. Die Behördendichte spiegelt damit die Verwaltungsstruktur des jeweiligen Bundeslandes wider. Soweit nicht der Träger, sondern das Jugendamt als Behörde genannt ist, ist die Redeweise des Gesetzes verkürzt.

Die Jugendämter und die Landesjugendämter sind zweigliedrig verfasst; d. h. sie bestehen aus der Verwaltung des Jugendamtes und dem Jugendhilfeausschuss bzw. der Verwaltung des Landesjugendamtes und dem Landesjugendhilfeausschuss. Entsprechend sind die Aufgaben verteilt.

Die Aufgaben der laufenden Verwaltung der Jugendämter lassen sich untergliedern. Sie machen die sachliche Zuständigkeit der Behörde aus. Zur laufenden Verwaltung gehören

- die vorbereitende Hilfeplanung,
- die Qualitätsentwicklung und Qualitätssicherung,
- Vereinbarungen mit freien Trägern,
- die Gewährung und die Kontrolle der Umsetzung von Leistungen mit Ausnahme der Leistungen an Deutsche im Ausland,
- die Wahrnehmung der sogenannten anderen Aufgaben, soweit nicht die Landesjugendämter zuständig sind,
- die Wahrnehmung der Aufgaben nach dem Jugendschutz- und Jugendarbeitsschutzrecht, im öffentlichen Namensänderungsrecht und im Vollstreckungsrecht,

- die strukturelle Zusammenarbeit mit anderen Personen und Stellen (vgl. § 81 SGB VIII) sowie
- die Wahrnehmung von Aufgaben nach § 85 Abs. 2 Nr. 3, 4, 7, 8 SGB VIII für den örtlichen Bereich.

Die Jugendhilfeausschüsse sind funktionell zuständig für

- die Bestands- und
- die Bedarfsermittlung,[48]
- die planerische Sicherstellung der erforderlichen Angebote in Form der Satzung. Dabei ist, seit dem Achten Jugendbericht, Sozialraumorientierung und Lebensweltorientierung, Flexibilisierung und Vernetzung unter möglichst weitreichender Beteiligung der Betroffenen angesagt. Je nach Aufgabenbereich ist daher planungstechnisch wie planungsrechtlich zu differenzieren.
- die Prüfung und Weiterentwicklung des Plans,
- die haushaltsrechtliche Budgetierung sowie
- die kooperative Abstimmung mit Blick auf § 81 SGB VIII.

Die Verwaltung der Landesjugendämter hat die Aufgaben, die in § 85 Abs. 2 SGB VIII zusammengestellt sind (sachliche Zuständigkeit der Landesjugendämter). Sie umfassen nach dieser Vorschrift:

- die beratende Tätigkeit, die sich auf die Jugendämter und Einrichtungen ihres Bereichs bezieht (Absatz 2 Nr. 1, 5, 7),
- die unterstützende (fördernde und anregende) Tätigkeit im Hinblick auf die Zusammenarbeit der Jugendämter mit freien Trägern, auf Einrichtungen, Dienste und Veranstaltungen, auf Modellvorhaben sowie die Fortbildung von Mitarbeitern (Absatz 2 Nr. 2, 3 und 8) und
- die planende Tätigkeit, die auf die Weiterentwicklung der Jugendhilfe gerichtet ist (Absatz 2 Nr. 4).

Außer den genannten generellen und koordinierenden Aufgaben gehören zur sachlichen Zuständigkeit der Landesjugendämter auch bestimmte Einzelaufgaben, die in Absatz 2 ebenfalls abschließend aufgeführt sind. Es handelt sich hierbei um

- den Schutz von Kindern und Jugendlichen in Einrichtungen nach §§ 45 bis 48a SGB VIII,
- die Gewährung von Leistungen an Deutsche im Ausland nach § 6 Abs. 3 SGB VIII, soweit die Hilfe nicht bereits im Inland vor der Ausreise geleistet wurde und
- die Erlaubnis zur Übernahme von Vereinspflegschaften und -vormundschaften nach § 54 SGB VIII (Absatz 2 Nr. 6, 9 und 10).

Die Landesjugendhilfeausschüsse sind funktionell für die überregionale Planung und Kooperation verantwortlich.

---

[48] Hauck/Hilke, SGB VIII § 80 RZ 12 f., 22 ff., 30 ff.

Steht die sachliche Zuständigkeit des Jugendamtes fest, bestimmt die örtliche Zuständigkeit, welches der Jugendämter tätig werden muss. Die örtliche Zuständigkeit ist (lückenhaft) in den §§ 86–87e SGB VIII geregelt. Für Leistungen sind die §§ 86–86d SGB VIII einschlägig; die örtliche Zuständigkeit für die sog. anderen Aufgaben findet sich in den §§ 87–87e SGB VIII. Dabei betrifft § 86 SGB VIII dem Wortlaut nach nur Leistungen an Personensorgeberechtigte; für Leistungen an Minderjährige (insbesondere Eingliederungshilfen) und an nicht sorgeberechtigten Erziehungsberechtigte sowie im Ausnahmefall an andere Berechtigte ist § 86 SGB VIII sinngemäß anzuwenden.

Grundsätzlich wird danach unterschieden, ob die Eltern beide den gewöhnlichen Aufenthalt im Einzugsbereich desselben Jugendamtes haben oder das Kind nur einen Elternteil im Rechtssinne hat, der in diesem Einzugsbereich lebt (vgl. § 86 Abs. 1 SGB VIII) oder ob die Eltern getrennt leben (vgl. § 86 Abs. 2 SGB VIII). Bei gewöhnlichem Aufenthalt in den Einzugsbereichen zweier Jugendämter ist der gewöhnliche Aufenthalt des sorgeberechtigten Elternteils ausschlaggebend. Sind beide Eltern sorgeberechtigt oder sind beide Eltern nicht sorgeberechtigt, ist der gewöhnliche Aufenthalt des Kindes vor Beginn der Leistung maßgebend. Sonderregelungen gibt es für die Leistungen an junge Volljährige (vgl. § 86a SGB VIII) und für Leistungen in gemeinsamen Wohnformen für Mütter/Väter und Kinder (vgl. § 86b SGB VIII). §§ 86c und 86d SGB VIII treffen ergänzende Regelungen für den Wechsel der örtlichen Zuständigkeit und die vorläufige Handlungspflicht bei unklarer örtlicher Zuständigkeit.[49]

Die örtliche Zuständigkeit des jeweiligen Landesjugendamtes für die erstmalige Gewährung von Hilfen an Deutsche im Ausland ist in § 88 SGB VIII verankert.

4.3.2 Vertragliche Einbeziehung freier Träger

Private, d. h. anerkannte oder (noch) nicht anerkannte Träger der freien Jugendhilfe, gewerbliche Anbieter und Privatpersonen, sind nicht Adressaten der Gesetze. Ihnen wird aber unter bestimmten Voraussetzungen eine Betätigungsgarantie auf dem Gebiet der Jugendhilfe eingeräumt (vgl. §§ 3 und 4 SGB VIII); sie sind dann gehalten, ihre Tätigkeiten nach den Grundprinzipien des Kinder- und Jugendhilferechts auszurichten. Die Einbeziehung freier Träger ist Ausdruck des Subsidiaritätsprinzips in der Jugendhilfe. Es ist daher die Verpflichtung zur Aufgabenerfüllung von der Erbringung entsprechender Dienstleistungen zu unterscheiden. Die Betätigung kann

- frei gemeinnützig oder
- frei gewerblich

erfolgen.

Freie Tätigkeit meint in diesem Zusammenhang eine nicht-staatliche Betätigung.

---

[49] Ausführlich und unter Einbezug zahlreicher Sonderfälle Hauck/Bohnert SGB VIII §§ 86–88.

Beispiele

➲ Ist der Landkreis alleiniger Gesellschafter einer gemeinnützigen GmbH, ist diese kein freier Träger; es muss also eine von staatlichen Stellen unabhängige Entschließungsmöglichkeit gegeben sein. Wird eine Kindertagesstätte von einem Verein oder einer Einzelperson auf eigenes Risiko betrieben, ist sie in freier Trägerschaft.

Eine staatliche Förderung der Betätigung (auch) durch Einbeziehung in die Erfüllung der Aufgaben der öffentlichen Jugendhilfe setzt aber

- die Gleichstellung mit einem anerkannten Jugendhilfeträger oder
- die Anerkennung als Jugendhilfeträger und
- eine vertragliche Einbeziehung in den Formen des öffentlich-rechtlichen Vertrages (§§ 53 Abs. 1 S. 1, 56 SGB X)

voraus.

4.3.2.1 Trägervielfalt

Träger der Jugendhilfe ist grundsätzlich jede Organisation, die auf Grund der Satzung, des Gesellschaftsvertrages oder in Ausrichtung der Unternehmensziele ausschließlich oder teilweise Aufgaben verwirklicht, die die Bildung, Erziehung und Förderung von Kindern, Jugendlichen und jungen Erwachsenen betreffen. Auf die rechtliche Struktur des Trägers kommt es nicht primär an. Daher sind als freie Träger anzutreffen (Auswahl):

- öffentlich-rechtliche Körperschaften (Kirchen und ihre Verbände),
- eingetragene Vereine (eV),
- gemeinnützige GmbH (gGmbH) und GmbH,
- Gesellschaft bürgerlichen Rechts (BGB-Gesellschaft bzw. GbR),
- Gewerbetreibende,
- Jugendverbände und Jugendgemeinschaften oder
- Initiativ- und Selbsthilfegruppen.

Auf übergeordneter Ebene gibt es Fach- und Beratungsgremien, z. T. auch länderübergreifend.

4.3.2.2 Zugang

Freie und gewerbliche Träger haben den gleichen Zugang zum Betätigungsfeld für stationäre Leistungen in entgeltfinanzierten Einrichtungen (vgl. § 17 Abs. 3 S. 1 SGB I, § 78b Abs. 2 S. 1 SGB VIII). Einschränkungen gibt es jedoch für Vereinbarungen über die Erbringung von Leistungen im Ausland (vgl. § 78b Abs. 2 S. 2 Nr. 1 SGB VIII). Landesrecht kann nach § 78a Abs. 2 SGB VIII die in §§ 78b bis 78g SGB VIII geregelte Finanzierung bei der Erbringung stationärer Leistungen auch auf frei getragene Erziehungsberatungsstellen ausweiten; wird diese Möglichkeit nicht genutzt, sind einzelfallbezogene Leistungsverträge abzuschließen. Über eine Zuwendungsfinanzierung kann allerdings die Zugangsschwelle für Klienten abgesenkt werden. Außerhalb des entgeltfinanzierten stationären Einrichtungsbereichs bestehen jedoch erhebliche Unterschiede.[50]

Für die Inanspruchnahme von Einrichtungen und Diensten bei der Erbringung ambulanter Leistungen sieht § 77 SGB VIII eine Finanzierungsvereinbarung nur mit anerkannten freien Trägern der Jugendhilfe vor. Gewerbliche Anbieter werden dadurch zwar nicht vom Markt ausgeschlossen, aber benachteiligt, da ihre Nutzer nur Selbstzahler sein können, oder sie müssen unwirtschaftlich arbeiten.

Auch soweit statt der Entgeltfinanzierung noch eine finanzielle Förderung i. S. d. § 74 SGB VIII erfolgt, gibt es wesentliche Unterschiede. Eine auf Dauer angelegte und damit betriebswirtschaftlich kalkulierbare Förderung setzt die Anerkennung als freier Jugendhilfeträger voraus (§ 74 Abs. 1 S. 2 SGB VIII). Den Mitteleinsatz bestimmt § 74 Abs. 6 SGB VIII. Projektbezogene Förderung ist zeitlich begrenzt auch ohne formelle Anerkennung möglich, setzt jedoch gemeinnützige Ziele, nicht unbedingt den steuerrechtlichen Status als gemeinnütziges Unternehmen voraus. Die Gemeinnützigkeit muss der Träger nachweisen.[51] Die weiteren Voraussetzungen sind (vgl. § 74 Abs. 1 S. 1, Abs. 3 Abs. 5 S. 2 SGB VIII)

- die hinreichende sachliche und fachliche Ausstattung und ein geeignetes Konzept (dabei ist der Begriff der Geeignetheit ein ausfüllungsbedürftiger unbestimmter Rechtsbegriff),
- die Beachtung der Grundsätze und Maßstäbe der Qualitätsentwicklung und Qualitätssicherung,
- die Gewähr für die zweckentsprechende und wirtschaftliche Verwendung der Mittel; dabei sind Grundsätze und Maßstäbe zu Grunde zu legen, die für die Finanzierung der Maßnahmen der öffentlichen Jugendhilfe gelten,
- die angemessene Eigenleistung (bei den Betriebsmitteln, hinsichtlich der finanziellen Ausstattung, durch besonders qualifiziertes Personal) sowie
- Gewährleistung der Menschenrechte und sonstiger verfassungsrechtlicher Verbürgungen.

Die Auswahl des förderwürdigen Trägers soll sich an den Interessen der betroffenen (potentiellen) Klienten und der Nachhaltigkeit der Betätigung orientieren (§ 74 Abs. 4 SGB VIII). Dabei spielt auch die Einbindung in die Jugendhilfeplanung eine erhebliche Rolle. Gleich qualifizierte Träger sind grundsätzlich gleich zu behandeln. Neben Geldmitteln ist auch die Gewährung von Sachmitteln oder sonstigen Vergünstigungen zulässig. Die Förderungen sind haushaltstechnisch Zuwendungen im Sinne des § 23 der Bundeshaushaltsordnung und der entsprechenden Landeshaushaltsordnungen; es wird zwischen der Anteilsfinanzierung und der Fehlbedarfsfinanzierung unterschieden.

Die Finanzierung von Tageseinrichtungen für Kinder ist wegen des Verweises in § 74a SGB VIII auf das jeweilige Landesrecht unterschiedlich; der Gesetzgeber wollte die Einbeziehung privat-gewerblicher Träger durch diese Regelung erleichtern.

---

[50] Hauck/Neumann, SGB VIII § 3 Rn 7.
[51] Hauck/Grube, SGB VIII § 74 Rn 24.

Eine erleichterte finanzielle Förderung ist für die auf Grund von § 12 Abs. 1 SGB VIII förderfähigen Jugendverbände und Jugendgruppen möglich. Der Verweis auf die Wahrung des „satzungsmäßigen Eigenlebens" fordert aber auch in diesen Fällen eine rechtliche Verfestigung. Die Förderung der Jugendverbände der politischen Parteien ist problematisch, da hier die Gefahr besteht, unzulässig die jeweilige Partei mit zu finanzieren.

Der Gesetzgeber unterscheidet im SGB VIII Leistungen von den sog. anderen Aufgaben. Letztere sind dadurch charakterisiert, dass sie in der Alleinverantwortung der örtlichen und des überörtlichen Trägers stehen. Freie Jugendhilfeträger können jedoch teilweise von den Behörden in die Aufgabenwahrnehmung einbezogen werden. Diese Aufgaben zählt § 76 Abs. 1 SGB VIII abschließend auf. Dem Buchstaben nach kommt auch eine Delegation der Aufgaben in Betracht; diese ist aber in der Praxis äußerst selten. Freie Träger, die keine freien Jugendhilfeträger sind, können nicht beteiligt werden, und ihnen kann keine Aufgabe delegiert werden. Ein Zugang ist daher nur im Bereich der Leistungen eröffnet; aus der Betätigungsgarantie folgt aber keine Bestandsgarantie für den jeweiligen Träger.

4.3.2.3 Anerkennung von freien Jugendhilfeträgern

Bereits von Gesetzes wegen sind anerkannte Träger der freien Jugendhilfe:

- die Kirchen und Religionsgemeinschaften des öffentlichen Rechts (Art. 140 GG i. V. m. Art. 137 WRV) sowie
- Bundesverbände der freien Wohlfahrtspflege. Dazu gehören Arbeiterwohlfahrt, Deutscher Caritasverband, Deutscher Paritätischer Wohlfahrtsverband, Deutsches Rotes Kreuz, Diakonisches Werk, Zentralwohlfahrtsstelle der Juden in Deutschland und ihre Untergliederungen.

Andere Träger benötigen eine Anerkennung (VA); der Antragsteller hat Anspruch auf ermessensfehlerfreie Entscheidung. Die Voraussetzungen der Anerkennungsfähigkeit sind (§ 75 Abs. 1 SGB VIII):

- Rechtsform als juristische Person (z. B. als e. V. oder GmbH) oder als Personenvereinigung (z. B. als GbR oder als nichteingetragener Verein); Einzelpersonen sind damit ausgeschlossen,
- Tätigkeit (auch) auf dem Feld der Jugendhilfe und ein zumindest nicht unwesentlicher Beitrag dort,
- Verfolgung gemeinnütziger Ziele. Gewerbliche Anbieter sind damit nicht anerkennungsfähig, sowie
- Beachtung der verfassungsmäßigen Grundsätze.

Mit der Anerkennung darf die Bezeichnung als anerkannter Träger der freien Jugendhilfe geführt und beworben werden; sie ist Voraussetzung einer längerfristigen (Re)Finanzierung.

4.3.2.4 Zusammenarbeit zwischen öffentlichen und freien Trägern

Grundlage der Kooperation zwischen öffentlichen und freien Trägern ist § 4 Abs. 1 S. 1 SGB VIII. Das Jugendamt hat daher nicht nur kein Aufgabenmonopol, es hat vielmehr in der übergeordneten Jugendhilfeplanung den Einbezug privater

Anbieter ausdrücklich zu gewährleisten und nach Satz 2 von eigenen Einrichtungen, Diensten und Veranstaltungen abzusehen, soweit solche von freien Trägern, auch nicht anerkannten, erbracht werden können. Dieser Rückzug der öffentlichen Hand hat aber Grenzen. Eigene Einrichtungen und Dienste müssen aufgebaut oder erhalten werden, wenn

- anderenfalls Lücken im Angebot bestehen,
- zur Verbesserung der Diversität (Grundsatz der Pluralität in der Jugendhilfe),
- zur Durchführung von Modellvorhaben,
- eigene Angebote wirtschaftlicher sind als Fremdleistungen. Die Betätigungsgarantie als Ausdruck der Entstaatlichung der Jugendhilfe sollte Effektivität und Effizienz stärken und die kommunalen Haushalte entlasten. Dies gelingt nicht durchweg.
- zur Steuerung des Anbietermarktes im Rahmen der Gewährleistung der Gesamtverantwortung der Jugendhilfe. Es besteht auf Grund der Betätigungsgarantie ein Kontrolldefizit in der Steuerung des Zugangs und damit auch in der politischen Ausrichtung der Träger.

Die Koordination ist über die im Gesetz vorgesehene Beteiligung der freien Träger in den für die Jugendhilfeplanung funktionell zuständigen Jugendhilfeausschüssen gewährleistet. Anerkannte Träger der Jugendhilfe sind zu beteiligen (§ 80 Abs. 3 SGB VIII).[52]

4.3.3 Jugendhilferechtliche Leistungen

Jugendhilferechtliche Leistungen sind Dienstleistungen, die die öffentliche Hand erbringt oder die durch freie Träger, die vertraglich eingebunden sind, auf Grund der Verpflichtung durch die öffentliche Hand umgesetzt werden (zum sozialrechtlichen Dreiecksverhältnis vgl. Kapitel 4.1.4). Dienstleistungen, die ein freier Träger in Eigeninitiative erbringt, mögen jugendhilferechtlichen Leistungen entsprechen, stellen aber keine solchen dar.

Beispiele

➡ Wird das dreijährige Kind A in eine von der Gemeinde getragene Kindertagesstätte aufgenommen, liegt eine jugendhilferechtliche Leistung nach §§ 22, 24 SGB VIII vor. Ist Träger der Einrichtung eine gGmbH oder ein eingetragener Verein, gewährt dennoch das örtliche Jugendamt diese Leistung auf Antrag, erbringt sie aber nicht selber, sondern bezieht für die Umsetzung der gewährten Leistung einen Dritten ein. Der freie Träger kann die Leistung aber nicht selbst gewähren. Wird das Kind, ohne dass eine entsprechende Leistung beim örtlichen Jugendamt beantragt wurde und ohne dass ein solcher Vertrag mit der öffentlichen Hand besteht, in einem Kinderladen betreut, unterscheidet sich die erzieherische Fürsorge von der jugendhilferechtlichen Leistung nicht prinzipiell, sie ist aber keine jugendhilferechtliche Leistung.

---

[52] Einzelheiten bei Hauck/Hilke, SGB VIII § 80 Rn 62 ff.

Jugendhilferechtliche Leistungen sind ausnahmslos antragsabhängig. Dieser Antrag ist nicht formbedürftig. Geht es um längerfristige und wirtschaftlich teure Leistungen, wird in der Praxis aber ein schriftlicher Antrag verlangt.

Beispiele

▶ Der Antrag des Personensorgeberechtigten auf Hilfe zur Erziehung erfolgt schriftlich, wenn voraussichtlich eine langfristige Hilfe oder eine stationäre Betreuung des Kindes oder des Jugendlichen erforderlich ist. Die Anmeldung zu einem Kurs oder für die Teilnahme an der Familienerholungsmaßnahme ist ebenfalls ein Antrag in schriftlicher Form. Die Teilnahme an den Angeboten eines Jugendclubs ist hingegen ohne schriftlichen Antrag möglich; in der Regel ist den Interessenten gar nicht klar, dass ein sozialverwaltungsrechtliches Rechtsverhältnis entsteht.

Wer den Antrag stellen kann, führt die jeweilige Norm auf. Nur die dort genannte Person oder der dort genannte Personenkreis können die Leistung in Anspruch nehmen. Nicht rechtlich handlungsfähige Kinder und Jugendliche müssen als Antragsteller vom Personensorgeberechtigten vertreten werden.

Beispiele

▶ Die Förderung des dreijährigen Kindes B in einer Kindertagesstätte hat dieses zu beantragen, da der Rechtsanspruch dem Kind zukommt; da es aber geschäftsunfähig ist, muss es vom Personensorgeberechtigten vertreten werden. Hilfe zur Erziehung kann nur der Sorgeberechtigte in Anspruch nehmen.

Leistungen der Kinder- und Jugendhilfe finden sich in den §§ 11, 13, 14, 16, 17, 18, 19, 20, 21, 22, 23, 25, 27-35, 35a, 41 SG VIII, §§ 30 Abs. 2, 55, 56 SGB IX, 9 AdVermG. Zu unterscheiden sind Einzelleistungen und Hilfearten. Hilfearten sind:
1. Eingliederungshilfen für Kinder und Jugendliche (§ 35a SGB VIII),
2. Eingliederungshilfen für junge Volljährige (§§ 41 Abs. 2 i. V. m. § 35a SGB VIII analog),
3. Hilfen zur Erziehung für Personensorgeberechtigte (§§ 27–35 SGB VIII) und
4. Hilfen für junge Volljährige (§ 41 i. V. m. 27 Abs. 3 und 4, 28–30, 33–35 SGB VIII analog).

Jede dieser Hilfearten umfasst unterschiedliche Hilfeformen. Die Auswahl der geeigneten Hilfeform obliegt der Behörde; sie hat Auswahlermessen.[53] Es kann auch eine von den vorgegebenen Formen abweichende Hilfe festgelegt werden; diese Ausnahme ist zu begründen. Die Leistungen werden teilweise ergänzt durch

- Annexleistungen (vorbereitende, begleitende und nachgehende Beratung) und
- wirtschaftliche Hilfen.

---

[53] Nach abweichender Ansicht besteht hingegen kein Ermessen, sondern ein Beurteilungsspielraum, vgl. Hauck/Stähr, SGB VIII § 35a Rn. 37.

Annexleistungen und wirtschaftliche Hilfen werden immer nur im Zusammenhang mit den entsprechenden Leistungen erbracht; eine Unterhaltssicherung als solche ist jugendhilferechtlich nicht vorgesehen.

Die Einzelleistungen (Hilfeformen) werden in ambulante, teilstationäre und stationäre Leistungen unterteilt. Dabei gilt für die Auswahl der Hilfe(n) der Grundsatz: ambulant vor stationär. Diese Unterteilung ist für die Kostenbeteiligung wichtig. Die Leistungen werden im Folgenden nach den jeweiligen Leistungsberechtigten geordnet und inhaltlichen Kontexten entsprechend vorgestellt.

4.3.3.1 Eingliederungshilfen

Die öffentlichen Träger der Jugendhilfe sind Rehabilitationsträger (§ 10 Abs. 4 SGB VIII, § 6 Abs. 1 Nr. 6 SGB IX). Eingliederungshilfen stehen

- noch nicht schulpflichtigen Kindern als Frühfördermaßnahmen oder Komplexleistungen unabhängig von der Form der (drohenden) Behinderung zu (§§ 30 Abs. 2, 55, 56 SGB IX). Maßnahmen der medizinischen Rehabilitation haben die Jugendämter zu gewähren, soweit die Leistung nicht in ärztlicher Verantwortung steht und der Hilfebedarf daher nicht durch die (gesetzlichen) Krankenversicherungsträger gedeckt wird. Zu diesen Leistungen vgl. Kapitel 4.4.2.3.1 und 4.4.2.6.1. Die örtlichen Jugendhilfeträger sind zuständig, sofern nicht das Landesrecht eine andere sachliche Zuständigkeit regelt (§ 10 Abs. 4 Satz 3 SGB VIII);
- Kindern und Jugendlichen mit einer (drohenden) seelischen Behinderung zu, deren Eingliederung in die Gesellschaft gefährdet oder beeinträchtigt ist (§ 35a SGB VIII). Diese Maßnahmen sind Rehabilitationsleistungen zur Teilhabe am Leben in der Gemeinschaft. Die Beeinträchtigung muss nicht i. S. v. § 53 Abs. 1 Satz 1 SGB XII „wesentlich" sein. Geistig und/oder körperlich behinderte Kinder und Jugendliche erhalten hingegen ab Eintritt der Schulpflicht keine jugendhilferechtlichen Leistungen auf Grund ihrer Behinderung mehr;
- jungen Volljährige bis längstens zur Vollendung des 27. Lebensjahres zu, sofern sie (weiterhin) unter seelischen Behinderungen leiden und ihre Eingliederung in die Gesellschaft eine jugendhilferechtliche Leistung möglich machen kann (§ 41 Abs. 2 i. V. m. § 35a SGB VIII analog). Auch diese Leistung ist eine Rehabilitationsleistung zur Teilhabe am Leben in der Gemeinschaft.

Maßnahmen zur Teilhaben am Arbeitsleben werden nur unter den Voraussetzungen der §§ 13, 35a Abs. 4 i. V. m. 27 Abs. 3 Abs. 2 Nr. 1 i. V. m. 13 Abs. 2 SGB VIII analog, §§ 54 Abs. 1 Nr. 4, 56 SGB XII, 41, 42 Abs. 2 Nr. 3 SGB IX gewährt.

4.3.3.1.1 Eingliederungshilfen für Kinder und Jugendliche

Leistungsberechtigt sind Minderjährige, die mit einer seelischen Behinderung oder einer drohenden seelischen Behinderung belastet sind, die ihre soziale Integration zumindest gefährdet. Der Tatbestand der Norm verlangt danach einen medizinischen Befund und eine soziale Folge, die kausal verknüpft sind. Dabei ist zu beachten, dass die Hilfen medizinische Behandlung nur ergänzen können und sollen. Die (sozial)pädagogischen Bemühungen müssen gegenüber der Medizin eigene Voraussetzungen, Ansätze und Ergebnisse zeigen. Die Diagnose einer (drohenden) seelischen Behinderung folgt diagnostisch zwar in der Regel der ICD-10, kann sich aber wegen der Einbeziehung der sozialen Folgen darauf nicht beschränken. In der Praxis stehen im Vordergrund insbesondere:

- kognitive Teilleistungsstörungen (Legasthenie, Dyskalkulie) ohne allgemeine Intelligenzminderung; dabei stehen die seelischen Folgen, die mit der auf Grund der Leistungsbeeinträchtigung gefährdeten schulischen Laufbahn verbunden sind, im Zentrum. Sie führen ggf. durch einen Wechsel des Klassenverbunds und nachfolgenden Risiken für eine weiterführende schulische und berufliche Bildung und Ausbildung zu einer erschwerten Integration ins Berufsleben. Indizien dafür sind Versagensängste und Schulunlust. Krankheitswert haben Schulphobie, Lernverweigerung und soziale Vereinsamung;
- autistische Störungen als komplexe Entwicklungs- und Beziehungsstörungen (F 84), schwere Formen führen aber zu Mehrfachbehinderungen. Bei Beziehungsstörungen sind soziale Fähigkeiten immer beeinträchtigt;
- hyperkinetische Störungen (ADS und ADHS), häufig verbunden mit Distanzstörungen. Mangelnde Konzentrationsfähigkeit, Sprunghaftigkeit, ungeregelte Aktivität und unzureichende Ausdauer sind für das Kind wie die Umgebungspersonen belastend und beeinträchtigen den Bildungserfolg. Häufig führen sie zu gestörten Beziehungen innerhalb der Familie und der Gleichaltrigengruppe;
- Tic-Störungen (F 95);
- Essstörungen (Anorexia nervosa, Bulimia nervosa) (F 50) und nichtorganische Schlafstörungen (F 51) oder Störungen des Tag-/ Nachtrhythmus;
- affektive Störungen, insbesondere Depressionen, im Jugendalter;
- psychotische Störungen. Psychotische Störungen sind im Kindes- und Jugendalter eher selten, treten aber bei Substanzmittelmissbrauch gehäuft auf;
- diverse Verhaltensstörungen, soweit sie nicht auf Erziehungsmängeln beruhen. Liegen sowohl gestörte Verhaltensmuster wie Verhaltensauffälligkeiten auf Grund schwerer Erziehungsmängel und/oder Verwahrlosung vor, kann sowohl Eingliederungshilfe als auch Hilfe zur Erziehung in Betracht kommen (vgl. § 35a Abs. 4 SGB VIII).

Zwar verlangt § 35a Abs. 1 S. 1 Nr. 1 SGB VIII, dass die seelische Gesundheit „länger als sechs Monate von dem für das Lebensalter typischen Zustand abweicht", relativiert diese nicht medizinisch begründete Frist aber in zweifacher Hinsicht: einerseits dadurch, dass die Dauer der Beeinträchtigung nur „mit hoher Wahrscheinlichkeit" erreicht werden muss, andererseits durch die Aufnahme drohender Beeinträchtigung unter die Tatbestandsmerkmale, die deshalb hypothetisch bleiben kann. Es muss daher nicht abgewartet werden, bis eine Mindestfrist verstrichen ist. Hilfe sollte vielmehr zu einem möglichst frühen Zeitpunkt geleistet werden. Die Fristbestimmung betont jedoch, dass die befürchtete oder bereits eingetretene Beeinträchtigung gravierend sein und ohne Hilfeleistung zumindest zu einer mittelfristigen Beeinträchtigung der Teilhabe führen können muss. Die Bedingung, als Zeitgrenze gefasst, bringt daher den Grundsatz der Erforderlichkeit der Hilfe zum Ausdruck. Jede Hilfe muss darüber hinaus eine vernünftige Zweck-Mittel-Relation verwirklichen (Wahrung des Verhältnismäßigkeitsgrundsatzes).

Nach § 35a Abs. 1a SGB VIII ist ein kinder- und jugendpsychiatrisches oder -psychotherapeutisches alternativ ein kinder- und jugendpsychotherapeutisches oder -psychologisches Gutachten unumgänglich. Eine Begutachtung ist nur mit Willen des Personensorgeberechtigten möglich. Zwar spricht der Gesetzgeber statt von einem Gutachten von einer „Stellungnahme". Die vorgeschriebene Qualifizierung, die Klassifikation und deren Begründung setzen die Stellungnahme aber einem Gutachten inhaltlich und in der wissenschaftlichen Tragweite gleich. Das Gutachten ist Bestandteil des behördlichen Verfahrens und kann auch von der Partei beigebracht werden. Ausgeschlossen als Begutachtende sind vorbefasste Personen (vgl. § 35a Abs. 1a S. 4 SGB VIII), nicht aber Gutachter, die bei der Jugendhilfebehörde beschäftigt sind.

Für die Antragstellung auf Eingliederungshilfe müssen Minderjährige vertreten werden; für den Fall, dass Jugendliche bereits das 15. Lebensjahr vollendet haben und somit sozialrechtlich handlungsfähig sind, ist die Einwilligung oder Genehmigung notwendig.[54] Eingliederungshilfen haben immer Auswirkungen auf das elterliche Sorgerecht (Aufenthaltsbestimmung, Aufsichtspflicht, Einwilligung in die Begutachtung als Angelegenheit elterlicher Sorge für die Gesundheit, Pflicht und Recht der Erziehung bzw. Förderung, Beteiligung der Sorge- und Erziehungsberechtigten bei der Hilfeplanung und bei Durchführung der Hilfen) und sind in der Regel mit wirtschaftlichen Hilfen und entsprechendem Regress verbunden, die eine Mitwirkung auch bei der Antragstellung unumgänglich machen.

Auszuwählen ist eine für die Bedarfslage geeignete Hilfeform. Das Gesetz führt unterschiedliche Hilfeformen in einem offenen Katalog auf; die Hilfe kann daher in einer individuell auf den Bedarf zugeschnittenen Form geleistet werden. Genügt jedoch eine im Katalog vorgesehene Hilfeform, ist diese auszuwählen (Vorrang der Kataloghilfen). Für das Hilfespektrum ist die Verweisung auf §§ 53 Abs. 3 und 4 S. 1, 54, 56 und 57 SGB XII unter der Maßgabe relevant, dass die dort aufgeführten Hilfen auch für Kinder und Jugendliche mit seelischen Behinderungen oder für Kinder und Jugendliche, die von seelischen Behinderungen bedroht sind, erforderlich und geeignet sind (vgl. § 35a Abs. 3 SGB VIII). Von diesen Leistungen sind bedeutsam

- Hilfen für eine angemessene schulische und berufliche Bildung oder
- eine angemessene Tätigkeit oder
- Besuchsbeihilfen bei stationärer Aufnahme des Kindes oder des Jugendlichen.

Auch ein persönliches Budget kann eingerichtet werden.

    a)   Hilfen in ambulanter Form (§ 35a Abs. 2 Nr. 1 SGB VIII)

Das Gesetz erwähnt therapeutische Hilfen nicht explizit, dennoch stellen therapeutische Leistungen einen wesentlichen Bestandteil der ambulanten Hilfen dar. Dazu gehören

- lerntherapeutische Maßnahmen,

---

[54] A. A. Hauck/Stähr, SGB VIII § 35a Rn. 8.

- heilpädagogische Angebote, insbesondere Musiktherapie, Maltherapie, Ergotherapie, Reittherapie, sofern der Schwerpunkt auf der pädagogischen Arbeit mit dem Kind oder dem Jugendlichen liegt, oder
- Verhaltenstherapien zur Förderung der sozialen Kompetenz.

Daneben sind praktisch wichtig

- die Gewährung der Begleitung des Kindes durch einen Schul- oder Integrationshelfer,
- die Beratung der Erziehungsberechtigten in Hinsicht auf Fördermöglichkeiten oder
- die Förderung von Selbsthilfepotentialen bei Jugendlichen.

Ambulante Hilfen können auch in Kombination mit teilstationären oder stationären Hilfen gewährt werden.

b) Teilstationäre Leistungen (§ 35a Abs. 2 Nr. 2 SGB VIII)

Als Hilfen kommt die Aufnahme „in Tageseinrichtungen für Kinder oder in anderen teilstationären Einrichtungen" in Betracht. Unter den Tageseinrichtungen für Kinder sind Krippen, Kindertagesstätten und Horte zu verstehen, die allesamt integrativ konzipiert sein müssen. Diese Leistungen sind, anders als die entsprechenden, in § 22 SGB VIII aufgeführten Leistungen, teilstationär, da sie mit wirtschaftlichen Hilfen verbunden sind (vgl. § 39 Abs. 1 SGB VIII). Die Deckung der Kosten für den anteiligen Unterhalt (Beköstigung) und therapeutische Begleitangebote sind damit Bestandteil der Leistung (und Gegenstand der Kostenbeteiligung). Unter die zweite Alternative fällt die heilpädagogische Tagesgruppe (zur Tagesgruppe als teilstationäre Hilfe zur Erziehung vgl. S. 199). Sie ist für ältere Kinder konzipiert, die relativ schwere Beeinträchtigungen haben und daher einen höheren Betreuungsaufwand benötigen als Hortkinder. Die Förderung der schulischen Bildung während der Betreuungszeiten und Elternarbeit sind ergänzende Elemente. Für ältere Jugendliche kommt evtl. die Aufnahme in eine heilpädagogisch ausgerichtete Einrichtung für die Tagesstrukturierung und -gestaltung in Betracht.

c) Stationäre Hilfen

Sind teilstationäre Hilfen auf die Tagesbetreuung begrenzt, umfassen stationäre Hilfen solche über Tag und Nacht. Es gibt sie in drei unterschiedlichen Formen:

1. Aufnahme in den Haushalt einer Pflegeperson (§ 35a Abs. 2 Nr. 3 SGB VIII)

Vollzeitpflege als Eingliederungshilfe bedeutet die Ganztagspflege bei einer vom Jugendhilfeträger ausgewählten Person und setzt entsprechende fachliche Eignung der Pflegeperson, die in der Regel durch berufliche Ausbildung erworben wird, voraus. Sie erfolgt immer innerhalb der Räume, die im Eigentum der Pflegeperson stehen oder die diese angemietet hat. Wohnen Pflegeperson und Pflegekind in trägereigenen oder vom ihm angemieteten Räumlichkeiten, liegt keine Vollzeitpflege, sondern Hilfe in einem Kleinstheim vor. Für die Eignung gibt es Kriterienkataloge. Die ausgewählte Pflegeperson braucht keine Pflegeerlaubnis, da ihre Eignung mit der Auswahl nachgewiesen ist. Die Pflegeperson verpflichtet sich vertraglich zur Umsetzung der entsprechenden Hilfe und hat Auskunftspflichten gegenüber der Behörde sowie Kooperationspflichten gegenüber dem

Sorgeberechtigten. Sie ist erziehungsberechtigt und -verpflichtet und im Rahmen des § 1688 Abs. 1 BGB ausübungsbefugt. Die Pflegeperson hat Kontrollmaßnahmen des ASD und des Pflegekinderdienstes des Jugendamtes zu dulden.

2. Aufnahme in eine Einrichtung über Tag und Nacht (§ 35a Abs. 2 Nr. 4 1. Alt. SGB VIII)

Für schwerwiegend beeinträchtigte Kinder, deren Erziehungsberechtigte überfordert sind oder die keine Erziehungsberechtigten haben, kann die Aufnahme in ein heilpädagogisch ausgerichtetes Kinder- und Jugendheim gewährt werden. Dieses muss eine entsprechende Betriebserlaubnis haben und unterliegt der Aufsicht durch das Landesjugendamt unter Beteiligung des örtlichen Jugendamtes (für die spezifischen Trägerpflichten vgl. § 47 SGB VIII). Für jüngere Kinder kommt diese Leistung in Betracht, wenn die Aufnahme nur relativ kurzfristig notwendig erscheint oder sich keine geeignete Pflegeperson findet; für ältere Kinder und Jugendliche kann diese Hilfeform geeignet sein, wenn die Integration in ein familienähnliches Umfeld schwierig oder entwicklungsbedingt nicht mehr angemessen erscheint.

3. Aufnahme in eine sonstige betreute Wohnform (§ 35a Abs. 2 Nr. 4 2. Alt. SGB VIII)

Sonstige Wohnformen finden sich als ausgegliederte Wohngruppen angebunden an Heime oder rechtlich verselbstständigt. Sie sind altersgemischt auch für jüngere Kinder, im Übrigen für ältere Minderjährige geeignet. Diese werden intensiv durch innewohnende Betreuungspersonen begleitet. Die Struktur ist aber weniger familienadäquat als bei Kleinstheimen. Die Kontrolle sowie die Pflichten sind entsprechend ausgestaltet (§ 48a Abs. 1 SGB VIII). Wohnformen ohne innewohnende Betreuungspersonen sind für Kinder und Jugendliche mit seelischer Behinderung nicht vorgesehen.

Stationäre Hilfen werden durch wirtschaftliche Hilfen flankiert. Sie decken nicht nur den Unterhaltsbedarf des Kindes oder des Jugendlichen, sondern auch anteilige Fixkosten und die anteiligen Kosten der Betreuung (vgl. § 39 Abs. 2 und 4 SGB VIII). Die Sätze richten sich nach den örtlichen Verhältnissen und werden nach dem Alter des Kindes oder Jugendlichen gestaffelt von den sachlich zuständigen Behörden pauschaliert festgesetzt. Ist das Kind oder der Jugendliche nicht krankenversichert (§ 5 Abs. 1 Nr. 5 SGB V greift nicht!), muss unverzüglich eine Anmeldung erfolgen, anderenfalls hat das die Hilfe gewährende Jugendamt auch die Kosten der medizinischen Versorgung (vorläufig) zu tragen (vgl. § 40 SGB VIII).

Bekommt ein Kind oder eine Jugendliche, der stationäre Eingliederungshilfe gewährt wurde, ein Kind nachdem sie aufgenommen worden ist, umfasst die Leistung auch die Unterstützung bei der Pflege und Erziehung des Kindes (§ 35a Abs. 1 S. 3 i. V. m. § 27 Abs. 4 SGB VIII analog) sowie den Unterhalt des Kindes (§ 39 Abs. 7 SGB VIII).

Für ambulante Eingliederungshilfen erfolgt keine Kostenbeteiligung; bei teilstationären Hilfen werden nach §§ 91 Abs. 2 Nr. 3, 92 Abs. 1 Nr. 5 SGB VIII unterhaltspflichtige Elternteile an den Kosten beteiligt, sofern das Kind oder der Jugendliche im elterlichen Haushalt lebt. Die Kostenbeteiligung des Kindes oder Jugendlichen und nachrangig der unterhaltspflichtigen Eltern bei Gewährung stationärer Hilfen (und wirtschaftlicher Hilfen) erfolgt nach §§ 91 Abs. 1 Nr. 6, 92 Abs. 1 Nr. 1 und 5 SGB VIII im Rahmen der Leistungsfähigkeit (vgl. §§ 93, 94 SGB VIII).

4.3.3.1.2 Eingliederungshilfen für junge Volljährige

Eingliederungshilfen können auch zu Gunsten von jungen Volljährigen, die seelisch behindert oder von einer Behinderung bedroht sind, gewährt werden (§ 41 Abs. 2 i. V. m. § 35a Abs. 1 SGB VIII analog). Sie sind als erstmalig gewährte Leistungen in der Praxis relativ selten anzutreffen. Auf Eingliederungshilfe besteht, anders als für Kinder und Jugendliche, kein Rechtsanspruch des Volljährigen; diese Hilfe ist eine Sollleistung. Die medizinischen Indikationen entsprechen denen bei Kindern und Jugendlichen (s. o. S. 190 f.); allerdings spielen Auswirkungen von Suchterkrankungen eine größere Rolle als bei Kindern und Jugendlichen. Das notwendige Gutachten können auch Psychiater, Psychotherapeuten oder Psychologen ohne fachspezifische Ausrichtung auf Kinder und Jugendliche erstellen. Die erforderliche, geeignete und verhältnismäßige Hilfe ist aus dem Katalog der Hilfeformen auszuwählen oder festzulegen. Da Volljährige nicht mehr unter elterliche Sorge stehen, kommt aus dem Katalog

- bei den ambulanten Hilfen statt der Beratung der Erziehungsberechtigten die Beratung der Lebensgemeinschaften in Betracht.
- die Aufnahme in eine tagesstrukturierende Einrichtung (2. Alt.) in Frage. Eine Leistung nach § 35a Abs. 2 Nr. 2 1. Alt. SGB VIII ist ausgeschlossen.

Der weitere Verbleib in einer Pflegefamilie kann nur ermöglicht werden, sofern der nunmehr volljährig Gewordene bis zu diesem Zeitpunkt bei einer Pflegeperson lebte. Daneben bleibt die Aufnahme in eine Einrichtung möglich.

Bekommt die stationär aufgenommene junge Volljährige ein Kind, wird die Hilfe entsprechend erweitert (§§ 27 Abs. 4, 39 Abs. 7 SGB VIII analog); eines weiteren Antrags bedarf es nicht.

Für ambulante Leistungen erfolgt keine Kostenbeteiligung. Wird Hilfe nach § 35a Abs. 2 Nr. 2 SGB VIII analog gewährt, wird der junge Volljährige gemäß §§ 91 Abs. 2 Nr. 4 i. V. m. Nr. 3 2. Alt. SGB VIII aus seinem Einkommen beteiligt. Erhält er eine stationäre Hilfe, erfolgt die Kostenbeteiligung des jungen Volljährigen aus Einkommen und Vermögen auf Grundlage der §§ 91 Abs. 1 Nr. 8 i. V. m. Nr. 6, 92 Abs. 1 Nr. 2, Abs. 1a SGB VIII; nachrangig werden Ehe- oder Lebenspartner nach § 92 Abs. 1 Nr. 4, letztrangig werden unterhaltspflichtige Eltern nach § 92 Abs. 1 Nr. 5 SGB VIII aus deren Einkommen an den Kosten beteiligt. Für die Schongrenzen gelten wiederum §§ 93, 94 SGB VIII.

4.3.3.2 Hilfen zur Erziehung

Hilfen zur Erziehung stehen dem Personensorgeberechtigten zu, nicht den betroffenen Kindern und Jugendlichen. Personensorgeberechtigt sind Elternteile, Eltern, Vormund, Ergänzungspfleger. Liegen die Voraussetzungen vor, besteht ein Rechtsanspruch auf Gewährung von Hilfe zur Erziehung. Die Auswahl der Hilfeform obliegt der Behörde; es besteht daher kein Rechtsanspruch auf eine bestimmte Form der Hilfe.

4 Sozialrechtliche Grundlagen

Voraussetzungen sind das Vorliegen von

- Erziehungsmängeln seitens der Erziehungsberechtigten. Das können die Personensorgeberechtigten oder dritte, erziehungsberechtigte Personen sein, deren Fehlverhalten vom Personensorgeberechtigten nicht verhindert wird. Ob das unzureichende, unzulängliche, fehlerhafte oder überschießende Erziehungsverhalten verschuldet ist oder Unfähigkeit, Krankheit oder Überforderung vorliegen, spielt keine Rolle. Erziehungsmängel können auch gegeben sein, wenn eine kulturelle Einbindung von Migranten nicht gelingt und gravierende Abweichungen zu erzieherischen Grundüberzeugungen der inländischen Gesellschaft auftreten, auch hinsichtlich der Rollenbilder von Mädchen und Jungen, oder die sexuelle Selbstbestimmung von Minderjährigen auf Grund tradierter Gepflogenheiten im Herkunftsland tangiert ist. Entsprechende Angaben müssen offengelegt werden (zu den Mitwirkungspflichten vgl. 4.7.1). Es muss daher eine Sorgepflichtverletzung zumindest wahrscheinlich sein, sei es durch aktives Tun oder durch Unterlassen.

- Erziehungsdefiziten beim Minderjährigen. Diese können sich in Verhaltensauffälligkeiten, Bindungsstörungen, Lernschwierigkeiten, Delinquenz oder selbstschädigendem Verhalten äußern.

Beispiele

➲ Die alleinsorgeberechtigte, leicht lernbehinderte Frau C ist mit der Aufsicht und Erziehung des unruhigen und impulsiven Kindes D überfordert. Der getrenntlebende Kindesvater E kann die Betreuung des Kindes F und den regelmäßigen Schulbesuch nicht sicherstellen. Das Kind G ist adipös, die Eltern sind nicht in der Lage eine gesunde Ernährung anzubieten. Die Eltern des 15-jährigen H haben kaum mehr Einfluss auf den wiederholt straffällig gewordenen Sohn. Die 16-jährige I ist akut magersüchtig. Der Freund der Kindesmutter hat sich wiederholt sexuelle Übergriffe auf deren minderjährige Tochter J zuschulden kommen lassen. Die Mutter des Mädchens J ignoriert das Verhalten. Das Pflegekind K wird von der Pflegeperson vernachlässigt; die alleinsorgeberechtigte Kindesmutter kümmert sich nicht. Der 15 Jahre alte L wird im Internat ständig gemobbt; der Leiter des Internats greift nicht ein. Die Eltern des L sind sich nicht einig, was sie tun sollen. Die 16 Jahre alte M soll gegen ihren Willen die Schule verlassen und heiraten. Der 13 Jahre alte O konsumiert häufig Alkohol und gelegentlich Haschisch. Die dreijährige P schlägt immer wieder ihren Kopf gegen die Wand des Kindesbettes. Die 14 Jahre alte Q ritzt sich und zeigt Leistungseinbrüche in der Schule; deren Eltern halten Schwierigkeiten im Kontakt mit der Tochter für altersentsprechend.

Eine Begutachtung der Erziehungsfähigkeit oder der Auswirkungen auf den Minderjährigen ist nicht vorgeschrieben, aber zulässig, sofern der Sorgeberechtigte einverstanden ist.

Für die Hilfeformen gibt es einen umfangreichen offenen Katalog; die Hilfe wird „insbesondere nach Maßgabe der §§ 28 bis 35 gewährt" (§ 27 Abs. 2 S. 1 SGB VIII). Die konkrete Hilfeform ist von der Behörde auszuwählen oder festzulegen.

4.3.3.2.1 Ambulante erzieherische Hilfen

Ambulante erzieherische Hilfen sind in §§ 27 Abs. 3, 28–31 SGB VIII aufgeführt. Daher gibt es auch bei den Hilfen zur Erziehung:

1. Therapeutische Leistungen, deren Schwerpunkt aber in der pädagogischen Arbeit mit den Betroffenen liegen muss und sich darin von medizinisch ausgerichteten Therapien unterscheidet (vgl. § 27 Abs. 3 S. 1 SGB VIII). In der Praxis stehen familientherapeutische Angebote und integrative Lerntherapien im Vordergrund. Daneben können Gestaltungs- und Ergotherapien, aber auch pädagogisch ausgerichtete Psychotherapien (insbesondere Gesprächstherapien) in Kombination mit (sozial)pädagogischen Hilfen gewährt werden.
2. Gemäß § 27 Abs. 3 S. 2 SGB VIII kommen auch jugendhilfeeigene Ausbildungs- und Beschäftigungsmaßnahmen nach § 13 Abs. 2 SGB VIII analog in Betracht. Das bedeutet, dass solche Angebote nicht nur der Klientel des § 13 Abs. 1 SGB VIII offen stehen, sondern auch Jugendlichen, deren Personensorgeberechtigter Hilfe zur Erziehung erhält.
3. Erziehungsberatung als Kernaufgabe (§ 28 SGB VIII). Dabei sind unterschiedliche Formen der Erziehungsberatung nach den Beratungsschwerpunkten anzutreffen:

   - Beratung zu erzieherischen Problemen, die durch Trennung und Scheidung (mit)verursacht worden sind,
   - Beratung bei das Familienleben betreffenden Problemen (familienstrukturbezogenen Problemen), wobei auch hier die Auswirkungen der Probleme auf die betroffenen Kinder und Jugendliche Beratungsthema sind (eine Ehe- und Partnerberatung ohne Bezug auf erzieherische Probleme ist jugendhilferechtlich nicht vorgesehen),
   - Beratung bei auf einzelne Familienmitglieder bezogenen Problemen mit Auswirkungen auf das Erziehungsverhalten (insbes. bei Suchterkrankungen, psychischen Erkrankungen eines Familienmitglieds, Arbeitsplatzverlust und sozialer Entwurzelung, schulischen Problemen, dominanten Peerbeziehungen, familiärer Gewalt und sexuellem Missbrauch von Minderjährigen).

   Die Beratung erfolgt immer durch fachlich ausgebildete Personen, i. d. R. im multiprofessionellen Team. Die methodische Ausrichtung ist von der spezifischen Problemlage, der sprachlichen Ausdrucksfähigkeit und dem Alter der Betroffenen abhängig; neuerdings gibt es auch Internetberatungsangebote. Bei der Erziehungsberatung können außer dem Personensorgeberechtigten auch Kinder oder Jugendliche, Erziehungsberechtigte und weitere Umgangsberechtigte einbezogen werden.
4. Die soziale Gruppenarbeit (vgl. § 29 SGB VIII) ist für „ältere Kinder und Jugendliche" gedacht (Mindestalter etwa 10 Jahre). Die gruppenpädagogische Arbeit ist auf die Überwindung von Verhaltensauffälligkeiten insbesondere während der Pubertät und im Ablösungsprozess, aber auch bei starker Beeinflussung durch dominante Peergruppen ausgerichtet, bezieht damit gruppendynamische Steuerungen ein. Die Gruppenarbeit ist regelmäßig durchzuführen und auf einen längeren Zeitraum angelegt; sie sollte mit der Beratung der Erziehungsberechtigten einhergehen.

5. Der Erziehungsbeistand gewährleistet eine erzieherische Begleitung des Minderjährigen, die bei einer kindspezifischen Problemlage (schulische Probleme, Suchtproblematik beim Minderjährigen, Delinquenz oder selbstverletzendes Verhalten, soziale Vereinsamung, soziale Abhängigkeiten) angezeigt ist, wenn die familiäre Erziehung gescheitert ist oder zu scheitern droht. Zwar gibt es keine Ausrichtung auf „ältere Kinder und Jugendliche", dennoch ist die Erziehungsbeistandschaft ihrer Aufgabenstellung nach nur für diese geeignet. Die Erziehungsbeistandschaft ist auf längere Sicht angelegt; sie wird sowohl ehrenamtlich als auch professionell übernommen. Für die Realisierung der Aufgaben steht im Wege, dass der Erziehungsbeistand keinerlei Befugnisse hat (kein Fragerecht, kein Akteneinsichts- oder Auskunftsrecht, kein Recht auf Zugang, keine Kontrollbefugnisse). Das unterscheidet den Erziehungsbeistand vom Betreuungshelfer, den es jugendhilferechtlich nicht gibt (die Einbeziehung in § 30 SGB VIII ist daher unzutreffend); dieser kann nur im Rahmen einer jugendstrafrechtlichen Weisung tätig werden.
6. Die sozialpädagogische Familienhilfe nach § 31 SGB VIII ist für Multiproblemfamilien konzipiert, die auf Grund ihrer Probleme bei der Bewältigung der Alltagsaufgaben (Arbeits- oder Beschäftigungssuche, Beantragung von Leistungen, Schuldenbewirtschaftung, faktisch-praktische Pflichten bei der Haushaltung) an der notwendigen erzieherischen Zuwendung gehindert oder damit überfordert sind oder die Minderjährigen unangemessen mit einspannen. Die Fachkraft soll durch die Unterstützung bei der Bewältigung der Alltagsprobleme, durch Beobachtung, Beratung und Anleitung die erzieherischen Kompetenzen der Betroffenen fördern, sofern eine Veränderung zum Positiven realistisch erscheint und das Kindeswohl nicht schwer gefährdet ist. Es ist eine Hilfe zur Selbsthilfe, die damit ein gewisses Maß an Kompetenzen bei der Klientel voraussetzt. Die sozialpädagogische Familienhilfe hat aber auch, anders als die rein pädagogischen Hilfen, praktische Aspekte und ermöglicht die Begleitung und faktische Unterstützung der Klientel, da zeitlich weiterreichende Ressourcen zur Verfügung stehen. Sozialpädagogische Familienhilfe ist auch bei langfristigen strukturellen Problemen des Familiensystems einsetzbar, bedingt aber eine günstige Prognose. Die Hilfe ist immer langfristig angelegt (max. zwei Jahre).
7. Als sozialpädagogische Familienhilfe wird häufig auch eine Unterstützung bezeichnet, die sich im Wesentlichen auf die Beratung vor Ort bei erzieherischen Problemen konzentriert und situative Problemlagen (Verlust eines Familienmitgliedes, akute, besondere Schwierigkeiten des Kindes, Eingliederung nach Migration) bearbeitet. Eine solche Hilfeform ist möglich, da der Katalog der Hilfeformen nicht abschließend ist.

4.3.3.2.2 Teilstationäre erzieherische Hilfen

Teilstationäre Hilfe zur Erziehung gibt es in zwei Formen:
1. als Tagesgruppe (§ 32 S. 1 SGB VIII) und
2. als Tagespflege in einer heilpädagogischen Pflegestelle (§ 32 S. 2 SGB VIII). Letzteres kommt nur ausnahmsweise in Betracht, wenn ein Kind oder ein Jugendlicher zwar in der Herkunftsfamilie verbleiben kann, aber schwere erzieherische Defizite bestehen und keine Tagesgruppe erreichbar ist oder das Kind oder der Jugendliche nicht in eine Tagesgruppe integriert werden kann. Es gibt aber auch die Möglichkeit der Aufnahme in eine Großtagespflegestelle mit entsprechendem methodischem Konzept. Die Tagesgruppe kommt nur für schulpflichtige Kinder und Jugendliche in Betracht. Sie verlangt einen über die Hortbetreuung hinausgehenden erzieherischen Betreuungsbedarf, arbeitet mit gruppenspezifischen Methoden, aber auch einzelkindbezogen. Sie umfasst schulische Förderung in Zusammenarbeit mit der Schule, aber auch therapeutische Angebote und Elternarbeit der Erzieher, die in der Tagesgruppe arbeiten. Als teilstationäre Leistung ist die pädagogische Hilfe mit wirtschaftlichen Hilfen verbunden (§ 39 Abs. 1 SGB VIII), die den Unterhaltsbedarf einschließlich der Kosten der Erziehung und der schulischen Förderung decken.

4.3.3.2.3 Stationäre erzieherische Hilfen

Das Spektrum der stationären Hilfen zur Erziehung ist breiter als das der stationären Eingliederungshilfen. Jede stationäre Hilfe setzt voraus, dass das Wohl des Kindes in der Herkunftsfamilie schwer gefährdet ist, das Kind oder der Jugendliche daher nicht bei der Herkunftsfamilie oder bei den bisher Erziehungsberechtigten verbleiben kann. Die Aufnahme setzt aber eine entsprechende Aufenthaltsbestimmung des Sorgeberechtigten voraus, ist also gegen dessen Willen (anders als die Inobhutnahme, dazu vgl. Kapitel 4.3.4.3) nicht durchführbar. Es kann
1. Vollzeitpflege in einer Pflegefamilie gewährt werden (§ 33 S. 1 SGB VIII). Vollzeitpflege meint die pflegerische Betreuung, Beaufsichtigung und Erziehung des Kindes oder des Jugendlichen über Tag und Nacht als Kurzzeitpflege, als Wochentagspflege oder Dauerpflege. Einbezogen werden durch § 27 Abs. 2a SGB VIII auch Verwandtenpflegestellen oder die Aufnahme des Kindes durch den Vormund des Kindes. Die Pflegeperson oder die Pflegefamilie muss erzieherisch geeignet und die räumlichen Verhältnisse müssen angemessen sein. Eine berufliche Vor- oder Ausbildung ist jedoch nicht notwendig. Die persönlichen und sächlichen Voraussetzungen für die Aufnahme eines Pflegekindes sind durch die nach Landesrecht zuständige Behörde festgelegt; die Kontrolle der Pflegestelle erfolgt über den Pflegekinderdienst.
2. Bei Aufnahme in eine heilpädagogische Sonderpflegestelle (§ 33 S. 2 SGB VIII) ist hingegen eine einschlägige berufliche Bildung der Pflegeperson unumgänglich, damit sie den gesteigerten Anforderungen bei der Betreuung und Erziehung des Kindes oder des Jugendlichen gewachsen ist und hinreichend fördern kann. Pflegepersonen sind auf Grund der Vereinbarung mit dem Personensorgeberechtigten erziehungsberechtigt und -verpflichtet und ausübungsbefugt. Ihre Position wird nach der Rechtsprechung des BVerfG über Art. 6 Abs. 1 GG grundrechtlich für die Dauer der Pflege geschützt. Ihre

Rechte setzen sich aber nicht gegenüber dem Elternrecht der Herkunftseltern (Art. 6 Abs. 2 GG) durch. Über § 37 Abs. 1 SGB VIII sind Pflegepersonen gehalten mit dem örtlichen Jugendamt und dem Personensorgeberechtigten zusammenzuarbeiten, da auch die stationären Hilfen als zeitlich begrenzte Unterstützung des Sorgeberechtigten angelegt sind. Ziel ist i. d. R. die Rückführung des Kindes oder des Jugendlichen.
3. Steht keine Pflegefamilie zur Verfügung oder geht es um die Hilfe zu Gunsten eines älteren Jugendlichen, ist die Aufnahme in eine Einrichtung die geeignete Maßnahme (§ 34 S. 1 1. Alt. SGB VIII). Heime gibt es in unterschiedlichen Größen und mit ausdifferenzierten Konzepten; die Kosten können erheblich abweichen. Bei der Wahl der entsprechenden Einrichtung sind auch auf die räumliche Entfernung zum gewöhnlichen Aufenthalt der Umgangsberechtigten, die Erreichbarkeit, die Anforderung der schulischen und beruflichen Bildungswege, besondere Stärken und Schwächen des Minderjährigen im Hinblick auf das pädagogische Profil der Einrichtung, die personelle und sächliche Ausstattung und nicht zuletzt die anfallenden Kosten zu berücksichtigen. Der notwendige Standard ist über die Leistungs- und Entgeltvereinbarungen abgesichert.
4. Alternativ steht die betreute Wohnform mit dort wohnenden Erziehern zur Verfügung.

Die Hilfe nach § 34 SGB VIII wird ergänzt durch (externe) therapeutische Angebote und einen Beratungsanspruch von Jugendlichen über Fragen der Ausbildung, Beschäftigung und selbstständige Lebensführung (Satz 3).

Nur für ältere Jugendliche kommt die betreute Wohnform nach § 35 SGB VIII in Betracht; dabei erfolgt die erzieherische Begleitung extern. Diese Hilfe dient der unterstützten Verselbstständigung, insbesondere bei Vorbelastungen durch Straftaten, Prostitution und sozialer Deprivation.

Im Katalog nicht vorgesehen, aber auch nicht ausgeschlossen, ist die Aufnahme in ein Internat als stationäre Leistung. Dies stellt eine stationäre Leistung i. S d. § 91 Abs. 1 Nr. 5 d) SGB VIII dar.

Ambulante Leistungen werden ohne Kostenbeteiligung erbracht. Für die teilstationären Leistungen erfolgt die Heranziehung unterhaltspflichtiger Eltern auf der Grundlage von §§ 91 Abs. 2 Nr. 3, 92 Abs. 1 Nr. 5 SGB VIII aus deren Einkommen, wenn sie mit dem Kind oder dem Jugendlichen zusammenleben. Bei stationärer Hilfe wird das Einkommen des Minderjährigen und nachrangig seiner unterhaltspflichtigen Eltern über §§ 91 Abs. 1 Nr. 5 a) bis d), 92 Abs. 1 Nr. 1 und 5 SGB VIIII herangezogen. Die Bemessungsgrenzen halten die §§ 93, 94 SGB VIII fest.

4.3.3.3 Hilfen für junge Volljährige

Zur Persönlichkeitsentwicklung und zu Unterstützung eigenverantwortlicher Lebensführung sieht § 41 Abs. 1 SGB VIII bei entwicklungsverzögerten jungen Volljährigen als Sollleistung entsprechende Hilfen vor. Die Hilfe wird in der Regel nur bis zur Vollendung des 21. Lebensjahres gewährt, kann aber unter Umständen darüber hinaus fortgesetzt werden. Sie endet jedenfalls mit dem 27. Geburtstag; die Verselbstständigung kann danach nur noch durch nachgehende Beratung abgefedert werden (§ 41 Abs. 3 SGB VIII).

Von den ambulanten Hilfen ist neben therapeutischen Angeboten und der Leistung nach § 13 Abs. 2 SGB VIII analog die Beratung in Hinsicht auf die den Hilfebedarf auslösenden Faktoren (§ 28 SGB VIII analog), die soziale Gruppenarbeit (§ 29 SGB VIII analog) und die Gewährung eines Einzelfallhelfers (§ 30 SGB VIII analog) vorgesehen. Teilstationäre Leistungen gibt es nicht, von den vollstationären kommt die Vollzeitpflege nur dann in Betracht, wenn der weitere Verbleib in der Pflegefamilie nunmehr über die Hilfe für junge Volljährige ermöglicht werden soll.

Der junge Volljährige hat den Antrag selbst zu stellen, nur in Ausnahmefällen kann ein Betreuer tätig werden. §§ 39, 40 SGB VIII gelten analog.

4.3.3.4 Annexleistungen/Hilfeplanung

Die Leistungen zur Eingliederungshilfe, die Hilfen zur Erziehung und für junge Volljährige sind immer mit einer vorbereitenden und begleitenden Hilfeplanung und speziellen Beratungen verbunden. Bei der Vorbereitung von Hilfen zur Erziehung ist auch das engere soziale Umfeld des Kindes oder Jugendlichen einzubeziehen (§ 27 Abs. 2 S. 2 2. HS SGB VIII). Darüber hinaus sind bei der Hilfeplanung ggf. Sachverständige (Ärzte, Psychologen, Psychotherapeuten, andere Therapeuten) sowie Vertreter der freien Träger, die in die Erbringung der Hilfe einbezogen sind, oder selbstständige Dienstleister und ein Vertreter der Arbeitsgemeinschaft für Koordination, ggf. der Vertreter der Jugendgerichtshilfe einzubeziehen. Bei den verschiedenen Formen der Vollzeitpflege hat die Pflegeperson flankierend Beratungsansprüche gegenüber dem Träger der Jugendhilfe (vgl. § 37 Abs. 1 S. 3 und 4, Abs. 2 SGB VIII); die Herkunftseltern werden auf Grundlage von § 37 Abs. 1 S. 2–4 SGB VIII beraten. Die Kooperation der Beteiligten untereinander und mit dem Jugendamt sowie die flankierende Beratung sind im Hilfeplan zu dokumentieren (§ 37 Abs. 2a SGB VIII).

Nach Auswahl der Hilfe ist in regelmäßigen Hilfeplankonferenzen mit allen notwendigen Beteiligten der Erfolg der Hilfe zu prüfen und ggf. der Hilfeplan zu ändern. Es ist

- eine Situationsbewertung vorzunehmen,
- das Veränderungspotential zu bewerten und
- die notwendige Mitwirkung der Beteiligten zu klären.

Es können eine weitere oder eine andere Hilfeform derselben Hilfeart ausgewählt, durch erneute Antragstellung Hilfe zur Erziehung und Eingliederungshilfe für Kinder und Jugendliche mit seelischer Behinderung kombiniert oder auch die Hilfe für junge Volljährige mit Eingliederungshilfe für seelisch behinderte junge Volljährige ergänzt werden. Sind die Beteiligten, insbesondere auch das Kind oder der Jugendliche, nicht kooperationswillig und ist die Hilfe daher erfolglos, ist sie unverzüglich zu beenden. Das ist den Betroffenen vorher mitzuteilen.

Die Ablehnung eines Antrags, die Auswahl der Hilfe und deren Beendigung unterliegen verwaltungsgerichtlicher Kontrolle.

4.3.3.5 Förderung von Kindern in Tageeinrichtungen und in Tagespflege

Der Dritte Abschnitt des SGB VIII regelt die Leistungen Förderung von Kindern in Tageseinrichtungen und Tagespflege. Einen Rechtsanspruch auf die Aufnahme in einer Einrichtung zur Förderung nicht schulpflichtiger Kinder haben diese mit Vollendung des 1. Lebensjahres (vgl. § 24 Abs. 2 und 3 SGB VIII). Die Aufnahme in eine Kinderkrippe für Kinder unter einem Jahr oder eine ergänzende schulische Betreuung (z. B. Horte) stellt eine Sollleistung dar, die der Sorgeberechtigte des Kindes in Anspruch nehmen kann (vgl. § 24 Abs. 1 und 4 SGB VIII). Die Eltern werden über das Leistungsspektrum und die vorhandenen Einrichtungen informiert (vgl. § 24 Abs. 5 SGB VIII). Die pädagogischen Ziele der Tageseinrichtungen sind in §§ 22 Abs. 2 und 3, 22a Abs. 2–4 SGB VIII ausdrücklich im Gesetz beschrieben. Der Appell (in § 22a Abs. 4 SGB VIII) behinderte und nicht behinderte Kinder gemeinsam zu fördern, ist landesrechtlich weitgehend umgesetzt. Allerdings gibt es in den wenigsten Bundesländern einen Rechtsanspruch auf eine gemeinsame (inklusive) Betreuung behinderter mit nicht behinderten Kindern.

Alternativ kommt für Kinder unter drei Jahren die Tagespflege in Betracht. Die Tagespflegeperson bedarf einer Genehmigung und muss die in §§ 23 Abs. 3, 43 Abs. 2 SGB VIII genannten Kriterien erfüllen. Diese Regelungen greifen bei nur gelegentlicher oder zeitlich kurz befristeter Betreuung eines oder mehrerer Kinder nicht (vgl. § 43 Abs. 1 SGB VIII). Nicht erfasst wird auch die Betreuung des Kindes im elterlichen Haushalt. Tagespflegepersonen haben Anspruch auf Beratung und Weiterqualifizierung durch das Jugendamt (§§ 23 Abs. 1 und 4 S. 1, 43 Abs. 4 SGB VIII). Hat das Jugendamt die Tagespflegeperson ausgewählt, hat diese Anspruch auf laufende Geldleistungen (vgl. § 23 Abs. 1–3 SGB VIII).

Für genannte Leistungen werden Kostenbeiträge erhoben; Rechtsgrundlage ist § 90 Abs. 1 Nr. 3 SGB VIII; die Höhe regelt das jeweilige Landesrecht. Ist die Belastung nicht zumutbar, kann der Kostenbeitrag ganz oder teilweise erlassen werden. Wird das Kind in eine von einem freien Träger getragene Einrichtung aufgenommen, fallen entsprechende Teilnahmebeiträge an. Diese kann das Jugendamt auf Antrag teilweise oder ganz übernehmen (vgl. § 90 Abs. 2 SGB VIII). Kostenschuldner sind das Kind und seine unterhaltspflichtigen Eltern. Für die Berechnung der Zumutbarkeit vgl. § 90 Abs. 4 S. 1 SGB VIII mit Weiterverweisen.

4.3.3.6 Förderung der Erziehung in der Familie

Der zweite Abschnitt des SGB VIII fasst höchst unterschiedliche Beratungen und sonstige Dienstleistungen zusammen, die verbindet, dass sie das persönliche Wohl junger Menschen und die Rechte der Betroffenen sichern sollen.

4.3.3.6.1 Leistungen nach §§ 16 und 17 SGB VIII

§ 16 Abs. 2 SGB VIII nennt mehrere primär präventive Leistungen. Im Vordergrund steht die Beratung in allgemeinen Fragen der Erziehung und Entwicklung junger Menschen. Diese ist nicht problembezogen, sondern eine Einstiegsberatung mit weitgehend informativem Charakter (§ 16 Abs. 2 Nr. 2 SGB VIII).

Darüber hinaus sind in § 16 SGB VIII aufgeführt:

- Familienbildungsangebote (Abs. 2 Nr. 1), eine Domäne der freien Träger, die aber eine spezifische pädagogische Ausrichtung haben und auf das Zusammenleben mit Kindern, auf die Bewältigung von Konflikten in der Familie, auf Selbst- und Nachbarschaftshilfe vorbereiten und die Teilnehmenden befähigen sollen, ihre erzieherische Verantwortung bewusst und kompetent wahrzunehmen;
- Familienfreizeit und -erholungsmaßnahmen (Abs. 2 Nr. 3); dabei liegt die Betonung auf „Familie", d. h. die Angebote kommen (nur) Elternteil und Kind gemeinsam zugute. Eine Entlastung erfolgt durch erzieherische Betreuung der Kinder durch Fachkräfte;
- sog. Frühe Hilfen, die sich an zukünftige Elternteile richten und i. d. R. durch besonders dafür ausgebildete Hebammen abgesichert werden. Es sollen rechtzeitig Gefährdungspotentiale erkannt und gebannt werden (Abs. 3).

§ 17 SGB VIII verbindet primär- und sekundärpräventive Beratungsangebote. Diese können nur von Elternpaaren in Anspruch genommen werden. Dazu gehört die Beratung:

- für ein partnerschaftliches Zusammenleben in der Familie (Abs. 1 Nr. 1); diese ist keine Paarberatung, sondern strebt mit Hilfe vorbeugender Hinweise ein konfliktfreies Zusammenleben der um Beratung Nachsuchenden mit Kind oder Kindern an.
- zur Bewältigung von Konflikten und Krisen in der Familie (Abs. 1 Nr. 2); diese bestehen bereits und die Beratung will daher auf der Grenze zur Mediation versuchen, die Kräfte der Beteiligten zu steuern, damit diese die Konflikte und Krisen beilegen und künftig vermeiden lernen.
- im Fall der Trennung oder Scheidung (Abs. 1 Nr. 3); sie erfolgt, wenn die Strategie zur Konfliktbewältigung versagt oder die Beteiligten erst nach Beendigung der Paarbeziehung zur Beratung kommen. Dann ist es Aufgabe dieser Beratung, den Blick auf die Auswirkungen für das Kind zu öffnen und Beziehungsabbrüche vermeiden zu helfen. Nur gemeinsam sorgeberechtigte Eltern werden über die Wahrnehmung der Elternverantwortung nach Trennung beraten.

Besteht eine gemeinsame Sorge kann die Trennung Anlass für eine familiengerichtliche Sorgerechtsregelung werden (vgl. S. 81). Die Beratung soll wegen der Bindungswirkung einer einvernehmlichen Regelung die Kindperspektive absichern und eine kindeswohlgerechte Regelung herbeiführen.

4.3.3.6.2 Beratungen auf Grundlage des § 18 SGB VIII

§ 18 SGB VIII beinhaltet die Grundlagen für Rechtsberatung seitens des Jugendamtes und stellt damit eine Ausnahme vom Rechtsberatungsmonopol rechtsberatender Berufe dar. Diese Ausnahme ist aber eng zu sehen; daher besteht nicht die Möglichkeit für alle einschlägigen Rechtsfragen den Rechtsrat des Jugendamtes einzuholen. Einen Rechtsanspruch auf Beratung haben:

- Mütter oder (festgestellte) Väter je allein über die Voraussetzungen und die Folgen der Abgabe von Sorgeerklärungen und die Übertragung gemeinsamer Sorge seitens des Familiengerichts (Abs. 2, vgl. S. 80);

- alleinsorgeberechtigte Mütter oder Väter in Hinsicht auf Fragen der Personensorge und in Hinsicht auf die Durchsetzung von Kindesunterhaltsansprüchen und eigener Ansprüche gegen den anderen Elternteil auf Grundlage von § 1615l BGB;
- Umgangsregelungsberechtigte hinsichtlich einer kindeswohlgerechten Regelung (Abs. 3 S. 2);
- der aus § 1686 BGB Berechtigte bei Getrenntleben ; das schließt auch das Recht auf Vermittlung des Jugendamtes ein, wenn der andere Elternteil aus seiner Sicht keine oder unzureichende Angaben macht (Abs. 3 S. 4);
- Antragsberechtige aus § 1712 BGB über die Möglichkeit, eine Beistandschaft beantragen zu können. Nur als Beistand kann das Jugendamt den Elternteil „unterstützen", das heißt an Stelle des Elternteils handeln;
- nichtsorgeberechtigte, aber erziehungsberechtigte Väter über die Wahrnehmung der tatsächlichen Personensorge und erzieherische Fragen (Abs. 1);
- Kinder und Jugendliche über ihr Umgangsrecht in Bezug auf die Eltern (Abs. 3 S. 1 1. Alt.). Eine Unterstützung in Form einer Umgangsanbahnung oder -begleitung ist auf Initiative des Kindes nicht möglich. Eine entsprechende Umgangsbegleitung kann das Familiengericht anordnen, im Einzelfall auch der Sorgeberechtigte vereinbaren (vgl. Abs. 3 S. 4 2. Alt.). Die „Unterstützung" nach Abs. 3 S. 2, dass die (anderen) Umgangsberechtigten davon zum Wohl des Kindes Gebrauch machen, ist kein Recht(sanspruch) des Minderjährigen, vielmehr eine leitende Verpflichtung des Jugendamtes und wird durch die Mitwirkungspflichten in Verfahren nach § 1684 BGB (vgl. § 50 Abs. 1 SGB VIII, § 162 FamFG) realisiert;
- Obhutsberechtigte darüber, wie im Einzelnen die Umsetzung einer Umgangsregelung kindeswohlgerecht möglich ist (Abs. 3 S. 3);
- ein noch nicht 21 Jahre alter Volljähriger, der nicht mehr im elterlichen Haushalt lebt, auf Beratung im Hinblick auf seinen Unterhaltsanspruch (Abs. 4).

Nicht sorgeberechtigte Umgangsberechtigte sind darauf hinzuweisen, im Umgang mit dem Kind dessen Wohl in erster Linie zu berücksichtigen (ausgestaltet als Recht des Umgangsberechtigten; vgl. Abs. 3 S. 3).

4.3.3.6.3 Gemeinsame Wohnformen für Mütter/Väter und Kinder (§ 19 SGB VIII)

Die Leistung steht Müttern oder Vätern offen; eine gemeinsame Aufnahme der Elternteile scheidet aus. Die Leistung kommt auch für Schwangere in Betracht, die psychisch unter erheblichem Druck stehen. Die Aufnahme dient in diesen Fällen der Entlastung der Schwangeren und ihrer Vorbereitung auf die erzieherische Verantwortung. Davon abgesehen muss ein Hilfebedarf bei der Betreuung eines unter sechs Jahre alten Kindes bestehen. Dabei geht nicht darum, die Pflege und Betreuung abzunehmen, vielmehr die Betreffenden zu einer kindeswohlgerechten Wahrnehmung ihrer Erziehungsverantwortung anzuleiten und Optionen zu erarbeiten, wie eine Eingliederung in die Arbeitswelt mit den Aufgaben als Elternteil verbunden werden kann. Es gibt daher keine präzise Altersobergrenze, jedoch sind Personen, deren Defizite nicht entwicklungsbedingt sind und daher nicht mittelfristig ausgeglichen werden können, nicht einbezogen.

Zur Klientel gehören vornehmlich minderjährige Mütter; deren Personensorgeberechtigter muss bei der Antragstellung mitwirken. Sie haben nicht allein für ein Kind zu sorgen, da dieses unter Vormundschaft steht. Dennoch wird mit erweiternder Auslegung der Tatbestandsmerkmale besonders diese Personengruppe aufgenommen. Ältere Geschwister des Kindes können mit aufgenommen werden, sofern der Elternteil Alleinsorgerecht hat. Dies ist eine Verengung der Voraussetzungen. Als Sollleistung besteht kein klagbarer Anspruch auf die Leistung; auch die wirtschaftlichen Hilfen werden nur als Sollleistung gewährt (vgl. Abs. 3).

Die gemeinsame Wohnform nach § 19 SGB VIII darf nicht mit einem Frauenhaus verwechselt werden; die Aufnahme und die Kostentragung erfolgen dort auf Grundlage der SGB II und XII.

Als stationäre Leistung erfolgt die Kostenbeteiligung vorrangig des die Hilfe nachsuchenden Elternteils, nachrangig des Ehegatten oder Lebenspartners des Elternteils. Auch unterhaltsverpflichtete Eltern können letztrangig in den wie für Hilfen für junge Volljährige üblichen Bemessungsgrenzen nach §§ 91 Abs. 1 Nr. 2, 92 Abs. 1 Nr. 3 und 4 und 5, Abs. 1a SGB VIII an den Kosten beteiligt werden.

4.3.3.6.4 Betreuung und Versorgung des Kindes in Notsituationen (§ 20 SGB VIII)

§ 20 SGB VIII ist eine stationäre Hilfe, die im elterlichen Haushalt des Kindes erbracht wird. Voraussetzung ist, dass die Pflege und Betreuung des Kindes von einem Elternteil übernommen worden ist, dieser ausfällt, jedoch keine Leistung nach § 38 SGB V (Haushaltshilfe) gewährt wird. Ist der andere Elternteil in der Lage die Lücke zu füllen oder kann das Kind von Angehörigen, in Tagespflege oder in einer Tageseinrichtung ausreichend betreut werden, ist die Leistung ausgeschlossen. Sie umfasst kindbezogene, aber auch Haushaltsaufgaben. Fällt der Alleinsorgeberechtigte oder fallen zeitgleich beide sorgeberechtigte Eltern aus, kann die Leistung dennoch nur gewährt werden, wenn noch ein Antrag gestellt werden kann. Anderenfalls kommt nur eine Inobhutnahme in der Sonderform der Pflege und Betreuung im elterlichen Haushalt in Frage.

Zwar werden keine flankierenden wirtschaftlichen Leistungen erbracht, dennoch erfolgt die Kostenbeteiligung wie bei stationären Hilfen nach §§ 91 Abs. 1 Nr. 3, 92 Abs. 1 Nr. 1, nachrangig Nr. 5 SGB VIII.

4.3.3.6.5 Aufgaben in Zusammenhang mit der Erfüllung der Schulpflicht (§ 21 SGB VIII)

Sorgeberechtigte, die beruflich zu ständigem Ortswechsel gezwungen sind und daher den regelmäßigen Schulbesuch der schulpflichtigen Kinder nicht gewährleisten können, haben Anspruch auf Beratung. Eventuell können die Kosten einer Unterbringung in Pflege oder einem Internat bis zum Ende der Schulbesuchszeit (zur Erlangung der allgemeinen Hochschulreife oder zur Erfüllung der Berufsschulpflicht bis maximal zur Vollendung des 21. Lebensjahres) übernommen werden.

4.3.3.7 Sonstige Leistungen

Von erheblicher praktischer Bedeutung und eine Domäne der freien Träger sind die Jugendarbeitsangebote nach § 11 SGB VIII. Auf diese besteht seitens der Minderjährigen kein Rechtsanspruch; der Gesetzestext ist insoweit berichtigend auszulegen. Ziel ist immer die sozialverhaltensbezogene Entwicklung der Persönlichkeit des Minderjährigen.

Alle Jugendarbeitsangebote können von der Erbringung von Teilnahmebeiträgen abhängig gemacht werden. Dies gilt auch die Jugendberatung als Angebot nach § 11 Abs. 3 Nr. 6 SGB VIII; sie ist damit die einzige Beratung, die mit Kosten für den Beratenen verbunden ist.

Bedeutsam ist die sozialpädagogische Unterstützung besonders benachteiligter junger Menschen – nicht nur Minderjähriger – zur Förderung ihrer schulischen und beruflichen Ausbildung mit dem Ziel der Eingliederung in die Gesellschaft und sozialer Integration insbesondere von Migranten. Teilweise ist die Förderung durch die Bundesarbeitsverwaltung von der sozialpädagogischen Begleitung der Fördermaßnahme im Rahmen des § 13 Abs. 1 SGB VIII abhängig. Für den gleichen Personenkreis gibt es, subsidiär nach Abs. 2 die Möglichkeit, als Kann-Leistung jugendhilferechtliche Maßnahmen in Form von jugendhilfeeigenen Ausbildungs- und Beschäftigungsangeboten vorzusehen. Darunter fallen berufsvorbereitende Maßnahmen. Nur die Aufnahme in eine Wohnform zur weiteren Unterstützung des Bildungsweges ist kostenpflichtig (vgl. §§ 91 Abs. 1 Nr. 1, 92 Nr. 1 alt. Nr. 2, nachrangig Nr. 4, letztrangig Nr. 5 SGB VIII).

Schulische Förderung von Schülern mit sonderpädagogischem Förderbedarf regelt hingegen das jeweilige Landesrecht. Ergänzend kommt Schulsozialarbeit in Betracht. Mangels anderweitiger Verortung im Gesetz wird auch für die Schulsozialarbeit § 13 Abs. 1 SGB VIII als Rechtsgrundlage herangezogen, teilweise in Kombination mit § 11 SGB VIII. Das Angebotsspektrum in der Schulsozialarbeit ist breit; dazu gehören neben Unterrichtsbegleitung und Gewährleistung der Aufsicht Kursangebote, Durchführung von Projekten, Mediation und Ausbildung von Schülermediatoren, Hilfe bei der Hausaufgabenbewältigung, Arbeit mit Geschwistern von gewaltbereiten jungen Menschen, Mitarbeit in schulischen Gremien und Elternarbeit. Außer Schulsozialarbeit gibt es Unterstützungsmöglichkeiten für Schüler seitens Schulhelfern und externem Fachpersonal für therapeutische Hilfestellungen, Schulwegbegleitung und ergänzende Betreuung nach den Schulgesetzen der Länder sowie ergänzenden Bestimmungen. Diese werden teilweise auch als jugendhilferechtliche Eingliederungshilfe nach §§ 35a Abs. 2 Nr. 1 oder 27 Abs. 3 SGB VIII und § 12 Nr. 1 Eingliederungshilfeverordnung i. V. m. § 54 SGB XII erbracht.

In diesen Zusammenhang gehört auch der erzieherische Kinder- und Jugendschutz nach § 14 SGB VIII, der eine gewisse praktische Bedeutung als Primärprävention in Hinsicht auf Substanzmittelmissbräuche, aber auch für die seitens der Jugendlichen stark unterschätzten Gefahren sozialer Netzwerke hat. Er richtet sich mit seinen Informationsangeboten nicht nur an die jungen Menschen, sondern auch an Erziehungsberechtigte und -verpflichtete.

4.3.3.8 Leistungen nach AdVermG

Werden Vermittlungsbemühungen für ein Kind oder einen Jugendlichen aufgenommen, entstehen für die - häufig in der Hand des Jugendhilfeträgers liegenden – Vermittlungsstellen etliche Beratungs- und Begleitungsaufgaben sowohl für die Herkunftseltern als auch für die Adoptionsbewerber (§ 9 AdVermG). An das behördliche Vermittlungsverfahren schließt sich i. d. R. das gerichtliche Adoptionsverfahren an.

 Übungsaufgaben

1. Das dreijährige, stark entwicklungsbeeinträchtigte Kind A wird in eine Kindertagestätte aufgenommen. Auf welcher Rechtsgrundlage erfolgt die Aufnahme? Wer ist leistungsberechtigt? Wer stellt den Antrag?
2. Stellen Sie die Unterschiede zwischen der Leistung nach § 22 SGB VIII und der Leistung nach § 35a Abs. 2 Nr. 2 1. Alt. SGB VIII dar!
3. Das neun Jahre alte Kind B zeigt autistische Störungen. Die Sorgeberechtigten beantragen Eingliederungshilfe. Das Autismuszentrum bietet ein Gruppentraining an. Auf welcher Rechtsgrundlage könnte das Jugendamt eine entsprechende Hilfe gewähren?
4. Das 18 Monate alte Kind C lächelt nicht und ist wenig aktiv. Die alleinsorgeberechtigte Mutter ist unsicher und wendet sich an das Jugendamt. Ist eine Begutachtung des Kindes erforderlich? Kann diese auch gegen den Willen der Mutter erfolgen?
5. Die fünf Jahre alte D bleibt regelmäßig abends und Teile der Nacht allein in der Wohnung, während die Mutter und ihr Lebensgefährte in der Kneipe sitzen; sie kommen oft erheblich angetrunken zurück. Meistens schläft sie, die Nachbarn haben das Kind aber auch schon anhaltend schreien hören. Hat das Jugendamt Hilfe anzubieten?
6. Die Mutter der zwölfjährigen E erfährt, dass der Stiefvater das Kind bereits mehrfach sexuell belästigt hat, und beobachtet Ängste beim Kind; eine Strafanzeige lehnt sie ab, fragt aber beim Jugendamt um Hilfe nach. Welche Leistungen kommen in Betracht?
7. Die Mutter des Kindes F hat eine mittelschwere geistige Behinderung und ist mit der Pflege, Erziehung und Förderung des Kindes F überfordert. Sie steht unter Betreuung. Wer kann Hilfe beantragen? Welche Hilfeart und welche Hilfeform kommen in Betracht?
8. Das Kind G ist tagsüber in einer Tagespflegestelle. Welche Rechte und Pflichten hat die Tagespflegeperson?
9. Was unterscheidet die Tagespflege von einer Vollzeitpflege? Nach welchen Vorschriften erfolgt die Kostenbeteiligung bei Tagespflege? Gibt es auch eine heilpädagogische Tagespflege?
10. Zu Gunsten des Kindes H ist der Sorgeberechtigten stationäre Hilfe in einer Einrichtung gewährt worden. Die Mutter und der Vater des Kindes werden als Gäste mit in die Einrichtung aufgenommen; es soll geklärt werden, ob eine Rückführung des Kindes in Betracht kommt. Liegt eine Hilfe nach § 19 SGB VIII vor? Muss das Jugendamt die Kosten der Aufnahme der Familie bestreiten?

11. Die Mutter des zwei Jahre alten Kindes I ist drogenabhängig und aidskrank, das Kind ist in Vollzeitpflege. Die Pflegeeltern wollen das Kind adoptieren. Welche Beratungsansprüche haben sie als Pflegepersonen/nach Aufnahme des Adoptionsvermittlungsverfahrens? Nennen Sie die Rechtsgrundlagen!
12. Der 14 Jahre alte J ist bereits dreimal von der Polizei beim Sprayen aufgegriffen worden; derzeit läuft ein Ermittlungsverfahren wegen Fahrens ohne Fahrerlaubnis. Er hat das Moped seines älteren Bruders benutzt. Ist den Eltern ein Antrag auf Hilfe zu empfehlen? Welche Hilfe könnte in Betracht kommen?
13. Die 16 Jahre alte K ist magersüchtig. Die alleinsorgeberechtigte Mutter ist ratlos und wendet sich an das Jugendamt. Steht eine geeignete Hilfe zur Verfügung?
14. L ist seit zwei Jahren volljährig und nunmehr aus dem Jugendstrafvollzug entlassen; er hat keinerlei Kontakt mit der Familie mehr, hat zwar eine Ausbildung begonnen, aber nicht abgeschlossen, und fühlt sich überfordert sein Leben selbstständig zu meistern. Welche Hilfeart und welche Hilfeformen kommen in Betracht? Ist auch bei einem volljährigen Antragsteller eine Hilfeplanung erforderlich?
15. Wer hat welche Ansprüche auf Beratung in Hinsicht auf den Umgang des Minderjährigen mit einem getrennt lebenden Elternteil/ Großeltern/ einem volljährigen Geschwister des Kindes und einem gleichaltrigen Freund, mit dem der Kontakt untersagt worden ist. Nennen Sie jeweils die Rechtsgrundlage!
16. Kann ein Mann, der ein Kind gezeugt hat, in Bezug auf die Vaterschaftsfeststellung/ in Bezug auf seine Unterhaltspflichten nach Vaterschaftsfeststellung beraten werden?
17. M und N leben in nichtehelicher Lebensgemeinschaft mit dem Kind O. Welche Voraussetzungen hat eine Beratung nach § 17 Abs. 1 Nr. 3/ § 17 Abs. 2 SGB VIII?

4.3.4 Andere Aufgaben

Zu den anderen Aufgaben der Kinder- und Jugendhilfeträger gehört die Pflicht zur Mitwirkung in familiengerichtlichen Verfahren. Sie ist jugendhilferechtlich in den §§ 50 Abs. 1, 51 SGB VIII geregelt. Die Mitwirkung wird ergänzt um die Pflicht zur Mitwirkung in Strafverfahren gegen Jugendliche und Heranwachsende nach Jugendstrafrecht auf Grundlage des § 52 SGB VIII und der §§ 38, 50 Abs. 3 JGG

Von den sonstigen anderen Aufgaben sind besonders bedeutsam die Prüfung des Gefährdungsrisikos von Kindern und Jugendlichen und die damit im Zusammenhang stehende Pflicht zur Inobhutnahme.

4.3.4.1 Gefährdungsprognose (§ 8a Abs. 1–3 SGB VIII)

Werden dem Jugendamt durch Beobachtung oder Mitteilung seitens Dritter Indizien bekannt, die auf eine Gefährdung schließen lassen, hat es diese zu gewichten und bei nicht nur geringfügiger Beeinträchtigung des Kindeswohls Maßnahmen einzuleiten. Solche Anhaltspunkte können (nach den Empfehlungen des Landesjugendamtes Bayern) u. a. sein:

- nicht plausibel erklärbare sichtbare Verletzungen (auch Selbstverletzungen),
- körperliche oder seelische Krankheitssymptome (z. B. einnässen, Ängste, Zwangshandlungen),
- unzureichende Flüssigkeits- oder Nahrungszufuhr,
- fehlende, aber notwendige ärztliche Vorsorge und Behandlung,
- Zuführung von die Gesundheit gefährdender Substanzen,
- mangelnde Aufsicht,
- Hygienemängel (z. B. Körperpflege, Kleidung),
- unbekannter Aufenthalt (z. B. Weglaufen, Streunen),
- unentschuldigte Schulversäumnisse oder fortgesetztes unentschuldigtes Fernbleiben von der Tageseinrichtung,
- Gewalttätigkeiten in der Familie,
- sexuelle Übergriffe auf das Kind oder den Jugendlichen,
- psychisch kranke oder körperlich oder geistig beeinträchtigte Erziehungsberechtigte,
- finanzielle Notlage,
- desolate Wohnsituation (z. B. Vermüllung, Wohnfläche, Obdachlosigkeit),
- traumatisierende Lebensereignisse (z. B. Verlust eines Angehörigen) oder
- desorientierendes soziales Milieu bzw. desorientierende soziale Abhängigkeiten.

Erhält das Jugendamt – auch anonym – entsprechende Hinweise, muss es sich, ggf. vor Ort, ein Bild machen (§ 8a Abs. 1 S. 2 SGB VIII). Die erste Phase ist neben dem Augenschein die Einladung der Erziehungsberechtigten zum Gespräch, um die Situation zu klären. Dabei erweist sich dann deren Mitwirkungsbereitschaft und -fähigkeit. An der Bereitschaft fehlt es, wenn eine solche Einladung ignoriert, der Zutritt verweigert oder explizit eine Zusammenarbeit mit dem Jugendamt verweigert wird. An der Mitwirkungsfähigkeit kann man zweifeln, wenn

- die Problemeinsicht fehlt,
- grundsätzlich keine Bereitschaft besteht, Hilfe anzunehmen oder
- bisherige Unterstützungsversuche und Hilfeleistungen erfolglos geblieben sind.

Fehlt die Bereitschaft oder Mitwirkungsfähigkeit und sind die Anhaltspunkte gewichtig, ist das Familiengericht zu benachrichtigen (Abs. 2 S. 1 2. HS). Anderenfalls ist die angetroffene Situation im Zusammenwirken mit den Verantwortlichen zu bewerten und Hilfe anzubieten.

Ist eine Hilfe im Ergebnis nicht erforderlich, kann das zwei Gründe haben: Entweder war die Gefährdungssituation punktuell und die Sachlage hat sich zwischenzeitlich geändert oder die Gewichtigkeit wurde überschätzt.

Bestehen Unsicherheiten, ist es u. U. notwendig, weitere Informationen zu beschaffen. Gemäß § 62 Abs. 3 Nr. 2d SGB VIII ist das Jugendamt berechtigt Informationen „ohne Mitwirkung des Betroffenen" (des Personensorgeberechtigten, des Erziehungsberechtigten, des Kindes oder Jugendlichen) zu erheben, wenn andernfalls die Erfüllung des Schutzauftrags nach § 8a SGB VIII gefährdet wäre.

Als dritter Schritt ist zu klären, ob ggf. Hilfe angenommen, d. h. beantragt wird, oder ob das Familiengericht nunmehr informiert werden muss. Im Notfall hat das Jugendamt selbstständig die zuständige Polizeibehörde zu informieren.

Besteht die Gefährdungssituation, obwohl das Kind oder der Jugendliche stationäre Hilfe erfährt, ist ggf. unverzüglich auf eine Aufenthaltsänderung seitens des Sorgeberechtigten hinzuwirken.

Kommen alle voranstehenden Maßnahmen zu spät um einer akuten Gefahr zu begegnen, ist das Kind in Obhut zu nehmen (s. Kapitel 4.3.4.3).

Das Jugendamt hat darüber hinaus durch Vereinbarungen mit den Trägern sicherzustellen, dass ein entsprechender Klärungsprozess durch die Mitarbeiter des freien Trägers abläuft, wenn in der Arbeit mit dem Kind oder den Erziehungsberechtigten im Jugendhilfekontext ein entsprechender Verdacht aufkommt (§ 8a Abs. 4 SGB VIII). Zur Unterstützung bei der Umsetzung der Vereinbarungen bestehen Beratungsansprüche einerseits des Trägers, andererseits der betroffenen Mitarbeiter nach § 8b SGB VIII.

4.3.4.2 Gefährdungsprognose nach dem KKG

Das Jugendamt hat nicht nur Jugendhilfeträger auf die Aufgaben des Kindesschutzes zu verpflichten, sondern auch mit zahlreichen weiteren Berufsträgern, die in Ausübung ihres Berufes mit Kindern, Jugendlichen und den Erziehungsverantwortlichen zu tun haben, entsprechende Vereinbarungen zu schließen. Grundlage der Verpflichtung ist in diesen Fällen § 3 KKG. Auch im Übrigen schweigepflichtige Berufsgeheimnisträger (vgl. § 4 Abs. 1 KKG) dürfen bei Vorliegen des Verdachts auf Gefährdung des Wohl eines Kindes oder Jugendlichen das Jugendamt und ggf. das Familiengericht informieren, sofern die Belehrung über jugendhilferechtliche Rechte des Sorgeberechtigten von diesen nicht angenommen wird oder eine Gefahr für das Kind oder den Jugendlichen besteht (vgl. § 4 Abs. 3 KKG). Im Vorfeld dieser Informationsweitergabe haben die Angehörigen der entsprechenden Berufsgruppen einen Beratungsanspruch gegenüber dem Jugendamt (§ 4 Abs. 2 KKG).

4.3.4.3 Inobhutnahme (§ 42 SGB VIII)

Die Inobhutnahme sichert das Wohl von Minderjährigen, deren Wohl gefährdet ist, durch eine vorübergehende Aufnahme bei einer geeigneten Pflegeperson oder in einer jugendhilferechtlich genehmigten Einrichtung. Zur Inobhutnahme ist das Jugendamt in Krisenfällen verpflichtet. Diese bestehen dann, wenn (§ 42 Abs. 1 SGB VIII)

1. ein Kind oder Jugendlicher um Inobhutnahme bittet; auch in diesem Fall muss die Gefährdung seines Wohls nach den Angaben möglich sein. Diese Bitte kann auch in der elterlichen Wohnung ausgesprochen werden; Zwangsbefugnisse gegenüber der Inobhutnahme widersprechenden Eltern hat das Jugendamt nicht;
2. eine dringliche Gefahr vorliegt, d. h. wenn sich die Gefährdung bereits in einem Schaden verfestigt hat oder ein solcher unmittelbar bevorsteht und das Kind oder der Jugendliche in der konkreten Situation nicht beim Erziehungsberechtigten belassen werden kann;
3. ein Kind in eine Babyklappe gelegt wurde oder als Findelkind angetroffen wurde, auch dann, wenn dafür gesorgt ist, dass kein Schaden eintritt;
4. ein unbegleiteter Minderjähriger ohne deutsche Staatsangehörigkeit im Inland angetroffen wird.

Die Inobhutnahme ist ein begünstigender Verwaltungsakt mit Drittwirkung. Das Aufenthaltsbestimmungsrecht des Personensorgeberechtigten ruht während der Dauer der Inobhutnahme. Das Jugendamt ist überdies nach § 42 Abs. 2 S. 4 SGB VIII befugt alle notwendigen Rechtshandlungen zum Wohl des Kindes vorzunehmen. Es kann auch notwendige Unterlagen und Sachen für das Kind vom Sorgeberechtigten herausverlangen. Aufsichtspflichten, Pflege und erzieherische Betreuung treffen hingegen die Pflegeperson oder den Erzieher in der Einrichtung. Das Jugendamt hat den Unterhalt des Kindes oder Jugendlichen, einschließlich der Kosten der Erziehung, sicherzustellen; die anfallenden Kosten sind höher als bei stationären Hilfen.

Es hat die Sorge- und ggf. Erziehungsberechtigten umgehend von der Inobhutnahme zu unterrichten, u. U. ohne Angaben zum Ort, an dem das Kind oder der Jugendliche verweilt. Diesem ist Gelegenheit zu geben eine Person des Vertrauens zu benachrichtigen. Damit sollen Vermisstenanzeigen und dem Verdacht der Kindesentziehung vorgebeugt werden.

Widerspricht der Sorgeberechtigte der Inobhutnahme, hat das Jugendamt das Kind oder den Jugendlichen unverzüglich zu übergeben, wenn keine weitere Gefahr bei Rückkehr des Kindes oder des Jugendlichen droht. Der Sorgeberechtigte hat das Kind abzuholen. Anderenfalls ist die Herausgabe zu verweigern und spätestens jetzt das Familiengericht zu informieren (vgl. Abs. 3). Rechtsgrundlage des nachfolgenden Eilverfahrens ist § 1666 BGB, bei bestehender Vormundschaft §§ 1837 Abs. 4 i. V. m. 1666 BGB analog.

Eine Entscheidung des Gerichts ist auch dann herbeizuführen, wenn nicht widersprochen, aber auch kein Antrag auf Hilfe gestellt wird.

Das Gericht ist zudem auch anzurufen, wenn die Sorgeberechtigten nicht erreicht werden (keine Meldeadresse oder falsche Angaben des Kindes oder Jugendlichen; Verweigerung aller Angaben und Auskünfte, Nichterreichbarkeit am gewöhnlichen Aufenthaltsort); da das Jugendamt keine polizeilichen Ermittlungspflichten hat.

Ohne große praktische Bedeutung ist die Möglichkeit der freiheitsentziehenden Inobhutnahme (§ 42 Abs. 5 SGB VIII). Sie endet immer mit Ablauf des auf die Freiheitsentziehung folgenden Tages. Eine längerfristige Freiheitsentziehung kann familiengerichtlich genehmigt werden, aber nicht auf Grundlage von § 42 SGB VIII, sondern nur über § 1631b BGB oder auf Antrag der für die öffentlich-rechtliche Unterbringung zuständigen Landesbehörde nach Landesunterbringungsrecht. Die Rechtmäßigkeit der (freiheitsentziehenden) Inobhutnahme ist verwaltungsgerichtlich zu prüfen (keine Freiheitsentziehungssache im Sinne des 7. Buches FamFG).

Die Inobhutnahme endet mit Herausgabe des Kindes an den Sorgeberechtigten, ggf. nach Bestellung eines Vormunds an diesen.

An den Kosten der Inobhutnahme werden vorrangig das Kind oder der Jugendliche, nachrangig die unterhaltspflichtigen Eltern nach §§ 91 Abs.1 Nr. 7, 92 Abs. 1 Nr. 1 und 5 SGB VIII aus dem Einkommen beteiligt.

Übungsaufgaben

1. Das fünf Jahre alte Kind P ist schulpflichtig, aber nicht angemeldet worden. Muss das Jugendamt tätig werden, wenn es davon erfährt?
2. Auf Grund eines anonymen Anrufs besteht der Verdacht, dass das Kind Q vernachlässigt und eingesperrt wird. Muss das Jugendamt dem Hinweis nachgehen?
3. Der vier Jahre R besucht einen Kindergarten der Caritas. Die Gruppenleiterin sieht wiederholt blaue Flecke an den Armen des Kindes. Was muss sie tun?
4. Die elf Jahre alte S ist wiederholt nicht zur Schule gekommen; es besteht der Verdacht, dass sie die jüngeren Geschwister beaufsichtigen und den Haushalt führen muss. Die Eltern lehnen einen Hausbesuch ab. Kann das Jugendamt einen Hausbesuch durchsetzen?
5. Die 14 Jahre alte T kommt zum Jugendamt und bittet um Inobhutnahme. Sie habe die altmodischen Vorstellungen der Eltern von Pflicht und Ordnung gründlich satt. Was wird der Mitarbeiter tun?
6. U ist Flüchtling; er behauptet minderjährig zu sein und allein ins Inland gekommen zu sein. Muss er in Obhut genommen werden? Darf sein Alter durch ärztliches Gutachten gegen seinen Willen geklärt werden? Was passiert, wenn der Gutachter mit an Sicherheit grenzender Wahrscheinlichkeit von Volljährigkeit ausgeht?
7. Der ca. 15 Jahre alte V ist von der Polizei aufgegriffen worden; er hat versucht ein Auto zu knacken. Da er keine Angaben macht, wird er zum Jugendamt gebracht. Er will sofort wieder gehen. Kann das verhindert werden?
8. Welche Pflichten gegenüber den Sorgeberechtigten und dem Minderjährigen bestehen nach Inobhutnahme? Kann die Inobhutnahme auch durch einen freien Träger erfolgen? Kann der Minderjährige zum Zweck der Inobhutnahme in eine Einrichtung eines freien Trägers aufgenommen werden? Was passiert, wenn der Sorgeberechtigte nicht erreichbar ist?
9. Wer wird an den Kosten der Inobhutnahme beteiligt?
10. Ist eine freiheitsentziehende Inobhutnahme familiengerichtlich zu genehmigen?

4.4 Recht der Rehabilitation und Teilhabe behinderter Menschen

Das Recht der Rehabilitation und Teilhabe behinderter Menschen als Teil des Sozialrechts (§§ 10, 29 SGB I) ist im SGB IX geregelt. Es stellt eine Umsetzung des Art. 3 Abs. 3 S. 2 GG dar und soll dazu beitragen, dass Menschen mit Behinderung selbstbestimmt und gleichberechtigt am Leben der Gesellschaft teilhaben können, Benachteiligungen vermieden werden bzw. diesen entgegengewirkt wird.

Das Gesetz, welches zum 1.7.2001 in Kraft getreten ist, hat seine Vorläufer in zwei Gesetzen: dem Rehabilitations-Angleichungsgesetz (RehaAnglG) und dem Schwerbehindertengesetz (SchwbG). Das RehaAnglG war ein erster Versuch, die rehabilitationsrechtlich relevanten Rechtsgrundlagen zu harmonisieren. Das SchwbG hatte die Eingliederung schwerbehinderter Menschen in Arbeit, Beruf und Gesellschaft zum Ziel.

Bei der Schaffung des SGB IX ging es auch um die Frage, ob Rehabilitationsleistungen in einem eigenen Sozialleistungszweig zusammengefasst werden sollten, für die ein eigenständiger Leistungsträger zuständig ist, oder ob das in verschiedenen Sozialleistungszweigen gegliederte Leistungsrecht für Menschen mit Behinderungen beibehalten, aber koordiniert und verbessert gestaltet werden sollte. Der Gesetzgeber hat sich für letzteren Weg entschieden. Das Recht der Rehabilitation und Teilhabe für behinderte Menschen ist daher sehr komplex und unübersichtlich ausgestaltet, was das Verständnis dieser Leistungen und des Leistungssystems oftmals erschwert.

Gleichwohl stellt das SGB IX einen Paradigmenwechsel in der Politik und im Recht für Menschen mit Behinderungen dar. Während lange Zeit der Gedanke der Fürsorge und der bevormundenden Hilfe das Recht bestimmte, setzt das SGB IX auf Selbstbestimmung, Chancengleichheit und gleichberechtigte Teilhabe. Deutlich wird diese Zielsetzung in § 1 des SGB IX.

Das Gesetz wird durch das BGG und das AGG ergänzt (s. o. Kapitel 1.5). Besondere Bedeutung für die Anwendung und Auslegung des SGB IX hat die UN-Behindertenrechtskonvention (s. o. Kapitel 1.4.1). Hinsichtlich der Zielrichtung und der gesetzlichen Vorgaben greift es viele der dort genannten Rechte auf; gleichwohl stellt sich die praktische Umsetzung nicht immer so dar, wie der Gesetzgeber es vorgesehen hat.

4.4.1 Einführung in das SGB IX

Das SGB IX vereint das Rehabilitations- und das Schwerbehindertenrecht in zwei sehr unterschiedlichen Teilen. Während das Schwerbehindertenrecht ein mehr oder weniger in sich geschlossenes System darstellt, ist das Rehabilitationsrecht weniger übersichtlich und kann nicht ohne die verschiedenen Leistungsgesetze gelesen werden. Das Gesetz lässt sich mit seinen wesentlichen Inhalten so darstellen:

Übersicht 22

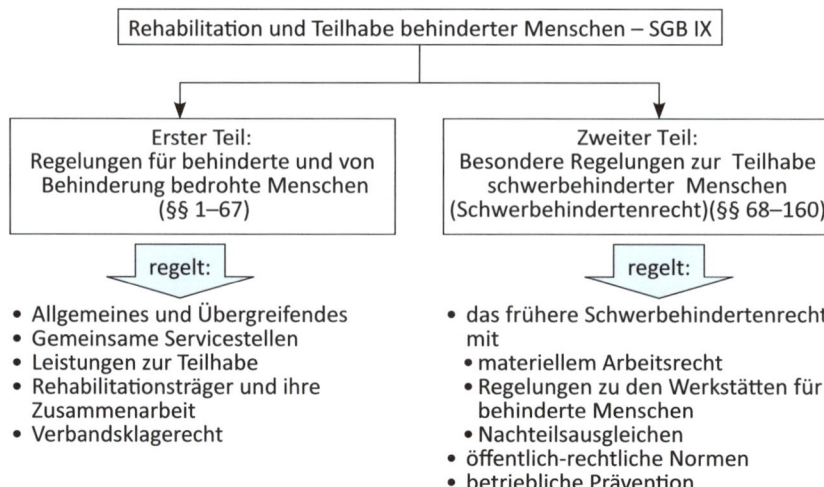

Der erste Teil des Gesetzes enthält für alle Rehabilitationsträger einheitlich geltende Vorschriften über Art und Umfang der Teilhabeleistungen, allerdings nur insoweit, wie die speziellen Leistungsgesetze keine eigenen Regelungen dazu treffen. Die Vorschriften stellen grundsätzlich für sich allein keine eigenen Anspruchsgrundlagen dar. Der zweite Teil enthält eigene Rechtsansprüche auf Sozialleistungen und arbeitsrechtliche Regelungen.

4.4.1.1 Systematische Stellung des SGB IX

Das SGB IX ist in verschiedenen Kontexten zu lesen und bezieht hieraus seine Bedeutung. Es soll rechtliche Vorgaben umsetzen, die insbesondere aus dem

- Grundgesetz (Art. 3 Abs. 3 S. 2 GG) folgen. Dies betrifft v. a. das verfassungsrechtliche Benachteiligungsverbot, die soziale Gleichstellung für Menschen, die in ihrer sozialen Teilhabe und damit in den Voraussetzungen, ihre Grundrechte wahrzunehmen, beeinträchtigt sind, sowie die Berücksichtigung der Belange von Menschen mit Behinderung bei der Gestaltung von Lebensbereichen durch den Staat.

- EU-Recht folgen. Es wird damit das Diskriminierungsverbot (Art. 19 AEUV und die Diskriminierungsrichtlinien vgl. Kapitel 1.3.3) umgesetzt. Das Diskriminierungsverbot findet sich ausdrücklich auch in § 33c SGB I und in § 19a SGB IV wieder.

- Völkerrecht und hier insbesondere aus der UN-Behindertenrechtskonvention folgen. Das SGB IX sieht eine Vielzahl von Rechten vor, die sich auch in der UN-Behindertenrechtskonvention finden, und ist damit ein rechtliches Mittel zur Umsetzung dieser Konvention (vgl. Kapitel 1.4.1).

Nicht zuletzt steht das SGB IX auch in einem sozialpolitischen Kontext, welcher im Zusammenhang mit den Gleichstellungsgesetzen des Bundes und der Länder das Ziel verfolgt, Menschen mit Behinderungen selbstbestimmte und gleichgestellte

Teilhabe zu ermöglichen. Das steht in einem Spannungsverhältnis zu den sozialpolitischen Reformen in den Versicherungszweigen und im Recht der Fürsorge wegen der oft sinkenden finanziellen Mittel, die in diesen Bereichen zur Verfügung stehen.

4.4.1.2 Der Begriff der Behinderung

Das SGB IX definiert in § 2 Abs. 1 den Begriff der Behinderung, der für alle Rehabilitationsträger und ihre Leistungsgesetze gilt: „Menschen sind behindert, wenn ihre körperliche Funktion, geistige Fähigkeit oder seelische Gesundheit mit hoher Wahrscheinlichkeit länger als sechs Monate von dem für das Lebensalter typischen Zustand abweichen und daher ihre Teilhabe am Leben in der Gesellschaft beeinträchtigt ist. Sie sind von Behinderung bedroht, wenn die Beeinträchtigung zu erwarten ist."

Diese Definition knüpft an die internationale Diskussion an, die im Rahmen der Weltgesundheitsorganisation (WHO) geführt wird. Sie stellt nicht mehr den medizinischen – defizitorientierten – Aspekt einer Behinderung heraus, sondern verknüpft diesen mit einer Teilhabebeeinträchtigung und gewichtet damit den sozialen Aspekt stärker. Die Teilhabebeeinträchtigung muss nicht in allen Lebensbereichen auftreten, sondern kann auch nur einzelne Bereiche – z. B. Kommunikation, Mobilität, Selbstversorgung, Bildung, Arbeit, häusliches Leben, Gemeinschaftsleben – betreffen. Der Begriff ist dreigliedrig:

- regelwidriger Zustand,
- Funktionsbeeinträchtigung,
- Auswirkung auf die Teilhabe.

Zwischen dem regelwidrigen Zustand, der Funktionsbeeinträchtigung und der Teilhabebeeinträchtigung muss ein Zusammenhang bestehen. Regelwidriger (vom Lebensalter) abweichender Zustand und die Funktionsbeeinträchtigung über mindestens sechs Monate werden medizinisch bestimmt, die Teilhabebeeinträchtigung dagegen nach soziologischen oder pädagogischen Maßstäben.

Was ein vom Lebensalter abweichender Zustand ist, ist relativ schwierig zu bestimmen. Das kalendarische und das biologische Alter können auseinanderfallen, jeder Mensch altert anders; Lebenswandel und Lebensumstände beeinflussen den Alterungsprozess. Im früheren Schwerbehindertenrecht wurden Beeinträchtigungen als altersbedingt angesehen, die für das Alter als typisch galten und deshalb, von wenigen Ausnahmen abgesehen, die überwiegende Mehrzahl der jeweiligen Altersgenossen betrafen. Hierzu gehören z. B. die allgemeine Verminderung der körperlichen Leistungsfähigkeit, das Nachlassen des Gedächtnisses, der geistigen Beweglichkeit und der Seh- und Hörfähigkeit. Ob das heute immer noch so gilt, ist eher zweifelhaft. In jedem Fall muss eine individuelle Entscheidung getroffen werden. Die altersbedingte Abweichung ist v. a. bei Kleinkindern oft schwer feststellbar, da diese immer einen höheren Betreuungsbedarf haben.

Auch drohende Behinderungen werden vom Behinderungsbegriff erfasst. Eine Behinderung droht dann, wenn eine Funktionsstörung und eine daraus folgende Beeinträchtigung der Teilhabe zu erwarten ist.

In der UN-Behindertenrechtskonvention wird auf den medizinischen Aspekt der Behinderung weitestgehend verzichtet; hier ist der soziale Aspekt ausschlaggebend (vgl. Kapitel 1.4.1.1).

Der Begriff der Behinderung ist zu unterscheiden von:
1. dem Grad der Behinderung (GdB)
   Dieser bezieht sich auf die Auswirkungen einer Behinderung auf die Teilhabe am Leben in der Gesellschaft (in allen Lebensbereichen), § 69 Abs. 1 S. 3 SGB IX. Im Entschädigungsrecht heißt dies „Grad der Schädigungsfolgen" – GdS (§ 30 Abs. 1 BVG).
2. der Schwerbehinderung
   Die Schwerbehinderung ist in § 2 Abs. 2 SGB IX definiert und setzt einen GdB von mindestens 50 sowie einen Wohnsitz, einen gewöhnlichen Aufenthalt oder einen Arbeitsplatz im Geltungsbereich des SGB voraus.
3. der Erwerbsminderung
   Die Definition der Erwerbsminderung findet sich in § 43 SGB VI. Sie liegt bei demjenigen vor, der weniger als 3 Stunden (volle Erwerbsminderung) bzw. 6 Stunden (teilweise Erwerbsminderung) täglich unter den allgemeinen Bedingungen des Arbeitsmarktes tätig sein kann. Sie hat mit dem GdB nichts zu tun, da auch Menschen mit einem GdB von 100 voll erwerbsfähig sein können.
4. der Minderung der Erwerbsfähigkeit (MdE)
   Der Begriff stammt aus dem Unfallversicherungsrecht und erfasst Versicherte, deren Erwerbsfähigkeit infolge eines Versicherungsfalles (Arbeitsunfall oder Berufskrankheit) über die 26. Woche hinaus wenigstens 20 Prozent gemindert ist (§ 56 SGB VII).

4.4.1.3 Das gegliederte System der Rehabilitation

Das SGB IX fasst das Recht der Rehabilitation und Teilhabe zwar zusammen, bringt allerdings keine Vereinheitlichung der Leistungen und keinen einheitlichen Leistungsträger. Das führt dazu, dass i. d. R. Leistungen zur Teilhabe von unterschiedlichen Leistungsträgern nach deren jeweiligen Leistungsgesetzen erbracht werden. Dies schafft eine große Unübersichtlichkeit und Komplexität des ganzen Systems, denen der Gesetzgeber mit mehreren Regelungen entgegentreten wollte. Diese Regelungen gelten für alle Leistungsträger:

1. Die Beratung und Unterstützung in den Gemeinsamen Servicestellen (§§ 22 ff. SGB IX): Diese Stellen, die in allen Landkreisen und kreisfreien Städten angesiedelt sind[55], sollen Menschen mit Behinderungen über ihre Rechte wirksam informieren und beraten und bei der Durchsetzung dieser Rechte helfen. Ihre einzelnen Aufgaben ergeben sich aus § 22 SGB IX.
2. Die Zuständigkeitsklärung, wie sie § 14 SGB IX vorschreibt. Diese soll sicherstellen, dass notwendige Leistungen auch dann zeitnah beginnen, wenn die endgültige Klärung erst zu einem späteren Zeitpunkt möglich ist. Das Verfahren lässt sich vereinfacht so darstellen:

---

[55] Eine Liste aller Gemeinsamen Servicestellen unter www.reha-servicestellen.de.

Übersicht 23

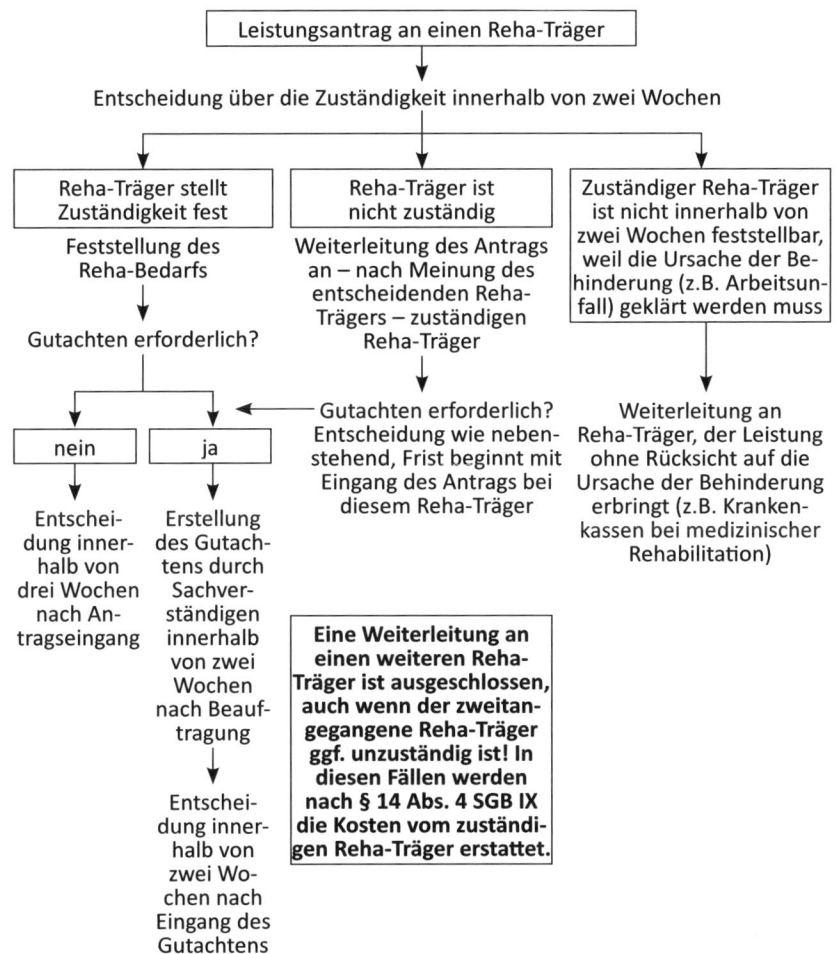

Versäumt der ggf. unzuständige Reha-Träger die unverzügliche Weiterleitung innerhalb von zwei Wochen, muss er die Leistung erbringen, ohne dass er die Kosten vom eigentlich zuständigen Reha-Träger erstattet bekommt.

§ 14 SGB IX ist eine Regelung, um das Verfahren bei der Entscheidung über einen Reha-Antrag zu beschleunigen. Sie vermittelt keinen Anspruch auf eine Leistung, wenn der Antragsteller gar nicht leistungsberechtigt ist. Auch der unzuständige Reha-Träger muss, wenn er die Leistung erbringt, dann ggf. die jeweiligen Vorschriften des zuständigen Reha-Trägers berücksichtigen. Er darf sich nicht darauf berufen, dass die begehrten Leistungen gar nicht zu seinem Leistungskatalog gehören, sondern muss die Leistungen ggf. nach dem „fremden" Leistungsrecht erbringen.

3. die Erstattung selbst beschaffter Leistungen. § 15 SGB IX eröffnet dem Leistungsberechtigten die Möglichkeit, sich die Leistung selbst zu beschaffen und vom Reha-Träger die Aufwendungen erstattet zu bekommen, wenn

ENTWEDER

a. der Reha-Träger nicht innerhalb der Fristen, die § 14 SGB IX vorgibt, entschieden hat und er seine Unfähigkeit zur fristgemäßen Entscheidung unter Darlegung der Gründe dem Leistungsberechtigten nicht mitgeteilt hat bzw. die Gründe nicht zureichend sind. In diesen Fällen muss der Leistungsberechtigte dem Reha-Träger eine angemessene Frist zur Entscheidung setzen und erklären, dass er sich nach Ablauf der Frist die Leistung selbst beschafft.

ODER

b. der Reha-Träger eine unaufschiebbare (z. B. lebensnotwendige, existenzsichernde, vor einem akuten Rückfall schützende) Leistung nicht rechtzeitig erbringt oder eine Leistung zu Unrecht abgelehnt hat.

In diesen Fällen bekommt der Berechtigte die Kosten bzw. die Aufwendungen erstattet.

4. die Verpflichtung der Reha-Träger zu koordinieren und zusammenzuarbeiten (§§ 10–12 SGB IX). Die Koordinierung soll dann erfolgen, wenn Leistungen verschiedener Leistungsgruppen erbracht werden oder verschiedene Reha-Träger für die Leistungen zuständig sind. Die Zusammenarbeit soll gewährleisten, dass die Leistungen zügig, nahtlos sowie nach Gegenstand, Umfang und Ausführung einheitlich erbracht und Abgrenzungsfragen einvernehmlich geklärt werden. Dafür sollen auch Gemeinsame Empfehlungen erarbeitet werden.

Beispiele

➲ Gemeinsame Empfehlungen der BAR über die Zuständigkeitserklärung nach § 14 SGB IX, über die nahtlose, zügige und einheitliche Erbringung von Leistungen zur Teilhabe oder über einen nach § 13 Abs. 2 Nr. 3 SGB IX notwendigen Teilhabeplan.

5. das Wunsch- und Wahlrecht, welches speziell für Reha-Leistungen in § 9 SGB IX geregelt ist. Danach muss bei der Entscheidung über die Leistungen und bei der Ausführung der Leistungen zur Teilhabe berechtigten Wünschen der Leistungsberechtigten entsprochen werden. Dabei wird auch auf die persönliche Lebenssituation, das Alter, das Geschlecht, die Familie sowie die religiösen und weltanschaulichen Bedürfnisse des Leistungsberechtigten Rücksicht genommen. Berechtigt ist ein Wunsch dann, wenn er geeignet ist, den rehabilitationsrechtlichen Bedarf zu decken, und dadurch den gesetzlichen Zweck fördert, allerdings nur im Rahmen des geltenden Leistungsrechts.

Beispiel 1

➡ Herr A arbeitet als Erzieher und benötigt aufgrund einer Bandscheibenerkrankung eine Anschlussheilbehandlung in einer Reha-Klinik. Er beantragt beim zuständigen Reha-Träger eine entsprechende Rehabilitation in einer Klinik in S, da er dort von vorangegangenen Aufenthalten die Ärzte und das Betreuungspersonal gut kennt und die dortige Rehabilitation am besten zur Wiederherstellung seiner Erwerbsfähigkeit führt. Allerdings hat der Reha-Träger mit der Klinik in S keinen Belegungsvertrag geschlossen und bewilligt stattdessen Herrn A eine Rehabilitation in der Klinik in K, mit der ein Vertrag besteht und die vergleichbare Leistungen anbietet. Auch wenn sich A auf sein Wunsch- und Wahlrecht beruft, um die Maßnahme in S bewilligt zu bekommen, wird diesem hier nicht nachgekommen, weil der Wunsch nicht berechtigt ist. Er bewegt sich nicht im Rahmen des geltenden Leistungsrechts, da der Reha-Träger (hier z. B. die Rentenversicherung) nur Leistungen in Einrichtungen bewilligt, die entweder von ihm selbst betrieben werden oder mit denen ein Vertrag nach § 21 SGB IX geschlossen wurde (§ 15 Abs. 2 S. 1 SGB VI).[56]

Beispiel 2

➡ Der sechsjährige K leidet an einer autistischen Störung. Er besucht einen integrativen Kindergarten und soll eingeschult werden. Er begehrt Leistungen der Eingliederungshilfe in Form einer speziellen, für seinen Autismus geeigneten Therapie in einem Institut, welches diese Therapie allein anbietet. Der Leistungsträger lehnt ab, weil mit diesem Institut kein Vertrag besteht. Der Wunsch des K war hier berechtigt, weil allein diese begehrte Therapie seinen Bedarf decken konnte und keine andere Einrichtung hierzu in der Lage war. Der Leistungsträger ist in solchen Fällen verpflichtet, im Einzelfall die Kosten zu übernehmen, wenn es keine ebenso gut geeignete Alternative zu der gewünschten Leistung gibt.[57]

§ 9 Abs. 2 SGB IX eröffnet darüber hinaus die Möglichkeit für den Leistungsberechtigten, auf Antrag Sachleistungen zur Teilhabe, die nicht in Einrichtungen ausgeführt werden (z. B. Heil- und Hilfsmittel), als Geldleistungen ausgezahlt zu bekommen, wenn diese Leistungen
- gleich wirksam und
- wirtschaftlich zumindest gleichwertig sind.

Beispiel

➡ Frau L benötigt aufgrund einer zentralen Koordinationsstörung eine ergotherapeutische Behandlung. Sie kann nunmehr statt der Sachleistung (die Behandlung erfolgt durch Ergotherapeuten, die einen Vertrag mit dem Reha-Träger haben) auch eine Geldleistung wählen, sich einen eigenen Therapeuten wählen und diesen selbst bezahlen. Dabei muss die Behandlung gleich wirksam (ggf. ist ein Nachweis erforderlich) und wirtschaftlich gleichwertig sein. Die wirtschaftliche

---

[56] LSG Baden-Württemberg, Urteil vom 21.8.2012, L 11 R 5319/11
[57] SG München, Urteil vom 14.10.2011, S 13 SO 269/10

Gleichwertigkeit besteht, wenn die Geldleistung nicht höher ist als eine vergleichbare Sachleistung oder wenn für den gleichen Preis eine umfangreichere Behandlung angeboten wird.

Die gesetzgeberische Absicht, das gegliederte System der Rehabilitationsleistungen für Leistungsberechtigte zu vereinfachen, erfährt in der Praxis allerdings erhebliche Umsetzungsdefizite. Die Zuständigkeitsregelungen werden nicht immer befolgt, häufig kommen die Reha-Träger ihrer Pflicht zur Weiterleitung nicht nach, sondern schicken die Anträge an die Leistungsberechtigten zurück. Trägerübergreifende Bedarfsfeststellungsverfahren und eine Koordination der Leistungen finden kaum statt. Auch die Gemeinsamen Servicestellen, die häufig – anstatt unabhängig zu sein – bei Reha-Trägern angesiedelt sind, leisten von wenigen Ausnahmen abgesehen nicht das, was der Gesetzgeber vorsieht, und werden auch von den Leistungsberechtigten wenig angenommen.

4.4.2 Leistungen zur Teilhabe

Der erste Teil des SGB IX beinhaltet die für alle Sozialleistungsbereiche geltenden Vorschriften für Teilhabe- und Rehabilitationsleistungen. Allerdings sind sie nur insoweit anwendbar, als die speziellen Leistungsgesetze nichts Abweichendes regeln (§§ 4 Abs. 2, 7 S. 1 SGB IX). Auch Zuständigkeit und Leistungsvoraussetzungen für die einzelnen Leistungen regeln die jeweiligen, für den Reha-Träger geltenden Leistungsgesetze (§ 7 S. 2 SGB IX). Das führt dazu, dass die Vorschriften des SGB IX allein i. d. R. keine Anspruchsgrundlage darstellen, sondern nur in Verbindung mit der entsprechenden Anspruchsgrundlage aus dem Leistungsgesetz des zuständigen Rehabilitationsträgers (s. a. Kapitel 4.4.2.7).

4.4 Recht der Rehabilitation und Teilhabe behinderter Menschen

Vereinfacht lässt sich das Zusammenwirken so darstellen:

Übersicht 24

```
            Zusammenwirken des SGB IX und der Leistungsgesetze
```

§ 7 Satz 1 SGB IX	§ 7 Satz 2 SGB IX
„Die Vorschriften dieses Buches gelten für die Leistungen zur Teilhabe, soweit sich aus den für den jeweiligen Rehabilitationsträger geltenden Leistungsgesetzen nichts anderes ergibt."	„Die Zuständigkeit und die Voraussetzungen für die Leistungen zur Teilhabe richten sich nach den für den jeweiligen Rehabilitationsträger geltenden Leistungsgesetzen."

das heißt

Die Vorschriften des SGB IX sind nur dann anwendbar, wenn die Leistungsgesetze keine spezielle Regelung diesbezüglich treffen.

Beispiel: Hilfsmittel – geregelt als Leistung der medizinischen Rehabilitation in §§ 26 Abs. 3 Nr. 6, 31 SGB IX; als Rehabilitationsträger kommen (u. a.) Krankenversicherung und Rentenversicherung in Betracht

SGB V – Recht der Krankenversicherung regelt Hilfsmittel in § 33 SGB V ausführlich	SGB VI – Recht der Rentenversicherung regelt Hilfsmittel gar nicht, sondern verweist mit § 15 SGB VI (medizinische Rehabilitation) auf die Vorschriften des SGB IX

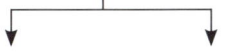 daraus folgt

Ist die Krankenversicherung zuständiger Reha-Träger, richtet sich der Anspruch auf Hilfsmittel nach § 33 SGB V, da dieser eine spezielle Regelung zum SGB IX darstellt

daraus folgt

Ist die Rentenversicherung zuständiger Reha-Träger, richtet sich der Anspruch auf Hilfsmittel nach §§ 26 Abs. 3 Nr. 6, 31 SGB IX (i. V. m. § 15 SGB VI), weil das SGB VI keine zum SGB IX abweichende Regelung trifft

das heißt

Das SGB IX regelt nur grundsätzlich, welche Rehabilitationsträger für welche Reha-Leistungen in Betracht kommen. Es regelt nicht, ob sie im speziellen Fall zuständig sind und welche Voraussetzungen jeweils vorliegen müssen. Hier muss man immer in die speziellen Leistungsgesetze schauen.

Beispiel: Hilfsmittel als medizinische Rehabi-litation in §§ 26 Abs. 3 Nr. 6, 31 SGB IX; als Rehabilitationsträger kommen grundsätzlich (u. a.) Krankenversicherung und Rentenversi-cherung in Betracht (§ 6 Nr. 1 und Nr. 4 SGB IX)

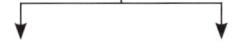

Ist die Krankenversicherung zuständig, müssen Zuständigkeit und Leistungsvoraussetzungen im SGB V geregelt sein – hier: **Zuständigkeit** §§ 5 Abs. 2, 28 Abs. 1 Nr. 3 SGB V **Voraussetzungen** in § 33 SGB V: - Versicherung - Erforderlichkeit, um Erfolg einer Krankenbehandlung zu sichern, einer drohenden Behinderung vorzubeugen oder eine Behinderung auszugleichen - kein Gebrauchsgegenstand des täglichen Lebens - kein Ausschluss nach § 34 SGB V	Ist die Rentenversicherung zuständig, müssen Zuständigkeit und Leistungsvoraussetzungen im SGB VI geregelt sein – hier : **Zuständigkeit** §§ 9, 15 SGB VI **Voraussetzungen** in §§ 10, 11 SGB VI - persönliche und versicherungsrechtliche Voraussetzungen für Leistungen zur Teilhabe - kein Ausschluss nach § 12 SGB VI

4.4.2.1 Überblick über die Leistungen zur Teilhabe

Die Leistungen zur Teilhabe umfassen nach § 4 Abs. 1 SGB IX alle Sozialleistungen, die unabhängig von der Ursache der Behinderung

- die Behinderung abwenden, beseitigen, mindern, ihre Verschlimmerung verhüten oder ihre Folgen mildern,
- Einschränkungen der Erwerbsfähigkeit oder Pflegebedürftigkeit vermeiden, überwinden, mindern oder eine Verschlimmerung verhüten sowie den vorzeitigen Bezug anderer Sozialleistungen vermeiden oder laufende Sozialleistungen mindern helfen,
- die Teilhabe am Arbeitsleben entsprechend den Neigungen und Fähigkeiten dauerhaft sichern oder
- die persönliche Entwicklung ganzheitlich fördern und die Teilhabe am Leben in der Gesellschaft sowie eine möglichst selbstständige und selbstbestimmte Lebensführung ermöglichen oder erleichtern.

Die Leistungsträger müssen die Leistungen im Rahmen ihrer Leistungsgesetze so vollständig, umfassend und in gleicher Qualität erbringen, dass die Leistungen eines anderen Trägers möglichst nicht erforderlich werden (§ 4 Abs. 2 S. 2 SGB IX). Bei den Leistungen zur Teilhabe müssen die Leistungen für behinderte und von Behinderung bedrohte Kinder besonders berücksichtigt werden. Die Leistungen für diese Kinder sollen so geplant und so gestaltet werden, dass die Kinder nach Möglichkeit nicht von ihrem sozialen Umfeld getrennt und gemeinsam mit nicht behinderten Kindern betreut werden können (§ 4 Abs. 3 SGB IX). In dieser Vorschrift, die sich so ähnlich auch in § 19 Abs. 3 SGB IX wiederfindet, ist das mit der UN-Behindertenrechtskonvention angestrebte Ziel der inklusiven Betreuung auch im SGB IX bereits angelegt. Da sich daraus jedoch kein Rechtsanspruch ergibt und die für die Ausgestaltung des Bildungswesens verantwortlichen Bundesländer nur vereinzelt eine gemeinsame Betreuung behinderter und nicht behinderter Kinder geregelt haben, ist diese Vorschrift weitgehend ins Leere gelaufen.

Leistungen zur Teilhabe sind vorrangig gegenüber Renten- oder anderen Sozialleistungen. Dies ergibt sich aus § 8 SGB IX.

Welche Rehabilitations- und Teilhabeleistungen es gibt, fasst § 5 SGB IX zusammen. Danach erhalten behinderte oder von Behinderung bedrohte Menschen:
1. Leistungen zur medizinischen Rehabilitation,
2. Leistungen zur Teilhabe am Arbeitsleben (berufliche Rehabilitation),
3. unterhaltssichernde und ergänzende Leistungen sowie
4. Leistungen zur Teilhabe am Leben in der Gemeinschaft (soziale Rehabilitation).

Die Reihenfolge der Leistungen ist bewusst gewählt, auch wenn sie nebeneinander erbracht werden können. Zunächst geht es mit der medizinischen Rehabilitation um die (Wieder)Herstellung des Gesundheitszustandes, dann mit den beruflichen Rehabilitationsmaßnahmen um die (Wieder)Eingliederung in das Erwerbsleben und letztlich mit der sozialen Rehabilitation um die (Wieder)Eingliederung in das

Leben in der Gemeinschaft. Die unterhaltssichernden und ergänzenden Maßnahmen werden in der Phase der medizinischen und beruflichen Rehabilitation erbracht und ergänzen diese Teilhabeleistungen.

4.4.2.2 Rehabilitationsträger

Leistungen zur Teilhabe erbringen nach § 6 SGB IX (Rehabilitationsträger):
1. die gesetzlichen Krankenkassen,
2. die Bundesagentur für Arbeit,
3. die Träger der gesetzlichen Unfallversicherung,
4. die Träger der gesetzlichen Rentenversicherung (und die Träger der Alterssicherung für Landwirte),
5. die Träger der Kriegsopferversorgung und die Träger der Kriegsopferfürsorge (i. d. R. die [Landes]Versorgungsämter),
6. die Träger der öffentlichen Jugendhilfe und
7. die Träger der Sozialhilfe.

Die Aufzählung ist abschließend. Die Pflegeversicherung ist – trotz ihrer Verpflichtung Rehabilitationspotenziale vor und bei Pflegebedürftigkeit zu prüfen – kein Rehabilitationsträger. Nicht alle Rehabilitationsträger erbringen alle Teilhabeleistungen. Welcher Träger für welche Leistungen zuständig ist, ergibt sich ebenfalls aus § 6 SGB IX und lässt sich so darstellen (in Klammern sind die jeweiligen, für diesen Träger geltenden Leistungsgesetze aufgeführt):

Übersicht 25

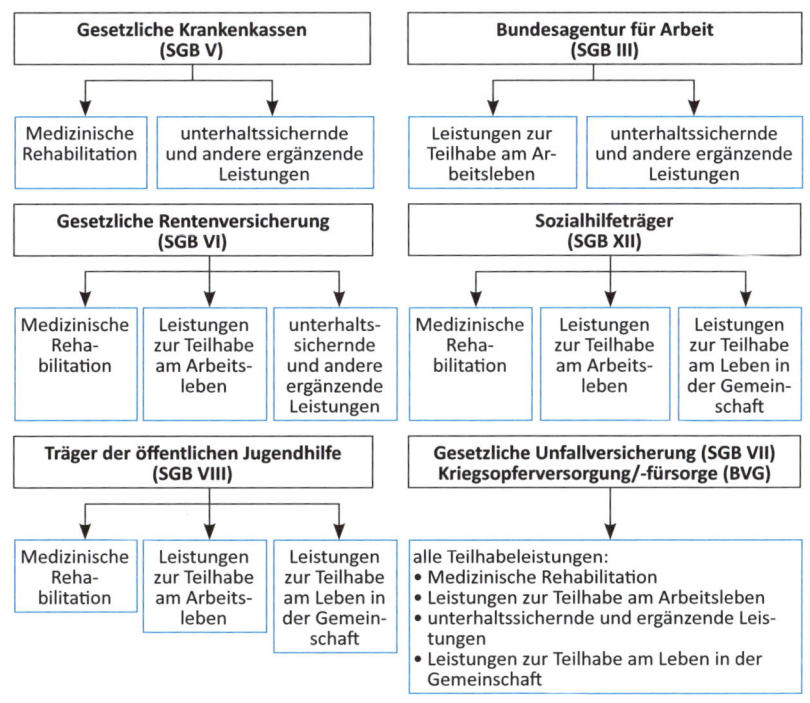

Da mehrere Leistungsträger für eine Teilhabeleistung zuständig sein können, muss bei der Prüfung eines Anspruchs festgestellt werden:
a) um welche Teilhabeleistung (§ 5 SGB IX i. V. m. mit Kapitel 4–7 SGB IX) es sich handelt – dies erfolgt anhand der Zielrichtung und dem Inhalt der Leistung – und
b) wer zuständiger Reha-Träger ist (§ 6 SGB IX i. V. m. den jeweiligen Leistungsgesetzen).

Zur Bestimmung des zuständigen Reha-Trägers können folgende Faustregeln angewendet werden:

Faustregel 1

> Für Arbeits- und Wegeunfälle sowie für Berufskrankheiten sind grundsätzlich die Träger der gesetzlichen Unfallversicherung für alle Reha-Leistungen zuständig, wenn
> 1. eine Versicherung nach §§ 2, 3 SGB VII besteht,
> 2. ein Versicherungsfall gem. §§ 8, 9 VII (Arbeitsunfall/Berufskrankheit) vorliegt und
> 3. eine Kausalität zwischen Versicherungsfall und Behinderung besteht.

Faustregel 2

> Bei Kriegs-, Wehrdienst-, Zivildienst-, Impf- oder Gewalttatschädigung sind grundsätzlich die Versorgungsämter und Hauptfürsorgestellen zuständig, wenn
> 1. ein Schadensfall i. S. d. § 1 BVG, § 80 SVG, 47 ZDG, § 60 IfSG, § 1 OEG u. a. und
> 2. eine Kausalität zwischen Versicherungsfall und Behinderung besteht.

Faustregel 3

> Für Leistungen zur medizinischen und beruflichen Rehabilitation sowie für unterhaltssichernde und ergänzende Leistungen ist der Rentenversicherungsträger zuständig, wenn die
> - persönlichen (§ 10 SGB VI) und
> - versicherungsrechtlichen Voraussetzungen (§ 11 SGB VI)
>
> vorliegen. Die persönlichen Voraussetzungen liegen vor, wenn die Erwerbsfähigkeit erheblich gefährdet oder gemindert ist und die begehrte Reha-Maßnahme der Gefährdung oder Minderung der Erwerbsfähigkeit entgegenwirkt bzw. die Erwerbsfähigkeit gebessert oder wiederhergestellt werden kann (§ 10 SGB VI). Die versicherungsrechtlichen Voraussetzungen sind bei einer Wartezeit von 15 Jahren erfüllt oder wenn der Leistungsberechtigte bereits eine Erwerbsminderungsrente bezieht. Besondere versicherungsrechtliche Voraussetzungen für die medizinische Rehabilitation finden sich zudem in § 11 Abs. 2 SGB VI bzw. für die berufliche Rehabilitation in § 11 Abs. 2a SGB VI.
>
> Die Krankenkassen sind für medizinische (ambulante und stationäre) Rehabilitation nach § 40 Abs. 4 SGB V gegenüber dem Träger der Rentenversicherung nachrangige Reha-Träger.

4.4 Recht der Rehabilitation und Teilhabe behinderter Menschen

Die Bundesagentur für Arbeit ist für Leistungen der Teilhabe am Arbeitsleben nach § 22 Abs. 2 SGB III gegenüber dem Träger der Rentenversicherung nachrangiger Reha-Träger.

Faustregel 4

Sind Faustregeln 1 bis 3 nicht anzuwenden, so sind

- bei medizinischer Rehabilitation (und den entsprechenden unterhaltssichernden und ergänzenden Leistungen) die gesetzlichen *Krankenkassen* zuständig, wenn der Betroffene gesetzlich krankenversichert ist.
- bei den Leistungen zur Teilhabe am Arbeitsleben, einschließlich der unterhaltssichernden und ergänzenden Leistungen ist die *Bundesagentur für Arbeit* zuständig. Hierbei muss unterschieden werden, ob ein Leistungsberechtigter erwerbsfähig und hilfebedürftig nach dem SGB II ist oder ob er nicht hilfebedürftig und dementsprechend kein SGB II-Leistungsempfänger ist. Handelt es sich um einen erwerbsfähigen hilfebedürftigen behinderten Menschen (SGB II), dann stellt die Bundesagentur den Reha-Bedarf fest; (Kosten)Träger der Leistungen und dementsprechend entscheidungsbefugt über die Gewährung der Leistungen sind die Jobcenter. Handelt es sich dagegen um Leistungsberechtigte, die nicht dem SGB II zugeordnet werden (nicht Hilfebedürftige), dann stellt die Bundesagentur für Arbeit den Reha-Bedarf fest und erbringt auch die Leistungen.

Faustregel 5

Nachrangig sind für medizinische und berufliche Rehabilitation die *Träger der Sozialhilfe* zuständig. Die Leistungen der medizinischen Rehabilitation gehen dabei nicht weiter als das, was die Krankenversicherung übernehmen würde. Bei den Leistungen zur Teilhabe am Arbeitsleben werden nur diejenigen erbracht, die auch die Bundesagentur für Arbeit gewähren würde (§ 54 Abs. 1 S. 2 SGB XII). Unterhaltssichernde und ergänzende Leistungen werden durch die Sozialhilfeträger nicht im Rahmen der Rehabilitation erbracht.

Faustregel 6

Leistungen zur Teilhabe am Leben in der Gemeinschaft werden für diejenigen, die nicht unter Faustregel 1 und 2 fallen, nach folgender Regel erbracht:

- Zuständig für Kinder und Jugendliche mit seelischen Behinderungen sind die Träger der Kinder- und Jugendhilfe.
- Zuständig für alle anderen behinderten Menschen (auch Kinder und Jugendliche mit geistigen oder körperlichen Behinderungen) sind die Träger der Sozialhilfe.

Anhand dieser Faustregeln können die zuständigen Reha-Träger zugeordnet werden. Zwar sind auch die unzuständigen Reha-Träger nach § 14 SGB IX verpflichtet, ggf. einen Antrag an den zuständigen Reha-Träger weiterzuleiten, da dies jedoch nicht immer so erfolgt, wie der Gesetzgeber es vorgesehen hat, und sich überdies eine Prüfung der Leistungsvoraussetzungen für die Begründung eines Reha-Antrags empfiehlt, ist eine eigenständige Vorprüfung erforderlich.

4.4.2.3 Die einzelnen Leistungen – Medizinische Rehabilitation

Die Leistungen der medizinischen Rehabilitation finden sich zusammengefasst und für alle Reha-Träger übergreifend in den §§ 26 bis 31 SGB IX. Ihre Zielsetzung definiert § 26 Abs. 1 SGB IX.

Medizinische Rehabilitation ist eine Form der Krankenbehandlung, die komplex, ganzheitlich und interdisziplinär angelegt ist. Es geht nicht in erster Linie um die Linderung von Beschwerden oder um die Beseitigung von Krankheitsursachen, sondern um die Bewältigung der Folgen einer Erkrankung und um den Ausgleich oder um die Vermeidung von Funktions- und Fähigkeitsstörungen, die den Menschen mit Behinderung oder drohender Behinderung in seiner Teilhabe am Leben in der Gesellschaft oder im Erwerbsleben einschränken. Gleichwohl kann auch während der medizinischen Rehabilitation eine Akutversorgung notwendig sein. Umgekehrt ist ebenso medizinische Rehabilitation während einer laufenden Akutversorgung (sog. Frührehabilitation im Krankenhaus § 39 Abs. 1 S. 3 SGB V) möglich. Rehabilitation wird als integraler Bestandteil der medizinischen Versorgung verstanden, um die notwendigen Fähigkeiten, die Mobilität, Kommunikation, Orientierung usw., frühzeitig (wieder)herzustellen und auf diese Weise Behinderungen zu vermeiden, zu lindern oder die Folgen zu beseitigen. Gleichwohl muss insbesondere wegen der unterschiedlichen Zuständigkeiten die Akutbehandlung von der medizinischen Rehabilitation abgegrenzt werden, da z. B. die Träger der Rentenversicherung nach § 13 Abs. 2 Nr. 1 und 2 SGB VI keine Leistungen in der Phase akuter Behandlungsbedürftigkeit und keine Krankenhausbehandlung übernehmen.

Ein Beispiel für die Verzahnung von Akutbehandlung und medizinischer Rehabilitation ist die Anschlussheilbehandlung (AHB), §§ 40 Abs. 6 SGB V, § 32 Abs. 1 S. 2 SGB VI. Die AHB ist eine Leistung zur medizinischen Rehabilitation, die sich bei bestimmten Indikationen in unmittelbarem oder zeitlich engem Zusammenhang an eine stationäre Krankenhausbehandlung anschließt.

Leistungen der medizinischen Rehabilitation sind in § 26 Abs. 2 SGB IX aufgeführt, wobei die Liste der Leistungen nicht abschließend ist. Sie umfassen:

1. Behandlung durch Ärzte, Zahnärzte und Angehörige anderer Heilberufe, soweit deren Leistungen unter ärztlicher Aufsicht oder auf ärztliche Anordnung hin ausgeführt werden, einschließlich der Anleitung, eigene Heilungskräfte zu entwickeln,
2. Früherkennung und Frühförderung behinderter und von Behinderung bedrohter Kinder,
3. Arznei- und Verbandsmittel,
4. Heilmittel einschließlich physikalischer, Sprach- und Beschäftigungstherapie,
5. Psychotherapie als ärztliche und psychotherapeutische Behandlung,

6. Hilfsmittel,
7. Belastungserprobung und Arbeitstherapie.

Von besonderer Bedeutung – gerade im Recht der Heilpädagogik und Heilerziehungspflege – sind die Früherkennung und Frühförderung und die Versorgung mit Hilfsmitteln.

Zu den Leistungen der medizinischen Rehabilitation gehören nach § 26 Abs. 3 SGB IX auch medizinische, psychologische und pädagogische Hilfen, soweit diese notwendig sind, um die Rehabilitationsziele zu erreichen oder zu sichern und Krankheitsfolgen zu vermeiden, zu überwinden, zu mindern oder ihre Verschlimmerung zu verhüten. Diese Leistungen werden nur dann übernommen, wenn der Betroffene gleichzeitig eine Leistung nach § 26 Abs. 2 SGB IX erhält; es handelt sich hierbei nicht um eigenständige Rehabilitationsleistungen. Sie sollen dem behinderten oder von Behinderung bedrohten Menschen helfen, den sozialen, psychischen und physischen Belastungen, die sich aus seiner Behinderung ergeben, entgegenzutreten und sie zu überwinden bzw. damit fertig zu werden. Im Einzelnen zählen z. B.

- Hilfen zur Unterstützung bei der Krankheits- und Behinderungsverarbeitung,
- Aktivierung von Selbsthilfepotenzialen,
- Vermittlung von Kontakten zu örtlichen Selbsthilfe- und Beratungsmöglichkeiten oder
- das Training lebenspraktischer Fähigkeiten

dazu (vgl. § 26 Abs. 3 SGB IX). Diese ergänzenden Leistungen machen deutlich, dass die Rehabilitation als ganzheitlicher Prozess wahrgenommen wird, der nicht nur auf die Beseitigung oder Verminderung der Folgen einer Behinderung zielt, sondern den Menschen auch in seinen sozialen Fähigkeiten zur Bewältigung des Alltags mit einer Behinderung und in seiner Selbstbestimmung und Eigenverantwortung stärken will.

Zur medizinischen Rehabilitation zählt darüber hinaus auch die stufenweise Wiedereingliederung (§ 28 SGB IX). Sie zielt auf die schrittweise Wiedereingliederung eines arbeitsunfähigen Erwerbsfähigen in den Arbeitsprozess, der seine bisherige Tätigkeit teilweise wieder verrichten kann. Dies erfolgt mittels eines Stufenplanes, der mit dem Betroffenen, dem Arzt und dem Arbeitgeber abgestimmt wurde (früher sog. „Hamburger Modell").

4.4.2.3.1 Früherkennung und Frühförderung

Früherkennung und Frühförderung für behinderte und von Behinderung bedrohte Kinder gehören in den Leistungskatalog der medizinischen Rehabilitation. Sie werden als Komplexleistung in Verbindung mit heilpädagogischen Leistungen nach § 56 SGB IX, die den Leistungen der Teilhabe am Leben in der Gemeinschaft zugeordnet sind, erbracht (§ 30 Abs. 1 S. 2 SGB IX).

Unter Komplexleistungen versteht man entweder die Erbringung mehrerer verschiedener Leistungen durch einen Leistungsträger (wie es z. B. bei der medizinischen Rehabilitation oder der Soziotherapie der Fall ist) oder die Erbringung von Leistungen durch unterschiedliche Leistungsträger. Zu letzteren gehören die

Leistungen der Früherkennung und Frühförderung. Es handelt sich hierbei um Leistungen, die sich gegenseitig ergänzen und damit aufeinander abgestimmt sein müssen. Bei der Beteiligung unterschiedlicher Leistungsträger – wie es bei der Früherkennung und Frühförderung mit den heilpädagogischen Leistungen der Fall ist – müssen die Kosten zwischen diesen aufgeteilt werden. Für die Leistungsberechtigten spielen diese Zuständigkeitsfragen keine Rolle; sie erhalten die Leistung „wie aus einer Hand".

Die Komplexleistung besteht aus einem interdisziplinär abgestimmten System ärztlicher, medizinisch-therapeutischer, psychologischer, heilpädagogischer und sozialpädagogischer Leistungen und schließt die ambulante und mobile Beratung mit ein. Die Einzelheiten finden sich in § 30 SGB IX sowie der Frühförderungsverordnung (FrühV).[58]

Die Begriffe Früherkennung und Frühförderung sind nicht definiert; allerdings lassen sich ihre Inhalte anhand der gesetzlichen Vorschriften entnehmen. Die Zielgruppe sind jüngere, noch nicht eingeschulte Kinder, auch wenn das Gesetz selbst keine Altersgrenze vorsieht. Das lässt sich auch daran erkennen, dass § 30 Abs. 1 S. 1 SGB IX auf die heilpädagogischen Leistungen des § 56 SGB IX verweist, mit denen die Leistungen als Komplexleistungen zu erbringen sind und die an noch nicht eingeschulte Kinder erbracht werden. Allerdings kann das Schuleintrittsalter variieren; es zählt der tatsächliche Schuleintritt, nicht das Alter, in dem normalerweise eingeschult wird (je nach Bundesland mit 5 oder 6 Jahren). Allerdings können auch ältere Kinder Leistungen der Frühförderung erhalten, dann allerdings nicht als Komplexleistung mit den heilpädagogischen Leistungen nach § 56 SGB IX.

---

[58] Verordnung zur Früherkennung und Frühförderung behinderter und von Behinderung bedrohter Kinder vom 24.6.2003, BGBl. I S. 998 f. Diese Verordnung wurde auf der Grundlage von § 32 Nr. 1 SGB IX erlassen, nachdem die beteiligten Rehabilitationsträger (Krankenversicherung, Kinder- und Jugendhilfeträger, Sozialhilfeträger) es nicht geschafft haben, gemeinsame Empfehlungen nach § 30 Abs. 3 SGB IX zu verabschieden.

4.4 Recht der Rehabilitation und Teilhabe behinderter Menschen

Die Abgrenzung zwischen Frühförderung und Früherkennung lässt sich so darstellen:

Übersicht 26

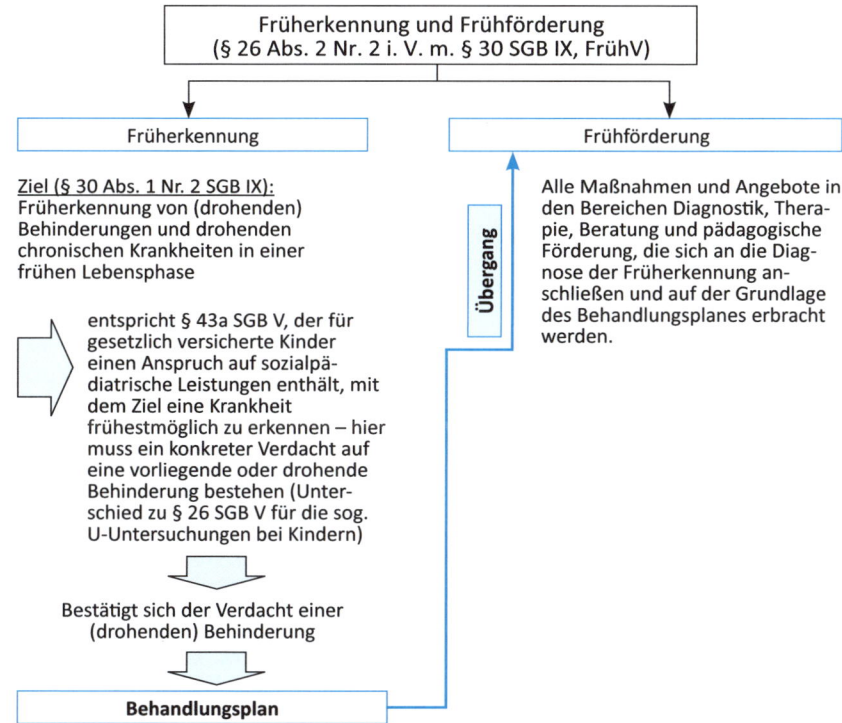

Die Leistungen der Früherkennung und Frühförderung können medizinische (§ 30 Abs. 1 S. 1 SGB IX) und nichtmedizinische Leistungen (§ 30 Abs. 1 S. 1 Nr. 2 und Abs. 2 SGB IX) sein (vgl. auch den Leistungskatalog des § 5 FrühV). Medizinische Leistungen sind Leistungen, die von Ärzten, Angehörigen verschiedener Heilberufe, Therapeuten und sonstigen nichtärztlichen Berufsgruppen mit medizinischer Ausbildung erbracht werden, nicht dagegen von pädagogisch ausgebildeten Berufsgruppen. Da die Leistungen der Früherkennung und Frühförderung v. a. durch die Reha-Träger der medizinischen Rehabilitation, d. h. die gesetzliche Krankenversicherung, erbracht werden, sind als medizinische Leistungen nur solche anerkannt, die im Rahmen des SGB V erbracht werden können. Die Einschränkung auf die nach dem SGB V zugelassenen medizinischen Leistungen führt dazu, dass „Außenseiterbehandlungen" grundsätzlich nicht im Rahmen der Früherkennung und Frühförderung erbracht werden.

Beispiele

➲ Die Hippotherapie ist als Heilmittel im Rahmen der Früherkennung und Frühförderung nicht zugelassen (bestätigt durch BSG, Urteil vom 19.3.2002, B 1 KR 36/00). Auch die Petö-Therapie wird von den Krankenkassen nicht übernommen (bestätigt durch BSG, Urteil vom 3.9.2003, B 1 KR 34/01 R; das BVerfG hat eine Verfassungsbeschwerde gegen dieses Urteil nicht angenommen: BVerfG, Beschluss vom 26.4.2004, 1 BvR 529/04). Allerdings können diese Therapien im Einzelfall im Rahmen der Leistungen zur Teilhabe an der Gemeinschaft gewährt werden (BSG, Urteil vom 29.9.2009, B 8 SO 19/08 R).

Zu den medizinischen Leistungen gehören darüber hinaus alle Leistungen aus dem „Katalog" des § 26 Abs. 2 SGB IX, insbesondere auch die Hilfsmittel.

Nichtmedizinische Leistungen sind nach § 30 Abs. 1 S. 1 Nr. 2, Abs. 2 SGB IX nichtärztliche sozialpädiatrische, psychologische, heilpädagogische, psychosoziale Leistungen und die Beratung der Erziehungsberechtigten. Da es sich allerdings um solche Leistungen handelt, die im Rahmen der medizinischen Rehabilitation erbracht werden, müssen diese Leistungen den medizinischen Leistungen zugeordnet werden; dementsprechend müssen sie auch unter ärztlicher Verantwortung (d. h. Anordnung vom Arzt sowie ärztliche Kontrolle und Begleitung, auch wenn keine ständige Anwesenheit erforderlich ist) erbracht werden. Diese Leistungen haben kein eigenständiges Gewicht gegenüber den medizinischen Leistungen. Andernfalls sind sie keine Leistungen der medizinischen Rehabilitation.

Die eigenständig durch Heilpädagogen erbrachten Leistungen, die nicht unter ärztlicher Verantwortung stehen, sind deshalb keine Leistungen der medizinischen Rehabilitation, sondern Leistungen zur Teilhabe am Leben in der Gemeinschaft. Dementsprechend ist auch ein anderer Reha-Träger (i. d. R. Sozialhilfeträger oder Träger der Kinder- und Jugendhilfe) dafür zuständig. Erst ihre Verbindung über § 30 Abs. 1 S. 2 SGB IX bringt sie in einen rechtlichen Zusammenhang mit den Leistungen der Früherkennung und Frühförderung, macht sie damit aber nicht zum Bestandteil dieser Leistungen. Die unterschiedliche Zuständigkeit der Reha-Träger bleibt bestehen.

Die Leistungen der Früherkennung und Frühförderung werden durch sozialpädiatrische Zentren (§ 119 SGB V) oder interdisziplinäre Frühförderstellen erbracht. Die Einzelheiten finden sich in der FrühV.

Übersicht 27

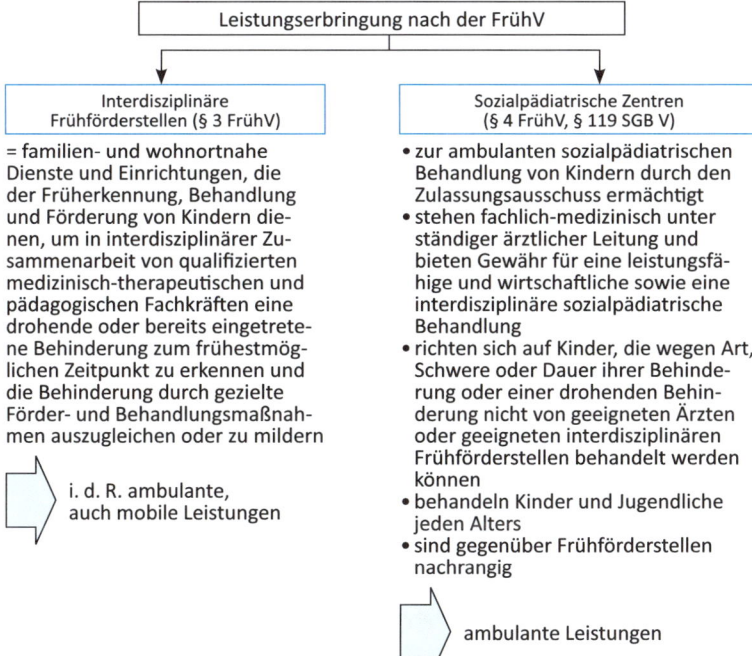

Ein Antrag auf Früherkennungs- und Frühförderungsleistungen kann bei jedem der beteiligten Reha-Träger gestellt werden (§ 8 Abs. 1 S. 2 FrühV), auch und gerade wenn es um die Erbringung der Leistung als Komplexleistung mit den heilpädagogischen Leistungen nach § 56 SGB IX geht. Die Reha-Träger sind verpflichtet, unverzüglich den oder die an der Komplexleistung beteiligten Reha-Träger zu unterrichten. Sie müssen sich dann untereinander abstimmen und innerhalb von zwei Wochen nach Vorliegen des Behandlungsplanes über die Leistung entscheiden (§ 8 Abs. 1 S. 3, 4 FrühV).

4.4.2.3.2 Hilfsmittel

Hilfsmittel sind eine Teilhabeleistung, die immer wieder zu Rechtsstreitigkeiten führt. Deswegen ist die Kenntnis der rechtlichen Zusammenhänge in der Praxis von hoher Relevanz. Hinzu kommt, dass Hilfsmittel nicht nur im Rahmen der medizinischen Rehabilitation erbracht werden, sondern auch als Leistung zur Teilhabe am Arbeitsleben und als Leistung zur Teilhabe am Leben in der Gemeinschaft. Darüber hinaus finden sich Regelungen über Hilfsmittel auch im Bereich der Pflege. Benötigt jemand also ein Hilfsmittel, ist genau zwischen den einzelnen Leistungsgruppen zu unterscheiden. Zum besseren Gesamtverständnis und für den Überblick über diese Leistungsgruppe wird im Folgenden der ganze Leistungskomplex „Hilfsmittel" dargestellt.

Hilfsmittel sind bewegliche medizinische Mittel, die vom Leistungsberechtigten mitgeführt werden können. Auch in Gebäuden eingebaute Sachen können Hilfsmittel sein, allerdings nur dann, wenn sie bei einem Umzug ohne nennenswerten

4 Sozialrechtliche Grundlagen

Substanzverlust an Wänden, Decken oder Fußböden entfernt und mit vertretbarem Aufwand in der neuen Wohnung wieder eingebaut werden können (vgl. § 31 Abs. 1 SGB IX).

Beispiele

➲ Ein eingebauter Aufzug in einem Gebäude ist für einen Rollstuhlfahrer kein Hilfsmittel; ein Treppenlift, der am Geländer befestigt wird und mitgenommen werden kann, dagegen schon.

Im Unterschied zu Hilfsmitteln, die Sachgegenstände sind, sind Heilmittel persönliche medizinische Dienstleistungen, die i. d. R. durch Menschen erbracht werden (z. B. Physiotherapie, Ergotherapie).

Überblick über die Hilfsmittel (aus systematischen Gründen werden die Pflegehilfsmittel mit aufgeführt, obwohl diese keine Leistungen zur Rehabilitation sind):

Übersicht 28

Hilfsmittel			
medizinische Rehabilitation	Leistung zur Teilhabe am Arbeitsleben	Leistung zur Teilhabe am Leben in der Gemeinschaft	Pflegehilfsmittel
Rechtsgrundlage (jeweils i. V. m. den Leistungsgesetzen)			
§§ 26 Abs. 2 Nr. 6, 31 SGB IX	§ 33 Abs. 3 Nr. 1 und 6, Abs. 8 Nr. 4 SGB IX	§ 55 Abs. 2 Nr. 1 SGB IX	§ 40 Abs. 1 SGB XI
Voraussetzungen			
sind erforderlich, um • einer drohenden Behinderung vorzubeugen • den Erfolg einer Heilbehandlung zu sichern • eine Behinderung bei der Befriedigung von Grundbedürfnissen des täglichen Lebens auszugleichen, ohne Gebrauchsgegenstände des täglichen Lebens zu sein	sind wegen Art und Schwere der Behinderung zur Berufsausübung, zur Teilnahme an einer beruflichen Reha-Maßnahme oder zur Erhöhung der Sicherheit auf dem Weg vom und zum Arbeitsplatz und am Arbeitsplatz erforderlich, es sei denn, der Arbeitgeber ist für die Beschaffung des Hilfsmittels verantwortlich → nachrangig gegenüber der medizinischen Rehabilitation	andere Hilfsmittel als in der medizinischen und beruflichen Reha; sie sind zum Ausgleich der durch Behinderung bedingten Mängel bestimmt und müssen hierfür erforderlich und geeignet sein (§ 9 Abs. 1 EinglHV) → nachrangig gegenüber der medizinischen und beruflichen Rehabilitation	sind erforderlich, um • die Pflege zu erleichtern • die Beschwerden zu lindern oder • eine selbstständige Lebensführung zu ermöglichen → nachrangig gegenüber Hilfsmitteln, die wegen Krankheit oder Behinderung gewährt werden → grundsätzlich nur für den ambulanten Bereich
Beispiele			
Rollstuhl, Beinprothese, Badewannensitze	spezielle Hörgeräte für Musiklehrer, Computer mit Brailzeile für eine Bürotätigkeit, Kopiergeräte mit Sprachausgabe	Weckuhren für hörbehinderte Menschen, Blindenführhunde, Sprachübungsgeräte für sprachbehinderte Menschen (vgl. § 9 Abs. 2 EinglHV)	Pflegebetten, Toilettenstühle, Gegensprechanlagen für Bettlägerige

4.4 Recht der Rehabilitation und Teilhabe behinderter Menschen

Je nachdem welches Ziel mit dem Hilfsmittel verfolgt wird, ist es entsprechend zuzuordnen. Die Leistungsträger sind je nach Zuständigkeit für die Teilhabeleistung auch für die dort integrierten Hilfsmittel zuständig (für die Pflegehilfsmittel kommen nur die Pflegekassen in Betracht).

Hauptleistungsträger der Hilfsmittel in der medizinischen Rehabilitation ist die gesetzliche Krankenversicherung. Der Anspruch auf ein Hilfsmittel ergibt sich deshalb aus § 33 SGB V i. V. m. § 26 Abs. 2 Nr. 6 SGB IX.

> Hilfsmittel aus der gesetzlichen Krankenversicherung erhalten nicht nur Menschen mit (drohenden) Behinderungen. Sie werden auch in der Akutversorgung eingesetzt (z. B. Rollstuhl nach Beinbrüchen). Dann folgt die Anspruchsgrundlage nur aus dem SGB V. Im Übrigen stimmt der Wortlaut des § 31 SGB IX mit dem des § 33 SGB V weitestgehend überein.

Welche Hilfsmittel die gesetzliche Krankenversicherung gewährt, findet sich im Hilfsmittelverzeichnis, welches nach § 139 SGB V erstellt wird.[59] Dieses Hilfsmittelverzeichnis bindet allerdings nicht die Gerichte, sondern stellt nur eine Empfehlung dar. Damit können auch Hilfsmittel im Einzelfall gewährt werden, die (noch) nicht im Hilfsmittelverzeichnis aufgeführt sind.

Grundsätzlich gilt für die Hilfsmittelversorgung in der gesetzlichen Krankenversicherung Folgendes:

1. Zweck: Das Hilfsmittel muss im Einzelfall erforderlich sein, um den Erfolg einer Krankenbehandlung zu sichern, einer drohenden Behinderung vorzubeugen oder eine Behinderung auszugleichen. Dabei darf es sich nicht um einen Gebrauchsgegenstand des täglichen Lebens handeln.

Beispiele

➡ Gebrauchsgegenstände des täglichen Lebens sind solche, die jedermann benutzen kann. Dazu gehören z. B. Küchenwaagen, die für die Zubereitung von Nahrungsmitteln bei speziellen Stoffwechselerkrankungen notwendig sind. Küchenwaagen können aber auch in sonstigen Haushalten verwendet werden. Elektrische Dosenöffner helfen Menschen, die z. B. nach einem Schlaganfall eine Halbseitenlähmung haben, eine Dose zu öffnen, allerdings beschränkt sich der Benutzungszweck nicht auf den Einsatz in Haushalten, in denen Menschen mit Behinderungen wohnen.

Entscheidend ist die Zweckbestimmung des Gegenstandes sowohl aus Sicht der Hersteller als auch aus Sicht der Benutzer. Gegenstände, die speziell für Menschen mit Behinderungen hergestellt werden (z. B. Rollstühle, Hörgeräte, Vorlesegeräte für Blinde), sind nie Gebrauchsgegenstände des täglichen Lebens.

2. Das Hilfsmittel zum Behinderungsausgleich muss grundsätzlich unmittelbar auf die Behinderung selbst ausgerichtet sein und die beeinträchtigte Körperfunktion wiederherstellen, ermöglichen, ersetzen, ergänzen oder

---

[59] http://www.gkv-spitzenverband.de/krankenversicherung/hilfsmittel/hilfsmittelverzeichnis/hilfsmittelverzeichnis.jsp

ihre Ausübung erleichtern. In diesen Fällen soll nach der Rechtsprechung ein möglichst weitgehender Ausgleich des Funktionsdefizits im Sinne einer Gleichstellung mit nichtbehinderten Menschen gelten, unter Berücksichtigung des aktuellen Standes des medizinischen und technischen Fortschritts.

Beispiele

Prothesen, Brillen oder Hörimplantate.

3. Dient das Hilfsmittel nicht dem unmittelbaren Behinderungsausgleich (mittelbarer Behinderungsausgleich), wird es dann gewährt, wenn es die Auswirkungen einer Behinderung im gesamten täglichen Leben beseitigt oder mildert und so ein Grundbedürfnis des täglichen Lebens betrifft. Zu den Grundbedürfnissen des täglichen Lebens gehören das Gehen, Stehen, Greifen, Sehen, Hören, Nahrungsaufnahme, Ausscheidung, elementare Körperpflege, selbstständiges Wohnen, Erschließen eines gewissen körperlichen und geistigen Freiraums sowie Aufrechterhaltung sozialer Kontakte.

Beispiele

Hilfsmittel für den Bereich Haushalt, Hygiene, Nahrungsaufnahme: Krankenlifter, Kopfschreiber, Klingelleuchte, optische Babyrufanlage, Luftreinigungsgerät; für den Bereich Bewegungsfreiheit, Mobilität, persönlicher Freiraum, Kontakt mit Gleichaltrigen: Blattwendegerät, schwenkbarer Autositz, Rollstuhlbike, Farberkennungsgerät für Blinde, behindertengerechtes Dreirad für Kinder; für den Bereich geistiger Freiraum: Bildschirmlesegerät, Schreibtelefon, Telefax.

Hierbei gibt es gegen die Krankenversicherung allerdings nur einen Anspruch auf einen Basisausgleich, nicht im Sinne einer vollständigen Gleichstellung mit nicht behinderten Menschen.

Beispiele

Es besteht i. d. R. kein Anspruch auf einen Elektrorollstuhl, wenn die Mobilität auch mit einem Schieberollstuhl erreicht wird. Kann eine Beinverkürzung mit einer Einlage im Schuh ausgeglichen werden, besteht kein Anspruch auf spezielle orthopädische Schuhe. Allerdings hat das BSG einem Menschen mit einer Sehbehinderung einen Anspruch auf einen sog. Einkaufsfuchs gewährt, mit dem dieser in der Lage war, seine Einkäufe des täglichen Bedarfs im Supermarkt selbstständig zu erledigen, auch wenn er bereits mit anderen Hilfsmitteln ausgestattet war.

Der Anspruch auf das Hilfsmittel umfasst auch die notwendige Änderung, Instandsetzung, Reparatur und Ersatzbeschaffung sowie die Ausbildung in seinem Gebrauch. Möchte der Versicherte ein Hilfsmittel, welches über das Notwendige hinausgeht, muss er die Kosten selbst tragen.

> Benötigt ein Mensch mit Behinderung ein Hilfsmittel für seine Erwerbstätigkeit und geht dieses über den Basisausgleich hinaus, kann dieses Hilfsmittel im Rahmen einer Leistung zur Teilhabe am Arbeitsleben finanziert werden. Dafür ist dann u. U. ein anderer Leistungsträger zuständig, der ggf. die Mehrkosten übernimmt.

Beispiel

⮕ Die Musiklehrerin einer Grundschule leidet an einer fortschreitenden beidseitigen Innenohrschwerhörigkeit. Sie benötigt zur Ausübung ihrer beruflichen Tätigkeit ein hochwertiges Hörgerät mit Richtmikrofonen und Spracherkennung sowie Rauschunterdrückung beidseits. Die Krankenkasse stellt nur einfache digitale Hörgeräte zur Verfügung; diese reichen zwar für den Alltag, aber nicht, um den spezifischen Anforderungen an ihre Tätigkeit (Kommunikation mit Kindern und Eltern, genaues Hören der Töne und Melodien bei Kontrollen usw.) gerecht zu werden. Sie hat Anspruch auf die speziellen Hörgeräte gegen den Träger der Leistungen zur Teilhabe am Arbeitsleben, ggf. abzüglich der Kosten, die die Krankenversicherung für die digitalen Hörgeräte übernehmen würde (SG Dresden, Urteil vom 15.12.2011, S 35 R 626/11).

Hilfsmittel gibt es auch bei stationärem Aufenthalt. Hierbei darf der Anspruch nach § 33 Abs. 1 S. 2 SGB V nicht davon abhängig gemacht werden, in welchem Umfang eine Teilhabe am Leben in der Gemeinschaft noch möglich ist. Stationäre Pflegeeinrichtungen sind allerdings zur Vorhaltung von Hilfsmitteln und Pflegehilfsmitteln, die für den jeweiligen Pflegebetrieb notwendig sind, verpflichtet.

> Werden in einer Pflegeeinrichtung hauptsächlich Menschen mit Einschränkungen der Mobilität betreut, muss die Einrichtung auch z. B. Rollstühle, Gehhilfen oder Hilfen für die Benutzung von Badewannen und Toiletten vorhalten. Allerdings gilt die Vorhaltepflicht nur für Hilfsmittel, die der Sphäre der Einrichtung zuzuordnen sind; individuelle Hilfsmittel werden davon nicht erfasst (z. B. Prothesen, Brillen, Hörgeräte). Hierauf besteht nach wie vor ein Anspruch gegen die Krankenversicherung.

4.4.2.4 Die einzelnen Leistungen – Leistungen zur Teilhabe am Arbeitsleben (berufliche Rehabilitation)

Leistungen zur Teilhabe am Arbeitsleben sind in den §§ 33 bis 43 SGB IX geregelt. Dabei umfassen die §§ 39 bis 43 SGB IX Vorschriften für Werkstätten für behinderte Menschen (WfbM, s. Kapitel 4.4.5).

Leistungen zur Teilhabe am Arbeitsleben werden nach § 33 Abs. 1 SGB IX erbracht, um die Erwerbsfähigkeit behinderter oder von Behinderung bedrohter Menschen entsprechend ihrer Leistungsfähigkeit zu erhalten, zu verbessern, herzustellen oder wiederherzustellen und ihre Teilhabe am Arbeitsleben möglichst auf Dauer zu sichern. Bei diesen Leistungen geht es darum, Menschen mit Behinderung die Möglichkeit der Ausübung einer bezahlten – auch selbstständigen oder im Werkstattbereich möglichen – Erwerbstätigkeit zu verschaffen, mit der sie ihren Lebensunterhalt selbst sichern können.

4 Sozialrechtliche Grundlagen

Leistungen zur Teilhabe am Arbeitsleben werden an behinderte oder von Behinderung bedrohte Arbeitnehmer (§ 33 SGB IX), aber auch an Arbeitgeber (§ 34 SGB IX) erbracht. Sie sind als Anreiz gedacht, um Menschen mit Behinderungen einzustellen und zu beschäftigen.

Die einzelnen Leistungen an Arbeitnehmer sind in § 33 Abs. 3–8 SGB IX geregelt (nicht abschließend). Nach § 33 Abs. 3 SGB IX gehören hierzu:

1. Hilfen zur Erhaltung oder Erlangung eines Arbeitsplatzes einschließlich der Leistungen zur Aktivierung und beruflichen Eingliederung (z. B. behinderungsgerechte Umrüstung des bisherigen Arbeitsplatzes oder die Vermittlung eines neuen behinderungsgerechten Arbeitsplatzes, einschließlich notwendiger Hilfsmittel),
2. Berufsvorbereitung einschließlich einer wegen der Behinderung erforderlichen Grundausbildung,
2a. individuelle betriebliche Qualifizierung im Rahmen Unterstützter Beschäftigung,
3. berufliche Anpassung und Weiterbildung, auch soweit die Leistungen einen zur Teilnahme erforderlichen schulischen Abschluss einschließen,
4. berufliche Ausbildung, auch soweit die Leistungen in einem zeitlich nicht überwiegenden Abschnitt schulisch durchgeführt werden,
5. Gründungszuschuss entsprechend § 93 des Dritten Buches durch die Rehabilitationsträger nach § 6 Abs. 1 Nr. 2 bis 5 (SGB IX),
6. sonstige Hilfen zur Förderung der Teilhabe am Arbeitsleben, um behinderten Menschen eine angemessene und geeignete Beschäftigung oder eine selbstständige Tätigkeit zu ermöglichen und zu erhalten.

Ist die Bundesagentur für Arbeit zuständiger Leistungsträger, sind diese Leistungen detailliert im SGB III aufgeführt.

Beispiele

➲ Umschulungen, Fortbildungen, Unterstützung bei der Suche nach einem Arbeitsplatz, Gründungszuschüsse für eine selbstständige Tätigkeit, Zur-Verfügung-Stellung von Arbeitsmitteln.

Die Leistungen nach § 33 Abs. 3 Nr. 1 und 6 SGB IX werden noch einmal in § 33 Abs. 8 SGB IX konkretisiert (z. B. Kraftfahrzeughilfe, Ausgleich eines Verdienstausfalls, Arbeitsassistenz, Hilfsmittel, technische Arbeitshilfen, Beschaffung und Ausstattung einer behinderungsgerechten Wohnung).

Beispiel

➲ Die Kraftfahrzeughilfe wird nach der Kraftfahrzeughilfe-Verordnung gewährt. Sie umfasst Leistungen zur Beschaffung eines Kraftfahrzeugs, für eine behinderungsgerechte Zusatzausstattung eines Fahrzeugs sowie zur Erlangung einer Fahrerlaubnis. Die Leistungen gibt es als Zuschüsse oder Darlehen. Voraussetzung ist, dass der behinderte Mensch infolge seiner Behinderung nicht nur vorübergehend auf die Benutzung eines Kraftfahrzeugs angewiesen ist, um seinen Arbeits- oder

Ausbildungsort oder einen Ort der beruflichen Bildung zu erreichen. Kraftfahrzeughilfe gibt es demzufolge grundsätzlich nur dann, wenn das Fahrzeug für die Erwerbstätigkeit bzw. für eine Maßnahme der beruflichen Bildung benötigt wird. Die Beschaffung eines Kraftfahrzeugs wird – einkommensabhängig – mit einem Betrag von maximal 9.500 Euro unterstützt. Die behinderungsbedingte Zusatzausstattung ist dabei nicht umfasst; deren Kosten werden in voller Höhe übernommen. Auch für den Erwerb der Fahrerlaubnis werden – einkommensabhängig – Zuschüsse geleistet. Ein Antrag auf die Kfz-Hilfe sollte vor Abschluss des Vertrages über den Kauf des Autos bzw. der Zusatzausstattung gestellt werden.

Ebenso wie in der medizinischen Rehabilitation werden die Leistungen zur Teilhabe am Arbeitsleben nach § 33 Abs. 6 SGB IX durch medizinische, psychologische und pädagogische Hilfen ergänzt, soweit diese Leistungen im Einzelfall erforderlich sind, um die in § 33 Abs. 1 SGB IX genannten Ziele zu erreichen oder zu sichern und Krankheitsfolgen zu vermeiden, zu überwinden, zu mindern oder ihre Verschlimmerung zu verhüten. Auch diese Leistungen sind nicht eigenständig, sondern Teil der anderen Leistungen zur beruflichen Rehabilitation.

Darüber hinaus umfassen die Leistungen zur Teilhabe am Arbeitsleben nach § 33 Abs. 7 SGB IX auch die Übernahme der erforderlichen Kosten für Unterkunft und Verpflegung, wenn für die Ausführung einer Leistung eine Unterbringung außerhalb des eigenen oder des elterlichen Haushalts wegen Art oder Schwere der Behinderung oder zur Sicherung des Erfolges der Teilhabe notwendig ist. Erfasst sind ebenso die erforderlichen Kosten, die mit der Ausführung einer Leistung in unmittelbarem Zusammenhang stehen, insbesondere Lehrgangskosten, Prüfungsgebühren, Lernmittel, Leistungen zur Aktivierung und beruflichen Eingliederung.

Leistungen der beruflichen Teilhabe sollen Eignung, Neigung, die bisherige Tätigkeit und die Lage und Entwicklung auf dem Arbeitsmarkt angemessen berücksichtigen (§ 33 Abs. 4 SGB IX). Deshalb soll die Bundesagentur für Arbeit – sofern sie nicht selbst Leistungsträger ist – bei der Gewährung der Leistungen beteiligt werden (§ 38 SGB IX).

Leistungen zur Teilhabe am Arbeitsleben werden auch an Arbeitgeber erbracht (§ 34 SGB IX). Dazu gehören:

1. die Gewährung von Ausbildungszuschüssen zur betrieblichen Ausführung von Bildungsleistungen (auch für die gesamte Dauer der Maßnahme, § 34 Abs. 2 SGB IX),
2. Eingliederungszuschüsse, die einen Einstellungsanreiz darstellen und einen Ausgleich von noch vorhandenen Minderleistungen des Menschen mit Behinderung bis zur Erreichung der vollen Leistungsfähigkeit schaffen sollen,
3. Zuschüsse für Arbeitshilfen im Betrieb und
4. die teilweise oder volle Kostenerstattung für eine befristete Probebeschäftigung.

Die berufliche Rehabilitation soll primär betrieblich erfolgen, gleichwohl findet sie häufig außerbetrieblich und in Einrichtungen der beruflichen Rehabilitation (§ 35 SGB IX) statt. Hierzu gehören in erster Linie die Berufsbildungswerke, in denen jüngere Menschen mit Behinderung eine Erstausbildung erhalten und Berufsförderungswerke, deren Aufgabe die Weiterbildung älterer behinderter Menschen ist.

Seit 2009 gibt es eine weitere Form der beruflichen Rehabilitation: die Unterstützte Beschäftigung (§ 38a SGB IX). Ihr Ziel besteht darin, eine angemessene, geeignete und sozialversicherungspflichtige Beschäftigung für behinderte Menschen mit besonderem Unterstützungsbedarf zu ermöglichen und zu erhalten. Zielgruppe sind v. a. Menschen, deren Leistungsfähigkeit im Grenzbereich für eine Leistung in einer WfbM liegt. Sie teilt sich in zwei Bereiche:

Übersicht 29

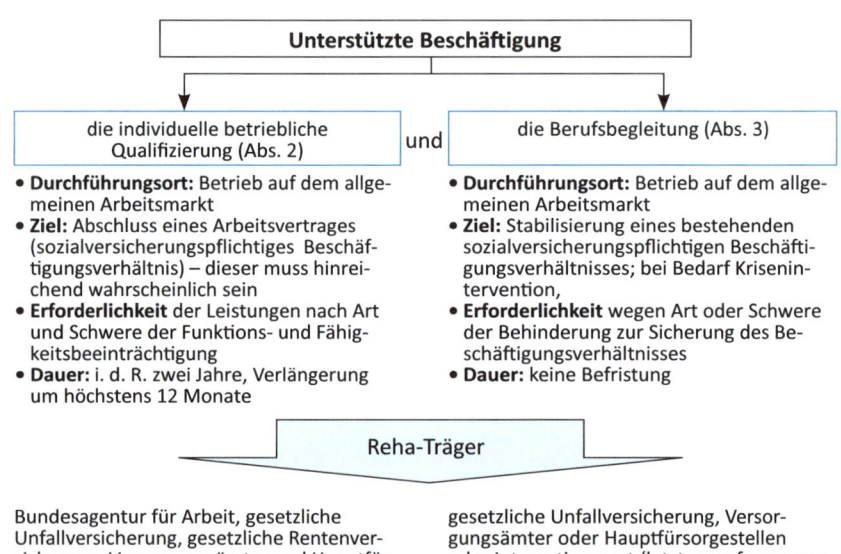

Ein guter Überblick über alle Leistungen zur Teilhabe am Arbeitsleben sowohl für Arbeitnehmer als auch für Arbeitgeber wird von der Bundesarbeitsgemeinschaft der Integrationsämter und Hauptfürsorgestellen (BIH) herausgegeben.[60]

4.4.2.5 Die einzelnen Leistungen – Unterhaltssichernde und ergänzende Leistungen

Unterhaltssichernde und ergänzende Leistungen sind in den §§ 44 bis 54 SGB IX geregelt. Sie ergänzen die Leistungen der medizinischen Rehabilitation und der Teilhabe am Arbeitsleben. Ihre Aufgabe liegt darin, den Lebensunterhalt während der Rehabilitation einschließlich der Sozialversicherungsbeiträge sicherzustellen sowie Unterstützung durch andere, die Rehabilitation begleitende Maßnahmen zu ermöglichen. Insofern schaffen sie die Rahmenbedingungen, unter denen die Rehabilitation ermöglicht, erleichtert, erreicht oder gesichert wird.

---

[60] www.integrationsaemter.de/files/11/ZB_Info_12S_BIH.pdf

4.4 Recht der Rehabilitation und Teilhabe behinderter Menschen

Unterhaltssichernde und ergänzende Leistungen werden nur erbracht, wenn gleichzeitig Leistungen zur medizinischen oder beruflichen Rehabilitation gewährt wurden. Sie können nicht für sich allein stehen. Dementsprechend ist derjenige Reha-Träger, der die „Hauptleistung" erbringt, auch für die unterhaltssichernden und ergänzenden Leistungen zuständig (Ausnahme: Sozialhilfeträger und Träger der Kinder- und Jugendhilfe[61]).

Unterhaltssichernde und ergänzende Leistungen lassen sich im Überblick so darstellen, wobei die Art der unterhaltssichernden Leistung sich nach den Vorschriften des jeweiligen Reha-Trägers richtet:

Übersicht 30

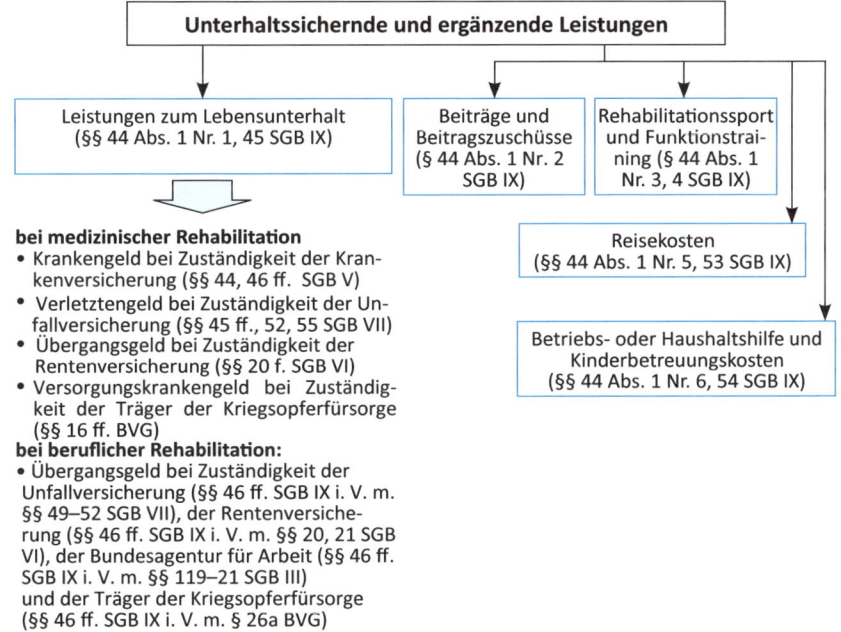

bei medizinischer Rehabilitation
- Krankengeld bei Zuständigkeit der Krankenversicherung (§§ 44, 46 ff. SGB V)
- Verletztengeld bei Zuständigkeit der Unfallversicherung (§§ 45 ff., 52, 55 SGB VII)
- Übergangsgeld bei Zuständigkeit der Rentenversicherung (§§ 20 f. SGB VI)
- Versorgungskrankengeld bei Zuständigkeit der Träger der Kriegsopferfürsorge (§§ 16 ff. BVG)

bei beruflicher Rehabilitation:
- Übergangsgeld bei Zuständigkeit der Unfallversicherung (§§ 46 ff. SGB IX i. V. m. §§ 49–52 SGB VII), der Rentenversicherung (§§ 46 ff. SGB IX i. V. m. §§ 20, 21 SGB VI), der Bundesagentur für Arbeit (§§ 46 ff. SGB IX i. V. m. §§ 119–21 SGB III) und der Träger der Kriegsopferfürsorge (§§ 46 ff. SGB IX i. V. m. § 26a BVG)

Beispiel

➲ Eine 32-jährige Krankenschwester erleidet einen Herzinfarkt. Sie betreut allein ihre fünfjährige Tochter. Während sie eine von der Krankenversicherung finanzierte medizinische Rehabilitation in einer stationären Einrichtung durchführt, erhält sie Krankengeld von der Krankenversicherung (der Lohnfortzahlungsanspruch ist bereits beendet) und eine Haushaltshilfe für die Betreuung ihrer Tochter. In der Klinik wird festgestellt, dass sie ihren Beruf nicht mehr ausüben kann und eine Umschulung benötigt. Zuständig für diese Maßnahme der beruflichen

---

[61] Erbringt die Kinder- und Jugendhilfe allerdings Leistungen zur stationären Eingliederungshilfe, erfolgt eine Unterhaltssicherung nach § 39 SGB VIII.

Rehabilitation ist die Bundesagentur für Arbeit. Erhält sie während der Umschulung Übergangsgeld und ebenfalls eine Haushaltshilfe, dann ist für diese Leistungen die Bundesagentur für Arbeit zuständig.

4.4.2.6 Die einzelnen Leistungen – Leistungen zur Teilhabe am Leben in der Gemeinschaft (soziale Rehabilitation)

Leistungen zur Teilhabe am Leben in der Gemeinschaft erhalten nach § 55 Abs. 1 SGB IX lediglich behinderte Menschen, nicht solche, die „nur" von Behinderung bedroht sind. Es ist ein eigener Leistungskomplex für Leistungen, die weder der medizinischen noch der beruflichen Rehabilitation zugeordnet werden; Leistungen zur Teilhabe am Leben in der Gemeinschaft sind insoweit gegenüber den anderen Reha-Leistungen nachrangig (§ 55 Abs. 1 letzter HS SGB IX).

Leistungen zur Teilhabe am Leben in der Gemeinschaft sollen nach § 55 Abs. 1 SGB IX Menschen mit Behinderungen

- die Teilhabe am Leben in der Gesellschaft ermöglichen oder
- die Teilhabe am Leben in der Gesellschaft sichern oder
- soweit wie möglich unabhängig von Pflege machen.

Die Ziele der Leistungen zur Teilhabe am Leben in der Gemeinschaft stehen alternativ nebeneinander; es genügt, wenn die in Frage stehende Leistung die Folgen der Behinderung mildert oder ein gewisses Maß an Selbstständigkeit bei der Vornahme einer oder mehrerer Verrichtungen des täglichen Lebens erreicht oder bewahrt werden kann.

Die Leistungen zur Teilhabe am Leben in der Gemeinschaft führt (nicht abschließend) § 55 Abs. 2 SGB IX auf. Die Leistungen umfassen:

1. Versorgung mit anderen als den in § 31 (SGB V) genannten Hilfsmitteln oder den in § 33 (SGB IX) genannten Hilfen,
2. heilpädagogische Leistungen für Kinder, die noch nicht eingeschult sind,
3. Hilfen zum Erwerb praktischer Kenntnisse und Fähigkeiten, die erforderlich und geeignet sind, behinderten Menschen die für sie erreichbare Teilnahme am Leben in der Gemeinschaft zu ermöglichen,
4. Hilfen zur Förderung der Verständigung mit der Umwelt,
5. Hilfen bei der Beschaffung, dem Umbau, der Ausstattung und der Erhaltung einer Wohnung, die den besonderen Bedürfnissen des behinderten Menschen entspricht,
6. Hilfen zu selbstbestimmtem Leben in betreuten Wohnmöglichkeiten und
7. Hilfen zur Teilhabe am gemeinschaftlichen und kulturellen Leben.

Die Leistungen werden zum großen Teil von der Eingliederungshilfe, deren Leistungsträger der Sozialhilfeträger bzw. der Träger der Kinder- und Jugendhilfe ist, erbracht.

Hilfsmittel und Hilfen i. S. d. Nr. 1 sind solche, die nicht nur die Grundbedürfnisse des täglichen Lebens erfüllen oder für die Erwerbstätigkeit unerlässlich sind, sondern solche, die der Alltagsbewältigung dienen und von keinem anderen

Reha-Träger gewährt werden. So werden auch Hilfsmittel erfasst, die nicht in erster Linie zum Ausgleich von Behinderungen entwickelt sind, aber die Ziele des § 55 Abs. 1 SGB IX verwirklichen (s. o. Kapitel 4.4.2.3.2).

Beispiele

➲ Hilfen zur Erleichterung oder Ermöglichung der Verständigung mit der Umwelt, Geräte zur häuslichen Kommunikation für querschnittsgelähmte Menschen, behindertengerechte Wasch- oder Küchenmaschinen.

Hilfen zum Erwerb praktischer Kenntnisse und Fähigkeiten i. S. d. Nr. 3 zielen darauf ab, Pflegebedürftigkeit zu mildern, indem Alltagskompetenzen und lebenspraktische Fähigkeiten gestärkt werden. Die Hilfen gehen weiter als aktivierende Pflegemaßnahmen, weil sie teilhabeorientiert sind und eine – wenn auch ggf. nur geringe – spürbare Verbesserung der Behinderungsfolgen beabsichtigen.

Beispiele

➲ Hilfen zum Erlernen von Fähigkeiten, sich allein anzuziehen, ohne fremde Hilfe zu essen oder einfache manuelle Tätigkeiten auszuüben, auch wenn dies ggf. nur unter dauernder Anleitung und Überwachung erfolgt; Maßnahmen, die eine möglichst selbstständige Haushaltsführung und räumliche Orientierung ermöglichen sowie Ausbildungsmaßnahmen wie eine blindentechnische Grundausbildung, hauswirtschaftliche Lehrgänge, Mobilitätstraining.

Hilfen zur Förderung der Verständigung mit der Umwelt, die Nr. 4 erwähnt, erfassen technische Hilfen.

Beispiele

➲ Verständigungsgeräte für Taubblinde, Hörgeräte, Hörtrainer und Sprachübungsgeräte für sprachbehinderte Menschen sowie die Unterweisung in die entsprechenden Geräte. Auch ein Dolmetscher kann dazu gehören, der die Verständigung eines gehörlosen oder sprachbehinderten Menschen mit seiner Umwelt ermöglicht.

Die Vorschrift ist auch Rechtsgrundlage dafür, dass Menschen mit geistiger Behinderung und/oder autistischen Verhaltensweisen zur Verständigung einfache Sprache oder unterstützte Kommunikation verwenden können. Für Menschen mit einer Hörbehinderung und Menschen mit besonders starker Beeinträchtigung der Sprachfähigkeit findet sich eine Sonderregelung in § 57 SGB IX. Die Hilfen zur Verständigung mit der Umwelt nach dieser Vorschrift umfassen personelle, keine technischen Hilfen. Der Anspruch besteht nur aus besonderem Anlass.

Beispiele

➜ Verkehr mit Behörden, Vertragsverhandlungen, Gerichtstermine, Arztbesuche, Teilnahme an Elternversammlungen in Kitas und Schulen

Leistungen zur Teilhabe am Leben in der Gemeinschaft umfassen darüber hinaus Hilfen bei Beschaffung, Umbau, Ausstattung und Erhaltung einer behinderungsgerechten Wohnung. Die Leistung muss einerseits abgegrenzt werden zur beruflichen Rehabilitation, die ebenfalls eine Beschaffung, Ausstattung und Erhaltung einer behinderungsgerechten Wohnung ermöglicht (§ 33 Abs. 8 Nr. 6 SGB IX). Als berufliche Rehabilitation wird die Leistung erbracht, wenn mit dieser Wohnung die Erwerbsfähigkeit (wieder)hergestellt und eine Erwerbstätigkeit ermöglicht wird. Andererseits gibt es auch im Pflegeversicherungsrecht die Möglichkeit, eine Wohnung pflegebedingt umzubauen bzw. auszustatten. Diese Zuschüsse für wohnumfeldverbessernde Maßnahmen (§ 40 Abs. 4 SGB XI) erfordern allerdings eine Leistungsberechtigung nach dem SGB XI (Pflegestufe oder Anspruch nach § 123 SGB XI) sowie die Erreichung eines pflegerischen Ziels.

Darüber hinaus werden Menschen, die keinen eigenen Haushalt führen können und deshalb in betreuten Wohnformen ihre Chancen auf mehr Selbstbestimmung und Selbstständigkeit verwirklichen wollen, durch Leistungen zur Teilhabe am Leben in der Gemeinschaft unterstützt (Nr. 6).

Nicht zuletzt wird mit diesen Leistungen die Teilhabe am gemeinschaftlichen und kulturellen Leben ermöglicht (Nr. 7). Die Leistungen sind in § 58 SGB IX konkretisiert und umfassen insbesondere (als persönliche Assistenz oder materielle Leistungen):

- Hilfen zur Förderung der Begegnung und des Umgangs mit nichtbehinderten Menschen,

Beispiele

➜ Vermittlung gesellschaftlicher Kontakte, Ermöglichung des Besuchs von Veranstaltungen oder der Beteiligung an Vereinen oder Aktionen in der Nachbarschaft oder eines Ferienlagers, ggf. auch die Übernahme der Kosten eines Telefonanschlusses, wenn der Mensch mit Behinderung aufgrund seiner Behinderung seine Wohnung nicht verlassen kann. Beispielsfall: Der schwerhörige K ist seit mehr als 50 Jahren ehrenamtlich Mitglied in einem Blasorchester, das er seit 30 Jahren dirigiert und in dem er auch den Nachwuchs ausbildet. Die Versorgung mit dem von der Krankenversicherung zur Verfügung gestellten Hörgerät ist für diese Tätigkeit nicht ausreichend. Das Hilfsmittel konnte nicht im Rahmen der beruflichen Rehabilitation übernommen werden, weil K nicht mehr arbeitete, sondern das Gerät für seinen Freizeitbereich braucht. Der für die Leistungen zur Teilhabe am Leben in der Gemeinschaft zuständige Reha-Träger musste die Mehrkosten für das teurere Hörgerät übernehmen, weil K durch sein ehrenamtliches Engagement im Musikverein eine wichtige gesellschaftliche Aufgabe wahrnimmt und das Hörgerät ihm die weitere Teilnahme im Verein ermöglicht (LSG Rheinland-Pfalz, Urteil vom 29.8.2006, L 3 U 73/06).

- Hilfen zum Besuch von Veranstaltungen oder Einrichtungen, die der Geselligkeit, der Unterhaltung oder kulturellen Zwecken dienen.

Beispiele

➡ Ermöglichung des Besuchs von Theateraufführungen, Konzerten oder Sportveranstaltungen; auch die Kosten für ein Kfz, wenn der Mensch mit Behinderung nicht in der Lage ist, den öffentlichen Nahverkehr zu benutzen, und ansonsten keine Möglichkeit hat, seine kulturellen und sozialen Kontakte wahrzunehmen (zu letztem LSG Niedersachsen-Bremen, Beschluss vom 10.5.2007, L 8 SO 20/07 ER).

Hilfen zum Besuch von Bildungseinrichtungen werden von der Vorschrift nicht erfasst.

- Bereitstellung von Hilfsmitteln, die der Unterrichtung über das Zeitgeschehen oder über kulturelle Ereignisse dienen, wenn wegen Art oder Schwere der Behinderung anders eine Teilhabe am Leben in der Gemeinschaft nicht oder nur unzureichend möglich ist.

Die Hilfen kommen dann in Betracht, wenn der Mensch mit Behinderung nicht auf andere Weise am Leben in der Gemeinschaft teilhaben kann und sich seine Teilhabemöglichkeit im Wesentlichen auf die Ausnutzung öffentlicher Medien beschränkt.

Beispiele

➡ Sachkostenübernahme für die Beschaffung von Zeitungen, Zeitschriften, Fernsehapparaten, Radios, ggf. auch für die Reparatur; nicht die Kosten für eine Internetflatrate

4.4.2.6.1 Heilpädagogische Leistungen (§§ 55 Abs. 2 Nr. 2, 56 SGB IX)

Heilpädagogische Leistungen werden nicht nur im Rahmen der Früherkennung und Frühförderung erbracht, sondern auch im Rahmen der Leistungen zur Teilhabe am Leben in der Gemeinschaft. Ihre Grundlage findet sich in den §§ 55 Abs. 2 Nr. 2, 56 SGB IX (jeweils i. V. m. den entsprechenden Leistungsgesetzen). Was heilpädagogische Leistungen sind, hat der Gesetzgeber nicht definiert. Das OVG Lüneburg versteht Heilpädagogik als „spezialisierte Erziehung, Unterrichtung und Fürsorge in Bezug auf behinderte Kinder und Jugendliche"[62]. Heilpädagogische Leistungen sollen so frühzeitig wie möglich einsetzen, um der Behinderung von Kindern, die von Geburt oder früher Kindheit an behindert sind, entgegenzuwirken, ihren fortschreitenden Verlauf zu verlangsamen oder ihre Folgen zu mildern oder zu beseitigen. Ziel dieser Leistungen ist es, Kindern mit Behinderung unabhängig von ihrer Behinderung einen künftigen Schulbesuch zu ermöglichen; die Leistungen werden deshalb ausschließlich im vorschulischen oder außerschulischen Bereich erbracht.

---

[62] OVG Lüneburg, Urteil vom 11.5.1990, Az. 4 A 168/88.

Die heilpädagogischen Leistungen werden mit den Leistungen der Früherkennung und Frühförderung als Komplexleistung erbracht (s. o. Kapitel 4.4.2.3.1), um hier eine einheitliche Förderung von Kindern mit Behinderung ohne Zuständigkeitsstreitigkeiten zu ermöglichen. Die Aufteilung der Kosten zwischen den beteiligten Leistungsträgern erfolgt nach den §§ 8, 9 FrühV.

Übersicht 31

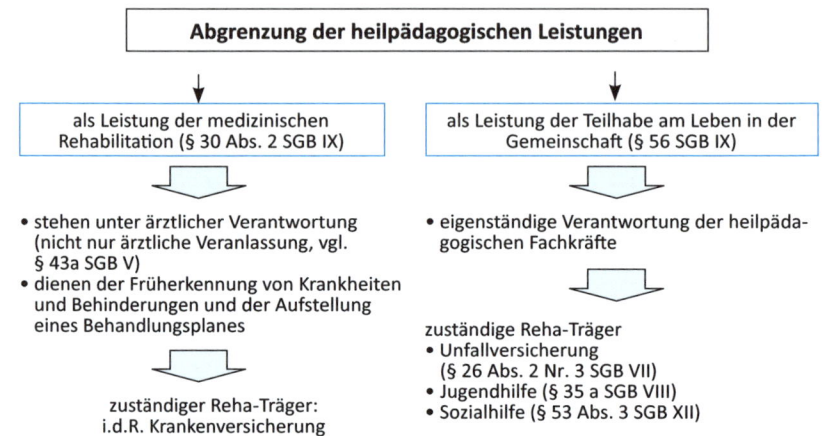

Darüber hinaus können die heilpädagogischen Leistungen auch als Komplexleistung mit schulvorbereitenden Maßnahmen der Schulträger (§ 56 Abs. 2 2. Alt. SGB IX) erbracht werden. Diese finden sich in vereinzelten Schulgesetzen der Bundesländer.

Beispiel

➡ Schulvorbereitende Förder- und Betreuungsangebote an Förderschulen für Blinde und Sehgeschädigte sowie Förderschulen für Gehörlose und Hörgeschädigte nach § 8 Abs. 7 SchulG Sachsen-Anhalt

Heilpädagogische Leistungen erhalten behinderte und von Behinderung bedrohte Kinder, solange sie noch nicht eingeschult sind, unabhängig von Art, Ausmaß oder Schwere ihrer Behinderung. Entscheidend ist die tatsächliche Einschulung und nicht das Erreichen des schulpflichtigen Alters. Ältere Kinder erhalten Eingliederungshilfe nach dem SGB XII oder dem SGB VIII. Schwerst- und mehrfachbehinderte Kinder, die einer Beschulung nicht zugänglich sind, erhalten häufig auch heilpädagogische Leistungen bis zur Volljährigkeit, allerdings dann nicht durch den Träger der Kinder- und Jugendhilfe.

Die heilpädagogischen Leistungen werden gewährt, wenn nach fachlicher Erkenntnis zu erwarten ist, dass hierdurch

- eine drohende Behinderung abgewendet oder der fortschreitende Verlauf einer Behinderung verlangsamt oder
- die Folgen einer Behinderung beseitigt oder gemildert

werden können. Die fachliche Erkenntnis wird i. d. R. durch ein Gutachten belegt. Die Erwartungen dürfen dabei nicht zu hoch gesteckt werden. Es genügt eine allgemeine Wahrscheinlichkeit, um gerade auch Säuglingen und Kleinkindern die notwendigen Hilfen nicht zu versagen und ein niedrigschwelliges Hilfsangebot zu schaffen. Es muss gleichwohl eine Prognoseentscheidung darüber getroffen werden, ob die Hilfsmaßnahme angesichts der Art und Schwere der Behinderung geeignet ist, die in § 55 Abs. 1 SGB IX genannten Teilhabeziele zu erreichen.

Schwerst- und schwerstmehrfachbehinderte Kinder erhalten immer heilpädagogische Leistungen, ohne dass geprüft wird, ob diese auch tatsächlich zu einer Abwendung, Milderung oder Beseitigung der Behinderung geeignet sind.

Nach § 6 FrühV umfassen die heilpädagogischen Leistungen i. S. d. § 56 SGB IX alle Maßnahmen, die die Entwicklung des Kindes und die Entfaltung seiner Persönlichkeit mit pädagogischen Mitteln anregen, einschließlich der erforderlichen sozial- und sonderpädagogischen, psychologischen und psychosozialen Hilfen sowie der Beratung der Erziehungsberechtigten.

Beispiele

➲ Förderung der Basiskompetenzen des Kindes im Bereich Sprache und persönliche Entwicklung, einschließlich des sozialen Verhaltens; Maßnahmen, die auf eine sinnesspezifische Entwicklung abzielen, hier auch ggf. heilpädagogisches Reiten, auch die Einzelintegration eines dreijährigen Kindes mit sog. Wasserkopf in eine integrativ arbeitende Krabbelgruppe, wenn das Kind (noch) nicht in einen Kindergarten gebracht werden kann.

Die Leistungen sollen so geplant und gestaltet werden, dass die Kinder möglichst nicht von ihrem sozialen Umfeld getrennt und gemeinsam mit nichtbehinderten Kindern betreut werden. Benötigen die Kinder eine Begleitung zur Teilnahme an den heilpädagogischen Maßnahmen, müssen die Fahrkosten oder sonstige mit der Fahrt verbundene Auslagen sowie die Kosten der Begleitperson übernommen werden.

Die Leistungen werden ambulant, teilstationär oder vollstationär erbracht, je nach individuellem Bedarf für den Einzelnen oder in Gruppen bzw. in entsprechenden Einrichtungen. Auch interdisziplinäre Frühförderstellen können heilpädagogische Leistungen erbringen.

4.4.2.6.2   Eingliederungshilfe nach dem SGB XII

Leistungen zur Teilhabe in der Gemeinschaft werden am häufigsten vom Träger der Sozialhilfe nach dem SGB XII oder vom Träger der Eingliederungshilfe nach dem SGB VIII erbracht. Der Träger der Sozialhilfe erbringt die Leistungen unter den Voraussetzungen der §§ 53 ff. SGB XII.

Nach § 53 Abs. 1 SGB XII erhalten Personen, die durch eine Behinderung i. S. d. § 2 Abs. 1 SGB IX wesentlich in ihrer Fähigkeit, an der Gesellschaft teilzuhaben, eingeschränkt oder von einer solchen Behinderung bedroht sind, Leistungen der Eingliederungshilfe, wenn damit Aussicht besteht, die Aufgabe der

Eingliederungshilfe zu erfüllen. Personen, die nicht wesentlich in ihrer Teilhabe eingeschränkt sind, können Eingliederungsleistungen erhalten. Man unterscheidet danach in zwei Gruppen von Leistungsberechtigten:

Übersicht 32

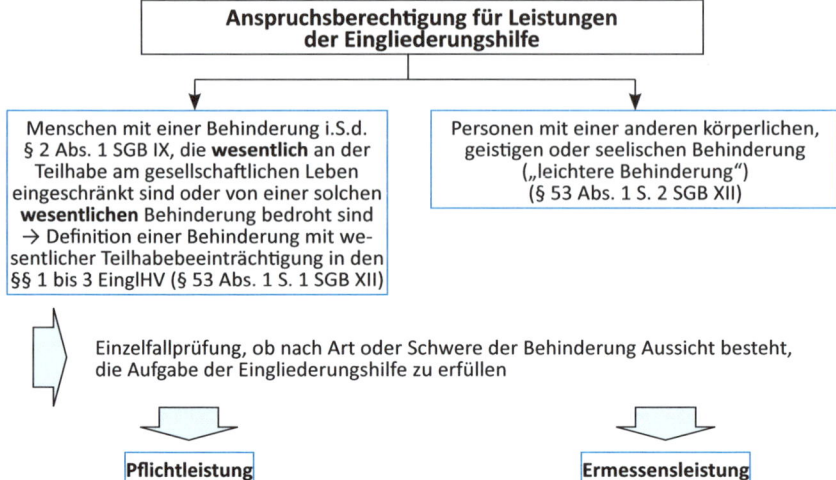

Die Aufgabe der Eingliederungshilfe ist in § 53 Abs. 3 SGB XII definiert. Sie soll

- eine drohende Behinderung verhüten oder
- eine Behinderung oder deren Folgen beseitigen oder mildern

und behinderte Menschen in die Gesellschaft eingliedern, indem sie ihnen

- die Teilnahme am Leben in der Gemeinschaft ermöglicht oder erleichtert,
- die Ausübung eines angemessenen Berufs oder einer sonstigen angemessenen Tätigkeit ermöglicht oder
- ein Unabhängigwerden von Pflege ermöglicht.

Die Leistungen der Eingliederungshilfe umfassen neben den Leistungen zur Teilhabe an der Gemeinschaft (§ 55 SGB IX) auch Leistungen der medizinischen Rehabilitation (§ 26 SGB IX), der Teilhabe am Arbeitsleben (§ 33 SGB IX) sowie Leistungen im Arbeitsbereich der WfbM (§ 41 SGB IX). Gleichwohl ist der Sozialhilfeträger für die medizinische und berufliche Rehabilitation nur nachrangig zuständig. Insofern betrifft das Hauptleistungsspektrum der Eingliederungshilfe die Leistungen zur Teilhabe an der Gemeinschaft. Neben den dort genannten Leistungen gehören nach § 54 Abs. 1 S. 1 SGB XII dazu:

- Hilfen zu einer angemessenen Schulbildung, insbesondere im Rahmen der allgemeinen Schulpflicht und zum Besuch weiterführender Schulen einschließlich der Vorbereitung hierzu (§ 12 EinglHV),
- Hilfe zur schulischen Ausbildung für einen angemessenen Beruf einschließlich des Besuchs einer Hochschule (§ 13 EinglHV),
- Hilfe zur Ausbildung für eine sonstige angemessene Tätigkeit (§ 13a EinglHV),

- Hilfe in vergleichbaren sonstigen Beschäftigungsstätten (Werkstätten oder vergleichbare Einrichtungen, § 56 SGB XII, § 17 EinglHV),
- nachgehende Hilfe zur Sicherung der Wirksamkeit der ärztlichen und ärztlich verordneten Leistungen und zur Sicherung der Teilhabe der behinderten Menschen am Arbeitsleben sowie
- Anleitung von Betreuungspersonen und Kosten einer Begleitperson (§§ 20, 22 EinglHV).

Auch wenn es Leistungen der Eingliederungshilfe für eine angemessene Schulbildung gibt, bedeutet das nicht, dass das behinderte Kind diese Leistungen für den Besuch einer Regelschule erhält. Dieser Anspruch wird in den Schulgesetzen der einzelnen Bundesländer geregelt (derzeit nur in wenigen Bundesländern, z. B. Hamburg). Da die Kosten für eine Schulbegleitung und für technische Hilfen für den Besuch einer Regelschule teilweise höher sind, als die einer Förderschule, deren Ausstattung bereits finanziert wird, weigern sich manche Sozialhilfeträger unter Verweis auf eine bestehende Sonderschuleinrichtung entsprechende Eingliederungshilfeleistungen zu erbringen.

Stellt der Sozialhilfeträger einen Bedarf an Eingliederungsleistungen fest, so erstellt er gemeinsam mit dem behinderten Menschen und anderen Akteuren (z. B. Arzt, Gesundheitsamt, Jugendamt, Bundesagentur für Arbeit) einen Gesamtplan (§ 58 SGB XII) zur Durchführung der Leistungen.

4.4.2.7 Zusammenfassung: Teilhabeleistungen, Leistungsträger, Rechtsgrundlagen

Leistungsarten (§ 5 SGB IX)	Rehabilitationsträger (§ 6 SGB IX)	Rechtsgrundlagen	Voraussetzungen/ Besonderheiten
Leistungen zur medizinischen Rehabilitation §§ 26 ff. SGB IX	1. gesetzliche Krankenversicherung	§ 40 i. V. m. § 27 ff. SGB V	Mitgliedschaft in der GKV (§§ 5, 9, 10 SGB V)
	2. gesetzliche Rentenversicherung	§ 15 SGB VI	§§ 10, 11 SGB VI
	3. gesetzliche Unfallversicherung	§§ 27 ff. SGB VII	Versicherung (§§ 2, 3, 6 SGB VII) maßgebliches Ereignis: Arbeitsunfall oder Berufskrankheit (§§ 8, 9 SGB VII) und Kausaliät
	4. Kinder- und Jugendhilfe	§ 35a SGB VIII	seelische Behinderung
	5. Sozialhilfe	§§ 53 ff. SGB XII, EinglHV	ggf. Bedürftigkeit
	6. Kriegsopferversorgung/ Kriegsopferfürsorge	§§ 10 ff., 25b, 26b BVG (ggf. i. V. m. Verweisungsgesetzen)	maßgebliches Ereignis: aus dem BVG oder Verweisungsgesetzen (z. B. OEG, SDG, ZDG) und Kausalität

# 4 Sozialrechtliche Grundlagen

Leistungsarten (§ 5 SGB IX)	Rehabilitationsträger (§ 6 SGB IX)	Rechtsgrundlagen	Voraussetzungen/ Besonderheiten
Leistungen zur Teilhabe am Arbeitsleben (Berufliche Rehabilitation) §§ 33 ff. SGB IX	1. Bundesagentur für Arbeit	§§ 112 ff. SGB III, § 16 SGB II	
	2. Gesetzliche Rentenversicherung	§ 16 SGB VI	15 Jahre Wartezeit oder § 11 Abs. 2a SGB VI, sonst s. o.
	3. Gesetzliche Unfallversicherung	§§ 39 ff. SGB VII	s. o.
	4. Kinder- und Jugendhilfe	§ 35a SGB VIII	seelische Behinderung
	5. Sozialhilfe	§§ 53 ff. SGB XII, EinglHV	s. o.
	6. Kriegsopferversorgung/ Kriegsopferfürsorge	§§ 26, 26a BVG	s. o.
unterhaltssichernde und ergänzende Leistungen §§ 44 ff. SGB IX	1. gesetzliche Krankenversicherung	§§ 43 ff. SGB V	s. o.
	2. gesetzliche Rentenversicherung	§§ 20, 21, 28 SGB VI	s. o.
	3. gesetzliche Unfallversicherung	§§ 39 ff. SGB VII	s. o.
	4. Bundesagentur für Arbeit	§§ 119 ff. SGB III, § 16 SGB II	für Übergangsgeld grundsätzlich 12 Monate Pflichtversicherung
	5. Kriegsopferversorgung/ Kriegsopferfürsorge	§§ 26a, 27b ff. BVG	s. o.
Leistungen zur Teilhabe am Leben in der Gemeinschaft (soziale Rehabilitation) §§ 55 ff. SGB IX	1. Sozialhilfe	§§ 53 ff. SGB XII, EinglHV	s. o.
	2. gesetzliche Unfallversicherung	§§ 39 ff. SGB VII	s. o.
	3. Kinder- und Jugendhilfe	§ 35a SGB VIII	s. o.
	4. Kriegsopferversorgung/ Kriegsopferfürsorge	§ 27d BVG	s. o.

4.4.3 Das Persönliche Budget

Das Persönliche Budget, auf das seit dem 1.1.2008 ein Rechtsanspruch besteht, ist eine Geldleistung, die der leistungsberechtigte Mensch mit Behinderung zur selbst organisierten und eigenverantwortlich geführten Deckung seines Bedarfs an Teilhabeleistungen erhält. Es ersetzt die durch die Reha-Träger sonst gewährten Sachleistungen und ist keine eigenständige oder neue Leistung, sondern nur eine Form der Finanzierung bzw. der Leistungserbringung. Dem Leistungsberechtigten soll auf diese Weise mehr Selbstbestimmung bei der Gestaltung der ihm zustehenden Hilfen gewährt werden. Statt der Sachleistung (z. B. Betreuung in

Einrichtungen und von Diensten, mit denen der Leistungsträger Versorgungsverträge geschlossen hat) erhält der Leistungsberechtigte einen Geldbetrag, um sich die Leistung bei einem Anbieter seiner Wahl selbst „einzukaufen".

Das das Sozialleistungsrecht bestimmende Sozialleistungsdreieck wird damit an einer Stelle unterbrochen:

Übersicht 33

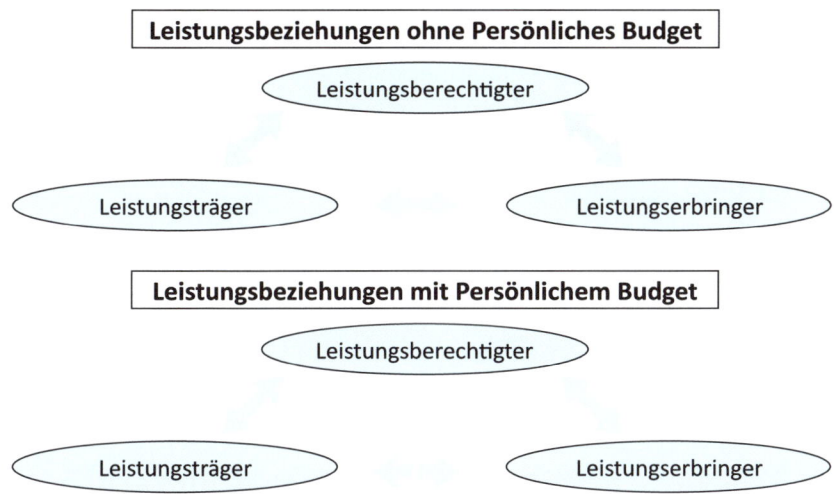

Zwischen Leistungsträger und Leistungserbringer besteht keine Vertragsbeziehung mehr; der Leistungsberechtigte kann den Leistungserbringer mit den für ihn am besten geeigneten Leistungen wählen.

Das Persönliche Budget ist geregelt im § 17 Abs. 2–4 SGB IX und in der Budgetverordnung (BudgetV). Da wiederum das SGB IX selbst keine Anspruchsgrundlage für die Gewährung eines Persönlichen Budgets in Bezug auf die Teilhabeleistungen darstellt, müssen die für die Reha-Träger geltenden Leistungsgesetze selbst noch den Anspruch auf das Persönliche Budget für die von ihnen gewährten Teilhabeleistungen verankern. Diese finden sich für die:

Gesetzliche Krankenversicherung	in § 11 Abs. 1 Nr. 5 und Abs. 2 S. 3 SGB V
Bundesagentur für Arbeit	in § 118 S. 2 SGB III
Gesetzliche Unfallversicherung	in § 26 Abs. 1 S. 2 SGB VII
Gesetzliche Rentenversicherung	in § 13 Abs. 1 S. 2 SGB VI
Kriegsopferversorgung/Kriegsopferfürsorge	in § 9 Abs. 2 BVG
Sozialhilfeträger	in § 57 SGB XII

Zuständig für die Ausführung des Persönlichen Budgets sind neben den in § 6 SGB IX genannten Reha-Trägern auch die Pflegekassen und die Integrationsämter.

> Obwohl die Pflegekasse kein Reha-Träger ist, besteht dennoch die Möglichkeit, deren Leistungen in Form eines Persönlichen Budgets zu erhalten. Werden allerdings die einzelnen ambulanten Leistungen als Persönliches Budget beantragt, wird dieses nach § 35a SGB XI nur in Form von Gutscheinen zur Verfügung gestellt. Diese Gutscheine können nur bei Anbietern eingelöst werden, die von der Pflegekasse zugelassen wurden. Da damit faktisch das Ziel – eigene Auswahl der Leistungserbringer durch den Leistungsberechtigten – ins Leere läuft, findet das Persönliche Budget in der Pflege kaum Nutzer.

Budgetfähige Leistungen sind alle Leistungen zur Teilhabe (§ 17 Abs. 2 S. 1 SGB IX), ausgenommen die unterhaltssichernden und ergänzenden Leistungen. Darüber hinaus sind auch die Leistungen der Krankenkassen, der Pflegekassen, der Träger der Unfallversicherung bei Pflegebedürftigkeit sowie der Sozialhilfeträger bei der Hilfe zur Pflege budgetfähig, wenn sie sich auf

- alltägliche und
- regelmäßig wiederkehrende

Bedarfe beziehen und als

- Geldleistungen oder durch Gutscheine

erbracht werden können.

Alltägliche Bedarfe sind Bedarfe, die in Arbeit, Familie, Privatleben und Gesellschaft sowie bei der Gestaltung des eigenen Lebensumfeldes anfallen. Sie sollten mindestens sechs Monate, nur in Einzelfällen für kürzere Zeiträume anfallen. Regelmäßig wiederkehrend ist ein Bedarf, der entweder in feststellbaren Zeitabständen (z. B. täglich, wöchentlich, monatlich, jährlich) anfällt und einen erkennbaren Rhythmus aufweist oder innerhalb eines vorab feststehenden Zeitraums dauerhaft, zumindest aber wiederholt gegeben ist.

Eine beispielhafte Aufzählung budgetfähiger Leistungen einzelner Leistungsträger, einschließlich der entsprechenden Rechtsgrundlagen sowie der Anspruchsvoraussetzungen findet sich in den Handlungsempfehlungen der BAR „Trägerübergreifende Aspekte bei der Ausführung von Leistungen durch ein Persönliches Budget" vom 1.4.2009.[63]

Ein Persönliches Budget gibt es als einfaches Budget, wenn nur ein Leistungsträger daran beteiligt ist (z. B. Sozialhilfe oder Bundesagentur für Arbeit) oder als trägerübergreifendes Persönliches Budget, wenn mehrere Leistungsträger für die Teilhabe- oder Pflegeleistungen zuständig sind.

Beim einfachen Persönlichen Budget stellt der leistungsberechtigte behinderte Mensch einen Antrag beim zuständigen Leistungsträger auf die Geldleistung. Er sollte sich bei der Antragstellung schon Gedanken über die anfallenden Kosten gemacht haben, damit das Budget nicht zu gering bemessen ist und es zu Engpässen bei der Deckung des Bedarfs kommt.

---

[63] Download unter http://www.bar-frankfurt.de/rahmenempfehlungen.html, S. 10–41.

Übersicht 34

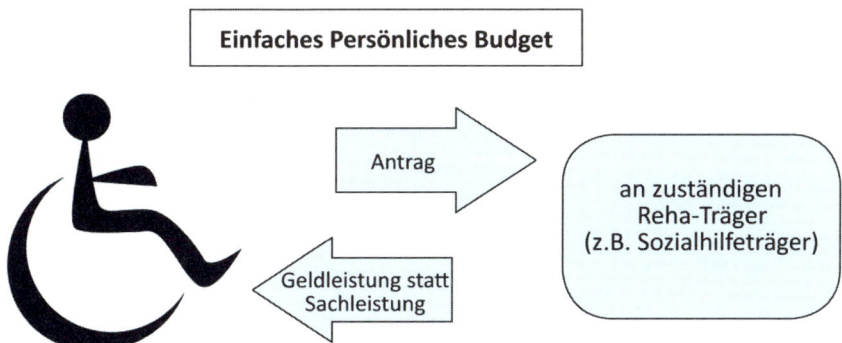

Aus diesen Gründen hat die Budgetassistenz eine hohe praktische Relevanz für die Betroffenen. Sie umfasst zum einen die Budgetberatung – sie begleitet das Verfahren bis zum Bescheid – und zum anderen die Budgetunterstützung, die dem behinderten Menschen bei der Ausführung des Budgets (z. B. Einkauf der Leistungen, Verwaltung des Budgets) zur Seite steht. Die Budgetberatung kann durch die Gemeinsamen Servicestellen, die Auskunfts- und Beratungsstellen der Leistungsträger oder durch Wohlfahrtsverbände, Selbsthilfeorganisationen u. a. wahrgenommen werden. Die Budgetunterstützung wird nicht von den Leistungsträgern erbracht. Hierfür müssen die Angebote von Verbänden behinderter Menschen oder einzelnen Budgetassistenten wahrgenommen werden. Die anfallenden Kosten für die Budgetassistenz müssen bei der Höhe des Persönlichen Budgets mit berücksichtigt werden (§ 17 Abs. 3 S. 3 SGB IX).

4 Sozialrechtliche Grundlagen

Das Verfahren bei einem trägerübergreifenden Persönlichen Budget ist komplexer und stellt eine Herausforderung für den behinderten Menschen dar. An dem Verfahren sind mehrere Reha-Träger beteiligt. Ohne Persönliches Budget würde die Leistungsbeantragung und -erbringung bei mehreren zuständigen Leistungsträgern so aussehen:

Übersicht 35

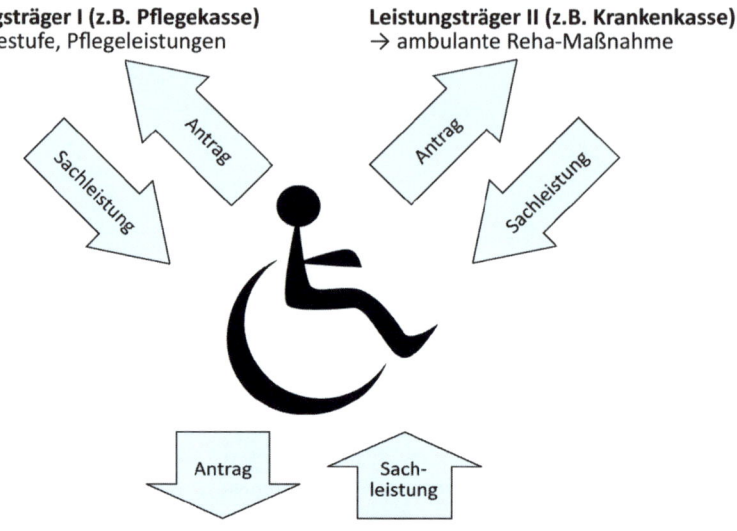

Es muss jeweils ein Antrag beim zuständigen Leistungsträger gestellt werden, jeder Leistungsträger entscheidet gesondert über den Anspruch und bewilligt Leistungen oder lehnt sie ab. Im letzteren Fall muss der Leistungsberechtigte Widerspruch bei jedem Träger einlegen.

Mit einem trägerübergreifenden Persönlichen Budget entfällt der Antrag an jeden in Frage kommenden Leistungsträger. Der Leistungsberechtigte stellt an einen der für die Teilhabe- und/oder Pflegeleistungen zuständigen Leistungsträger einen Antrag auf ein trägerübergreifendes Persönliches Budget. Dieser Leistungsträger wird zum Beauftragten für die Ausführung des Budgets (§ 17 Abs. 4 SGB IX). Er ist für die Koordinierung der Leistungserbringung verantwortlich und erlässt auch einen Gesamtbescheid, in dem alle Leistungen verankert sind. Das Verfahren ist im Wesentlichen in der Budgetverordnung geregelt.

4.4 Recht der Rehabilitation und Teilhabe behinderter Menschen

Übersicht 36

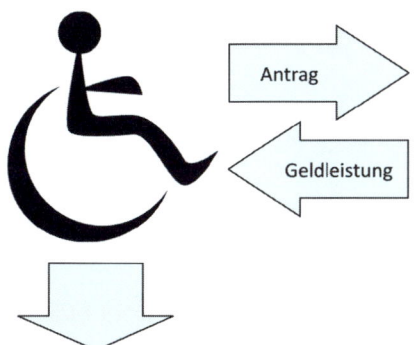

Beauftragter (§§ 17 Abs. 4, 14 SGB IX) z.B. Sozialhilfeträger
→ erlässt einen Gesamtbescheid über die Leistungen:
- Leistungen zur ambulanten Rehabilitation
- ambulante Eingliederungshilfe im häuslichen Bereich
- Pflegegeld oder Sachleistungsbetrag in Gutscheinen

Abschluss einzelner privatrechtlicher (Dienst)Verträge mit unterschiedlichen Leistungserbringern und Diensten nach freier Wahl

Wird der Antrag auf ein trägerübergreifendes Persönliches Budget bei einer Gemeinsamen Servicestelle gestellt, ist der Leistungsträger, dem diese Gemeinsame Servicestelle zugeordnet ist, Beauftragter, allerdings nur wenn dieser am Persönlichen Budget beteiligt ist. Ansonsten besteht eine Verpflichtung zur Weiterleitung des Antrags innerhalb von zwei Wochen gem. § 14 Abs. 1 S. 2 SGB IX.

Da der Beauftragte einen Gesamtbescheid erlässt, richten sich gegen ihn auch Widerspruch und Klage, wenn das Persönliche Budget nicht in der Form ausfällt, wie es der Leistungsberechtigte beantragt hat.

4 Sozialrechtliche Grundlagen

Das Verfahren bei einem trägerübergreifenden Persönlichen Budget ist in § 3 BudgetV geregelt und lässt sich wie folgt darstellen:

Übersicht 37

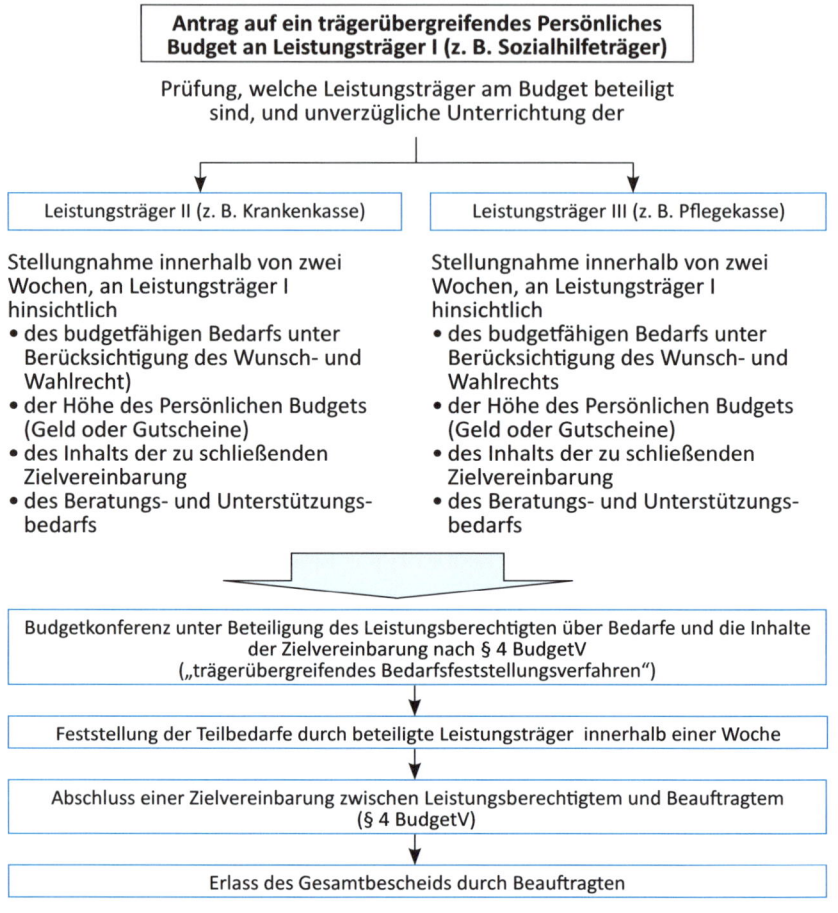

Der Beauftragte ist bei Erlass des Gesamtbescheides an die Vorgaben der anderen Leistungsträger gebunden, kann also nicht mehr oder weniger gewähren als diese festgelegt haben.

> Bevor der Leistungsberechtigte an der Bugdgetkonferenz teilnimmt, sollte er sich unbedingt über die mit den einzelnen begehrten Leistungen verbundenen Kosten informiert haben, um dort eine realistische Vorstellung über den tatsächlichen Bedarf darzulegen. Das erfordert u. U. ein Einholen von Angeboten verschiedener Leistungserbringer und Dienste.

Zwingende Voraussetzung für den Erlass des Gesamtbescheides ist der Abschluss der Zielvereinbarung, in der mindestens Regelungen über

- die Ausrichtung der individuellen Förder- und Leistungsziele,

- die Erforderlichkeit eines Nachweises für die Deckung des festgestellten individuellen Bedarfs sowie
- die Qualitätssicherung

getroffen werden.

Entscheidet sich ein Mensch mit Behinderung für eine Begleitung und Pflege im Arbeitgeber- oder Assistenzmodell, ist das Persönliche Budget eine Möglichkeit dieses Modell zu finanzieren.

Übungsaufgaben

1. Welche Leistungen zur Teilhabe kennen Sie und wer sind die hierfür zuständigen Leistungsträger? Nennen Sie die gesetzlichen Vorschriften dazu!
2. Wie verhält sich das SGB IX zu den besonderen Leistungsgesetzen der einzelnen Reha-Träger?
3. Herr K reicht einen Antrag auf eine medizinische Rehabilitation bei der Krankenkasse ein. Wie ist das weitere Verfahren, wenn
   a) die Krankenkasse zuständig ist?
   b) die Rentenversicherung zuständig ist?
   c) K gar nicht krankenversichert ist?
   d) die Reha-Maßnahme aufgrund einer Berufskrankheit erforderlich ist?
4. Welche Faustregeln zur Feststellung der Zuständigkeit der Reha-Träger kennen Sie?
5. Benennen Sie die Unterschiede zwischen der Erbringung heilpädagogischer Leistungen im Rahmen der medizinischen Rehabilitation und im Rahmen der Leistungen zur Teilhabe am Leben in der Gemeinschaft!
6. In welchen Vorschriften finden Sie etwas über Hilfsmittel? Benennen Sie die Unterschiede!
7. Um welche Leistungen zur Teilhabe handelt es sich in den nachfolgenden Fällen? Wer ist zuständiger Reha-Träger? Benennen Sie die jeweiligen gesetzlichen Regelungen!

   a) Die 56-jährige A arbeitet seit 20 Jahren als Angestellte in einem Karosseriebetrieb. Aufgrund einer Rückenerkrankung benötigt sie für ihren Arbeitsplatz einen besonderen Bürostuhl und eine Fußauflage.
   b) Der 20-jährige Krankenpfleger M verunglückt auf dem Heimweg von der Nachtschicht, weil er kurz einschläft. Er benötigt nach der Behandlung im Krankenhaus eine Rehabilitation in einer stationären Einrichtung.
   c) Der zehnjährige gehörlose F möchte die Regelschule in der Nähe seiner Wohnung besuchen. Er benötigt Unterstützung durch eine Schulassistenz.
   d) Die 34-jährige C verunglückt beim Bungeespringen und bricht sich den 4. Halswirbel. Sie benötigt zukünftig einen Rollstuhl.
8. Was verstehen Sie unter dem Persönlichen Budget? Was ändert sich in den verschiedenen Leistungsbeziehungen zwischen Leistungsträgern, Leistungsberechtigten und Leistungserbringern?

4.4.4 Grundzüge des Schwerbehindertenrechts

Im zweiten Teil des SGB IX finden sich die Regelungen für schwerbehinderte Menschen (Schwerbehindertenrecht). Dieser Teil geht auf das frühere Schwerbehindertengesetz zurück; es geht vorrangig um die Eingliederung schwerbehinderter Menschen in Arbeit und Gesellschaft. Das Schwerbehindertenrecht des SGB IX wird durch Verordnungen ergänzt. Hierzu gehören z. B.

- die Schwerbehinderten-Ausgleichsabgabeverordnung (SchwbAV), in der die Förderung schwerbehinderter Menschen am Arbeitsleben, die Schaffung von Arbeits- und Ausbildungsplätzen, begleitende Hilfen im Arbeitsleben aus den Mitteln der Ausgleichsabgabe geregelt wird. Die Ausgleichsabgabe (§§ 71 ff. SGB IX) müssen Arbeitgeber zahlen, die über mindestens 20 Arbeitsplätze verfügen und weniger als 5 Prozent dieser Plätze mit schwerbehinderten Menschen besetzt haben. Sie beträgt zwischen 105 und 260 Euro im Monat pro unbesetzten Pflichtplatzes. Zuständig für die Einziehung der Ausgleichsabgabe ist das Integrationsamt.
- die Schwerbehindertenausweisverordnung (SchwbAwV), die die Einzelheiten zum Schwerbehindertenausweis und den einzelnen Merkmalen regelt.

Das Schwerbehindertenrecht des SGB IX gilt nach § 68 Abs. 1 SGB IX für schwerbehinderte und ihnen gleichgestellte behinderte Menschen. Nach § 2 Abs. 2 SGB IX sind Menschen schwerbehindert, wenn

- bei ihnen ein Grad der Behinderung von mindestens 50 vorliegt und
- sie in Deutschland wohnen oder beschäftigt sind oder ihren gewöhnlichen Aufenthalt hier haben.

Schwerbehindert ist also nur jemand, der einen Grad der Behinderung (GdB) zuerkannt bekommen hat. Die Zuerkennung ist mit der Vergabe eines Ausweises verbunden. Dieser muss beantragt werden und ist für die Schwerbehinderteneigenschaft konstitutiv.

Schwerbehinderten Menschen gleichgestellt werden die behinderten Menschen, die einen GdB von weniger als 50, aber wenigstens 30 haben, wenn sie ohne Gleichstellung einen geeigneten Arbeitsplatz nicht erlangen oder nicht behalten können (§ 2 Abs. 3 SGB IX). Die Gleichstellung setzt zwingend einen Bezug zu einer Beschäftigung voraus. Verantwortlich für die Entscheidung über den Gleichstellungsantrag ist die Bundesagentur für Arbeit.

4.4.4.1 Der Schwerbehindertenausweis und die Merkzeichen

Nach § 69 Abs. 1 S. 1 SGB IX stellt die zuständige Behörde das Vorliegen einer Behinderung und den Grad der Behinderung fest und stellt auf Antrag einen Ausweis über die Einordnung als schwerbehinderter Mensch aus, der sowohl den Grad der Behinderung als auch weitere gesundheitliche Merkmale enthält. Zuständige Behörde für die Feststellung der Behinderung und die Ausstellung des Ausweises ist das örtlich zuständige Versorgungsamt. Die Auswirkung einer Behinderung auf die Teilhabe am Leben in der Gesellschaft wird in Zehnergraden abgestuft festgestellt und als GdB bezeichnet. Er beträgt mindestens 20 und höchstens 100.

Das Verfahren lässt sich so darstellen:

Übersicht 38

Antrag an das örtlich zuständige Versorgungsamt - ggf. mittels Vordrucken

beizufügen
- ärztliche Gutachten, die zu den gesundheitlichen oder behinderungsbedingten Auswirkungen auf die Teilhabe Auskunft geben (so ausführlich wie möglich, da die Begutachtung i. d. R. nach Aktenlage erfolgt!)
- ärztliche Unterlagen über Behandlungen, Therapien, Krankenhaus- und Reha-Aufenthalte usw.
- ggf. Bescheide über Renten u. ä.
- Lichtbild

→ Die Eingangsbestätigung des Versorgungsamtes kann dem Arbeitgeber vorgelegt werden, um z. B. den Kündigungsschutz geltend zu machen!

Begutachtung durch den ärztlichen Dienst des Versorgungsamtes unter Zugrundelegung der Versorgungsmedizinischen Grundsätze (Anlage zu § 2 der Versorgungsmedizin-Verordnung (kann beim BMAS unter „Publikationen" bestellt oder gedownloaded werden)

Feststellungsbescheid des Versorgungsamtes über den GdB und besondere Merkzeichen
→ bei GdB von mindestens 50, Ausstellung eines Schwerbehindertenausweises

In den Versorgungsmedizinischen Grundsätzen[64] werden die einzelnen Behinderungen und ihre Auswirkungen auf die Teilhabe einzelnen GdB zugeordnet. Dabei wird nach einzelnen Organen und den jeweiligen Erkrankungen unterschieden.

Liegen mehrere Behinderungen vor, werden die sich daraus ergebenden GdB nicht einfach addiert. Vielmehr wird ein Gesamtgrad nach den Auswirkungen der Beeinträchtigungen in ihrer Gesamtheit unter Berücksichtigung der wechselseitigen Beziehungen festgestellt (§ 69 Abs. 3 SGB IX).

Beispiel

→ Nach der Versorgungsmedizin-Verordnung erhält jemand mit Wirbelsäulenschäden und schweren funktionellen Auswirkungen in einem Wirbelsäulenabschnitt (Verformung, häufig rezidivierende oder anhaltende Bewegungseinschränkung oder Instabilität schweren Grades, häufig rezidivierende und Wochen andauernde ausgeprägte Wirbelsäulensyndrome) einen GdB von 30. Hat der Betroffene auch noch eine Augenmuskellähmung, bei der ein Auge wegen der Doppelbilder vom Sehen ausgeschlossen werden muss und die mit einem GdB

---

[64] In den Versorgungsmedizinischen Grundsätzen (früher Anhaltspunkte für die Gutachterliche Tätigkeit – AHP) ist in der Einteilung der Behinderungen und ihrer Teilhabebeeinträchtigungen der GdS angegeben. Dies ist ein Begriff aus dem Beschädigtenrecht – dem BVG – und heißt Grad der Schädigungsfolgen. GdS und GdB werden nach den gleichen Maßstäben gebildet.

4 Sozialrechtliche Grundlagen

von 30 nach der Verordnung bewertet wird, werden die beiden „Teil"-GdB nicht auf 60 addiert. Vielmehr wird geprüft, wie beide Behinderungen sich gegenseitig beeinflussen und wie sie sich insgesamt auf die Teilhabe auswirken.

Wird ein Schwerbehindertenausweis ausgestellt, kann dieser neben dem festgestellten GdB auch weitere gesundheitliche Merkmale enthalten. Diese heißen Merkzeichen und finden sich in § 145 SGB IX sowie der Schwerbehindertenausweisverordnung. Es gibt folgende Merkzeichen:

Übersicht 39

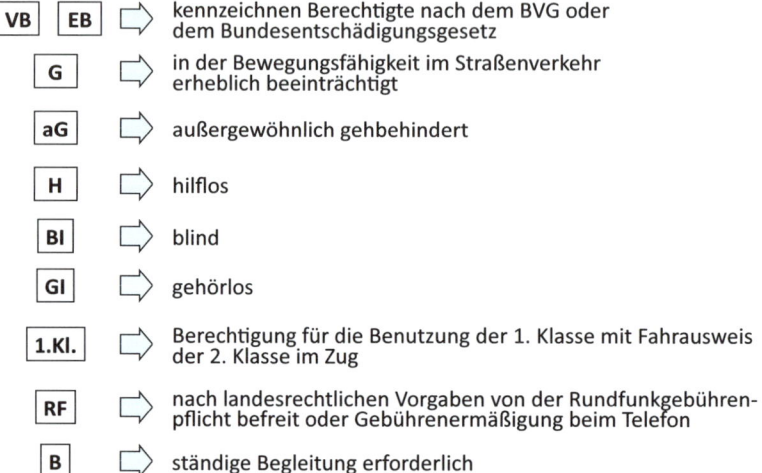

Die Merkzeichen VB und EB werden auf der Vorderseite des Ausweises eingetragen, alle anderen auf der Rückseite. Es können auch mehrere Merkzeichen vergeben werden, sofern ein Mensch mit Behinderung mehrere gesundheitliche Merkmale erfüllt. Teilweise hängen bestimmte Merkzeichen mit der Erfüllung anderer zusammen.

Beispiele

🡺 Das Merkzeichen B wird nur demjenigen vergeben, der auch die Voraussetzungen des Merkzeichens G oder H erfüllt und bei der Benutzung von öffentlichen Verkehrsmitteln infolge der Behinderung regelmäßig auf Hilfe angewiesen ist. Diese kann in Hilfeleistung bei der Benutzung öffentlicher Verkehrsmittel beim Ein- und Aussteigen oder während der Fahrt bestehen oder in einer Hilfeleistung zum Ausgleich von Orientierungsstörungen (bei Sehbehinderung oder geistiger Behinderung). RF erhalten Menschen, die zusätzlich das Merkzeichen Bl oder wenigstens einen GdB von 60 wegen einer Sehbehinderung oder H oder eine Hörbehinderung mit einem GdB von wenigstens 50 haben.

4.4.4.2 Nachteilsausgleiche für schwerbehinderte Menschen

Schwerbehinderteneigenschaft und Merkzeichen sind Grundlage für Nachteilsausgleiche, die die Teilhabe von Menschen mit Behinderungen erleichtern sollen.

Schwerbehinderte Menschen haben zunächst arbeitsrechtliche Nachteilsausgleiche, zu denen

- der besondere Kündigungsschutz (§§ 85 ff. SGB IX),
- ein Zusatzurlaub von fünf Tagen im Jahr (§ 125 SGB IX),
- die Freistellung von Mehrarbeit, d. h. keine Verpflichtung, Überstunden zu leisten (§ 124 SGB IX), sowie
- ein Anspruch auf behindertengerechte Beschäftigung, Ausstattung des Arbeitsplatzes mit technischen Arbeitsmitteln und andere in § 81 SGB IX gegenüber dem Arbeitgeber festgelegte Rechte

gehören.

Darüber hinaus gibt es eine Vielzahl von Nachteilsausgleichen, die teilweise im SGB IX, teilweise in anderen Gesetzen geregelt sind.[65]

Beispiele für Nachteilsausgleiche

➔ Von erheblicher Bedeutung ist die unentgeltliche Beförderung im öffentlichen Personennahverkehr nach den §§ 145 ff. SGB IX. Hiernach erhalten schwerbehinderte Menschen mit dem Merkzeichen G oder H oder Gl eine unentgeltliche Beförderung, wenn der Ausweis über eine entsprechende Wertmarke (60 Euro/Jahr) verfügt. Die Marke gibt es auch kostenfrei unter den Voraussetzungen des § 145 Abs. 1 S. 5 SGB IX. Statt der unentgeltlichen Beförderung kann ggf. auch eine Befreiung von der Kfz-Steuer geltend gemacht werden. Darüber hinaus gibt es je nach GdB und Merkzeichen Pauschbeträge, die vom Einkommen abgesetzt werden können und die Steuerlast vermindern (§ 33 EStG). Weitere Nachteilsausgleiche betreffen z. B. das Rentenversicherungsrecht (vorzeitige Inanspruchnahme der Altersrente, § 37 SGB VI), das Wohngeldrecht, wo zusätzliche Freibeträge bei schwerbehinderten Haushaltsangehörigen das Haushaltseinkommen verringern (§ 17 WoGG), oder Parkerleichterungen.

Gleichgestellte schwerbehinderte Menschen erhalten grundsätzlich ebenfalls alle Nachteilsausgleiche, außer den Zusatzurlaub und die unentgeltliche Beförderung (§ 68 Abs. 3 SGB IX).

---

[65] Einen guten Überblick über die einzelnen Nachteilsausgleiche gibt es beim Berliner Landesamt für Gesundheit und Soziales. Die Broschüre ist bundesweit anwendbar, auch wenn einzelne Berliner Besonderheiten mit aufgelistet sind (z. B. ein Merkzeichen T, welches zur Beförderung mit dem Sonderfahrdienst für Menschen mit Behinderung berechtigt). Die Broschüre findet sich unter http://www.berlin.de/imperia/md/content/lageso/behinderte/ratgeber.pdf?download.html.

4.4.4.3 Besondere Leistungen für die Teilhabe am Arbeitsleben

Das Schwerbehindertenrecht ist von großer Bedeutung für die Eingliederung schwerbehinderter Arbeitnehmer in das Arbeitsleben. So gibt es zunächst eine Reihe von Ansprüchen und Leistungen, die dem Schutz und der Teilhabe dieser Personengruppe dienen. Dazu gehören:

- die Bereitstellung von Arbeitsplätzen durch eine Beschäftigungspflicht,
- die Sicherung von Arbeitsplätzen durch einen besonderen Kündigungsschutz (u. a. die Notwendigkeit einer vorherigen Zustimmung zur Kündigung durch das Integrationsamt, vgl. §§ 85 ff. SGB IX) und nachgehende Hilfe im Arbeitsleben,
- Sonderrechte für schwerbehinderte Menschen (Zusatzurlaub, keine Verpflichtung zur Mehrarbeit),
- begleitende Hilfen im Arbeitsleben (§ 102 Abs. 2, 3 SGB IX) oder ggf. die Begleitung durch eine Arbeitsassistenz (§ 102 Abs. 4 SGB IX) oder
- die Interessenvertretung durch Schwerbehindertenvertretungen (§§ 94 ff. SGB IX).

Verantwortlich für die Teilhabeleistungen sind die Integrationsämter (§ 102 SGB IX) in Zusammenarbeit mit den Agenturen für Arbeit (§ 80 SGB IX) und der Bundesagentur für Arbeit (§§ 80, 104 SGB IX).

Darüber hinaus treffen die Arbeitgeber bestimmte Pflichten, die helfen sollen, Arbeitsplätze für schwerbehinderte Menschen zu schaffen und zu erhalten. Wesentliche Pflichten sind:

- Beschäftigungspflicht zugunsten schwerbehinderter Arbeitnehmer, ggf. Verpflichtung zur Zahlung einer Ausgleichsabgabe (§§ 71 ff. SGB IX),
- das Zusammenwirken mit der Bundesagentur für Arbeit und Integrationsämtern (§ 80 SGB IX), insbesondere auch die Pflicht zur Prüfung, ob freie Arbeitsplätze mit schwerbehinderten Menschen besetzt werden können (§ 81 Abs. 1 SGB IX),
- die Einladung schwerbehinderter Menschen zu einem Vorstellungsgespräch, wenn diese sich – bei entsprechender fachlicher Eignung – auf einen Arbeitsplatz bei einem öffentlichen Arbeitgeber bewerben oder von einem Integrationsfachdienst vorgeschlagen werden (§ 82 SGB IX),
- der Abschluss von Integrationsvereinbarungen mit Schwerbehindertenvertretungen und anderen in § 99 SGB IX genannten Vertretungen (z. B. Betriebs- oder Personalräte) über die Eingliederung schwerbehinderter Menschen in den Betrieb (§ 83 SGB IX),
- die Durchführung von Prävention und betrieblichem Eingliederungsmanagement (§ 84 SGB IX) oder
- gegenüber dem schwerbehinderten Beschäftigten Verpflichtungen aus § 81 Abs. 4 SGB IX.

Für die Eingliederung von schwerbehinderten Menschen in das Arbeitsleben haben neben den Integrationsämtern auch die sog. Integrationsfachdienste (§§ 109 ff. SGB IX) wichtige Aufgaben. Integrationsfachdienste sind Dienste Dritter, die bei der Durchführung der Maßnahmen zur Teilhabe schwerbehinderter

Menschen beteiligt werden (§ 109 Abs. 1 SGB IX). Sie beraten schwerbehinderte Menschen, unterstützen sie bei der Suche nach geeigneten Arbeitsplätzen oder vermitteln sie auf diese und begleiten sie bei der Ausbildung und Ausübung der Erwerbstätigkeit. Gleichzeitig beraten und informieren sie auch Arbeitgeber (§ 110 SGB IX). Integrationsfachdienste arbeiten im Auftrag der Integrationsämter oder der Rehabilitationsträger.

Im Zusammenhang mit der Eingliederung schwerbehinderter Arbeitnehmer gibt es sog. Integrationsprojekte (§§ 132 ff. SGB IX). Diese ermöglichen arbeitslosen schwerbehinderten Menschen für ihre (Wieder)Eingliederung in das Arbeitsleben eine längere Phase der Beschäftigung und Qualifizierung. Sie gehören zum allgemeinen Arbeitsmarkt, bilden aber eine Stufe zwischen diesem und den WfbM. Es handelt sich dabei um rechtlich und wirtschaftlich selbstständige Unternehmen oder unternehmensinterne Betriebe oder Abteilungen zur Beschäftigung schwerbehinderter Menschen. Sie können aus Mitteln der Ausgleichsabgabe finanziert werden.

Übungsaufgaben

1. Wann ist ein behinderter Mensch schwerbehindert? Welche Behörde ist für die Feststellung zuständig?
2. Was bedeutet „Gleichstellung" und wo kann man diese beantragen?
3. Was sind Merkzeichen? Wo finden sich diese?
4. Nennen Sie zwei Nachteilsausgleiche, die schwerbehinderte Menschen haben!
5. Wo sind die Aufgaben des Integrationsamtes geregelt?
6. Was verstehen Sie unter der Ausgleichsabgabe?

4.4.5 Werkstätten für Menschen mit Behinderungen

Werkstätten für Menschen mit Behinderungen (WfbM) sind Einrichtungen der Teilhabe behinderter Menschen am Arbeitsleben und zur Eingliederung behinderter Menschen in das Arbeitsleben. Die Leistungen werden erbracht, um die Leistungs- oder Erwerbsfähigkeit der behinderten Menschen zu erhalten, zu entwickeln, zu verbessern oder wiederherzustellen, die Persönlichkeit dieser Menschen weiterzuentwickeln und ihre Beschäftigung zu ermöglichen und zu sichern (§ 39 SGB IX). Die Rechtsgrundlagen für die WfbM finden sich in den §§ 39–43, 136 ff. SGB IX sowie in der Werkstattverordnung (WVO) und der Werkstattmitwirkungsverordnung (WMVO).

Zur Tätigkeit in den WfbM gehören drei Bereiche, in denen je nach Stand der beruflichen Tätigkeit unterschiedliche Leistungen erbracht werden. Die Zuständigkeit der Reha-Träger kann hier je nach Bereich differieren. Die Bereiche entsprechen folgenden Phasen, wobei es in allen Phasen begleitende pädagogische, soziale, psychologische, medizinische, pflegerische und therapeutische Begleitung und Förderung durch Fachdienste gibt:

Übersicht 40

1. Eingangsverfahren (§ 40 Abs. 1 Nr. 1 SGB IX, § 3 WVO)

- Feststellung, ob die Werkstatt die geeignete Einrichtung für den behinderten Menschen ist und welche Bereiche in Frage kommen – Stellungnahme des Fachausschusses (§ 2 WVO) auf Vorschlag des Trägers der Werkstatt und nach Anhörung des behinderten Menschen, ggf. seines rechtlichen Betreuers – § 3 Abs. 3 WVO
- Erstellung eines **Eingliederungsplans** unter Mitwirkung des Fachausschusses
- **Dauer:** grundsätzlich drei Monate, ggf. kürzer
- zuständige **Reha-Träger** (§ 42 Abs. 1 SGB IX): Bundesagentur für Arbeit (nachrangig), gesetzliche Unfallversicherung, gesetzliche Rentenversicherung, Kriegsopferfürsorge

2. Berufsbildungsbereich (§ 40 Abs. 1 Nr. 2 SGB IX, § 4 WVO)

- Entwicklung, Verbesserung oder Wiederherstellung der Leistungs- oder Erwerbsfähigkeit, um behinderten Menschen in die Lage zu versetzen, ein Mindestmaß an wirtschaftlich verwertbarer Arbeitsleistung i.S.d. § 136 SGB IX zu erbringen
- in Grund- und Aufbaukurs gegliedert zu je mindestens zwölf Monaten (Inhalte § 4 Abs. 4 und 5 WVO)
- Abschluss: Stellungnahme des Fachausschusses, ob andere oder weiterführende berufliche Bildungsmaßnahme oder Wiederholung des Berufsbildungsbereiches oder die Beschäftigung im Arbeitsbereich zweckmäßig sind
- **Dauer:** grundsätzlich zwei Jahre, Bewilligung für jeweils ein Jahr (§ 40 Abs. 3 SGB IX)
- zuständige **Reha-Träger** (§ 42 Abs. 1 SGB IX): wie im Eingangsbereich

3. Arbeitsbereich (§§ 41, 138 SGB IX, § 5 WVO)

- Leistungen für die Aufnahme, Ausübung und Sicherung einer der Eignung und Neigung des behinderten Menschen entsprechenden Beschäftigung
- Teilnahme an arbeitsbegleitenden Maßnahmen zur Erhaltung und Verbesserung der im Berufsbildungsbereich erworbenen Leistungsfähigkeit und Weiterentwicklung der Persönlichkeit sowie
- Förderung des Übergangs geeigneter behinderter Menschen auf den allgemeinen Arbeitsmarkt durch geeignete Maßnahmen
- keine Begrenzung der Dauer, solange Anspruchsvoraussetzungen vorliegen
- zuständige **Reha-Träger** (§ 42 Abs. 2 SGB IX): Unfallversicherung, Kriegsopferfürsorge, Träger öffentliche Jugendhilfe, Sozialhilfeträger

Der Hauptleistungsträger im Arbeitsbereich ist i. d. R. der (überörtliche) Träger der Sozialhilfe, der die Leistungen in den WfbM im Rahmen der Eingliederungshilfe erbringt.

4.4.5.1 Anspruchsberechtigung

Anspruch auf Leistungen in den WfbM haben nach § 136 SGB IX behinderte Menschen, „die wegen Art und Schwere der Behinderung nicht, noch nicht oder noch nicht wieder auf dem allgemeinen Arbeitsmarkt beschäftigt werden können".

Nicht auf dem allgemeinen Arbeitsmarkt beschäftigt werden können behinderte Menschen, die auch nicht mit den Fördermitteln der Integrationsämter (wie z. B. der Arbeitsassistenz nach § 102 Abs. 4 SGB IX) die objektiv und subjektiv anfallenden Pflichten eines Arbeitsverhältnisses auf dem allgemeinen Arbeitsmarkt erfüllen können. Noch nicht auf dem allgemeinen Arbeitsmarkt tätig sind behinderte Menschen, die nach Beendigung der Schule oder einer medizinischen Reha-Maßnahme noch nicht in der Lage ist, auf dem allgemeinen Arbeitsmarkt zu arbeiten. Nicht mehr auf dem allgemeinen Arbeitsmarkt tätig sein können Personen, die aufgrund von Krankheit oder Unfällen ein solches Ausmaß der Behinderung haben, dass die Arbeitsverwaltung sie nicht (mehr) vermitteln kann und die deshalb auf die Werkstatt angewiesen sind.

Darüber hinaus setzt der Anspruch auf eine Beschäftigung in einer WfbM voraus, dass der behinderte Mensch spätestens nach dem Berufsbildungsbereich in der Lage ist, wenigstens ein Mindestmaß an wirtschaftlich verwertbarer Arbeitsleistung zu erbringen (§ 136 Abs. 2 SGB IX). Diese Voraussetzung ist nicht erfüllt, wenn durch den behinderten Menschen eine erhebliche Selbst- oder Fremdgefährdung zu erwarten ist oder die erforderliche Betreuung und Pflege nicht im Verhältnis zur Arbeitsleistung stehen.

Beispiel

⮕ Ein behinderter Mensch, der für die Beschäftigung im Arbeitsbereich eine dauernde Betreuung und Pflege durch eine Fachkraft benötigt, ist i. d. R. für eine Beschäftigung in einer WfbM nicht anspruchsberechtigt. Diese sieht nach § 9 Abs. 3 WVO für den Berufsbildungsbereich einen Betreuungsschlüssel (Fachkraft: behinderten Menschen) von 1:6; im Arbeitsbereich von 1:12 vor.

Ist der behinderte Mensch nicht in der Lage, ein Mindestmaß an wirtschaftlich verwertbarer Arbeitsleistung zu erbringen, besteht für ihn die Möglichkeit in einer der den Werkstätten angegliederten Förder- oder Betreuungsgruppen Betreuung und Förderung (z. B. tagesstrukturierende Maßnahmen, Vermittlung einfachster Fertigkeiten, kulturelle Betreuung usw.) zu erhalten. Die Aufnahme in eine solche Fördergruppe ist allerdings dann nicht mehr eine Leistung zur Teilhabe am Arbeitsleben, sondern gehört zu den Leistungen zur Teilhabe am Leben in der Gemeinschaft.

Liegen die Voraussetzungen für die Aufnahme in eine WfbM vor, dann hat der behinderte Mensch einen Rechtsanspruch auf Aufnahme in eine Werkstatt in seinem Einzugsgebiet.

4.4.5.2 Rechtstellung des behinderten Menschen in der WfbM

Das Rechtsverhältnis zwischen Träger der WfbM und dem behinderten Menschen unterscheidet sich jeweils danach, in welchem Bereich die Beschäftigung erfolgt.

Im Eingangsverfahren und Berufsbildungsbereich sind die behinderten Menschen nicht in den Betrieb der Einrichtungen eingegliedert (§ 138 Abs. 4 i. V. m. § 36 SGB IX), d. h. sie sind keine Arbeitnehmer i. S. d. Betriebsverfassungsgesetzes mit den damit zusammenhängenden Rechten und Pflichten. Der Träger der Werkstatt darf dem behinderten Menschen auch nicht kündigen, es sei denn, es besteht eine erhebliche Fremd- oder Selbstgefährdung oder der Betreuungsaufwand ist unverhältnismäßig hoch. Letztlich trifft die Entscheidung über die Beendigung der Maßnahme der zuständige Reha-Träger, es sei denn, der behinderte Mensch kündigt selbst.

Im Arbeitsbereich stehen die behinderten Menschen in einem arbeitnehmerähnlichen Rechtsverhältnis, soweit sich aus dem zugrundeliegenden Sozialleistungsverhältnis nichts anderes ergibt (§ 138 Abs. 1 SGB IX). Der Inhalt dieses Verhältnisses ist in dem Werkstattvertrag, welchen der Einrichtungsträger mit dem behinderten Menschen abschließt, geregelt (§ 138 Abs. 3 SGB IX). Damit sind arbeitsrechtliche Vorschriften zwar nicht grundsätzlich ausgeschlossen, allerdings unterscheiden sie sich von einem Arbeitsverhältnis auf dem allgemeinen Arbeitsmarkt. Das Verhältnis ist von den Zielen der Beschäftigung in der WfbM geprägt. Anwendbar sind deshalb z. B. die Vorschriften über Beschäftigungszeit, Urlaub, Entgeltfortzahlung, Mutterschutz, Elternzeit, Haftungsbeschränkungen. Der Einrichtungsträger darf allerdings grundsätzlich das Beschäftigungsverhältnis nicht kündigen, da die behinderten Menschen einen Rechtsanspruch auf Aufnahme und Verbleib in der Werkstatt haben.

Behinderte Menschen in WfbM haben auch Anspruch auf die Zahlung eines Arbeitsentgelts (§ 138 Abs. 2 SGB IX). Dieses setzt sich aus einem Grundbetrag in Höhe des Ausbildungsgeldes, das die Bundesagentur für Arbeit zuletzt im Berufsbildungsbereich geleistet hat (§ 125 SGB III: 63 Euro/Monat im ersten Jahr, danach 75 Euro/Monat) und einem leistungsangemessenen Steigerungsbetrag zusammen, der sich nach der individuellen Arbeitsleistung des behinderten Menschen unter Berücksichtigung von Arbeitsmenge und Arbeitsgüte ergibt.

Darüber hinaus haben behinderte Menschen in WfbM ein besonderes Mitwirkungsrecht durch Werkstatträte (§ 139 SGB IX). Die Einzelheiten hierzu sind in der Werkstattmitwirkungsverordnung geregelt.

Für Rechtsstreitigkeiten aus dem arbeitnehmerähnlichen Verhältnis zwischen Einrichtung und behinderten Menschen sind die Arbeitsgerichte zuständig.

4.4.5.3 Sozialversicherungsrechtliche Stellung und Sicherung des Lebensunterhalts

Zur Sicherung des Lebensunterhalts erhalten Beschäftigte in WfbM je nach Werkstattbereich ergänzende Leistungen, die abhängig vom jeweiligen Reha-Träger sind. Im Eingangsverfahren und im Berufsbildungsbereich können dies

- Ausbildungsgeld nach den §§ 122 ff. SGB III oder
- Übergangsgeld (bei Zuständigkeit der Unfallversicherung) oder Unterhaltsbeihilfe (bei Zuständigkeit der Kriegsopferfürsorge)

sein.

Im Arbeitsbereich erhält der behinderte Mensch neben dem Arbeitsentgelt zusätzlich ein Arbeitsförderungsgeld, welches von dem zuständigen Reha-Träger über die Werkstätten ausgezahlt wird (§ 43 SGB IX). Das Arbeitsförderungsgeld beträgt monatlich 26 Euro für den beschäftigten behinderten Menschen, wenn dessen Arbeitsentgelt zusammen mit diesem Arbeitsförderungsentgelt nicht mehr als 325 Euro beträgt. Ist das Arbeitsentgelt höher als 299 Euro, wird das Arbeitsförderungsgeld nur in Höhe des Differenzbetrages zu 325 Euro ausgezahlt.

Beispiel

➲ Ein Beschäftigter in der Werkstatt bekommt 75 Euro Grundbetrag und einen leistungsabhängigen Steigerungsbetrag von 200 Euro, insgesamt 275 Euro Arbeitsentgelt. Rechnet man jetzt das Arbeitsförderungsgeld (26 Euro) noch dazu, erhält er insgesamt 301 Euro und damit unter 325 Euro. Er erhält das Arbeitsförderungsgeld in voller Höhe. Bekommt der Beschäftigte dagegen 75 Euro Grundbetrag und einen leistungsabhängigen Steigerungsbetrag von 230 Euro (insgesamt 305 Euro), würde er – würde man jetzt das Arbeitsförderungsgeld hinzurechnen – über 325 Euro Einkommen haben. Deshalb erhält er nur den Differenzbetrag, d. h. nur 20 Euro Arbeitsförderungsgeld.

Das Einkommen in einer WfbM wird bei der Grundsicherung im Alter und bei Erwerbsminderung nach Maßgabe des § 82 Abs. 2 Nr. 5, Abs. 3 S. 2 SGB XII berücksichtigt.

Beschäftigte in anerkannten WfbM sind in der gesetzlichen Kranken-, Pflege-, Renten- und Unfallversicherung versicherungspflichtig. Eine Arbeitslosenversicherung ist nicht notwendig, weil behinderte Menschen einen Anspruch auf Beschäftigung haben, solange die Voraussetzungen vorliegen. Eine Besonderheit gilt für die Rentenversicherung. Die Reha-Träger zahlen für Beschäftigte im Arbeitsbereich der Werkstätten Rentenversicherungsbeiträge, die an ein fiktives Einkommen von etwa 80 Prozent der Bezugsgröße gekoppelt sind (§ 162 SGB VI, entspricht 2014 etwa 2.212 Euro). In WfbM Beschäftigte gelten nach § 43 Abs. 2 S. 2 Nr. 1 SGB VI als voll erwerbsgemindert, weil eine Beschäftigung in einer WfbM nicht einer Tätigkeit auf dem allgemeinen Arbeitsmarkt entspricht. Nach § 43 Abs. 6 SGB VI haben sie deshalb Anspruch auf eine Altersrente, wenn sie eine Wartezeit von 20 Jahren erfüllt haben. Das bedeutet, dass ein behinderter Mensch, der 20 Jahre in einer Werkstatt beschäftigt war, ohne Abschläge eine Altersrente in Anspruch nehmen kann.

 Übungsaufgaben

1. Zu welchen Teilhabeleistungen gehören die WfbM?
2. Welche Bereiche gibt es in der WfbM?
3. Welche Voraussetzungen muss ein behinderter Mensch erfüllen, um Leistungen in einer WfbM zu erhalten?
4. Kann der Träger einer WfbM einem behinderten Menschen kündigen, wenn dieser immer zu spät zur Arbeit kommt?

4.5 Pflegerecht und Pflegeversicherung

Menschen mit Behinderung haben häufig neben einem umfassenden Rehabilitationsbedarf auch einen Bedarf an Pflegeleistungen, die sie in die Lage versetzen, ihren Teilhabeanspruch wahrzunehmen. In Deutschland gibt es seit 1995 ein eigenes System der sozialen Sicherheit zur Absicherung der Pflegebedürftigkeit: die Pflegeversicherung, die im SGB XI geregelt ist. Bevor es die Pflegeversicherung gab, waren es v. a. die Träger der Sozialhilfe, die Leistungen bei Pflegebedürftigkeit erbrachten. Da es sich hierbei um eine Fürsorgeleistung handelte, die erst zum Zuge kommt, wenn Einkommen und Vermögen des betroffenen Menschen nicht ausreichen, führte Pflegebedürftigkeit häufig auch zu materieller Armut. Betroffen waren v. a. ältere Menschen. Mit der Pflegeversicherung sollte diese Verknüpfung zwischen Pflegebedürftigkeit und Altersarmut beseitigt werden, was zumindest zu Beginn der Versicherung auch ansatzweise gelang.

Die Pflegeversicherung erbringt Leistungen, wenn Menschen pflegebedürftig im Sinne des SGB XI sind. Allerdings sind diese Leistungen nicht bedarfsdeckend angelegt, sondern durch Pauschalbeträge gedeckelt. Das System der Pflegeversicherung war von vornherein als „Teilkaskosystem" geplant, das auch von der Pflegebereitschaft anderer Menschen ausgeht. Ergänzend erbringt weiterhin der Träger der Sozialhilfe im Rahmen der „Hilfe zur Pflege" Leistungen im Pflegefall.

Seit der Einführung der Pflegeversicherung im Jahre 1995 gab es mehrere Änderungen, die bedeutsam waren. So wurden im Jahre 2001 z. B. mit dem Pflege-Qualitätssicherungsgesetz[66] und Pflegeleistungs-Ergänzungsgesetz[67] zum einen Qualitätssicherungskontrollen für ambulante und stationäre Pflegeeinrichtungen und zum anderen zusätzliche Leistungen für Menschen mit eingeschränkter Alltagskompetenz in das SGB XI eingefügt. Eine weitere grundlegende Änderung brachte dann 2008 das Pflege-Weiterentwicklungsgesetz[68], durch das u. a. die Leistungen erhöht sowie neue Qualitätssicherungsvorschriften, Vorschriften zur Pflegeberatung und zu Pflegestützpunkten sowie zur Pflegezeit eingeführt wurden.

Das Pflege-Neuentwicklungsgesetz, welches zum Januar 2013 in Kraft getreten ist, hat weitere Leistungsverbesserungen gebracht. Damit wurden neue Leistungen für Menschen mit eingeschränkter Alltagskompetenz, aber auch verschiedene Neuregelungen zu ambulanten Pflegewohngemeinschaften, zur Rehabilitation, zur Beratung sowie die Möglichkeit einer privaten Pflegezulage u.a. geschaffen. Eine weitere umfassende Pflegereform durch zwei Pflegestärkungsgesetze steht derzeit an. Das erste Pflegestärkungsgesetz, das bereits zum 1.1.2015 in Kraft tritt, wird die Leistungen für pflegebedürftige Menschen verbessern und im Hinblick auf die mit dem zweiten Pflegestärkungsgesetz geplante Einführung eines neuen Pflegebedürftigkeitsbegriffs und eines neuen Begutachtungsverfahrens (ab 2017) flexibilisieren. In der folgenden Darstellung sind die geplanten Änderungen, die bisher nur als Gesetzentwurf der Bundesregierung vorliegen, kursiv gedruckt.

---

[66] Vom 9.9.2001, BGBl. I S. 2320.
[67] Vom 14.12.2001, BGBl. I S. 3728.
[68] Vom 28.5.2008, BGBl. I S. 874.

4.5.1 Einführung in das Recht der Pflegeversicherung

Das Recht der Pflegeversicherung ist relativ übersichtlich im SGB XI geregelt. Die (nicht einklagbaren) Grundsätze, die für das gesamte Recht gelten, finden sich im Ersten Kapitel des SGB XI. Dazu gehören u. a.

1. der Grundsatz der Selbstbestimmung, nach dem die Leistungen der Pflegeversicherung pflegebedürftigen Menschen helfen sollen, ein möglichst selbstständiges und selbstbestimmtes Leben zu führen, das ihrer Würde entspricht (§ 2 Abs. 1 SGB XI); dazu gehören auch eine kultursensible Pflege und eine Pflege, die geschlechtsspezifische Unterschiede berücksichtigt (§ 1 Abs. 4a SGB XI).
2. das Wunsch- und Wahlrecht, welches pflegebedürftige Menschen berechtigt, zwischen Einrichtungen und Diensten verschiedener Träger zu wählen und ihre (angemessenen) Wünsche zur Gestaltung der Hilfe berücksichtigt (§ 2 Abs. 2 SGB XI).
3. der Grundsatz ambulant vor stationär, nach dem ambulante häusliche Leistungen gegenüber teilstationären und stationären Leistungen vorrangig sind; er beinhaltet auch die Notwendigkeit, die Pflegebereitschaft ehrenamtlicher Pflegepersonen zu stärken.
4. der Vorrang von Prävention und medizinischer Rehabilitation vor und während der Pflege. Insbesondere dieser Grundsatz hat durch die letzten Gesetzgebungsverfahren eine Stärkung erfahren. Bei der Begutachtung eines Menschen, der einen Antrag auf Leistungen aus der Pflegeversicherung gestellt hat (s. u. Kapitel 4.5.2.3), ist der Gutachter verpflichtet festzustellen, ob Maßnahmen der Prävention und der medizinischen Rehabilitation geeignet, notwendig und zumutbar sind, und hat dies in einer gesonderten Rehabilitationsempfehlung zu dokumentieren (§ 18 Abs. 6 S. 2 und 3 SGB XI). Bei Einwilligung des pflegebedürftigen Menschen gilt diese Empfehlung als Antrag auf die Rehabilitationsmaßnahme; sie wird dann an den zuständigen Rehabilitationsträger (i. d. R. die Krankenkasse) weitergeleitet (§§ 18a Abs. 1, 31 Abs. 3 SGB XI).
5. die Grundsätze der Pflegequalität und Qualitätssicherung, die in § 11 Abs. 1 SGB XI mit der Verpflichtung der Pflegeeinrichtungen zu einer Pflege nach dem allgemein anerkannten Stand medizinisch-pflegerischer Erkenntnisse unter Beachtung einer humanen und aktivierenden – menschenwürdigen – Pflege bereits festgeschrieben sind. Eine Konkretisierung dieser Grundsätze enthalten dann die §§ 112 ff. SGB XI, in denen u. a. die Einhaltung von Expertenstandards, die i. d. R. unangemeldeten Qualitätsprüfungen der Pflegeeinrichtungen durch den MDK oder andere Sachverständige und die Veröffentlichung der Prüfergebnisse aufgeführt sind.

Seit dem Pflege-Weiterentwicklungsgesetz sind nach § 115 Abs. 1a SGB XI die von den Pflegeeinrichtungen erbrachten Leistungen und deren Qualität, insbesondere hinsichtlich der Ergebnis- und Lebensqualität, für die Pflegebedürftigen und ihre Angehörigen verständlich, übersichtlich und vergleichbar sowohl im Internet als auch in anderer geeigneter Form kostenfrei zu veröffentlichen. Die Ergebnisse des

MDK oder anderer von den Pflegekassen beauftragter Sachverständiger fließen hier ein. Derzeit existiert ein System von Schulnoten, das allerdings sehr umstritten ist, da es alle untersuchten Kriterien gleich gewichtet.

Beispiel

➲ Erhält eine Pflegeeinrichtung vom Prüfer für den gut lesbaren und sichtbar ausgehängten Speiseplan oder für den Nachweis, dass die Mitarbeiter einen Erste-Hilfe-Kurs absolviert haben, die Note 1, für schlechte pflegerische Leistungen (z. B. zahlreiche Bewohner mit Druckgeschwüren oder Mangelernährung) aber eine Note 4, hat sie im Durchschnitt als Gesamtergebnis eine 2,5. Beide Prüfpunkte werden gleich bewertet, obwohl die pflegerische Versorgung für die Bewohner ungleich bedeutsamer ist.

Leistungen der Pflegeversicherung müssen von anderen Leistungen, die ebenfalls den Pflegebedarf (mit)decken sollen, abgegrenzt werden. Hierzu gehören in erster Linie die Leistungen der Eingliederungshilfe, deren Aufgabe es auch ist, den Menschen mit Behinderung soweit wie möglich unabhängig von Pflege zu machen. Die Eingliederungshilfe umfasst somit auch Pflegeleistungen. § 13 Abs. 3 S. 3 SGB XI bestimmt, dass Leistungen der Eingliederungshilfe, auch wenn sie durch den (eigentlich nachrangig verpflichteten) Sozialhilfeträger erbracht werden, gegenüber den Leistungen der Pflegeversicherung nicht nachrangig sind. Ob eine Pflegeleistung durch die Pflegeversicherung oder durch den Träger der Eingliederungshilfe übernommen wird, unterscheidet die Rechtsprechung danach, mit welchem Ziel und in welchem Zusammenhang die Leistung erbracht wird: dient sie dazu, die körperlichen, geistigen oder seelischen Kräfte des Leistungsberechtigten wiederzugewinnen oder zu erhalten, dann ist es „reine" Pflege, sind die rehabilitativen und integrativen Aspekte der Leistung wichtiger, bei denen die pflegerische Maßnahme in den Hintergrund tritt, muss die Pflegeleistung durch den Träger der Eingliederungshilfe übernommen werden.

Beispiel

➲ Ein mehrfach behindertes Mädchen erhält für den Besuch einer Sonderschule einen Integrationshelfer. In der Schule benötigt sie Hilfen im pflegerischen Bereich (Toilettengang, Hilfe bei der Nahrungsaufnahme, beim An- und Auskleiden usw.). Sie erhält Pflegegeld von der Pflegeversicherung. Der Sozialhilfeträger kürzte seine Eingliederungsleistungen um das Pflegegeld, weil er der Ansicht war, dass die pflegerischen Leistungen von einem Pflegedienst in der Schule übernommen werden müssten. Das angerufene Gericht sah dies als rechtswidrig an, weil der Einsatz des Integrationshelfers dem Kind den Schulbesuch ermöglicht hat; die Pflegeleistungen seien nachrangig und deshalb vom Sozialhilfeträger mit zu übernehmen (LSG Baden-Württemberg, Urteil vom 28.6.2007, L 7 SO 414/07).

4.5 Pflegerecht und Pflegeversicherung

Das SGB XI kennt darüber hinaus weitere Vorrangigkeits-Nachrangigkeits-Regelungen im § 13 SGB XI. Diese lassen sich so darstellen:

Übersicht 41

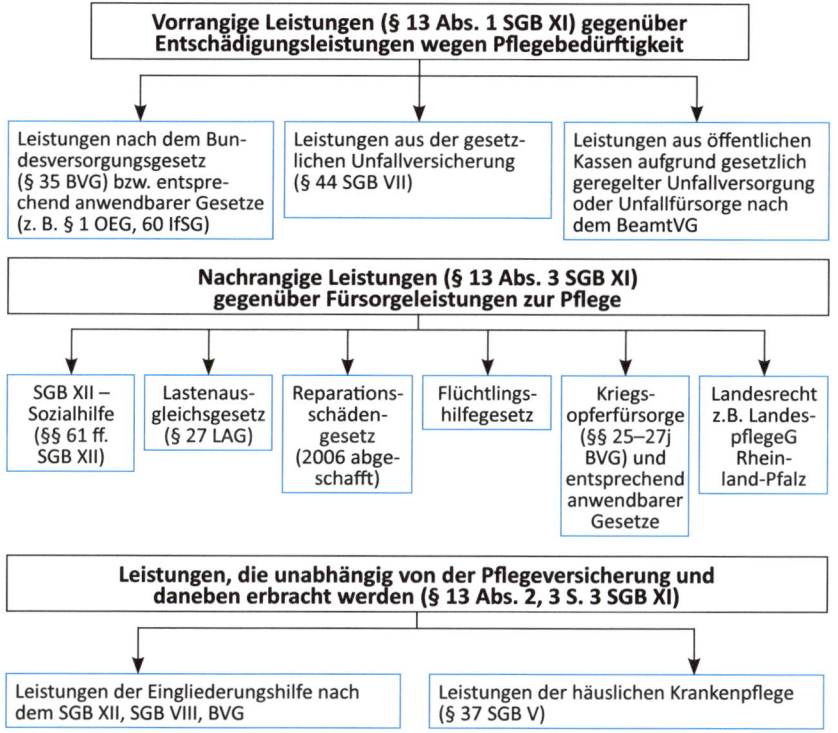

Kennzeichen der vorrangigen Leistungen ist, das diese Systeme kausal ausgerichtet sind, d. h. leistungsberechtigt sind diejenigen pflegebedürftigen Menschen, deren Pflegebedürftigkeit Folge eines bestimmten, gesetzlich geregelten Schadensereignisses ist.

Beispiel

➔ Verunglückt jemand auf dem Weg von oder zur Arbeit so schwer, dass er aufgrund dieses Unfalls pflegebedürftig wird, ist zunächst die gesetzliche Unfallversicherung für die Pflegeleistungen zuständig. Nur wenn diese bestimmte Leistungen nicht erfasst (z. B. die Übernahme von Versicherungsbeiträgen für die Alterssicherung der ehrenamtlich tätigen Pflegeperson), dann erbringt die Pflegeversicherung ergänzend diese Leistungen.

Nachrangige Pflegeleistungssysteme sind – abgesehen von der Hilfe zur Pflege nach dem SGB XII – ebenfalls grundsätzlich kausal ausgerichtet, d. h. es muss ein schadensrechtlich für die Pflegebedürftigkeit relevantes Ereignis vorliegen. Hier kommt noch hinzu, dass der pflegebedürftige Mensch bedürftig sein muss, d. h. kein ausreichendes Einkommen und Vermögen haben darf. Von den nachrangigen

Leistungssystemen ist faktisch nur noch die Hilfe zur Pflege (ggf. landesrechtliche Bestimmungen) und zum Teil die Kriegsopferfürsorge relevant, wobei letztere in ihren Leistungen weitgehend mit denen der Hilfe zur Pflege identisch ist.

Die Pflegeversicherung ist – wie die Krankenversicherung auch – in einen gesetzlichen (hier sozialen) und einen privaten Zweig unterteilt. Anders als bei der Krankenversicherung sind die Voraussetzungen, Beiträge und Leistungen in beiden Versicherungszweigen allerdings weitgehend gleich und auch die Rechtsstreitigkeiten aus dem Versicherungsverhältnis sind – anders als Streitigkeiten aus der privaten Krankenversicherung – den Sozialgerichten zugeordnet (§ 51 Abs. 1 Nr. 2 SGG).

4.5.2 Anspruchsberechtigung nach dem SGB XI

Leistungen nach dem SGB XI erhält, wer:

1. versichert ist und die Vorversicherungszeit erfüllt hat,
2. pflegebedürftig ist und
3. bei der zuständigen Pflegekasse einen Antrag gestellt hat.

4.5.2.1 Versicherung und Vorversicherungszeit

Leistungen der Pflegeversicherung erhalten zunächst nur diejenigen, die versichert sind. Da die Pflegeversicherung als „Volksversicherung"[69] angelegt ist und es eine umfassende Versicherungspflicht gibt, ist die Anzahl der nicht versicherten Menschen relativ gering.

Die Versicherungspflicht ist in den §§ 20 ff. SGB XI geregelt. Es gilt der Grundsatz „Pflegeversicherung folgt der Krankenversicherung", d. h. alle Mitglieder einer Krankenversicherung sind – unabhängig davon, ob sie gesetzlich, freiwillig gesetzlich oder privat versichert sind – auch in der Pflegeversicherung versichert. Dabei richtet sich der Pflegeversicherungsstatus grundsätzlich nach der entsprechenden Krankenversicherung: Gesetzlich Versicherte sind in der sozialen Pflegeversicherung und privat Versicherte bei einem privaten Pflegeversicherungsunternehmen versichert. Da die Pflegekassen organisatorisch bei den Krankenkassen angesiedelt sind, lässt sich die Zugehörigkeit zu einer Pflegekasse anhand der jeweiligen Krankenkasse bestimmen. Darüber hinaus sind auch Familienmitglieder unter den Voraussetzungen des § 25 SGB XI familienversichert; eine Familienversicherung gibt es auch in der privaten Pflegeversicherung (§ 23 Abs. 1 S. 2 SGB XI). Für bestimmte Personengruppen besteht die Möglichkeit zur Weiterversicherung (§ 26 SGB XI) bzw. zum Beitritt zu einer Pflegeversicherung (§ 26a SGB XI).

Der Beitrag zur Pflegeversicherung beträgt derzeit 2,05 Prozent (§ 55 Abs. 1 SGB XI); Kinderlose zahlen 0,25 Prozent mehr. *Durch die Pflegestärkungsgesetze werden die Beiträge um insgesamt 0,5 % angehoben.*

Die Vorversicherungszeit ist erfüllt, wenn der Antragsteller in den letzten zehn Jahren vor Antragstellung mindestens zwei Jahre gesetzlich oder privat pflegeversichert war; bei Kindern ist die Vorversicherungszeit erfüllt, wenn ein Elternteil diese erfüllt.

---

[69] BVerfG, Urteil vom 3.4.2001, 1 BvR 81/98.

4.5.2.2 Pflegebedürftigkeit

Der Begriff der Pflegebedürftigkeit ist in § 14 Abs. 1 SGB XI klar definiert. Danach sind Menschen pflegebedürftig, die „wegen einer körperlichen, geistigen oder seelischen Krankheit oder Behinderung für die gewöhnlichen und regelmäßig wiederkehrenden Verrichtungen im Ablauf des täglichen Lebens auf Dauer, voraussichtlich für mindestens sechs Monate, in erheblichem oder höherem Maße (§ 15 SGB XI) der Hilfe bedürfen."

Die einzelnen Merkmale dieser Definition sind – abgesehen von der zeitlichen Komponente mit einer prognostischen Dauer der Pflegebedürftigkeit von mindestens sechs Monaten – im Einzelnen in den folgenden Absätzen des § 14 SGB XI ausgeführt:

- Krankheit oder Behinderungen – § 14 Abs. 2 SGB XI
- gewöhnliche und regelmäßig wiederkehrende Verrichtungen – § 14 Abs. 4 SGB XI und
- Notwendigkeit der Hilfe – § 14 Abs. 3 SGB XI.

Problematisch sind v. a. die gewöhnlichen und regelmäßig wiederkehrenden Verrichtungen im Ablauf des täglichen Lebens, für die der Betroffene der Hilfe bedarf. Sie müssen regelmäßig wiederkehrend, d. h. mindestens einmal pro Woche anfallen (z. B. Monatshygiene bei Frauen oder Nagelpflege zählen nicht dazu). Die Verrichtungen unterteilen sich in vier Lebensbereiche, wobei drei zu dem Bereich der Grundpflege gehören und ein Bereich der hauswirtschaftlichen Versorgung zuzuordnen ist:

Übersicht 42

Grundpflege	hauswirtschaftliche Versorgung
Körperpflege Waschen, Duschen, Baden, Zahnpflege, Kämmen, Rasieren, Darm- und Blasenentleerung **Ernährung** mundgerechtes Zubereiten oder Aufnahme der Nahrung **Mobilität** selbstständiges Aufstehen und Zu-Bett-Gehen, An- und Auskleiden, Gehen, Stehen, Treppensteigen, Verlassen oder Wiederaufsuchen der Wohnung	Einkaufen, Kochen, Reinigen der Wohnung, Spülen, Wechseln und Waschen der Wäsche und Kleidung und das Beheizen

Die Verrichtungen beschränken sich auf grundlegende elementare Bereiche, die v. a. die körperliche Befindlichkeit des Pflegebedürftigen berücksichtigen. Die einzelnen Merkmale der Grundpflege und hauswirtschaftlichen Versorgung sind noch einmal genau definiert in den vom Medizinischen Dienst des Spitzenverbandes Bund der Krankenkassen e. V. herausgegebenen Begutachtungsrichtlinien[70].

---

[70] Richtlinien des GKV-Spitzenverbandes zur Begutachtung von Pflegebedürftigkeit nach dem XI. Buch des Sozialgesetzbuches, www.mds-ev.de.

4 Sozialrechtliche Grundlagen

Ein Bedarf in diesen Lebensbereichen genügt für den Leistungsanspruch indessen noch nicht. Vielmehr muss dieser in erheblichem oder höherem Maße vorliegen. Wann die Pflegebedürftigkeit in erheblichem oder höherem Maße vorliegt, definiert § 15 SGB XI. Entscheidend ist der Zeitaufwand, der benötigt wird, um die jeweiligen Verrichtungen vorzunehmen. Dabei soll sich die Begutachtung dieses Zeitaufwandes an ehrenamtlich tätigen Pflegepersonen im häuslichen Bereich orientieren. Darüber hinaus muss die aktivierende Pflege berücksichtigt werden, ebenso die ggf. notwendige Anleitung und Unterstützung, die Pflegebedürftige benötigen, wenn sie die einzelnen Verrichtungen (noch) selbst ausführen.
Legt man § 15 Abs. 1 und 3 SGB XI zugrunde, ergibt sich folgender Rahmen:

Pflegestufe	Durchschnittlicher Mindestaufwand pro Tag	Davon pflegerischer Aufwand für Körperpflege, Ernährung, Mobilität	Täglicher Mindest-Hilfebedarf
I (erhebliche Pflegebedürftigkeit)	90 Minuten	Mind. 46 Minuten	1-mal bei mindestens zwei Verrichtungen der Grundpflege und mehrfach in der Woche hauswirtschaftliche Versorgung
II (schwere Pflegebedürftigkeit)	3 Stunden	Mind. 2 Stunden	3-mal bei Verrichtungen der Grundpflege zu verschiedenen Tageszeiten und mehrfach in der Woche hauswirtschaftliche Versorgung
III (Schwerstpflegebedürftigkeit)	5 Stunden	Mind. 4 Stunden	Rund um die Uhr, auch nachts[71] bei den Verrichtungen der Grundpflege und mehrfach in der Woche hauswirtschaftliche Versorgung

Die Begutachtungsrichtlinien enthalten Zeitkorridore, die für verschiedene Pflegeverrichtungen anfallen können und die als Orientierungswerte dienen. Diese Zeitkorridore gehen davon aus, dass die jeweilige Verrichtung komplett durch eine Pflegeperson übernommen wird. Es kann daher immer Abweichungen geben, wenn der Pflegebedürftige aktivierend oder anleitend gepflegt wird oder aufgrund seiner körperlichen Verfassung mehr Zeit benötigt. Berücksichtigt werden auch erschwerende Faktoren, z. B. ein Körpergewicht des Pflegebedürftigen von über 80 kg, eine hochgradige Spastik, unkontrollierte Bewegungen, Abwehrverhalten oder fehlende Kooperation oder stark eingeschränkte Sinneswahrnehmung.

Beispiele

➡ Die Begutachtungsrichtlinien sehen einen zeitlichen Aufwand bei einer Ganzkörperwäsche von 20 bis 25 Minuten vor, für die Zahnpflege 5 Minuten, für das Wasserlassen 2 bis 3 Minuten, für das Füttern 15 bis 20 Minuten oder das Ankleiden 8 bis 10 Minuten.

---

[71] Im Vergleich zu Pflegestufe II versteht das BSG unter „auch nachts" eine regelmäßig notwendige Pflege mindestens einmal pro Nacht; „rund um die Uhr" bedeutet danach, dass dreimal zu verschiedenen Tageszeiten und mindestens einmal nachts (zwischen 22 und 6 Uhr) regelmäßig eine Verrichtung notwendig ist, BSG, Urteil vom 17.05.2000, B 3 P 20/99 R.

Bei Kindern wird nach § 15 Abs. 2 SGB XI der zeitliche Mehraufwand berücksichtigt, der gegenüber einem nicht behinderten oder nicht pflegebedürftigen Kind im gleichen Lebensalter besteht. Der Pflegeaufwand nicht behinderter Kinder ist vom Lebensalter abhängig; er ist ebenfalls in den Begutachtungsrichtlinien geregelt.

Beispiel

➲ Ein fünfjähriges Kind mit einer geistigen Behinderung und einer daraus folgenden Entwicklungsverzögerung benötigt Hilfe bei der Körperpflege, trägt noch Windeln, muss weitgehend gefüttert werden und kann kaum alleine laufen. Sein Entwicklungsstand entspricht dem eines zweijährigen Kindes. Der Gesamtpflegeaufwand beträgt pro Tag 160 Minuten. Von diesen 160 Minuten Grundpflegebedarf muss allerdings die Zeit abgezogen werden, die auch ein gesundes Fünfjähriges für seine Pflege und Betreuung benötigt, d. h. – nach den Begutachtungsrichtlinien – etwa 52 Minuten. Der behinderungsbedingte Mehrbedarf für die Grundpflege beträgt daher 108 Minuten. Damit hat das Kind Anspruch auf Leistungen nach der Pflegestufe I. Wäre das Kind 11 Jahre und hätte den gleichen Pflegeaufwand von 160 Minuten, würde kein altersbedingter Pflegeaufwand für ein gesundes Kind mehr anfallen, sodass ein Anspruch auf Leistungen nach der Pflegestufe II bestünde.

Besteht ein konkret nachweisbarer Mehrbedarf in der Pflege, wird dieser zugrunde gelegt.

Es empfiehlt sich in jedem Fall vor dem Begutachtungstermin ein Pflegetagebuch zu führen, in dem der tatsächliche Pflegeaufwand durch die Pflegeperson notiert wird. Der Gutachter hat maximal 60 Minuten zur Begutachtung – der tatsächliche Pflegeaufwand wird in dieser Zeit nicht ausreichend deutlich. Vordrucke für Pflegetagebücher gibt es z. B. beim Sozialverband Deutschland (SoVD).

In Ausnahmefällen und bei einem Pflegeaufwand, der weit über den Aufwand bei Pflegestufe III hinausgeht, kann ein Härtefall angenommen werden. Geregelt ist dies in der Härtefallrichtlinie[72] des GKV-Spitzenverbandes. Ein Härtefall beurteilt sich nach anfallendem Pflegeaufwand, der Art, Dauer und dem Rhythmus der erforderlichen Pflegemaßnahmen.

Beim zeitlichen Aufwand für die Feststellung der Pflegebedürftigkeit in erheblichem oder höherem Maße werden auch die sog. verrichtungsbezogenen krankheitsspezifischen Pflegemaßnahmen berücksichtigt (§ 15 Abs. 3 S. 2 SGB XI). Es handelt sich hierbei um medizinische Behandlungspflegemaßnahmen, die durch eine bestimmte Erkrankung verursacht werden, speziell auf den Krankheitszustand der Person ausgerichtet sind und dazu beitragen, die Krankheit zu heilen, ihre Verschlimmerung zu verhüten oder Krankheitsbeschwerden zu verhindern

---

[72] Richtlinie der Spitzenverbände der Pflegekassen zur Anwendung der Härtefallregelungen – Härtefall-Richtlinie, abrufbar auf Seite www.gkv-spitzenverband.de unter Richtlinien, Vereinbarung, Formulare.

oder zu lindern.⁷³ Diese Maßnahmen fallen i. d. R. in den Leistungsbereich der Krankenversicherung (§ 37 Abs. 2 SGB V), werden aber zeitmäßig zu dem Pflegeaufwand dann hinzugerechnet, wenn sie in unmittelbarem sachlichem und zeitlichem Zusammenhang mit einer Verrichtung stehen oder untrennbarer Bestandteil einer Verrichtung nach § 14 Abs. 4 SGB XI sind. Hängen sie nicht mit der Verrichtung zusammen, werden sie bei der Bemessung des Zeitaufwandes nicht berücksichtigt.

Beispiele

⇨ für verrichtungsbezogene, krankheitsspezifische Pflegemaßnahmen: An- und Ausziehen von Kompressionsstrümpfen ab Klasse 2 (Verrichtung: Mobilität), Einmalkathederisierung (Verrichtung: Körperpflege), Sekretelimination bei Mukoviszidose (Verrichtung: Mobilität), Wechseln der Sprechkanüle gegen eine Dauerkanüle zur Ermöglichung des Schluckens (Verrichtung: Ernährung), Verabreichung eines Klistiers (Verrichtung: Körperpflege); für nicht verrichtungsbezogene krankheitsspezifische Pflegemaßnahmen: Legen eines Dauerkatheders, Gabe von Abführmitteln, Maßnahmen, die durch eine Stoffwechselerkrankung notwendig sind (z. B. Diätplanung, Blut- und Urinzuckermessungen, Spritzen von Insulin), Behandlung eines Fußpilzes

Nachdem seit vielen Jahren der derzeit geltende Pflegebedürftigkeitsbegriff aufgrund seiner Verrichtungsbezogenheit kritisiert wird, da er die Vielzahl von Menschen mit kognitiven Beeinträchtigungen und damit v. a. Demenzkranke oder Menschen mit geistigen Beeinträchtigungen kaum erfasst, hat das Bundesgesundheitsministerium 2006 und 2012 wissenschaftliche Beiräte einberufen, die den geltenden Pflegebedürftigkeitsbegriff überarbeiten sollten. Die Beiräte empfahlen je – mit kleinen Abweichungen – die Einführung eines neuen Pflegebedürftigkeitsbegriffs und eines Neuen Begutachtungsassessments, welches von der Verrichtungsbezogenheit und von der defizitgeprägten Beschreibung von Pflegebedürftigkeit losgelöst zu sehen ist.⁷⁴ Das empfohlene Begutachtungsassessment ist modular aufgebaut. Die Ermittlung von Pflegebedürftigkeit erfolgt durch die Einschätzung des Pflegebedürftigen in acht Bereichen (sog. Module), innerhalb derer festgestellt wird, wie abhängig der Betroffene von personeller Hilfe ist. Die Module sind:

1. Mobilität: Fortbewegung über kurze Strecken und Lageveränderungen des Körpers;
2. Kognitive und kommunikative Fähigkeiten: Gedächtnis, Wahrnehmung, Denken, Urteilen, Kommunikation (geistige und verbale „Aktivitäten");
3. Verhaltensweisen und psychische Problemlagen: Verhaltensweisen, die mit einer Selbstgefährdung oder mit der Gefährdung anderer verbunden sein oder andere Probleme mit sich bringen können, sowie psychische Probleme wie Ängstlichkeit, Panikattacken oder Wahnvorstellungen (Selbstständigkeit im Umgang mit inneren Handlungsimpulsen und Emotionen);

---

73 BSG, Urteil vom 30.10.2001, B 3 KR 27/01 R.
74 Der (aktuelle) Bericht vom 27. Juni 2013 findet sich unter http://www.bundesgesundheitsministerium.de/pflege/pflegebeduerftigkeit/bericht-zum-pflegebeduerftigkeitsbegriff.html.

4. Selbstversorgung: Körperpflege, sich kleiden, essen und trinken sowie Verrichtungen im Zusammenhang mit Ausscheidungen;
5. Umgang mit krankheits-/therapiebedingten Anforderungen und Belastungen: Aktivitäten, die auf die Bewältigung von Anforderungen und Belastungen infolge von Krankheit oder Therapiemaßnahmen zielen, z. B. Medikamenteneinnahme, Wundversorgung, Umgang mit körpernahen Hilfsmitteln oder Durchführung zeitaufwändiger Therapien innerhalb und außerhalb häuslicher Umgebung;
6. Gestaltung des Alltagslebens und sozialer Kontakte: Einteilung von Zeit, Einhaltung eines Rhythmus' von Wachen und Schlafen, sinnvolles (bedürfnisgerechtes) Ausfüllen von verfügbarer Zeit und Pflege sozialer Beziehungen;
7. Außerhäusliche Aktivitäten: Teilnahme an sozialen und im weitesten Sinne kulturellen Aktivitäten (einschließlich außerhäusliche Mobilität) und
8. Haushaltsführung: hauswirtschaftliche Tätigkeiten und Regelung der für die alltägliche Lebensführung notwendigen geschäftlichen Belange (Nutzung von Dienstleistungen, Umgang mit Behörden, Geldangelegenheiten).

Die Module 7 und 8 werden mit erfasst, spielen aber für die Feststellung der Pflegebedürftigkeit keine Rolle, sondern sollen helfen, den gesamten Betreuungsbedarf zu erfassen und ggf. in einer Pflegeplanung zu berücksichtigen. Jedes Modul wird durch zahlreiche Items konkretisiert, bei denen festgestellt wird, inwiefern jemand bei der jeweiligen Aktivität beeinträchtigt ist. Dabei werden Punkte vergeben, die von 0 (keine Beeinträchtigung) bis 4 (volle Beeinträchtigung) reichen. Insgesamt entsteht dann pro Modul eine Gesamtpunktzahl, die in das Gesamtergebnis mit unterschiedlichem Gewicht einfließt. Nach dem Vorschlag des Expertenbeirates vom Mai 2013 werden im Folgenden bestimmte Schwellenwerte festgelegt, die über einen Pflegegrad entscheiden; die Pflegestufen gibt es dann in dieser Form nicht mehr. Die Schwellenwerte werden wie folgt vorgeschlagen:

	kein Pflegegrad	Pflegegrad I	Pflegegrad II	Pflegegrad III	Pflegegrad IV	Pflegegrad V
Schwellenwerte (von-bis)	0–14	15–29	30–49	50–69	70–89	90–100

Der neue Pflegebedürftigkeitsbegriff und das neue Begutachtungsverfahren werden seit Anfang 2014 nochmals erprobt. Sie werden durch das geplante zweite Pflegestärkungsgesetz eingeführt werden. Ab 2017 sollen dann pflegebedürftige Menschen ausschließlich nach dem neuen Begutachtungsverfahren begutachtet werden und entsprechend Leistungen nach Pflegegraden erhalten.

4.5.2.3 Antrag und Verfahren

Leistungen der Pflegekasse hängen von einem Antrag ab (§ 33 Abs. 1 S. 1 SGB XI). Der Antrag kann formlos („Ich möchte Leistungen der Pflegeversicherung...") gestellt werden. Der Leistungsanspruch beginnt, sofern die anderen Anspruchsvoraussetzungen (Vorversicherung und Pflegebedürftigkeit) vorliegen, ab diesem Zeitpunkt. Der Antrag sollte bei der Pflegekasse gestellt werden, bei der der Antragsteller versichert ist; ist die Kasse unzuständig, ist sie verpflichtet, den Antrag weiterzuleiten (s. o. Kap. 3.1.4.1).

4 Sozialrechtliche Grundlagen

Geht der Antrag bei der Pflegekasse ein, so beginnt das Verwaltungsverfahren (§ 18 SGB X), in welchem zuerst die versicherungsrechtlichen Voraussetzungen und dann das Vorliegen der Pflegebedürftigkeit geprüft werden.

Zusammengefasst lässt sich das Verfahren so darstellen:

1. Antrag bei der Pflegekasse
2. Auftrag der Pflegekasse an den Medizinischen Dienst der Krankenversicherung (MDK) oder einen anderen unabhängigen Gutachter zur Begutachtung
3. Ankündigung eines Hausbesuchs (oder eines Besuchs in der jeweiligen Einrichtung, in der der Antragsteller untergebracht ist, z. B. im Krankenhaus, in einer Rehabilitationseinrichtung oder im Pflegeheim) durch den MDK oder einen von der Pflegekasse beauftragten Gutachter
4. Begutachtung des Antragstellers; unter den Voraussetzungen des § 18 Abs. 3 S. 3, 4 SGB XI muss die Begutachtung innerhalb einer Woche erfolgen; in den Fällen des § 18 Abs. 3 S. 5 SGB XI innerhalb von zwei Wochen
5. Erstellung des Gutachtens durch den MDK und Versand an die Pflegekasse
6. Entscheidung der Pflegekasse über den Antrag auf der Basis des Gutachtens
7. Zustellung des Bescheides an den Antragsteller spätestens fünf Wochen nach Eingang des Antrags bei der zuständigen Pflegekasse (§ 18 Abs. 3 S. 2 SGB XI); der Antragsteller hat ein Recht auf Übermittlung des Gutachtens mit dem Bescheid (§ 18 Abs. 3 S. 8 SGB XI); der Gutachter muss bei der Begutachtung erfragen, ob das Gutachten übersandt werden soll (§ 18 Abs. 3 S. 9 SGB XI).

Ausnahmsweise kann eine Begutachtung auch nach Aktenlage erfolgen, wenn nach den vorhandenen Akten eindeutig das Ergebnis der Untersuchung feststeht (§ 18 Abs. 2 S. 3 SGB XI). In diesen Fällen darf aber der Antrag auf eine Pflegestufe nicht abgelehnt werden.

Das Gutachten enthält einen Feststellungsteil, in dem steht, ob und ab wann Pflegebedürftigkeit vorliegt, welche Pflegestufe erreicht ist und ob ggf. ein Härtefall anzunehmen ist. Zudem wird die erhebliche Einschränkung der Alltagskompetenz festgestellt, geprüft, ob eine Pflegeperson vorhanden ist und in welchem zeitlichen Umfang diese pflegt sowie ob ggf. die Voraussetzungen für eine stationäre Pflege gegeben sind. Darüber hinaus beinhaltet das Gutachten einen Empfehlungsteil, in dem ein individueller Pflegeplan mit Aussagen über notwendige pflegerische Leistungen, Hilfs- und Pflegehilfsmittel, Maßnahmen zur Rehabilitation und Gesundheitsförderung sowie zur Verbesserung des Wohnumfeldes festgehalten sind. Dort findet sich auch eine Aussage über eine ggf. notwendige Wiederholungsbegutachtung. Hinsichtlich einer möglichen Rehabilitation muss eine gesonderte Empfehlung abgegeben werden (§ 18a SGB XI).

Versäumt die Pflegekasse, den schriftlichen Bescheid innerhalb der vorgeschriebenen Frist zu erlassen, muss sie nach Fristablauf für jede begonnene Woche der Fristüberschreitung unverzüglich 70 Euro an den Antragsteller zahlen, es sei denn, sie ist für die Verzögerung nicht verantwortlich oder der Betroffene ist in stationärer Pflege und hat schon eine Pflegestufe zuerkannt bekommen (§ 18 Abs. 3b SGB XI).

4.5.3 Leistungen der Pflegeversicherung

Die Leistungen der Pflegeversicherung sind in § 28 Abs. 1 SGB XI zusammengefasst. Sie lassen sich im Überblick wie folgt darstellen:

Übersicht 43

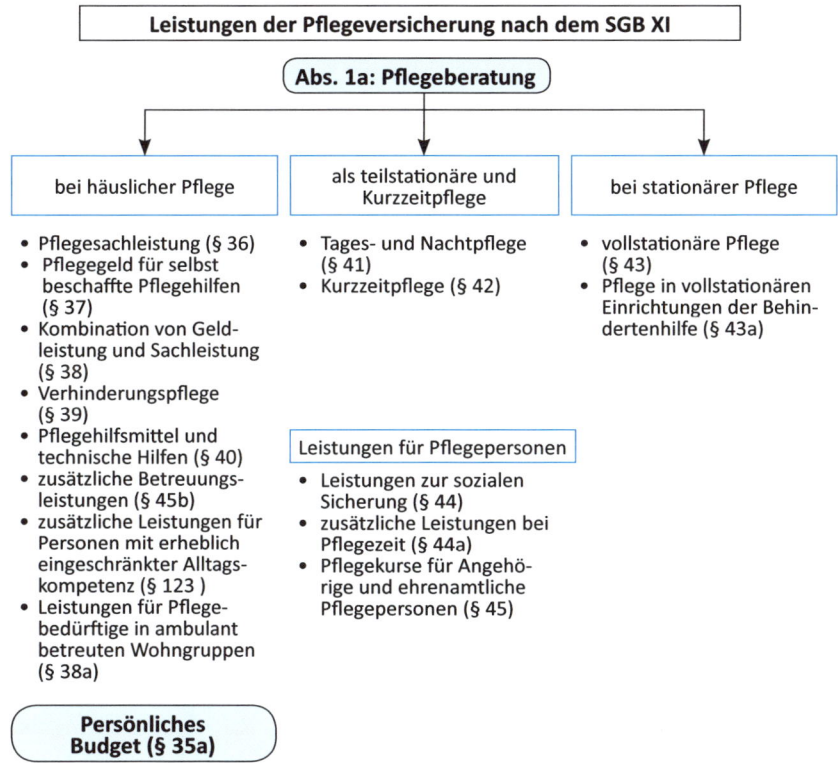

In der Pflegeversicherung versicherte Menschen, die einen Antrag auf Leistungen stellen und erkennbar einen Beratungs- und Hilfebedarf haben oder die bereits Leistungen beziehen, haben seit dem 1.1.2009 einen Rechtsanspruch gegen ihre Pflegekasse auf eine individuelle Pflegeberatung (§ 7a SGB XI) und zwar unabhängig davon, ob sie häuslich oder stationär gepflegt werden (wollen). Die Beratung erfasst nicht nur die Leistungen nach dem SGB XI, sondern hilft „bei der Auswahl und Inanspruchnahme von bundes- oder landesrechtlich vorgesehenen Sozialleistungen sowie sonstigen Hilfsangeboten, die auf die Unterstützung von Menschen mit Pflege-, Versorgungs- oder Betreuungsbedarf ausgerichtet sind."

Die Aufgaben der Pflegeberater sind in § 7a Abs. 1 S. 2 SGB XI geregelt und erfassen u. a. die Aufstellung eines individuellen Versorgungsplans mit Empfehlungen zu den im Einzelfall erforderlichen Maßnahmen. Seit dem 1.1.2013 sind die Pflegekassen verpflichtet, dem Antragsteller unmittelbar nach Eingang eines erstmaligen Antrags auf Leistungen entweder unter Nennung einer Kontaktperson einen konkreten Beratungstermin innerhalb von zwei Wochen anzubieten oder einen

Beratungsgutschein auszustellen, in dem Beratungsstellen benannt sind, wo sich der Antragsteller innerhalb von zwei Wochen einen eigenen Termin besorgen kann (§ 7a SGB XI).

Die Pflegeberater sind, wenn möglich, in den Pflegestützpunkten, die nach landesrechtlichen Vorgaben eingerichtet sind (§ 92c SGB XI), anzusiedeln.[75]

4.5.3.1 Leistungen im häuslichen Bereich

Leistungen im häuslichen Bereich sind in der Pflegeversicherung vorrangig (§ 3 SGB XI). Häusliche Pflege ist alles, was nicht stationäre Pflege ist. Sie muss nicht unbedingt im eigenen Haushalt des Pflegebedürftigen stattfinden, sondern kann auch in der Wohnung von Angehörigen, Wohngemeinschaften, betreuten Wohneinrichtungen, Wohngruppen oder sogar in Altenheimen und Altenwohnheimen erbracht werden. Die Abgrenzung erfolgt anhand § 71 Abs. 2 und 4 SGB XI: danach sind stationäre Einrichtungen entweder Pflegeeinrichtungen (§ 71 Abs. 2 SGB XI) oder vollstationäre Einrichtungen der Behindertenhilfe (§ 71 Abs. 4 SGB XI). Die Unterscheidung ist nicht mehr so einfach, nachdem mehr und mehr stationäre Einrichtungen kleinere Wohnbereiche schaffen oder Einrichtungsträger betreute Wohnformen anbieten. Wichtige Indizien für einen eigenen Haushalt sind eine wesentlich selbstständige Tragung der Kosten für die Lebens- und Wirtschaftsführung oder die Möglichkeit, einen Pflegeanbieter frei wählen zu können.

Leistungen der häuslichen Pflege sind in den §§ 36 bis 40, 45b und 123 SGB XI geregelt. Es gibt sie als Sach- und Geldleistungen, eine Kombination beider ist unter Umständen möglich. Sie lassen sich im Überblick so darstellen:

Übersicht 44

- Pflegesachleistung (§ 36 SGB XI)
- Verhinderungspflege (§ 39 SGB XI)
- Pflegehilfsmittel, einschließlich technischer Pflegehilfsmittel (§ 40 Abs. 1 und 3 SGB XI)
- zum Verbrauch bestimmte Pflegehilfsmittel (§ 40 Abs. 2 SGB XI)
- zusätzliche Betreuungsleistungen (§ 45b SGB XI)
- verbesserte Pflegeleistungen für Personen mit eingeschränkter Alltagskompetenz (§ 123 Abs. 2 Nr. 2, Abs. 3, 4 SGB XI)

- Pflegegeld (§ 37 SGB XI)
- finanzielle Zuschüsse für wohnumfeldverbessernde Maßnahmen (§ 40 Abs. 4 SGB XI)
- verbesserte Pflegeleistungen für Personen mit eingeschränkter Alltagskompetenz (§ 123 Abs. 2 Nr. 1, Abs. 3, 4 SGB XI)

→ Pflegesachleistung und Pflegegeld können kombiniert werden (sog. Kombinationsleistung § 38 SGB XI)
→ zusätzliche Leistungen für Pflegebedürftige in ambulant betreuten Wohngruppen; sie erhalten pauschal einen Zuschlag i. H. v. 200 Euro auf Pflegegeld oder Pflegesachleistungen unter den Voraussetzungen des § 38a SGB XI

---

[75] Derzeit gibt es in den meisten Bundesländern Pflegestützpunkte (gesundheits-und-pflegeberatung.de/html/pflegestutzpunkte.html).

4.5.3.1.1 Pflegesachleistung (§ 36 SGB XI)

Pflegebedürftige Menschen haben nach § 36 SGB XI Anspruch auf Grundpflege und hauswirtschaftliche Versorgung als Sachleistung. Diese Sachleistung wird erbracht entweder durch:

- geeignete Pflegekräfte, die von der Pflegekasse angestellt sind, oder
- geeignete Pflegekräfte, die von einem ambulanten Pflegedienst i. S. d. § 71 Abs. 1 SGB XI angestellt sind, der mit der Pflegekasse einen Versorgungsvertrag abgeschlossen hat, oder
- Einzelpersonen, mit denen die Pflegekasse einen Vertrag nach § 77 Abs. 1 SGB XI abgeschlossen hat.

Übernommen werden in diesem Rahmen zunächst nur Hilfen bei den Verrichtungen nach § 14 Abs. 4 SGB XI, eine Unterstützung bei allgemeinen Aufsichts- und Betreuungsaufgaben war grundsätzlich nicht vorgesehen. Seit dem Pflege-Neuentwicklungsgesetz können ab 1.1.2013 allerdings die Sachleistungen auch in Form der sog. häuslichen Betreuung erbracht werden (§ 124 SGB XI), sofern die Grundpflege und hauswirtschaftliche Versorgung im Einzelfall sichergestellt sind. Häusliche Betreuung beinhaltet pflegerische Betreuungsmaßnahmen zur Unterstützung und Hilfe im häuslichen Umfeld des Pflegebedürftigen oder seiner Familie, insbesondere Aktivitäten im häuslichen Umfeld zu kommunikativen Zwecken oder zur Aufrechterhaltung sozialer Kontakte sowie tagesstrukturierende Maßnahmen (§ 124 Abs. 2 SGB XI). Verrichtungsspezifische krankheitsspezifische Pflegemaßnahmen sind keine häuslichen Pflegemaßnahmen, sondern werden – auch wenn sie ggf. durch den entsprechenden Pflegedienst mit erbracht werden – von der Krankenkasse finanziert; das gilt auch, wenn sich ein behinderter Mensch mit Pflegebedarf in Schulen, Kindergärten, Wohnheimen oder anderen Einrichtungen der Behindertenhilfe oder WfbM aufhält (§ 37 Abs. 2 S. 1 SGB V).

Die Höhe der durch die Pflegekasse erbrachten Leistungen für die Pflegesachleistung hängt von der jeweiligen Pflegestufe ab. Sie beträgt monatlich (zur Erhöhung des Pflegesachleistungsbetrags für Personen mit erheblich eingeschränkter Alltagskompetenz s. u. Kapitel 4.5.3.1.6, *Änderungen ab 1.1.2015 in Klammern*):

Pflegestufe	Höhe der Leistungen
I	450 Euro (468 Euro)
II	1.100 Euro (1.140 Euro)
III	1.550 Euro (1.612 Euro)
Härtefall	1.918 Euro (1.995 Euro)

Wohnen mehrere Pflegebedürftige in einer Wohngemeinschaft, einem Wohnheim, in einer Einrichtung des betreuten Wohnens oder in einem Haus zusammen, besteht die Möglichkeit, die Leistungen der Grundpflege und häuslichen Versorgung gemeinsam abzurufen (sog. Poolen, § 37 Abs. 1 S. 4 SGB XI). Die dadurch entstehende Zeit- und Kostenersparnis (z. B. weil für mehrere eingekauft oder gekocht werden kann) kann für weitere Betreuungsleistungen eingesetzt werden.

Die Pflegesachleistungen werden zwischen Pflegebedürftigen und Pflegedienst bzw. der Pflegefachkraft auf der Grundlage eines Pflegevertrages nach § 120 SGB XI erbracht.

> Im Rahmen der Pflegeversicherung dürfen die Pflegekräfte mit den Pflegebedürftigen kein Beschäftigungsverhältnis begründen (§ 77 Abs. 3 S. 1 SGB XI). Beschäftigt ein Mensch mit Behinderung Pflegekräfte im Arbeitgebermodell, erhält er hierfür grundsätzlich nur Pflegegeld und nicht den Betrag, der ihm für Pflegesachleistungen zur Verfügung stünde.

4.5.3.1.2 Pflegegeld (§ 37 SGB XI)

Anstelle von Pflegesachleistungen kann der pflegebedürftige Mensch Pflegegeld beziehen und sich seine Pflege durch Angehörige, Freunde, Bekannte, Nachbarn selbst organisieren. Für den Bezug von Pflegegeld müssen Grundpflege und hauswirtschaftliche Versorgung tatsächlich in geeigneter Weise sichergestellt sein. Dies wird bei der Begutachtung überprüft. Der Gutachter orientiert sich dabei

- an der Situation des Pflegebedürftigen,
- an den Belastungen und der Belastbarkeit der Pflegepersonen,
- am sozialen Umfeld in der konkreten Pflegesituation und
- an der Wohnsituation einschließlich möglicher wohnumfeldverbessernder Maßnahmen.

Beispiele

➡ **1.** Eine 80-jährige allein lebende Frau mit erheblichen körperlichen Funktionsbeeinträchtigungen und einer erheblichen Sehbehinderung ist pflegebedürftig mit Pflegestufe I. Sie beschäftigt eine Haushaltshilfe, die allerdings nur unregelmäßig kommt; ihre Grundpflege will sie allein sicherstellen. Die Pflegekasse hat in diesem Fall das Pflegegeld abgelehnt, weil die Grundpflege nicht sichergestellt sei und so die Gefahr eines Pflegedefizits bestand (BSG, Urteil vom 17.12.2009, B 3 P 5/08 R).
2. Andererseits kann die Pflegekasse auch nicht vorschreiben, wie eine Person gepflegt werden soll (z. B. täglich Ganzkörperwäsche vorzunehmen, ordentliche Kleidung tagsüber zu tragen, in einer aufgeräumten Wohnung zu leben). Dies sei auch Teil der Selbstbestimmung des pflegebedürftigen Menschen, sofern die Grundpflege und hauswirtschaftliche Versorgung durch geeignete Personen überhaupt sichergestellt ist (LSG Hessen, Urteil vom 21.6.2007, L 8 P 10/05).

Über das Pflegegeld kann der Pflegebedürftige frei verfügen. Der monatliche Betrag hängt von der jeweiligen Pflegestufe ab und beträgt (zur Erhöhung des Pflegegeldes bei Personen mit eingeschränkter Alltagskompetenz s. u. Kapitel 4.5.3.1.6, *Änderungen ab 1.1.2015 in Klammern*):

Pflegestufe	Höhe der Leistungen
I	235 Euro (245 Euro)
II	440 Euro (458 Euro)
III	700 Euro (728 Euro)

4.5 Pflegerecht und Pflegeversicherung

Das Pflegegeld kann auch anteilig für einen Monat gezahlt werden. Wird z. B. ein behindertes Kind mit Pflegebedarf nur am Wochenende bei seinen Eltern betreut, können diese für die jeweiligen Tage Pflegegeld beziehen.

Beispiel

➡ Hält sich das Kind mit Pflegestufe I, welches während der Woche in einem der Schule angegliederten Internat wohnt, von Freitag bis Sonntag bei seinen Eltern auf, haben die Eltern bei vier Wochenenden im Monat Anspruch auf Pflegegeld i. H. v. 94 Euro (235 Euro / 30 Tage x 12 Tage).

Wird die häusliche Pflege vorübergehend unterbrochen, weil der pflegebedürftige Mensch z. B.

- im Krankenhaus vollstationär betreut wird,
- eine vollstationäre Rehabilitationsmaßnahme wahrnimmt oder
- von der Krankenkasse häusliche Krankenpflege erhält, die die Pflegeleistungen mit umfasst,

zahlt die Pflegekasse das Pflegegeld bis zu vier Wochen fort (§ 34 Abs. 2 S. 2 SGB XI). Werden Leistungen der Verhinderungspflege (§ 39 SGB XI) oder der Kurzzeitpflege (§ 42 SGB XI) erbracht, dann wird das Pflegegeld zur Hälfte bis zu vier Wochen weitergezahlt (§ 37 Abs. 2 S. 2 SGB XI).

Nimmt der Pflegebedürftige nur das Pflegegeld in Anspruch, ist er verpflichtet, bei Pflegestufe I und II einmal halbjährlich und bei Pflegestufe III einmal vierteljährlich einen Beratungseinsatz durch eine zugelassene Pflegeeinrichtung, eine Beratungsstelle, eine Pflegefachkraft oder den Pflegeberater abzurufen. Dieser Beratungseinsatz dient einerseits der Unterstützung der Pflegeperson, soll aber andererseits auch sicherstellen, dass die häusliche Pflege und die Pflegesituation ausreichend sind.

4.5.3.1.3 Kombinationsleistung (§ 38 SGB XI)

Eine Kombination aus Pflegesachleistung und Pflegegeld nach § 38 SGB XI kommt dann in Betracht, wenn ein pflegebedürftiger Mensch nur teilweise Hilfe durch einen professionellen Pflegedienst benötigt (z. B. zum Duschen oder Baden oder beim Ankleiden), ansonsten aber durch Angehörige, Freunde usw. versorgt wird. Es steht den Betroffenen dabei frei, in welcher Quote sie Pflegegeld und Pflegesachleistung abrufen wollen; es erfolgt eine prozentuale Aufteilung (§ 37 S. 2 SGB XI).

Beispiele

➡ **1:** Ein Pflegebedürftiger der Pflegestufe I nimmt in einem Monat Sachleistungen im Wert von 210 Euro in Anspruch. Der Höchstbetrag für Pflegesachleistungen beträgt 450 Euro. Sein Pflegegeldanspruch beträgt 125,33 Euro. Die Berechnung erfolgt so:

realisierte Pflegesachleistung: 210 Euro = 46,67 Prozent[76] v. 450 Euro
verbleibender Pflegegeldanspruch: 125,33 Euro = 53,33 Prozent v. 235 Euro
2: Ein Pflegebedürftiger mit Pflegestufe III und festgestelltem Härtefall nimmt Sachleistungen in Höhe von 680 Euro in Anspruch. Er hat Anspruch auf Pflegesachleistungen in Höhe von 1.918 Euro. Der Pflegegeldanspruch beträgt 451,85 Euro.
realisierte Pflegesachleistung: 680 Euro = 35,45 Prozent von 1.918 Euro
verbleibender Pflegegeldanspruch: 451,85 Euro = 64,55 Prozent von 700 Euro

Kombiniert jemand Pflegesachleistung und Pflegegeld, muss kein Beratungseinsatz abgerufen werden.

Hat sich der Pflegebedürftige für eine Kombinationsleistung entschieden, ist er an diese Entscheidung sechs Monate gebunden, es sei denn, die Pflegesituation ändert sich wesentlich oder der Wechsel erfolgt zu einem ausschließlichen Bezug von Pflegegeld oder Pflegesachleistung.

4.5.3.1.4 Zusätzliche Leistungen für Pflegebedürftige in ambulant betreuten Wohngruppen (§ 38a SGB XI)

Pflegebedürftige, die

- in ambulant betreuten Wohngruppen in einer gemeinsamen Wohnung mit häuslicher pflegerischer Versorgung leben,
- Pflegesachleistungen, Pflegegeld oder Kombinationsleistung beziehen,
- von einer dort tätigen Pflegekraft versorgt werden und
- mindestens zu dritt wohnen

und die ihre Pflege- und Betreuungsleistungen frei wählen können (sog. „Pflege-WGs"), erhalten 200 Euro (ab 1.1.2015 205 Euro) pauschal mehr im Monat für Pflege- und Betreuungsleistungen. Mit dieser Vorschrift soll ein Anreiz zur Gründung solcher Wohngemeinschaften geschaffen werden.

Um diesen Anreiz zu stärken, wurde mit dem § 45e SGB XI eine Anschubfinanzierung zur Gründung von ambulant betreuten Wohngruppen eingeführt. Für die altersgerechte oder barrierearme Umgestaltung der gemeinsamen Wohnung werden pro Bewohner noch einmal 2.500 Euro zur Verfügung gestellt, maximal 10.000 Euro pro Wohngruppe. *Ab 2015 erhalten diese Leistungen auch Menschen ohne Pflegestufe, wenn sie die Voraussetzungen des § 45 a SGB XI erfüllen.*

4.5.3.1.5 Weitere Leistungen bei häuslicher Pflege

Ist die (ehrenamtlich tätige) Pflegeperson wegen Erholungsurlaub, Krankheit oder anderen Gründen an der Pflege gehindert, übernimmt die Pflegekasse die Kosten für die Ersatzpflege i. H. v. maximal 1.550 Euro für höchstens vier Wochen im Jahr (sog. Verhinderungspflege oder Pflegevertretung). Vor der erstmaligen Verhinderung muss die Pflegeperson mindestens sechs Monate gepflegt haben. Die Ersatzpflege kann auch in Einrichtungen durchgeführt werden, die keine

---

[76] Die Prozentsätze werden kaufmännisch auf zwei Stellen nach dem Komma gerundet, die zweite Stelle nach dem Komma wird aufgerundet, wenn an dritter Stelle eine Zahl von 5 bis 9 steht.

4.5 Pflegerecht und Pflegeversicherung

Pflegeeinrichtungen sind, auch in Feriencamps oder während Kinder- und Jugendfreizeiten. Sie wird also nicht nur dann geleistet, wenn die Pflegeperson den Pflegebedürftigen „verlässt", sondern auch umgekehrt. Das ermöglicht z. B. auch einen Urlaub des Pflegebedürftigen ohne seine Pflegeperson.

Beispiel

➡ Eine 18-jährige geistig behinderte junge Frau mit Pflegestufe I wird von ihrer Mutter gepflegt und versorgt. Während der Sommerferien verreist sie für 14 Tage mit einer Gruppe behinderter und nicht behinderter Jugendlicher in ein Feriencamp eines Vereins. Die Betreuung und Pflege dort erfolgt durch mitgereiste Betreuer. Die Kosten für die Pflege während der Reise werden im Rahmen der Verhinderungs- oder Ersatzpflege von der Pflegekasse getragen.

Kein Anspruch auf Ersatzpflege besteht allerdings dann, wenn der Mensch mit Behinderung in einer vollstationären Einrichtung der Behindertenhilfe lebt und in der Zeit der Verhinderung seiner Pflegeperson (z. B. während der Ferien) auch dort betreut werden kann. *Das erste Pflegestärkungsgesetz ermöglicht die Aufstockung der Verhinderungspflege aus nicht in Anspruch genommenen Mitteln der Kurzzeitpflege und verschafft damit eine größere Flexibilisierung dieser pflegeentlastenden Leistungen. Danach kann der Leistungsbetrag für die Verhinderungspflege um bis 806 Euro aus Mitteln der Kurzzeitpflege erhöht werden, sodass letztlich für die Verhinderungspflege insgesamt 2.418 Euro zur Verfügung stehen.*

Darüber hinaus haben Pflegebedürftige bei häuslicher Pflege Anspruch auf Pflegehilfsmittel und technische Hilfen nach § 40 Abs. 1 SGB XI, wenn diese Pflegehilfsmittel notwendig ist, um

- die Pflege zu erleichtern,
- die Beschwerden des Pflegebedürftigen zu lindern oder
- dem Pflegebedürftigen eine selbstständigere Lebensführung zu ermöglichen.

Pflegehilfsmittel gibt es nur, wenn kein anderer Leistungsträger dafür zuständig ist und wenn ihr Einsatz schwerpunktmäßig der Pflege gilt. Sie sind kostenmäßig nicht begrenzt, können aber auch leihweise vergeben werden. Pflegehilfsmittel sind – ähnlich wie die Hilfsmittel in der Krankenversicherung – in einem Pflegehilfsmittelverzeichnis aufgeführt.

Beispiele

➡ Pflegehilfsmittel, die die Pflege erleichtern, sind Pflegebetten, Bettgalgen, Pflegerollstühle oder Sitzhilfen. Pflegehilfsmittel zur Körperpflege sind Urinflaschen, Bettschieber oder Duschwagen. Pflegehilfsmittel zur Linderung von Beschwerden sind Lagerungsrollen oder Matratzen zur Dekubitusprophylaxe.

Pflegehilfsmittel, die zum Verbrauch bestimmt sind, werden mit maximal 31 Euro (ab 2015 40 Euro) monatlich bezuschusst (§ 31 Abs. 2 SGB XI). Statt der Sachleistung (Kauf bei einem Anbieter, mit dem die Pflegekasse einen Versorgungsvertrag geschlossen hat) kann auch eine Kostenerstattung gewählt werden.

4 Sozialrechtliche Grundlagen

Beispiele

➡ für Pflegehilfsmittel zum Verbrauch: Windeln, Bettschutzeinlagen, Desinfektionsmittel, Fingerlinge, Einmalhandschuhe

Schließlich können Menschen, die in einer Wohnung häuslich gepflegt werden, einen Zuschuss zu wohnumfeldverbessernden Maßnahmen i. H. v. höchstens 2.557 Euro (ab 2015 4.000 Euro) erhalten, wenn die räumlichen Bedingungen für die Pflege ungeeignet sind. Es handelt sich hierbei um eine Ermessensleistung der Pflegekasse, die voraussetzt, dass mit der Maßnahme

- die häusliche Pflege ermöglicht wird,
- die häusliche Pflege erheblich erleichtert und damit eine Überforderung der Leistungskraft des pflegebedürftigen Menschen und der pflegenden Person verhindert wird oder
- eine selbstständigere Lebensführung des pflegebedürftigen Menschen wiederhergestellt, d. h. die Abhängigkeit von der pflegenden Person verringert wird.

Es gibt einen einheitlichen Leistungskatalog, auf den sich die Spitzenverbände der Pflegekassen geeinigt haben und der die Umbaumaßnahmen benennt, die von der Pflegekasse bezuschusst werden. Dieser Leistungskatalog bindet allerdings nicht die Gerichte, die u. U. auch andere Maßnahmen bewilligen können.

Beispiele

➡ Einbau eines Personenaufzugs, Installation von Haltestangen, Türvergrößerungen, Abbau von Türschwellen, Beseitigung von Stolperquellen, Absenkung der Fenstergriffe, Anbringung elektrisch betriebener Rollläden, Einbau einer bodengleichen Dusche, Anpassung der Sitzhöhe des Klosettbeckens usw.

„Je Maßnahme" heißt nicht, dass jede einzelne Maßnahme (Einbau Dusche, Türverbreiterung, Anbringung eines Handlaufs usw.) mit 2.557 Euro (bzw. 4.000 Euro ab 2015) bezuschusst wird. Gemeint ist eine Gesamtmaßnahme, d. h. alle Maßnahmen, die zu einem bestimmten Zeitpunkt den Hilfebedarf des Pflegebedürftigen decken können, zählen als „eine" Maßnahme. Nur wenn sich die Pflegesituation wesentlich ändert, ist ein erneuter Zuschuss u. U. möglich.

4.5.3.1.6 Leistungen für Personen mit eingeschränkter Alltagskompetenz (§§ 45 ff., 123 SGB XI)

Pflegebedürftige in häuslicher Pflege, bei denen neben dem Hilfebedarf an Grundpflege und hauswirtschaftlicher Versorgung ein erheblicher Bedarf an allgemeiner Beaufsichtigung und Betreuung besteht (entspricht Personen mit eingeschränkter Alltagskompetenz), erhalten zusätzliche Betreuungsleistungen nach § 45b SGB XI. Hiervon werden sowohl

- Pflegebedürftige mit Pflegestufe als auch
- Personen ohne Pflegestufe, die aber einen Bedarf an Grundpflege und hauswirtschaftlicher Versorgung haben, ohne dass die Pflegestufe I erreicht wird (sog. „Pflegestufe 0")

erfasst. Zu beachten ist dabei, dass – auch wenn die Leistungen immer im Zusammenhang mit demenzerkrankten älteren Menschen in der Öffentlichkeit auftauchen – geistig und psychisch behinderte Menschen ebenso einbezogen werden.

§ 45a Abs. 2 SGB XI benennt die Bewertungskriterien, nach denen eine eingeschränkte Alltagskompetenz festgestellt wird. Die Begutachtungsrichtlinien beschreiben die einzelnen Merkmale detailliert.

Beispiele

➲ § 45a Abs. 2 Nr. 1 nennt als Merkmal „unkontrolliertes Verlassen des Wohnbereichs (Weglauftendenzen)". Geprüft wird, ob der Pflegebedürftige häufig aus der Wohnung wegläuft, weil er z. B. seine Kinder oder Eltern außerhalb der Wohnung sucht bzw. zur Arbeit gehen möchte, oder ob er planlos in der Wohnung umher läuft und sich nicht mehr zurechtfindet. Nr. 2 benennt als Merkmal „Verkennen oder Verursachen gefährdender Situationen". Geprüft wird, ob der Pflegebedürftige den Straßenverkehr z. B. gefährdet, weil er unkontrolliert auf die Straße läuft, Autos oder Radfahrer anhält oder die Wohnung in unangemessener Bekleidung oder gar unbekleidet verlässt.

Je nachdem wie hoch der zusätzliche Betreuungsbedarf ist, erhalten diese Personen monatlich 100 Euro (Grundbetrag, ab 2015 105 Euro) oder 200 Euro (erhöhter Betrag, ab 2015 208 Euro). Dieser Betrag ist zweckgebunden einzusetzen und wird nicht als zusätzliches Pflegegeld gewährt. Er kann für

- zusätzliche Tages- und Nachtpflege oder Kurzzeitpflege,
- besondere Angebote zugelassener Pflegedienste für allgemeine Anleitung und Betreuung (z. B. soziale Betreuung und tagesstrukturierende Angebote) und
- niedrigschwellige Betreuungsangebote von durch Landesrecht anerkannten Diensten und Einrichtungen (§ 45c SGB XI)

eingesetzt werden. Die Aufwendungen für die zusätzlichen Betreuungsleistungen werden auf Antrag und mit Nachweis in Höhe des möglichen Betrags erstattet, d. h. sie müssen durch die Pflegebedürftigen vorfinanziert werden. Nicht verbrauchte Beträge während eines Jahres können in das folgende Kalenderhalbjahr übertragen werden (§ 45b Abs. 2 S. 2 HS 2 SGB XI). *Mit dem Pflegestärkungsgesetz werden die Vorschriften neu gefasst. Die zusätzlichen Betreuungsleistungen sind dann nicht mehr allein an die Voraussetzungen des § 45 a SGBXI geknüpft (eingeschränkte Alltagskompetenz), sondern stehen allen Pflegebedürftigen als zusätzliche Betreuungs- und Entlastungsleistungen zur Verfügung. Pflegebedürftige, die die Voraussetzungen des § 45 a SGB XI nicht erfüllen, erhalten dann einen Betrag i.H.v. 104 Euro für diese Leistungen. Darüber hinaus besteht die Möglichkeit, nicht in Anspruch genommene Leistungsbeträge der Pflegesachleistungen für Betreuungs- und Entlastungsangebote nach § 45 b SGB XI zu verwenden.*

Seit dem Pflege-Neuentwicklungsgesetz erhalten Menschen mit eingeschränkter Alltagskompetenz nach § 123 SGB XI zusätzliche Leistungen (übergangsweise), die wahlweise die Pflegesachleistung oder das Pflegegeld erhöhen, wenn sie die Voraussetzungen des § 45a SGB XI erfüllen. Für betroffene Menschen, die noch keine Pflegestufe (sog. Pflegestufe 0) erreichen, wird erstmalig ein Anspruch auf

4 Sozialrechtliche Grundlagen

Pflegegeld und Pflegesachleistung sowie auf Verhinderungspflege und Pflegehilfsmittel bzw. wohnumfeldverbessernde Maßnahmen geschaffen. Diese Leistungen bestehen neben den besonderen Betreuungsleistungen nach § 45b SGB XI. Die Ansprüche nach § 123 SGB XI sind folgende (Änderungen ab 1.1.2015 in Klammern):

	„Pflegestufe 0"	Pflegestufe I	Pflegestufe II
Pflegegeld	120 € (123 €)	Erhöhung des Pflegegeldes nach § 37 SGB XI um 70 € (72 €) – insgesamt 305 € (316 €)	Erhöhung des Pflegegeldes nach § 37 SGB XI um 85 € (87 €) – insgesamt 525 € (545 €)
Pflegesachleistung	225 € (231 €)	Erhöhung des Pflegesachleistungsbetrags des § 36 SGB XI um 215 € (221 €) – insgesamt 665 € (689 €)	Erhöhung des Pflegesachleistungsbetrags des § 36 SGB XI um 150 € (154 €) – insgesamt 1.250 € (1.298 €)
Kombinationsleistung	nach § 38 SGB XI möglich		

In der Pflegestufe III ergeben sich keine Änderungen.

4.5.3.2 Teilstationäre Leistungen und Kurzzeitpflege

Ist die häusliche Pflege nicht in ausreichendem Umfang sichergestellt, weil z. B. die Pflegeperson einer Erwerbstätigkeit nachgeht, selbst familiär eingebunden ist oder andere Gründe eine Entlastung von der Pflege erfordern, kommen entweder Leistungen der teilstationären Pflege (Tages- und Nachtpflege nach § 41 SGB XI) oder der Kurzzeitpflege (§ 42 SGB XI) in Betracht. Beide Leistungen ergänzen die häusliche Pflege.

Tages- und Nachtpflege werden in zugelassenen Einrichtungen erbracht, wenn die häusliche Pflege nicht in ausreichendem Umfang sichergestellt ist und diese Leistungen zur Ergänzung oder Stärkung der häuslichen Pflege erforderlich sind. Die Leistungen sind der Höhe nach begrenzt und je nach Pflegestufe gestaffelt. Sie entsprechen den Leistungen, die für Pflegesachleistungen erbracht werden *(Änderungen ab 1.1.2015 in Klammern)*.

Pflegestufe	Höhe der Leistungen
I	450 € (468 €)
II	1.100 € (1.144 €)
III	1.550 € (1.612 €)

Die Leistungen der Tages- und Nachtpflege können mit Pflegegeld oder Pflegesachleistungen kombiniert werden. Dabei erfolgt keine Minderung dieser Leistungen, sofern die Leistungen der Tages- und Nachtpflege maximal bis zur Hälfte ausgeschöpft werden (§ 41 Abs. 4–6 SGB XI).

Beispiel

➲ Nimmt ein Pflegebedürftiger mit Pflegestufe II monatlich Tages- oder Nachtpflege im Umfang von 550 Euro in Anspruch, hat er weiterhin vollen Anspruch auf das Pflegegeld (440 Euro) oder auf die Pflegesachleistung (1.100 Euro). Nimmt er dagegen die Tages- und Nachtpflegeleistungen in voller Höhe in Anspruch (1.100 Euro), stehen ihm nur noch die Hälfte des Pflegegeldes (220 Euro) oder der Pflegesachleistung (550 Euro) zu. Je nach prozentualer Zunahme der einen Leistungen wird die andere prozentual gekürzt.

Werden besondere Betreuungsleistungen nach § 45b SGB XI für die Tages- oder Nachtpflege eingesetzt, hat das auf das Pflegegeld oder die Pflegesachleistung keine Auswirkungen.

Mit dem ersten Pflegestärkungsgesetz entfällt die Anrechnung auf die Leistungen der häuslichen Pflege. Damit erhalten die Leistungsberechtigten teilstationäre Leistungen und Pflegesachleistung, Pflegegeld oder Kombinationsleistung, ohne dass die eine oder andere Leistung gekürzt wird. Darüber hinaus wird die teilstationäre Pflege auch für Menschen ohne Pflegestufe, die die Voraussetzungen des § 45 a erfüllen, mit Leistungen der Pflegeversicherung i. H. v. 231 Euro monatlich unterstützt.

Kann die häusliche Pflege zeitweise nicht, noch nicht oder nicht im erforderlichen Umfang erbracht werden (z. B. für eine Übergangszeit im Anschluss an eine Krankenhausbehandlung oder in Krisensituationen) und reicht die teilstationäre Pflege nicht, besteht ein Anspruch auf Kurzzeitpflege, die in einer vollstationären Pflegeeinrichtung erbracht wird (§ 41 Abs. 1 SGB XI). Kurzzeitpflege wird für maximal vier Wochen im Jahr geleistet, die Höhe der Leistungen beträgt höchstens 1.550 Euro (ab 1.1.2015 1.612 Euro) für alle Pflegestufen.

Nach dem ersten Pflegestärkungsgesetz können Pflegebedürftige die Leistungen für die Kurzzeitpflege mit finanziellen Mitteln aus der Verhinderungspflege erhöhen um einen Betrag bis zu 1.612 Euro. Insgesamt besteht dann ein Anspruch auf Kurzzeitpflege i. H. v. 3.224 Euro; in diesen Fällen wird auch der zeitliche Umfang auf bis zu acht Wochen im Kalenderjahr erhöht.

Um zu verhindern, dass Kinder und Jugendliche während der Kurzzeitpflege in vollstationären Pflegeeinrichtungen untergebracht werden müssen, gibt es seit 2008 die Möglichkeit, diese, sofern sie sonst zu Hause gepflegt werden, bis zur Vollendung des 25. Lebensjahres in geeigneten Behindertenhilfeeinrichtungen unterzubringen. Diese Möglichkeit besteht auch, wenn die Einrichtung der Behindertenhilfe keinen Versorgungsvertrag mit der Pflegekasse hat. Sie wird gewährt, wenn die Pflegeeinrichtung für den Betroffenen nicht möglich oder nicht zumutbar ist, weil dort z. B. nur hochaltrige Menschen betreut werden.

Ab 2015 gilt keine Altersbeschränkung mehr. Kurzzeitpflege steht dann allen (behinderten) Pflegebedürftigen in Einrichtungen der Behindertenhilfe zu, wenn sie die sonstigen Voraussetzungen erfüllen.

Ein Anspruch auf Kurzzeitpflege besteht auch in stationären Vorsorge- und Rehabilitationseinrichtungen, wenn die Pflegeperson sich dort einer entsprechenden Maßnahme unterzieht und der Pflegebedürftige in dieser Zeit nicht anderweitig untergebracht werden kann (§ 42 Abs. 4 SGB XI).

Kurzzeitpflege und Verhinderungspflege bestehen unabhängig voneinander und können auch nacheinander in Anspruch genommen werden (z. B. für einen längeren Urlaub oder Kuraufenthalt der Pflegeperson).

4.5.3.3 Leistungen im stationären Bereich

Die Pflegeversicherung erbringt auch Leistungen zur vollstationären Pflege. Dabei ist danach zu unterscheiden, ob sich ein pflegebedürftiger Mensch in einer zugelassenen vollstationären Pflegeeinrichtung (§ 71 Abs. 2 SGB XI) oder in einer vollstationären Einrichtung der Hilfe für behinderte Menschen (§ 71 Abs. 4 SGB XI) befindet.

4.5.3.3.1 Pflege in vollstationären Pflegeeinrichtungen

Leistungen in einer vollstationären Pflegeeinrichtung werden erbracht, wenn die häusliche oder teilstationäre Pflege nicht möglich ist oder nicht in Betracht kommt (§ 43 Abs. 1 SGB XI). Die Notwendigkeit einer vollstationären Pflege muss im Gutachten des MDK oder des unabhängigen Gutachters ausdrücklich festgestellt werden (sog. Heimpflegebedürftigkeit), es sei denn, der Pflegebedürftige ist schwerstpflegebedürftig (Pflegestufe III). Heimpflegebedürftigkeit liegt nach den Begutachtungsrichtlinien vor, wenn

- eine Pflegeperson fehlt,
- eine mögliche Pflegeperson nicht pflegen will,
- die Pflegeperson überfordert ist oder die Überforderung absehbar ist (z. B. weil sie selbst älter oder gesundheitlich beeinträchtigt ist oder zu weit weg wohnt und eine eigene Familie zu versorgen hat),
- der Pflegebedürftige Anzeichen von Verwahrlosung und sozialer Isolation zeigt oder dafür die Gefahr besteht,
- der Pflegebedürftige sich oder andere gefährdet, weil seine Alltagskompetenz beeinträchtigt ist, oder
- die räumlichen Gegebenheiten der Wohnung eine häusliche Pflege nicht zulassen und dies auch nicht mit wohnumfeldverbessernden Maßnahmen ausgeglichen werden kann.

Die Leistungen in der vollstationären Pflege umfassen die pflegebedingten Aufwendungen, die Aufwendungen der sozialen Betreuung und die Aufwendungen für Leistungen der medizinischen Behandlungspflege. Sie sind der Höhe nach begrenzt und betragen je nach Pflegestufe *(Änderungen ab 2015 in Klammern)*:

Pflegestufe	Höhe der Leistungen
I	1.023 € (1.064 €)
II	1.279 € (1.330 €)
III	1.550 € (1.612 €)
Härtefall	1.918 € (1.995 €)

Übersteigen die Kosten diesen Pauschalbetrag, muss der Pflegebedürftige sie selbst zahlen; bei Bedürftigkeit muss der Sozialhilfeträger die Kosten im Rahmen der Hilfe zur Pflege übernehmen. Neben den pflegebedingten Aufwendungen fallen in einer stationären Pflegeeinrichtung noch die Kosten für Unterkunft und Verpflegung (sog. „Hotelkosten") sowie Investitionskosten an. Diese Kosten müssen Pflegebedürftige immer selbst tragen, ggf. übernimmt der Sozialhilfeträger die Kosten im Rahmen der Grundsicherung im Alter und bei Erwerbsminderung oder der Hilfe zum Lebensunterhalt.

4.5.3.3.2 Pflege in vollstationären Einrichtungen der Hilfe für behinderte Menschen

Menschen, die in vollstationären Einrichtungen der Behindertenhilfe leben, die

- der Teilhabe am Arbeitsleben,
- der Teilhabe am Leben in der Gemeinschaft,
- der schulischen Ausbildung oder
- der Erziehung behinderter Menschen

dienen, und welche (auch) pflegebedürftig sind, erhalten einen Zuschuss zu den Kosten der Pflege i. H. v. maximal 256 Euro (ab 2015 266 Euro) von der Pflegeversicherung (§ 43a SGB XI). Der Zuschuss ist von der Pflegestufe unabhängig; es muss lediglich erhebliche Pflegebedürftigkeit (Pflegestufe I) festgestellt worden sein. Der Betrag darf nicht höher sein als 10 Prozent des Heimentgelts.

Beispiel

➲ Das Heimentgelt für eine Förderschule mit angeschlossenem Internat beträgt monatlich 2.000 Euro. Das Kind mit einer Behinderung, das auch pflegebedürftig ist, bekommt einen Zuschuss von der Pflegekasse von lediglich 200 Euro. Beträgt das Heimentgelt 3.000 Euro, so zahlt die Pflegekasse einen Zuschuss von 256 Euro.

Hält sich der behinderte Mensch darüber hinaus regelmäßig im häuslichen Bereich auf (z. B. Wochenende oder Ferien), dann hat er auch Anspruch auf Leistungen zur häuslichen Pflege. In diesen Fällen sollte die konkrete Pflegestufe festgestellt werden. Das Pflegegeld wird anteilig gezahlt, Pflegesachleistungen werden maximal bis zur Höhe des monatlichen Betrages für die tatsächlichen Aufwendungen bezahlt, vermindert um den Betrag, der im Rahmen des § 43a SGB XI gezahlt wird.

Beispiel

➲ Ein zehnjähriger Schüler mit erheblichen körperlichen und geistigen Behinderungen besucht während der Woche von montags 9 Uhr bis freitags 14 Uhr eine Internatsschule für Sehbehinderte. Er hat Pflegestufe III. Die Einrichtung erhält für die Pflege des Schülers 256 Euro. An den Wochenenden und in den Ferien kümmert sich seine Mutter mit Unterstützung eines Pflegedienstes um ihn. Die Pflegekasse berechnete ihm zustehende Pflegesachleistungen wie das Pflegegeld, d. h. 1.550 Euro/30 Tage = 51,67 Euro. Er erhielt pro Tag, den er zu Hause verbracht hat, 51,67 Euro. Das Gericht sah dies als rechtswidrig an, weil es eine solche anteilige Pflegesachleistungsregelung im Gesetz nicht gibt. Vielmehr wird ein Tätigkeitsnachweis erbracht, der genau berechnet wird. Der Schüler hatte deshalb Anspruch auf den Sachleistungsbetrag vermindert um die Kosten für die vollstationäre Pflege in der Behinderteneinrichtung, d. h. insgesamt auf 1.294 Euro/Monat (BSG, Urteil vom 13.3.2001, B 3 P 10/00 R).

4.5.3.4 Leistungen für Pflegepersonen

Leistungen der Pflegeversicherung werden auch zugunsten der Pflegepersonen erbracht, die einen Pflegebedürftigen oder mehrere Pflegebedürftige nicht erwerbsmäßig in der häuslichen Umgebung pflegen (§ 19 SGB XI). Erbracht werden dabei in erster Linie Leistungen zur sozialen Sicherheit (Rentenversicherung und Unfallversicherung). Besonders die Rentenversicherung ist von großer Bedeutung für pflegende Personen, die zum Teil wegen der Pflege ihre eigene Berufstätigkeit aufgeben oder den Umfang der Erwerbstätigkeit reduzieren (müssen). Diese Leistungen sollen deshalb die Pflegebereitschaft erhöhen und die finanziellen Nachteile, die im Alter für die Pflegeperson entstehen können, ausgleichen helfen.

Voraussetzung für die Zahlung von Rentenversicherungsbeiträgen durch die Pflegekasse ist (§ 44 Abs. 1 SGB XI), dass

- die Pflegeperson nicht erwerbsmäßig tätig ist, d. h. mit der Pflege nicht ihren Lebensunterhalt verdient,
- die Pflegeperson einen Pflegebedürftigen oder mehrere Pflegebedürftige i. S. d. §§ 14, 15 SGB XI in häuslicher Umgebung pflegt,
- die Pflege für einen Pflegebedürftigen oder für mehrere Pflegebedürftige mindestens 14 Stunden wöchentlich umfasst und
- die Pflegeperson daneben nicht mehr als 30 Stunden wöchentlich erwerbstätig ist.

Die Höhe der Beiträge, die die Pflegekasse in die Rentenversicherung einzahlt, ist abhängig von dem Ort, an dem die Pflege stattfindet (ostdeutsche oder westdeutsche Bundesländer), der Pflegestufe des Pflegebedürftigen sowie dem zeitlichen Pflegeaufwand während der Woche.

Beispiel

▶ Eine 45-jährige Tochter pflegt ihre 80-jährige Mutter mit Pflegestufe II in Suhl (Thüringen) für 14 Stunden in der Woche. Ihre eigene Erwerbstätigkeit hat sie auf 20 Stunden in der Woche reduziert. Die Pflegekasse bezahlt für sie Rentenversicherungsbeiträge als würde sie 808,89 Euro monatlich verdienen (das sind 35,5555 Prozent der monatlichen Bezugsgröße in Ostdeutschland, die 2.275 Euro beträgt). Pflegt sie ein Jahr lang, dann hat sie einen Rentenanspruch i. H. v. etwa 8,50 Euro im Monat.

Darüber hinaus sind Pflegepersonen während ihrer Pflegetätigkeit in der gesetzlichen Unfallversicherung pflichtversichert (§ 2 Abs. 1 Nr. 14 SGB VII); für diese Versicherung kommt es nicht auf den zeitlichen Pflegeaufwand an.

Angehörige und sonstige an einer ehrenamtlichen Pflegetätigkeit interessierte Personen sollen zudem unentgeltliche Pflegekurse und Schulungen erhalten, die das Engagement im Bereich der Pflege fördern und stärken, die Pflege und Betreuung erleichtern und verbessern sowie pflegebedingte körperliche und seelische Belastungen mindern sollen (§ 45 SGB XI). Die Kurse können auch in der Umgebung des Pflegebedürftigen stattfinden. Sie werden entweder durch die Pflegekasse selbst oder durch andere Dienste und Einrichtungen erbracht.

4.5.4 Hilfe zur Pflege nach dem SGB XII

Neben den Leistungen der Pflegeversicherung ist bei behinderten Menschen mit Pflegebedarf die Hilfe zur Pflege, die die Träger der Sozialhilfe nach den §§ 61 ff. SGB XII leisten, bei Pflegebedürftigkeit von hoher Relevanz. Die Hilfe ist v. a. dann ergänzend anwendbar, wenn die Pflegeversicherung keine oder nicht ausreichend Leistungen erbringt. Sie hat somit eine gewisse Auffangfunktion im Pflegefall, wenn der pflegerische Bedarf nicht durch andere, vorrangige Sozialleistungen gedeckt werden kann.

Leistungen der Hilfe zur Pflege sind denen der Pflegeversicherung nachrangig. Allerdings sind sie – anders als die Versicherungsleistungen – nicht durch Pauschalbeträge gedeckelt, sondern orientieren sich am tatsächlichen Bedarf des Leistungsberechtigten. Darüber hinaus kommen die Leistungen v. a. dann in Betracht, wenn die pflegebedürftige Person gar keine Leistungen aus der Pflegeversicherung erhält, weil sie z. B. nicht versichert ist oder die Vorversicherungszeit (noch) nicht erfüllt hat.

4.5.4.1 Anspruchsberechtigung nach dem SGB XII

Leistungen der Hilfe zur Pflege erhalten nach § 61 Abs. 1 S. 1 SGB XII Personen, die wegen einer körperlichen, geistigen oder seelischen Krankheit oder Behinderung für die gewöhnlichen und regelmäßig wiederkehrenden Verrichtungen im Ablauf des täglichen Lebens auf Dauer, voraussichtlich für mindestens sechs Monate, in erheblichem oder höherem Maße der Hilfe bedürfen. Damit entspricht der Begriff der Pflegebedürftigkeit zunächst dem des § 14 SGB XI. Auch hier werden in den Absätzen 3 bis 5 des § 61 SGB XII die einzelnen Merkmale definiert. Aus diesen Gründen folgt eine Bindung der Träger der Sozialhilfe an die Entscheidung der Pflegekasse über das Ausmaß der Pflegebedürftigkeit (§ 62 SGB XII).

Der Begriff der Pflegebedürftigkeit geht im Sozialhilferecht allerdings noch weiter. Er erfasst nach § 61 Abs. 1 S. 2 SGB XII auch Menschen, die

- voraussichtlich weniger als sechs Monate der Pflege bedürfen (z. B. ein Schlaganfallpatient mit bevorstehender, wahrscheinlich erfolgreicher Rehabilitation oder einem Patienten mit einem Bruch beider Arme) oder
- einen geringeren Hilfebedarf als für Pflegestufe I haben, d. h. die für Pflegestufe I benötigten Bedarfe an Grundpflege und hauswirtschaftlicher Versorgung von 90 min nicht erreichen, oder
- Hilfe für andere Verrichtungen als die in § 61 Abs. 5 SGB XII (entspricht § 14 Abs. 4 SGB XI) genannten benötigen oder
- aufgrund einer in § 61 Abs. 3 SGB XII (entspricht § 14 Abs. 2 SGB XI) nicht genannten Krankheit oder Behinderung pflegebedürftig sind.

Diese Voraussetzungen prüft der Sozialhilfeträger eigenständig, auch wenn er die bereits vorhandenen Gutachten des MDK oder anderer Gutachter hierfür beiziehen kann.

Da es bei der Hilfe zur Pflege keine Pflegestufen und keinen zeitlichen Mindestpflegeaufwand gibt, einige Leistungen – v. a. das nach § 64 SGB XII gezahlte Pflegegeld – aber von der Schwere der Pflegebedürftigkeit abhängen, wird eine entsprechende Gleichsetzung mit dem SGB XI vorgenommen. So entspricht

- die erhebliche Pflegebedürftigkeit des § 64 Abs. 1 SGB XII der Pflegestufe I,
- die Schwerpflegebedürftigkeit des § 64 Abs. 2 SGB XII der Pflegestufe II und
- die Schwerstpflegebedürftigkeit des § 64 Abs. 3 SGB XII der Pflegestufe III.

Da jedoch in der Sozialhilfe auch andere Verrichtungen erfasst werden, die für den Hilfebedarf relevant sein können, kann, sofern diese Verrichtungen der Grundpflege oder der hauswirtschaftlichen Versorgung zugeordnet werden können (z. B. Nagelpflege, besondere Aufsicht bei der Nahrungsaufnahme), ein höherer zeitlicher Pflegeaufwand entstehen.

4.5.4.2 Leistungen der Hilfe zur Pflege

Die Sozialhilfeträger erbringen Leistungen bei häuslicher, teilstationärer und Kurzzeitpflege sowie bei vollstationärer Pflege. Die Leistungen stehen zum Teil in Konkurrenz zu den Pflegeversicherungsleistungen (§ 66 SGB XII).

Auch bei diesen Leistungen gilt „ambulant vor stationär" (§ 13 SGB XII). Auf stationäre Leistungen darf nur verwiesen werden, wenn eine Leistung für eine geeignete stationäre Einrichtung zumutbar und die ambulante Leistung mit unverhältnismäßigen Mehrkosten verbunden ist.

Beispiel

➲ Eine 48-jährige seelisch behinderte Frau erhält Leistungen der Pflegestufe I. Sie zog, nachdem die sie sonst betreuende Mutter die Pflege nicht mehr leisten konnte, in eine Behindertenwohngemeinschaft um und teilte sich die Wohnung mit drei anderen behinderten Menschen. Sie wurden alle von einem Verein versorgt. Der Sozialhilfeträger weigerte sich, die Kosten für die Wohnung zu übernehmen, die im Vergleich zu einer stationären Einrichtung für geistig behinderte Menschen etwa 2.000 Euro teurer war. Ein Umzug in eine solche stationäre Einrichtung war aber nach Ansicht des Gerichts der Klägerin schon nicht zumutbar; in diesen Fällen erübrigte sich dann ein Kostenvergleich (LSG Niedersachsen-Bremen, Beschluss vom 2.2.2009, L 8 SO 59/08 ER).

In stationären Einrichtungen der Behindertenhilfe wird keine Hilfe zur Pflege geleistet, wenn die behinderten Bewohner auch Pflegebedarf haben. In diesen Fällen sind die Pflegeleistungen Teil der Eingliederungshilfe (§ 55 Satz 1 SGB XII, § 13 Abs. 3 S. 3 SGB XI).

4.5 Pflegerecht und Pflegeversicherung

Die Leistungen der Hilfe zur Pflege lassen sich im Überblick wie folgt darstellen:

Übersicht 45

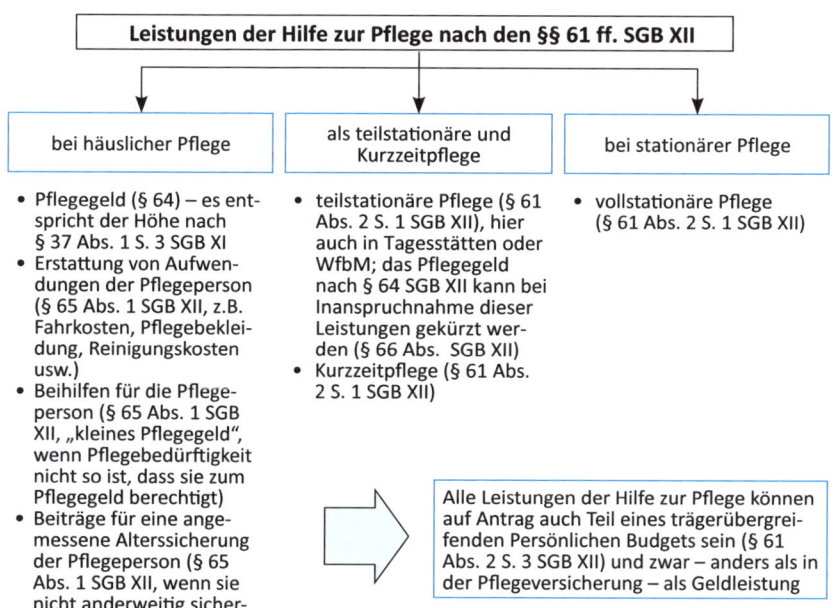

Den Begriff der Pflegeperson definiert im Sozialhilferecht § 63 SGB XII. Es handelt sich hierbei um nicht erwerbsmäßig tätige Personen, die dem Pflegebedürftigen nahestehen und ihn in häuslicher Umgebung pflegen oder dies im Rahmen der Nachbarschaftshilfe tun.

In vollstationären Pflegeeinrichtungen kommen neben der Hilfe zur Pflege auch andere Leistungen durch den Sozialhilfeträger in Betracht, die – da es unterschiedliche Einkommens- und Vermögensanrechnungsregelungen gibt – auch streng unterschieden werden müssen. Dies sind v. a. die Hilfe zum Lebensunterhalt nach § 35 SGB XII und die Grundsicherung im Alter und bei Erwerbsminderung nach den §§ 41 ff. SGB XII. In manchen Bundesländern wird noch ein – i. d. R. einkommensabhängiges – Pflegewohngeld gezahlt, welches die Last der Investitionskosten mildern soll.

4.5.4.3 Einkommens- und Vermögensberücksichtigung

Leistungen der Sozialhilfe werden nur erbracht, wenn der Leistungsberechtigte nicht über ausreichendes Einkommen und Vermögen verfügt. Das gilt für alle Leistungen nach dem SGB XII, allerdings ist bei den Leistungen in besonderen Lebenslagen, zu denen auch die Hilfe zur Pflege (und die Eingliederungshilfe) zählt, das Einkommen nicht in vollem Umfang anzurechnen. Das heißt, anders als z. B. bei der Hilfe zum Lebensunterhalt darf der Leistungsempfänger einen Teil seines Einkommens behalten, sofern dieses unterhalb einer bestimmten Grenze liegt. Die Regelungen finden sich in den §§ 85 ff. SGB XII.

Ist die pflegebedürftige Person alleinstehend oder verheiratet bzw. verpartnert (i. S. d. Lebenspartnerschaftsgesetzes) berechnet sich die Einkommensgrenze so:

Grundbetrag in Höhe des Zweifachen der Regelbedarfsstufe 1
(2014: insgesamt 782 Euro)

plus

angemessene Unterkunftskosten (Miete inklusive Nebenkosten)

plus

Familienzuschlag in Höhe von 70 Prozent der Regelbedarfsstufe 1 für den nicht getrennt lebenden Ehegatten/ Lebenspartner und jede überwiegend unterhaltene Person (2014: 274 Euro)

Nur was über diesem Betrag liegt, muss der Pflegebedürftige einsetzen, bevor er Hilfe zur Pflege erhält.

Beispiel

◐ Ein Ehepaar mit einem zwölfjährigen Kind wohnt zur Miete in einer Vier-Zimmer-Wohnung, die monatlich 500 Euro kostet. Die Ehefrau leidet unter Multipler Sklerose, sie ist schwer pflegebedürftig (Pflegestufe II). Sie erhält Grundsicherung im Alter und bei Erwerbsminderung, der Ehemann arbeitet bei einer Wachschutzfirma Teilzeit und verdient etwa 950 Euro im Monat. Um zu berechnen, ob der Ehefrau (neben den Leistungen der
Pflegeversicherung) auch Hilfe zur Pflege zusteht, rechnet man:
Grundbetrag = 782 Euro
Miete = 500 Euro
Familienzuschlag = 548 Euro (für Ehemann und Kind)
Die Einkommensgrenze liegt danach bei 1.830 Euro. Das Einkommen der Familie (Grundsicherung, Arbeitsentgelt) liegt unterhalb dieser Grenze. Die Frau hat Anspruch auf Hilfe zur Pflege.

Ist der Pflegebedürftige minderjährig und wohnt bei den Eltern, berechnet sich die Einkommensgrenze nach § 85 Abs. 2 SGB XI ähnlich wie oben. Den Familienzuschlag gibt es nur für einen Elternteil, wenn die Eltern zusammenleben sowie für das pflegebedürftige Kind und für von den Eltern(teilen) oder dem Kind überwiegend unterhaltenen Personen.

Übersteigt das Einkommen die Einkommensgrenze, wird eine Eigenbeteiligung in angemessenem Umfang zugemutet. Dabei werden die Art des Bedarfs, die Art und Schwere der Behinderung oder Pflegebedürftigkeit, die Dauer und Höhe der erforderlichen Aufwendungen sowie die besonderen Belastungen der hilfesuchenden Person und ihrer unterhaltsberechtigten Angehörigen berücksichtigt.

> Ist jemand schwerstpflegebedürftig (Pflegestufe III, § 64 Abs. 3 SGB XII) oder blind (§ 72 SGB XII), muss er sein die Einkommensgrenze übersteigendes Einkommen nur noch in Höhe von maximal 40 Prozent einsetzen (§ 87 Abs. 1 S. 3 SGB XII).

Vermögen muss nur im Rahmen des § 90 SGB XII verwertet werden. Nach § 90 Abs. 2 SGB XII sind bestimmte Vermögensgegenstände von vornherein nicht einzusetzen.

Leistet der Träger der Sozialhilfe Hilfe zur Pflege (oder erbringt andere Leistungen im Rahmen des SGB XII), dann geht auf ihn der Anspruch auf Unterhalt über, den der Leistungsempfänger gegen Angehörige hat (§ 94 SGB XII). Allerdings gibt es auch hier eine Reihe von Freibeträgen, die den Unterhaltsanspruch einschränken. Vermögen, insbesondere ein selbst genutztes Eigenheim, muss nicht verwertet werden.[77]

---

[77] In der jüngsten Entscheidung des BGH, Urteil vom 7.8.2013, XII ZB 269/12, hatte der Sohn der im Heim gepflegten Mutter eine Eigentumswohnung im Werte von 60.000 Euro und zwei Lebensversicherungen i. H. v. 33.000 Euro. Dieses Vermögen blieb unangetastet und musste nicht für die Pflege der Mutter eingesetzt werden.

Übungsaufgaben

1. Was bedeutet der Grundsatz der Selbstbestimmung in der Pflege?
2. Welche Leistungsträger erbringen Leistungen im Pflegefall?
3. Wann ist jemand nach dem SGB XI leistungsberechtigt?
4. Die 90-jährige Frau M benötigt aufgrund einer fortgeschrittenen Demenzerkrankung Unterstützung bei der Körperpflege, Nahrungsaufnahme und hauswirtschaftlichen Versorgung im Umfang von ca. 3 Stunden am Tag. Sie wohnt bei ihrer 55-jährigen Tochter, die sich um sie kümmert. Hat Frau M Anspruch auf Leistungen der Pflegeversicherung und wenn ja, welche? Nennen Sie die entsprechenden Vorschriften!
5. Der 13-Jährige S ist blind und körperlich beeinträchtigt. Er hat von der Pflegekasse Pflegestufe II zuerkannt bekommen. Er besucht eine Schule für sehbehinderte Kinder während der Woche und wohnt in einem dort angegliederten Internat. Hat S Anspruch auf Leistungen aus der Pflegeversicherung und wenn ja, welche? Nennen Sie die entsprechenden Vorschriften!
6. Welcher Unterschied besteht beim Verständnis von Pflegebedürftigkeit nach dem SGB XI und dem SGB XII?

4.6 Existenzsichernde Leistungen für Menschen mit Behinderung

Menschen mit Behinderungen, die ihren Lebensunterhalt nicht aus eigenem Einkommen (z. B. Arbeitseinkommen oder Renten) und Vermögen (z. B. Aktienfonds, Immobilienbesitz) bestreiten können und die auch sonst keine Unterstützung durch andere Sozialleistungsträger oder Angehörige erhalten, benötigen finanzielle Unterstützung vom Staat. Hierfür gibt es im deutschen Sozialleistungsrecht – neben den Leistungen der Hilfe zum Lebensunterhalt (§§ 27 ff. SGB XII) – v. a. die Grundsicherung.

Die Grundsicherung ist eine (Fürsorge)Leistung des Staates, die einkommens- und bedarfsabhängig ist und aus Steuergeldern finanziert wird. Mit dieser Leistung wird das Grundrecht auf Sicherstellung eines menschenwürdigen Existenzminimums nach Art. 1 Abs. 1 GG in Verbindung mit dem Sozialstaatsprinzip des Art. 20 Abs. 1 GG gewährleistet. Grundsicherungsleistungen sollen dabei die materiellen Voraussetzungen schaffen, die für die physische Existenz eines Menschen und ein Mindestmaß an Teilhabe am gesellschaftlichen, kulturellen und politischen Leben unerlässlich sind.[78]

---

[78] So BVerfG, Urteil vom 9.10.2010 – 1 BvL 1/09, 1 BvL 3/09, 1 BvL 4/09 1. LS.

4.6.1 Die Grundsicherung

Das deutsche Sozialleistungsrecht kennt zur Sicherung des Lebensunterhalts zwei verschiedene Grundsicherungsleistungen:

1. die Grundsicherung für Arbeitssuchende nach dem SGB II

und

2. die Grundsicherung im Alter und bei Erwerbsminderung nach dem SGB XII.

Beide Leistungen unterscheiden sich im Wesentlichen danach, ob der Leistungsberechtigte erwerbsfähig ist oder nicht. Sie schließen sich gegenseitig aus: erhält eine Person Grundsicherung im Alter und bei Erwerbsminderung, erhält sie keine Leistungen nach dem SGB II (Grundsicherung für Arbeitssuchende oder Sozialgeld [§ 5 Abs. 2 S. 2 SGB II]).

Grundsicherungsleistungen müssen darüber hinaus von Leistungen der Hilfe zum Lebensunterhalt nach den §§ 27 ff. SGB XII unterschieden werden. Diese Leistungen erhält nur, wer nicht erwerbsfähig ist, keine Leistungen der Grundsicherung im Alter und bei Erwerbsminderung erhält und nicht in einer Bedarfsgemeinschaft mit einer nach dem SGB II leistungsberechtigten Person zusammenwohnt.

4.6.1.1 Abgrenzung der Leistungen zwischen dem SGB II und dem SGB XII

Die existenzsichernden Leistungen nach dem SGB II und dem SGB XII stehen in einem Vorrang-/ Nachrangverhältnis. Danach gilt:

- Personen, die Leistungen zur Sicherung des Lebensunterhalts nach dem SGB II (Alg II oder Sozialgeld) erhalten oder dem Grunde nach Anspruch darauf haben, bekommen keine Hilfe zum Lebensunterhalt nach dem SGB XII (§ 5 Abs. 2 S. 1 SGB II, § 21 S. 1 SGB XII).
- Leistungen der Grundsicherung im Alter und bei Erwerbsminderung nach dem SGB XII gehen den Leistungen des SGB II – hier Sozialgeld – vor (§§ 5 Abs. 2 S. 2, 28 Abs. 1 S. 1 SGB II).
- Wer Grundsicherung im Alter und bei Erwerbsminderung erhält, hat keinen Anspruch auf Leistungen der Hilfe zum Lebensunterhalt nach dem SGB XII (§ 19 Abs. 2 S. 2 SGB XII).

Das Verhältnis der Leistungen zwischen dem SGB II und dem SGB XII lässt sich so darstellen[79]:

---

[79] Nach Hoenig/Kuhn-Zuber, Recht der Grundsicherung, S. 354.

Übersicht 46

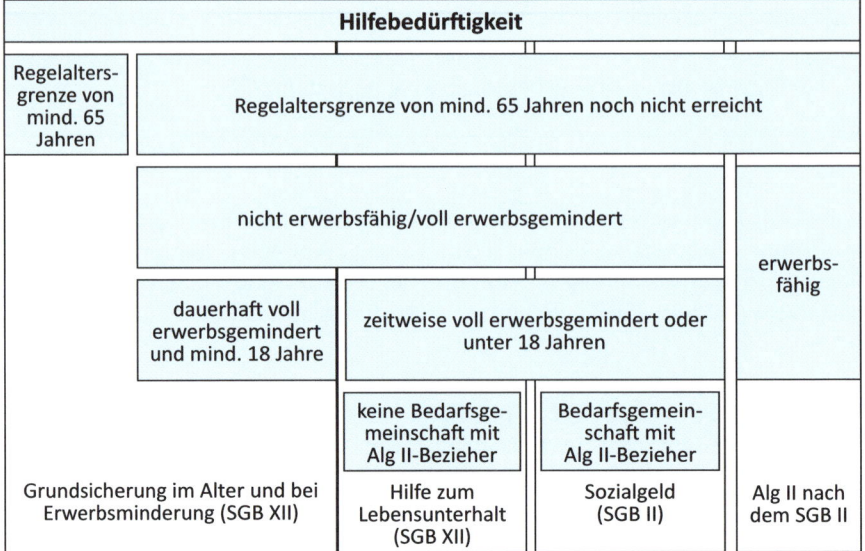

4.6.1.2 Regelbedarfe, Mehrbedarfe, Kosten der Unterkunft und Heizung

Grundsicherungsleistungen enthalten grundsätzlich drei verschiedene Leistungen; diese Leistungen werden im Rahmen des SGB II auch als Arbeitslosengeld II (Alg II) bezeichnet und umfassen:

- den Regelbedarf,
- Mehrbedarfe und
- die Kosten der Unterkunft und Heizung.

Regelbedarf und Mehrbedarfe sind pauschalierte Leistungen; die Kosten der Unterkunft und Heizung richten sich nach den jeweiligen Wohnorten der Leistungsberechtigten. Sind die Kosten der Unterkunft und Heizung angemessen, werden sie grundsätzlich in voller Höhe übernommen. Hat die Kommune aber die angemessenen Kosten durch eine Satzung festgelegt, werden diese Kosten bis zu dieser Höhe übernommen.

Die Höhe des Regelbedarfs der Grundsicherungsleistungen bestimmt sich bei der Grundsicherung für Arbeitssuchende nach § 20 Abs. 2 bis 5 SGB II und nach § 28 SGB XII bei der Grundsicherung im Alter und bei Erwerbsminderung jeweils in Verbindung mit einer Regelbedarfsverordnung. Sie wird jährlich nach §§ 28, 28a SGB XII für Leistungsberechtigte nach dem SGB XII angepasst. Die Beträge gelten über § 20 Abs. 5 SGB II auch für das SGB II. Seit dem 1.1.2014 gelten folgende Regelbedarfssätze:

| Regelbedarfsstufe 1 (entspricht § 20 Abs. 2 S. 1 SGB II) | 391 € | Erwachsene, die allein lebend oder alleinerziehend sind und einen eigenen Haushalt führen, Partner mit minderjährigen Partnern in einer Bedarfsgemeinschaft |

Regelbedarfsstufe 2 (entspricht § 20 Abs. 4 SGB II)	353 €	Paare/Bedarfsgemeinschaften mit volljährigen Partner/innen
Regelbedarfsstufe 3 (entspricht § 20 Abs. 2 S. 2 Nr. 2 und Abs. 3 SGB II)	313 €	Erwachsene im Haushalt anderer, Kinder unter 25, die ohne Zusicherung des Jobcenters in eine eigene Wohnung ziehen
Regelbedarfsstufe 4 (entspricht § 20 Abs. 2 S. 2 Nr. 1 und § 23 Nr. 1 SGB II)	296 €	Jugendliche von 14 bis unter 18 Jahren
Regelbedarfsstufe 5 (entspricht § 23 Nr. 1 SGB II)	261 €	Kinder von 6 bis unter 14 Jahren
Regelbedarfsstufe 6 (entspricht § 23 Nr. 1 SGB II)	229 €	Kinder ab der Geburt bis Vollendung des 6. Lebensjahres

Mehrbedarfe finden sich ebenfalls im SGB II und im SGB XII. Es handelt sich dabei um Bedarfe, die durch bestimmte Lebenssituationen entstehen. Die Leistungen ergänzen die pauschalierten Regelleistungsbedarfe um besondere Bedarfe in besonderen Lebensumständen. Das SGB II regelt die Mehrbedarfe im Wesentlichen im § 21, das SGB XII in § 30. Besondere Regelungen finden sich für Sozialgeldbezieher in § 23 Nr. 2–4 SGB II. Die Höhe der Mehrbedarfe wird i. d. R. pauschal nach einem bestimmten Prozentsatz vom jeweilig geltenden Regelbedarf des Leistungsberechtigten bestimmt. Zusätzlich zu den Regelbedarfen gibt es folgende Mehrbedarfe:

1. Mehrbedarfe i. H. v. 17 Prozent des Regelbedarfs für werdende Mütter (§ 21 Abs. 2 SGB II, § 30 Abs. 2 SGB XII),
2. Mehrbedarfe i. H. v. 36 Prozent des Regelbedarfs oder 12 Prozent pro Kind für Alleinerziehende (§ 21 Abs. 3 SGB II, § 30 Abs. 3 SGB XII),
3. Mehrbedarfe i. H. v. 36 Prozent des Regelbedarfs für behinderte Leistungsberechtigte bei Leistungen zur Teilhabe am Arbeitsleben (§ 21 Abs. 4 S. 1 Alt. 1 SGB II) bzw. bei Leistungen zur Eingliederungshilfe (§§ 21 Abs. 4 S. 1 Alt. 2 23 Nr. 2, 4 SGB II; § 30 Abs. 4 SGB XII),
4. Mehrbedarfe für kostenaufwändige Ernährung (§ 21 Abs. 5 SGB II, § 30 Abs. 5 SGB XII),
5. Mehrbedarfe für unabweisbare laufende Bedarfe (§ 21 Abs. 6 SGB II) und
6. Mehrbedarfe für Warmwasser bei dezentraler Warmwassererzeugung (§ 21 Abs. 7 SGB II, § 30 Abs. 7 SGB XII) sowie
7. Mehrbedarfe i. H. v. 17 Prozent des Regelbedarfs für nicht erwerbsfähige behinderte Menschen mit Merkzeichen G (§ 23 Nr. 4 SGB II, § 30 Abs. 1 Nr. 2 SGB XII).

Unterschiede zwischen dem SGB II und dem SGB XII gibt es hinsichtlich der Mehrbedarfe für werdende Mütter und Alleinerziehende. Hier erlaubt § 30 Abs. 2 und 3 SGB XII einen vom festgelegten Prozentsatz abweichenden Bedarf, dies gibt es im SGB II nicht. Darüber hinaus kennt das SGB II noch einen Mehrbedarf für unabweisbare laufende Bedarfe. Dieser Mehrbedarf ist im SGB XII nicht erforderlich. Nach § 27a Abs. 4 S. 1 SGB XII kann der Regelbedarf individuell angepasst werden, wenn dieser unabweisbar seiner Höhe nach erheblich von einem durchschnittlichen Bedarf abweicht. Für die Höhe des Mehrbedarfs für kostenaufwändige Ernährung können die vom Deutschen Verein für öffentliche und private Fürsorge entwickelten – nicht verbindlich geltenden – Empfehlungen[80] herangezogen werden. Diese Empfehlungen sind an typisierten Fallgestaltungen ausgerichtet und sehen einen Mehrbedarf bei bestimmten, diätetisch mit spezieller Kost zu behandelnden Erkrankungen, verzehrenden Erkrankungen und gestörter Nährstoffaufnahme bzw. Nährstoffverwertung sowie bei Niereninsuffizienz und Zöliakie vor.

Beispiele aus den Empfehlungen:

konsumierende Erkrankungen, gestörte Nährstoffaufnahme bzw. Nährstoffverwertung	10 Prozent des Eckregelsatzes
Niereninsuffizienz mit Dialysediät	20 Prozent des Eckregelsatzes
Zöliakie, Sprue	20 Prozent des Eckregelsatzes

Die angemessenen Kosten der Unterkunft und Heizung werden nach § 22 SGB II sowie § 35 SGB XII erbracht. Die Angemessenheit der Unterkunftskosten hängt von der Gesamtzahl der leistungsberechtigten Personen in der Wohnung, der Größe der Wohnfläche und der Höhe der Bruttowarmmiete ab.

4.6.1.3 Erwerbsfähigkeit

Das Kriterium der Erwerbsfähigkeit entscheidet im Wesentlichen darüber, nach welchem Gesetzbuch jemand existenzsichernde Leistungen erhält. Je nachdem, bei welchem Leistungsträger die Leistungsberechtigten einen Antrag stellen – Jobcenter für Alg II oder Sozialhilfeträger für Grundsicherung im Alter und bei Erwerbsminderung – wird die Erwerbsfähigkeit bzw. die Erwerbsminderung der Antragsteller geprüft, falls es hierüber Zweifel gibt. Das Verfahren regelt im SGB II der § 44a, im SGB XII der § 45. Nach § 44a SGB II prüft zunächst die örtlich zuständige Arbeitsagentur die Erwerbsfähigkeit. Kommt diese dazu, dass der Leistungsberechtigte (voll) erwerbsgemindert ist, so können andere Sozialleistungsträger (z. B. Rentenversicherungs- oder Sozialhilfeträger) gegen die Entscheidung Widerspruch einlegen (§ 44a Abs. 1 S. 2 SGB II). Daraufhin muss die Arbeitsagentur eine gutachterliche Stellungnahme des nach § 109a Abs. 4 SGB VI zuständigen Rentenversicherungsträgers einholen (§ 44a Abs. 1 S. 5 SGB II), es sei denn, es liegt bereits ein Gutachten des Rentenversicherungsträgers (§ 109 Abs. 2 S. 2 SGB VI) vor. Die gutachterliche Stellungnahme bindet die Arbeitsagentur (§ 44a Abs. 1 S. 6, Abs. 1a S. 2 SGB II), aber auch alle anderen Leistungsträger (§ 44a Abs. 2 SGB II). Bis das Gutachten des Rentenversicherungsträgers vorliegt und über den Widerspruch des Sozialleistungsträgers entschieden ist, müssen die Jobcenter Leistungen der Grundsicherung für Arbeitssuchende erbringen (§ 44a Abs. 1 S. 7 SGB II).

Beantragt jemand Grundsicherung bei Erwerbsminderung, muss bei ihm eine volle dauerhafte Erwerbsminderung vorliegen. Ob diese vorliegt, prüft nach § 45 SGB XII ebenfalls der zuständige Rentenversicherungsträger, es sei denn, es hat eine Prüfung in einem anderen Verfahren bereits stattgefunden.

---

[80] NDV 2008, 503ff, http://www.deutscher-verein.de/05-empfehlungen/empfehlungen_archiv/empfehlungen2008/pdf/DV%2025-08.pdf

4.6.2 Grundsicherung im Alter und bei Erwerbsminderung (SGB XII)

Die Grundsicherung im Alter und bei Erwerbsminderung ist eine existenzsichernde Leistung für ältere und dauerhaft voll erwerbsgeminderte Personen. Sie ist eine Leistung der Sozialhilfe (§ 8 Nr. 2 SGB XII) und in den §§ 41–46a SGB XII geregelt. Im Gegensatz zu den anderen Sozialhilfeleistungen ist die Grundsicherung antragsabhängig (§ 41 Abs. 1 SGB XII).

Da die Leistungen im Bedarfsfall nur diejenigen erhalten, die entweder die Altersgrenze überschritten haben oder dauerhaft voll erwerbsgemindert sind, besteht keine Konkurrenz zum SGB II. Entweder entfällt dort ein Leistungsanspruch aufgrund des Erreichens der Altersgrenze (§ 7 Abs. 1 S. 1 Nr. 1 i. V. m. § 7a SGB II) oder wegen fehlender Erwerbsfähigkeit (§ 7 Abs. 1 S. 1 Nr. 2 i. V. m. § 8 Abs. 1 SGB II).

Lebt ein älterer oder dauerhaft voll erwerbsgeminderter Mensch mit einem nach dem SGB II erwerbsfähigen Leistungsberechtigten in einer Bedarfsgemeinschaft, erhält er kein Sozialgeld, wenn er Anspruch auf Grundsicherung im Alter und bei Erwerbsminderung hat. Diese Leistung ist vorrangig (§ 5 Abs. 2 S. 2 SGB II).

Grundsicherung im Alter und bei Erwerbsminderung geht darüber hinaus auch der Hilfe zum Lebensunterhalt nach dem Dritten Kapitel des SGB XII vor (§ 19 Abs. 2 S. 2 SGB XII). So erhalten ältere und erwerbsgeminderte Personen bei Hilfebedürftigkeit Grundsicherung im Alter und bei Erwerbsminderung und keine Hilfe zum Lebensunterhalt; dies gilt allerdings bei erwerbsgeminderten Personen nur, wenn die Erwerbsminderung dauerhaft ist. Personen, die nur befristet erwerbsgemindert sind und nicht mit einem nach dem SGB II erwerbsfähigen Leistungsberechtigten in einer Bedarfsgemeinschaft leben, erhalten Leistungen der Hilfe zum Lebensunterhalt.

4.6.2.1 Anspruchsvoraussetzungen

Nach § 41 Abs. 1 SGB XII erhalten Grundsicherung im Alter und bei Erwerbsminderung Personen, die

1. die Altersgrenze nach § 41 Abs. 2 (SGB XII) erreicht haben oder
2. die dauerhaft voll erwerbsgemindert und mindestens 18 Jahre alt sind (§ 41 Abs. 3 SGB XII) und
3. ihren gewöhnlichen Aufenthalt in Deutschland haben.

Darüber hinaus müssen sie hilfebedürftig sein, d. h. ihren notwendigen Lebensunterhalt nicht aus ihrem Einkommen und Vermögen decken können.

Die Altersgrenze entspricht derjenigen, die die gesetzliche Rentenversicherung als Altersgrenze für die Regelaltersrente festlegt. Sind die Leistungsberechtigten vor dem 1.1.1947 geboren, erreichen sie die Altersgrenze mit Vollendung des 65. Lebensjahres. Danach wird die Altersgrenze schrittweise angehoben (§ 41 Abs. 2 S. 3 SGB XII). Personen, die nach dem 1.1.1964 geboren sind, erreichen die Altersgrenze erst mit 67 Jahren.

Grundsicherung im Alter und bei Erwerbsminderung erhalten auch Personen, die i. S. d. § 43 Abs. 2 SGB VI dauerhaft voll erwerbsgemindert und mindestens 18 Jahre alt sind. Voll erwerbsgemindert ist danach derjenige, der wegen Krankheit oder Behinderung auf nicht absehbare Zeit nicht fähig ist, unter den üblichen Bedingungen des allgemeinen Arbeitsmarktes mindestens drei Stunden täglich erwerbstätig zu sein (§ 43 Abs. 2 S. 2 SGB VI). Die Erwerbsminderung muss dauerhaft sein. Eine Erwerbsminderung, die nur befristet mit der Aussicht auf Besserung festgestellt wird, oder eine befristet gewährte Erwerbsminderungsrente eröffnen keinen Leistungsanspruch auf Leistungen der Grundsicherung bei Erwerbsminderung. Voll erwerbsgemindert sind darüber hinaus nach § 43 Abs. 2 S. 3 SGB VI auch:

- Versicherte nach § 1 S. 1 Nr. 2 SGB VI, die wegen Art und Schwere der Behinderung nicht auf dem allgemeinen Arbeitsmarkt tätig sein können (u. a. behinderte Menschen in WfbM oder in nach dem Blindenwarenvertriebsgesetz anerkannten Blindenwerkstätten), sowie
- Versicherte, die bereits vor Erfüllung der allgemeinen Wartezeit voll erwerbsgemindert waren, in der Zeit einer nicht erfolgreichen Eingliederung in den Arbeitsmarkt.

Eine Erwerbsminderung ist dauerhaft, wenn sie unabhängig von der jeweiligen Arbeitsmarktlage ist und es (aus medizinischen Gründen) unwahrscheinlich ist, dass sie behoben wird. Hierzu bedarf es einer Prognose bezüglich der Gesundheitsentwicklung des Betroffenen; bestehen noch Therapiemöglichkeiten, ist die Behebung der Erwerbsminderung nicht unwahrscheinlich.

4.6.2.2 Leistungen

Nach § 42 SGB XII umfassen die Leistungen der Grundsicherung folgende Bedarfe:

1. Regelbedarfe, die sich aus § 28 SGB XII und der dazu gehörenden Regelbedarfsstufenverordnung ergeben,
2. Mehrbedarfe (§ 30 SGB XII), einmalige Bedarfe (§ 31 SGB XII: z. B. Erstausstattung für Wohnung, Bekleidung, bei Schwangerschaft und Geburt sowie Anschaffung und Reparaturen von orthopädischen Schuhen, Reparaturen von therapeutischen Geräten und Ausrüstungen sowie die Miete von therapeutischen Geräten), Beiträge für Kranken- und Pflegeversicherung (§ 32 SGB XII) und u. U. Beiträge für die Altersvorsorge (§ 33 SGB XII),
3. Bedarfe für Bildung und Teilhabe nach § 34 SGB XII, ausgenommen den Bedarf zur Teilhabe am sozialen und kulturellen Leben i. H. v. 10 Euro monatlich (er steht nur Leistungsberechtigten unter 18 Jahren zu),
4. die Aufwendungen für Kosten der Unterkunft und Heizung (§ 35 SGB XII), mit der Besonderheit bei einem Aufenthalt in stationären Einrichtungen (§ 42 Nr. 4 a. E. SGB XII) sowie
5. ergänzende Darlehen nach § 37 Abs. 1 SGB XII (für unabweisbare einmalige Bedarfe, wie z. B. eine neue Waschmaschine).

Der Leistungskatalog ist abschließend. Halten sich grundsicherungsberechtigte Personen in stationären Einrichtungen auf, so erhalten sie die Leistungen des § 27b SGB XII, auch wenn diese Norm in § 42 SGB XII nicht erwähnt wird. Dabei gelten die Vorschriften über den Barbetrag nach § 27b Abs. 2 SGB XII (für über 18-Jährige i. H. v. 27 Prozent der Regelbedarfsstufe 1 [2014: 105,57 Euro]; für unter 18-Jährige entsprechend den jeweiligen Landesvorschriften. Hier sind die Barbeträge i. d. R. nach Lebensalter gestaffelt.

4.6.2.3 Einkommens- und Vermögensanrechnung

Die Grundsicherung im Alter und bei Erwerbsminderung ist eine Leistung der Sozialhilfe und wird wie alle diese Leistungen nachrangig gewährt. Das bedeutet, dass die Leistungsberechtigten zunächst ihr Einkommen und Vermögen zur Deckung ihres Lebensunterhaltes einsetzen müssen. Welches Einkommen einzusetzen ist, regeln die §§ 82–84 SGB XII, welches Vermögen den Leistungsanspruch mindern kann, die §§ 90, 91 SGB XII. Dabei sind einige Einkommensarten (z. B. Grundrenten nach dem BVG oder Schmerzensgeld) nicht anrechenbar; bei Erwerbstätigkeit gibt es bestimmte Freibeträge.

> Sind voll erwerbsgeminderte Menschen in einer WfbM beschäftigt, werden andere Freibeträge angesetzt. Danach kann gem. § 82 Abs. 3 S. 2 SGB XII vom Entgelt (abzüglich des Arbeitsförderungsgeldes und der Erhöhungsbeträge, die nach § 82 Abs. 2 Nr. 5 SGB XII anrechnungsfrei sind) ein Achtel der Regelbedarfsstufe 1 (2014: 48,88 Euro) zuzüglich 25 Prozent des diesen Betrag übersteigenden Entgelts abgesetzt werden.

Darüber hinaus werden bestimmte Vermögensgegenstände von einer Verwertungspflicht ausgenommen (z. B. angemessenes Altersvorsorgevermögen oder ein selbst bewohntes Hausgrundstück). Auch einen geringen Barbetrag i. H. v. 2.600 Euro können Leistungsberechtigte als Vermögen besitzen. Haben sie Unterhaltspflichten, erhöht sich dieser Vermögensfreibetrag um 256 Euro pro unterhaltsberechtigter Person.

4.6.2.4 Unterhaltsansprüche

Eine Besonderheit bei der Grundsicherung im Alter und bei Erwerbsminderung besteht für den in der Sozialhilfe geltenden Übergang von Unterhaltsansprüchen nach § 94 SGB XII. Mit dieser besonderen Regelung wollte der Gesetzgeber der Furcht v. a. älterer Menschen vor einem Rückgriff des Sozialhilfeträgers auf das Einkommen der Kinder begegnen. Nach § 43 Abs. 3 SGB XII bleiben Unterhaltsansprüche der Leistungsberechtigten, die Grundsicherung im Alter und bei Erwerbsminderung erhalten, gegenüber ihren Kindern und Eltern unberücksichtigt, sofern deren jährliches Gesamteinkommen i. S. d. § 16 SGB IV (der auf den Einkommensbegriff des § 2 Abs. 2 EStG verweist) unter einem Betrag von 100.000 Euro liegt. Das jährliche Gesamteinkommen gilt für das Einkommen jeder einzelnen Person, d. h. für Elternteile getrennt und auch für die einzelnen Kinder grundsicherungsberechtigter Eltern(teile). Nach § 43 Abs. 3 S. 2 SGB XII wird kraft Gesetzes vermutet, dass das Einkommen der unterhaltspflichtigen Eltern und Kinder die Grenze von 100.000 Euro nicht überschreitet. Die Vermutung gilt solange, bis sie widerlegt ist.

4.6.3 Grundsicherung für Arbeitssuchende (SGB II)

Die Grundsicherung für Arbeitssuchende wurde im Jahre 2005 mit dem SGB II in Kraft gesetzt. Sie führte die im Bundessozialhilfegesetz geregelte Sozialhilfe und die im SGB III geregelte Arbeitslosenhilfe zusammen („Hartz IV"). Entscheidend für die Leistungsberechtigung nach diesem Gesetz ist die Erwerbsfähigkeit oder das Zusammenleben mit einer erwerbsfähigen leistungsberechtigten Person in einer Bedarfsgemeinschaft.

Die Grundsicherung für Arbeitssuchende soll es den Leistungsberechtigten ermöglichen, ein Leben zu führen, das der Würde des Menschen entspricht (§ 1 Abs. 1 SGB II). Ziel der Leistungen ist die Beseitigung oder Verminderung der Hilfebedürftigkeit, die von den Grundsätzen des Forderns (§ 2 SGB II) und des Förderns (§ 14 SGB II) geprägt sind. Die Leistungen werden als Geldleistungen, Dienstleistungen und Sachleistungen erbracht.

Die Leistungen der Grundsicherung für Arbeitssuchende werden nur auf Antrag erbracht (§ 37 Abs. 1 S. 1 SGB II). Dieser ist grundsätzlich beim sachlich und örtlich zuständigen Jobcenter zu stellen. Jobcenter sind gemeinsame Einrichtungen aus Arbeitsagenturen und kommunalen Trägern sowie der Optionskommunen (§ 6d SGB II). Der Antrag wirkt, auch wenn er erst im Laufe eines Monates gestellt wird, immer auf den Ersten des Monats zurück.

4.6.3.1 Anspruchsvoraussetzungen

Einen Anspruch auf Arbeitslosengeld II haben nach § 19 Abs. 1 S. 1 SGB II erwerbsfähige Leistungsberechtigte. Dieses sind nach § 7 Abs. 1 S. 1 SGB II Personen, die

- das 15. Lebensjahr vollendet und die Altersgrenze nach § 7a SGB II noch nicht erreicht haben (die Altersgrenze wird sukzessive angehoben; dies entspricht den Regelungen der Grundsicherung im Alter und bei Erwerbsminderung),
- erwerbsfähig i. S. d. § 8 SGB II sind,
- hilfebedürftig i. S. d. § 9 SGB II sind und
- ihren gewöhnlichen Aufenthalt in der Bundesrepublik Deutschland haben.

Nicht erwerbsfähige Personen, die mit einem erwerbsfähigen Leistungsberechtigten in einer Bedarfsgemeinschaft leben, haben einen Anspruch auf Sozialgeld (§§ 7 Abs. 2 S. 1, 19 Abs. 1 S. 2 SGB II). Erwerbsfähig ist, wer noch mindestens drei Stunden täglich auf dem allgemeinen Arbeitsmarkt tätig sein kann und nicht durch Krankheit oder Behinderung daran gehindert ist (§ 8 Abs. 1 SGB II); hilfebedürftig, wer seinen Lebensunterhalt nicht oder nicht ausreichend aus eigenem Einkommen und Vermögen bestreiten kann und auch keine Hilfe von anderen erhält (§ 9 Abs. 1 SGB II).

Es gibt bestimmte Menschen, deren Leistungsberechtigung das SGB II von vornherein ausschließt. Dazu gehören:

- Ausländer nach § 7 Abs. 1 Satz 2 SGB II,
- Personen, die stationär untergebracht sind (§ 7 Abs. 4 S. 1 Alt. 1, S. 3 Nr. 1 SGB II),
- Personen, die sich in einer Einrichtung zum Vollzug einer Freiheitsentziehung aufhalten (§ 7 Abs. 4 S. 2 SGB II),
- Personen, die eine Altersrente oder ähnliche Leistungen beziehen (§ 7 Abs. 4 S. 1 HS 2 SGB II),
- Personen, die nicht erreichbar i. S. d. § 7 Abs. 4a SGB II sind, sowie
- Auszubildende und Studierende (§ 7 Abs. 5 SGB II).

Wann eine Bedarfsgemeinschaft vorliegt, definiert § 7 Abs. 3 SGB II. Danach gehören zu einer solchen Bedarfsgemeinschaft:

1. der erwerbsfähige Leistungsberechtigte selbst, d. h. derjenige, der die Voraussetzungen des § 7 Abs. 1 S. 1 SGB II erfüllt (Nr. 1),
2. die Partnerin oder der Partner der erwerbsfähigen Leistungsberechtigten (Nr. 3) und zwar entweder
   - die nicht dauernd getrennt lebende Ehegattin oder der nicht dauernd getrennt lebende Ehegatte oder
   - die nicht dauernd getrennt lebende Lebenspartnerin oder der nicht dauernd getrennt lebende Lebenspartner – gemeint ist hier eine homosexuelle eingetragene Lebenspartnerschaft nach dem Lebenspartnerschaftsgesetz – oder
   - eine Person, die mit dem erwerbsfähigen Leistungsberechtigten in einer eheähnlichen oder partnerschaftsähnlichen Gemeinschaft in einem gemeinsamen Haushalt lebt (sog. Einstands- und Verantwortungsgemeinschaft). Die Indizien, ob eine solche Gemeinschaft vorliegt, werden in § 7 Abs. 3a SGB II aufgeführt; liegen diese vor, kann das Jobcenter vom Vorliegen einer Partnerschaft ausgehen.
3. die leiblichen (oder adoptierten) unverheirateten und unter 25-jährigen Kinder der erwerbsfähigen Leistungsberechtigten (oder eines Partners), die dem Haushalt angehören und nicht ausreichend Einkommen und Vermögen haben, um ihren Lebensunterhalt selbst zu decken (Nr. 4) sowie
4. die Eltern bzw. die Partnerin oder der Partner eines Elternteils eines unverheirateten, erwerbsfähigen leistungsberechtigten Kindes unter 25. Diese Bedarfsgemeinschaft entsteht, wenn die Eltern bzw. Partner eines Elternteils nicht erwerbsfähig sind und die einzige erwerbsfähige und leistungsberechtigte Person im Haushalt das Kind zwischen 15 und 25 ist.

Innerhalb einer Bedarfsgemeinschaft gilt eine besondere Vertretungsvermutung. So wird nach § 38 Abs. 1 SGB II vermutet, dass eine erwerbsfähige leistungsberechtigte Person, die einen Antrag auf Leistungen stellt, diesen Antrag auch für die anderen Mitglieder der Bedarfsgemeinschaft stellt und auch zum Empfang der Leistungen berechtigt ist. Gibt es mehrere erwerbsfähige leistungsberechtigte Personen, so gilt diese Vermutung für die „Erstantragstellerin". Diese Vermutung gilt so lange bis andere Anhaltspunkte dagegen sprechen.

Die Bedarfsgemeinschaft ist eine Einsatzgemeinschaft im umfassenden Sinn. Die Einstandspflichten der Mitglieder untereinander bestehen wechselseitig oder einseitig; ein unterhaltsrechtlicher Selbstbehalt ist nicht vorgesehen. Wechselseitige Einstandspflichten bestehen zwischen Ehe- und Lebenspartnern sowie zwischen den Partnern einer, in einem Haushalt zusammenlebenden eheähnlichen oder partnerschaftsähnlichen Gemeinschaft. Einkommen und Vermögen des einen werden dem anderen zugerechnet. Einseitige Einstandspflichten bestehen zwischen Eltern und ihren unter 25-jährigen Kindern. Können letztere ihren Bedarf nicht aus eigenem Einkommen und Vermögen decken, stehen die Eltern, Elternteil oder die mit einem Elternteil zusammenlebenden Partner mit ihrem Einkommen und Vermögen für das Kind vollständig ein. Hat das Kind indessen ausreichendes Einkommen und Vermögen, gehört es nicht mehr zur Bedarfsgemeinschaft; hat es mehr Einkommen und Vermögen als es für seinen Bedarf braucht, dann muss es nicht für seine Eltern, Elternteile oder deren Partner einstehen.

> Eine Bedarfsgemeinschaft definiert § 7 Abs. 3 SGB II. Auch Personen, die von den Leistungen dieses Gesetzes ausgeschlossen sind, sind Mitglieder in dieser Bedarfsgemeinschaft. Das bedeutet, dass eine erwerbsfähige Person in einer Partnerschaft mit einem Altersrentner und einem studierenden unverheirateten unter 25-jährigem Kind sehr wohl in einer Bedarfsgemeinschaft leben kann. Als Einkommen wird dann die Rente oder ggf. das BaföG angerechnet.

4.6.3.2 Leistungen

Die Leistungen der Grundsicherung für Arbeitssuchende umfassen nach § 19a SGB I, § 1 Abs. 3 SGB II:

1. Leistungen zur Eingliederung in Arbeit (sog. aktive Leistungen, §§ 14 ff. SGB II) und
2. Leistungen zur Sicherung des Lebensunterhalts (sog. passive Leistungen, §§ 19 ff. SGB II).

Dabei sind die Eingliederungsleistungen gegenüber den existenzsichernden Leistungen vorrangig. Sie sollen dazu beitragen, dass erwerbsfähige Leistungsberechtigte in die Lage versetzt werden, durch die Aufnahme einer Erwerbstätigkeit ihre Hilfebedürftigkeit und die der mit ihnen in ihrer Bedarfsgemeinschaft lebenden Personen zu beenden und unabhängig von staatlichen Transferleistungen zu werden.

4.6.3.2.1 Leistungen zur Eingliederung in Arbeit

Die Eingliederungsleistungen lassen sich einteilen in

- Eingliederungsleistungen, die aus dem SGB III in das SGB II überführt wurden,
- Eingliederungsleistungen, die speziell im SGB II geregelt sind und in den Aufgabenbereich der Arbeitsagenturen fallen, und
- Eingliederungsleistungen, die in den Aufgabenbereich der kommunalen Träger fallen.

4.6 Existenzsichernde Leistungen für Menschen mit Behinderung

Diese Leistungen liegen im Wesentlichen im Ermessen der Jobcenter. Ein Anspruch auf eine konkrete Leistung besteht grundsätzlich nicht. Bei der Ausübung ihres Ermessens sollen die Leistungsträger nach § 3 Abs. 1 S. 2 SGB II

- die Eignung,
- die individuelle Lebenssituation, insbesondere die familiäre Situation,
- die voraussichtliche Dauer der Hilfebedürftigkeit und
- die Dauerhaftigkeit der Eingliederung

der erwerbsfähigen Leistungsberechtigten einbeziehen, alles unter Berücksichtigung der Grundsätze von Wirtschaftlichkeit und Sparsamkeit.

§ 16 Abs. 1 S. 3 SGB II verweist auf die §§ 112 ff. SGB III. Diese Regelungen betreffen insbesondere die Leistungen zur Teilhabe und Eingliederung von Menschen mit Behinderungen. Sie sind im SGB III teilweise als Anspruchsleistungen ausgestaltet; dies gilt über die Verweisung des SGB II auch für erwerbsfähige behinderte Leistungsberechtigte nach dem SGB II.

Das SGB III unterscheidet zwischen allgemeinen und besonderen Leistungen zur Teilhabe am Arbeitsleben. Es sind Leistungen der Arbeitsförderung, die auf die Belange behinderter Menschen besonders angepasst wurden. Neben den jeweiligen speziellen Voraussetzungen erfordern diese Leistungen, dass sie wegen der Art und Schwere der Behinderung der erwerbsfähigen Leistungsberechtigten notwendig sind (§ 16 Abs. 1 S. 3 SGB II i. V. m. § 112 Abs. 1 SGB III). Sie müssen erforderlich sein, um die Teilhabeziele Erhalt, Besserung, Herstellung oder Wiederherstellung der Erwerbsfähigkeit und Sicherung der Teilhabe am Arbeitsleben zu erreichen. Die besonderen Leistungen sind nachrangig gegenüber den allgemeinen Leistungen und werden nur erbracht, wenn letztere nicht schon das gewünschte Teilhabeziel erreichen (§ 16 Abs. 1 S. 3 SGB II i. V. m. § 113 Abs. 2 SGB III).

Allgemeine Leistungen zur Teilhabe am Arbeitsleben, die in den Katalog der Eingliederungsleistungen im SGB II einbezogen sind, sind nach § 16 Abs. 1 S. 3 SGB II i. V. m. § 115 SGB III:

- die Leistungen zur Aktivierung und beruflichen Eingliederung (Nr. 1),
- bestimmte Leistungen zur Förderung der Berufsausbildung (Nr. 2) sowie
- die Leistungen zur Förderung der beruflichen Weiterbildung (Nr. 3).

Bei der beruflichen Aus- und Weiterbildung können auch Maßnahmen gefördert werden, wenn diese im Rahmen der Berufsbildungsgesetze und der Handwerksordnung abweichend von den Ausbildungen für staatlich anerkannte Ausbildungsberufe oder in Sonderformen für behinderte Menschen durchgeführt werden (§ 16 Abs. 1 S. 3 SGB II i. V. m. § 116 Abs. 2 SGB III). Die berufliche Weiterbildung wird unter erleichterten Bedingungen (§ 16 Abs. 1 S. 3 SGB II i. V. m. § 116 Abs. 5 SGB III) gefördert, da die Förderung weder die Arbeitslosigkeit des behinderten Menschen noch eine berufliche Mindestbeschäftigungszeit von drei Jahren voraussetzt und überdies zeitlich länger dauern kann. Darüber hinaus können auch schulische Ausbildungen, deren Abschluss für die Weiterbildung erforderlich ist, gefördert werden.

Von den besonderen Leistungen zur Teilhabe behinderter Menschen am Arbeitsleben werden für erwerbsfähige behinderte Leistungsberechtigte nach dem SGB II nur Teilnahmekosten für eine Maßnahme übernommen (§ 16 Abs. 1 S. 3 SGB II i. V. m. § 118 S. 1 Nr. 3 SGB III). Diese Leistungen werden i. d. R. als Sachleistungen erbracht; sie können allerdings auf Antrag des Leistungsberechtigten als Teil eines trägerübergreifenden Persönlichen Budgets erbracht werden (§ 118 S. 2 SGB III). Auf sie besteht gem. § 117 Abs. 1 S. 1 i. V. m. § 118 S. 1 Nr. 3 SGB III ein Rechtsanspruch, wenn sie wegen Art und Schwere der Behinderung oder zur Sicherung der Teilhabe am Arbeitsleben unerlässlich sind; das gilt auch im Rechtskreis des SGB II. Zu den Maßnahmen, bei denen die Teilnahmekosten übernommen werden müssen, gehören insbesondere solche in besonderen Einrichtungen für behinderte Menschen (z. B. BBW, BFW u. a. Einrichtungen der beruflichen Rehabilitation) oder auch Werkstätten für behinderte Menschen, sofern dort Beschäftigte überhaupt erwerbsfähig sind. Die Teilnahmekosten sind nur übernahmefähig, wenn sie unmittelbar durch die Teilnahme entstehen. Art und Umfang ergeben sich aus § 16 Abs. 1 S. 3 SGB II i. V. m. §§ 127 f. SGB III.

Ist ein Mensch erwerbsfähig, ist ihm grundsätzlich jede Arbeit zumutbar, die dazu beiträgt, seine Hilfebedürftigkeit zu beseitigen oder zu vermindern. Die Zumutbarkeitskriterien ergeben sich aus § 10 SGB II.

Beispiel

➡ Die Arbeit ist nicht zumutbar, wenn die erwerbsfähige leistungsberechtigte Person zu einer bestimmten Arbeit körperlich, geistig oder seelisch nicht in der Lage ist (§ 10 Abs. 1 Nr. 1 SGB II). Einem erwerbsfähigen Leistungsberechtigten, der aufgrund einer Herzkranzgefäßverengung mit Durchblutungsstörung des Herzens aus medizinischer Sicht nur noch mittelschwere körperliche Arbeiten überwiegend stehend oder gehend oder sitzend oder auch in wechselnder Arbeitshaltung unter Vermeidung von ständig vermehrtem Zeitdruck, Nässe, Kälte, Zugluft, Temperaturschwankungen und häufigem Heben und Tragen von Lasten ohne mechanische Hilfsmittel ausüben kann, ist eine Tätigkeit als Hausmeistergehilfe nicht zumutbar, weil diese Arbeit i. d. R. ein Tätigwerden bei Nässe, Kälte und Zugluft bedeutet und außerdem mit Heben und Tragen verbunden ist. (LSG Berlin-Brandenburg, Beschluss vom 14.3.2008 – L 10 B 445/08 AS ER)

Zur Eingliederung in Arbeit sollen die erwerbsfähigen Leistungsberechtigten mit dem Jobcenter eine Eingliederungsvereinbarung (§ 15 SGB II) schließen. Dabei handelt es sich um einen öffentlich-rechtlichen Vertrag, der einerseits die Leistungen zur Eingliederung für die erwerbsfähige leistungsberechtigte Person enthält und andererseits festlegt, welche Bemühungen diese selbst zu unternehmen hat, um wieder Arbeit zu finden.

4.6.3.2.2 Leistungen zur Sicherung des Lebensunterhalts

Als Leistungen zur Sicherung des Lebensunterhalts erhalten erwerbsfähige Leistungsberechtigte das Arbeitslosengeld II (Alg II). Dieses besteht aus:

- dem Regelbedarf zur Sicherung des Lebensunterhalts (§ 20 SGB II),
- den Mehrbedarfen (§ 21 SGB II) und

4.6 Existenzsichernde Leistungen für Menschen mit Behinderung

- den Bedarfen für Unterkunft und Heizung (§ 22 SGB II).

Der Bezug dieser Leistungen löst auch eine gesetzliche Krankenversicherungspflicht (§ 5 Abs. 1 Nr. 2a SGB V) aus, sofern keine Familienversicherung besteht. Darüber hinaus werden Leistungen erbracht

- für unabweisbare einmalige Bedarfe als Darlehen (§ 24 Abs. 1 SGB II),
- für Erstausstattungen für Wohnung, Bekleidung und bei Schwangerschaft und Geburt sowie für die Anschaffung und Reparatur von orthopädischen Schuhen, Reparaturen von therapeutischen Geräten und Ausrüstungen sowie die Miete von therapeutischen Geräten (§ 24 Abs. 3 SGB II),
- als Zuschüsse zu Versicherungsbeiträgen für Leistungsberechtigte, die freiwillig gesetzlich oder privat krankenversichert sind (§ 26 SGB II),
- für Auszubildende unter den Voraussetzungen des § 27 SGB II sowie
- als Bedarfe für Bildung und Teilhabe (§§ 28, 29 SGB II).

> Auszubildende sind nach § 7 Abs. 5 SGB II zwar grundsätzlich von den Leistungen zur Sicherung des Lebensunterhalts nach dem SGB II ausgeschlossen. Gleichwohl benennt § 27 SGB II einige Leistungen, die diese Personengruppe trotzdem erhält. Dazu zählen bestimmte Mehrbedarfe, die nicht ausbildungsbedingt sind (bei Schwangerschaft, für Alleinerziehende, für kostenaufwändige Ernährung oder für unabweisbare laufende Bedarfe), u. U. einen Zuschuss zu den angemessenen Kosten der Unterkunft und Heizung und ggf. Darlehen bei Härtefällen. Aufgrund dieser – begrenzten – Leistungsberechtigung können Auszubildende z. B. mit ihren Kindern oder erwerbsunfähigen Eltern eine Bedarfsgemeinschaft bilden mit der Folge, dass diese einen Sozialgeldanspruch haben, ohne dass der Auszubildende selbst Alg II erhält.

Nicht erwerbsfähige Mitglieder einer Bedarfsgemeinschaft erhalten nach § 23 SGB II Sozialgeld, sofern sie keinen Anspruch auf Leistungen der Grundsicherung im Alter und bei Erwerbsminderung haben.

4.6.3.3 Einkommens- und Vermögensanrechnung

Einen Anspruch auf Leistungen nach dem SGB II haben nur diejenigen, die kein ausreichendes Einkommen und Vermögen haben, um ihren Bedarf zu decken. Einkommen und Vermögen werden nach den §§ 11 ff. SGB II angerechnet. Hier zählt das eigene Einkommen und Vermögen genauso wie das der Mitglieder der Bedarfsgemeinschaft.

Die Vorschriften legen fest, was als Einkommen und Vermögen angerechnet werden kann; nicht jedes Einkommen und nicht jeder Vermögenswert müssen für den Lebensunterhalt eingesetzt werden. Ob eine Einnahme oder ein Wertgegenstand als Einkommen oder als Vermögen angesehen wird, bestimmt sich nach der sog. Zuflusstheorie. Einkommen ist alles, was innerhalb des Bewilligungszeitraums zufließt, Vermögen das, was man bereits davor hatte. Der Stichtag ist der Erste des Monats, in dem der Betroffene einen Antrag gestellt hat.

4 Sozialrechtliche Grundlagen

Beispiel

➡ Eine 42-jährige Frau beantragt am 22.11.2013 Leistungen nach dem SGB II. Am 15.11.2013 hat sie ein Honorar für die Mitwirkung bei einer Ferienfreizeit mit behinderten Kindern in den Herbstferien erhalten. Da ihr Antrag nach § 37 Abs. 2 S. 2 SGB II auf den 1.11.2013 zurückwirkt, gilt das Honorar als Einkommen, wird entsprechend angerechnet und mindert unter Umständen den Leistungsanspruch. Erhält sie das Honorar bereits am 28.10.2013, gilt es als Vermögen und bliebe – sofern sie ihre Vermögensfreibeträge noch nicht ausgeschöpft hat – ihr vollständig ohne Anrechnung erhalten.

Nach § 11 SGB II werden alle Einnahmen in Geld oder Geldeswert (z. B. Fahrkostenzuschüsse, freie Verpflegung) als Einkommen berücksichtigt. Das Kindergeld und der Kindergeldzuschlag nach § 6a BKGG werden als Einkommen des Kindes betrachtet, zumindest so lange, wie es diesen Betrag zur Sicherung des Lebensunterhalts einsetzen muss (§ 11 Abs. 1 S. 3, 4 SGB II). Als Einkommen werden nach § 11a SGB II und § 1 Alg II-VO z. B. nicht berücksichtigt:

- die Grundrente nach dem BVG und den Gesetzen, die eine entsprechende Anwendbarkeit des BVG vorsehen,
- Schmerzensgeldzahlungen,
- Pflegegeld nach dem SGB XI,
- Einkommen von Kindern und Jugendlichen bis zu 100 Euro monatlich oder Einkommen aus Ferienjobs bis zu 1.200 Euro im Jahr oder
- zweckgebundene öffentlich-rechtliche Leistungen (z. B. Arbeitsförderungsgeld für Beschäftigte einer WfbM, Blindengeld oder Ausbildungsgeld im Eingangs- oder Berufsbildungsbereich einer WfbM).

Vom anrechenbaren Einkommen sind noch Freibeträge nach § 11b SGB II und § 6 Alg II-VO abzuziehen. Dazu gehören z. B. Steuern und Sozialversicherungsbeiträge, eine Pauschale von 30 Euro für Versicherungen, Werbungskosten oder ein Erwerbstätigenfreibetrag.

Anstelle einzelner Beträge (für Versicherungen, Altersvorsorge oder Werbungskosten) kann vom monatlichen Einkommen auch ein Pauschalbetrag von 100 Euro abgezogen werden. Hinzu kommt bei Erwerbstätigkeit nach § 11b Abs. 3 SGB II ein Freibetrag, der sich je nach Einkommen berechnet. Bis zu einem Einkommen von 1.000 Euro wird ein Freibetrag von 20 Prozent des 100 Euro übersteigenden Einkommens nicht als Einkommen angerechnet, bei einem Einkommen von 1.000 bis 1.200 bzw. 1.500 Euro (bei minderjährigen Kindern im Haushalt) werden 10 Prozent des über 1.000 Euro liegenden Einkommens nicht angerechnet.

Beispiel

➡ Hat jemand einen sog. Minijob für 450 Euro und bezieht aufstockend noch Alg II, werden von den 450 Euro zunächst 100 Euro als Pauschale nicht angerechnet. Hinzu kommen 70 Euro (20 Prozent von 350 Euro), die nicht berücksichtigt werden. So bleiben bei dem Minijobber insgesamt 170 Euro anrechnungsfrei; als Einkommen werden dann nur die verbleibenden 280 Euro angerechnet.

Beim Vermögen werden nach § 12 SGB II alle verwertbaren Vermögensgegenstände berücksichtigt, die

- kein Schonvermögen (§ 12 Abs. 3 SGB II) sind und
- die nicht unter die Vermögensfreibeträge des § 12 Abs. 2 SGB II

fallen. Zum Schonvermögen, d. h. zum Vermögen, das nicht eingesetzt werden muss, zählen z. B. ein angemessener Hausrat oder ein angemessenes Kraftfahrzeug für jeden in der Bedarfsgemeinschaft lebenden erwerbsfähigen Leistungsberechtigten oder ein selbst genutztes Hausgrundstück oder eine selbst genutzte Eigentumswohnung. Die Vermögensfreibeträge legt § 12 Abs. 2 SGB II fest. Danach stehen jeder in der Bedarfsgemeinschaft lebenden volljährigen Person und deren Partnerin oder Partner ein Grundfreibetrag i. H. v. 150 Euro pro vollendetem Lebensjahr, maximal 10.050 Euro (für ab 1964 Geborene) zu; der Grundfreibeitrag beträgt mindestens 3.100 Euro.

Beispiel

▶ Eine 45-jährige Frau hat einen Vermögensfreibetrag i. H. v. 6.750 Euro; so viel Geld darf sie z. B. auf einem Konto oder als Geldanlage haben und erhält trotzdem Leistungen nach dem SGB II.

Weitere Vermögensfreibeträge betreffen die Altersvorsorgebeträge für die Riester-Rente (unbegrenzt) oder andere Altersvorsorgeversicherungen (hier 750 Euro pro vollendetem Lebensjahr, maximal 50.250 Euro für ab 1964 Geborene) sowie einen Anschaffungsfreibetrag für notwendige Haushaltsgegenstände i. H. v. 750 Euro pro Person in der Bedarfsgemeinschaft. Minderjährige Kinder haben einen Freibetrag von 3.100 Euro; dieser darf allerdings nicht auf die Eltern übertragen werden.

4.6.3.4 Sanktionen

Um den Grundsatz des Forderns durchzusetzen, gibt es im SGB II Möglichkeiten, mit denen die Jobcenter Pflichtverletzungen der Leistungsberechtigten sanktionieren können. Diese Sanktionen bestehen v. a. in der Absenkung oder im Wegfall des Alg II oder u. U. auch des Sozialgeldes. Die Regelungen hierzu finden sich in den §§ 31 ff. SGB II.

Die abschließend aufgeführten Pflichtverletzungen, die durch die Jobcenter sanktioniert werden können, regeln §§ 31 und 32 SGB II. § 31 Abs. 1 SGB II nennt dabei v. a. Pflichtverletzungen, die mit der Eingliederung in den Arbeitsmarkt zu tun haben (z. B. die Weigerung, Pflichten aus der Eingliederungsvereinbarung zu erfüllen oder eine zumutbare Arbeit aufzunehmen oder eine zumutbare Eingliederungsmaßnahme anzutreten). § 31 Abs. 2 SGB II erfasst Sanktionen wegen Verschleuderung des Vermögens oder unwirtschaftlichen Verhaltens oder die Erfüllung der Voraussetzung einer Sperrzeit nach dem SGB III. § 32 SGB II schließlich ermöglicht eine Sanktionierung bei Meldeversäumnissen.

Die Folgen einer Pflichtverletzung sind in den §§ 31a und 31b SGB II geregelt. Bei Verletzung einer Pflicht wird das Alg II zunächst um 30 Prozent abgesenkt, bei Meldeversäumnissen um 10 Prozent. Ein weiterer Verstoß gegen die Pflichten führt zu einer Absenkung von 60 Prozent des Alg II; bei jeder weiteren Pflichtverletzung entfällt das Alg II ganz, ggf. können dann ergänzende Sach- oder geldwerte Leistungen (z. B. Gutscheine) erbracht werden. Die Rahmenfrist für die kumulative Absenkung des Alg II beträgt ein Jahr.

Erwerbsfähige Leistungsberechtigte unter 25 Jahren unterliegen verschärften Sanktionen. Hier entfällt bei einer ersten Pflichtverletzung das Alg II vollständig bis auf die Kosten der Unterkunft und Heizung. Bei einer zweiten Pflichtverletzung entfallen auch diese Bestandteile der Leistung.

Eine Sanktion ist nur zulässig, wenn erwerbsfähige Leistungsberechtigte zuvor über die Folgen einer Pflichtverletzung belehrt wurden oder nachweisbar Kenntnis über diese Folgen hatten. Darüber hinaus können erwerbsfähige Leistungsberechtigte einer Sanktion dann entgehen, wenn sie einen wichtigen Grund für ihr Verhalten nachweisen können (z. B. Krankheit).

4.6.3.5 Übergang von Ansprüchen

Erhalten Personen Leistungen zur Sicherung des Lebensunterhaltes, gehen deren Ansprüche gegen andere Personen (z. B. Unterhaltsansprüche oder Ansprüche auf Arbeitsentgelt) nach Maßgabe des § 33 SGB II auf den Leistungsträger über. Das führt dazu, dass der Leistungsträger Inhaber des jeweiligen Anspruchs wird und diesen auch gegen den Anspruchsgegner durchsetzen kann.

Übungsaufgaben

1. Welche existenzsichernden Leistungen kennen Sie?
2. Nennen Sie den wichtigsten Unterschied zwischen der Grundsicherung im Alter und bei Erwerbsminderung und der Grundsicherung für Arbeitssuchende!
3. Erhält ein 24-jähriger Mann mit schwerer geistiger Behinderung, die eine dauerhafte Erwerbsminderung nach sich zieht, der bei seinen Eltern wohnt, Sozialgeld nach dem SGB II? Begründen Sie Ihre Antwort!
4. Welche Bedarfe werden von der Grundsicherung grundsätzlich erfasst?
5. Warum werden Mehrbedarfe erbracht? Nennen Sie fünf Beispiele für Mehrbedarfe!
6. Ein 55-jähriger Mann beantragt Leistungen nach dem SGB II. Das Jobcenter hat aufgrund der langwierigen Erkrankung des Mannes Zweifel, ob dieser überhaupt erwerbsfähig ist. Wer entscheidet über die Erwerbsfähigkeit des Mannes?
7. Eine 38-jährige Frau erhält aufgrund einer manisch-depressiven Erkrankung eine Erwerbsminderungsrente für zwei Jahre. Hat sie ergänzend Anspruch auf Grundsicherung bei Erwerbsminderung?

8. Ein 42-jähriger arbeitsloser Mann lebt mit seiner ebenfalls arbeitslosen Frau und zwei minderjährigen Kindern in einem Haushalt. Er stellt am 31.1.2014 einen Antrag auf Leistungen beim Jobcenter. Ab wann hat er Anspruch auf die Leistungen? Ist er der Einzige, der Leistungen erhält? Begründen Sie Ihre Antwort!
9. In welcher Vorschrift finden Sie etwas über die Bedarfsgemeinschaft?
10. Ein 46-jähriger Mann ist mit einer 35-jährigen Frau verheiratet. Sie haben ein gemeinsames Kind im Alter von sechs Jahren. Darüber hinaus lebt der 23-jährige Sohn des Mannes mit im Haushalt. Besteht zwischen diesen Personen eine Bedarfsgemeinschaft?

4.7 Datenschutz, Informationspflichten, Schweigepflichten

Datenschutzrechtliche Vorschriften gibt es im Europarecht, im Bundes- und im Landesrecht. Bedeutsam sind insbesondere die Europäische Charta der Grundrechte und die EG-Datenschutzrichtlinie (95/46/EG); diese ist durch das Bundesdatenschutzgesetz (BDSG) umgesetzt worden. Dabei gilt das Bundesdatenschutzgesetz für die Erhebung, Verarbeitung und Nutzung personenbezogener Daten durch

- öffentliche Stellen des Bundes; das sind (neben den Organen der Rechtspflege) die Bundesbehörden, die bundesunmittelbaren Körperschaften, Einrichtungen, Anstalten und Stiftungen und die Sondervermögen.
- öffentliche Stellen der Länder, sofern diese Bundesrecht ausführen; öffentliche Stellen der Länder sind (neben den Organen der Rechtspflege) die Länderbehörden und andere öffentlich-rechtlich organisierte Einrichtungen eines Landes, einer Gemeinde, eines Gemeindeverbandes und sonstiger der Aufsicht des Landes unterstehender juristischer Personen des öffentlichen Rechts sowie deren Vereinigungen ungeachtet ihrer Rechtsform.

Danach würde das BDSG auch für sozialrechtliche Bereiche gelten; es gibt jedoch zwei Einschränkungen:

Das BDSG gilt für die Länderbehörden nur, soweit nicht das Landesrecht einschlägige Vorschriften aufweist. Darüber hinaus sind das BDSG und die Länderdatenschutzgesetze gegenüber anderen Rechtsvorschriften des Bundes nachrangig, die sich auf den Schutz personenbezogener Daten beziehen. Bereichsspezifische bundesrechtliche Datenschutzregelungen gehen damit sowohl den Bestimmungen des BDSG als auch den länderrechtlichen Vorschriften vor. Deshalb gilt für die Tätigkeit der Landesbehörden auf dem Gebiet des Sozialrechts das Datenschutzrecht, das sich im SGB I, im SGB X und ergänzend in den datenschutzrechtlichen Bestimmungen der weiteren Teile des Sozialgesetzbuchs findet. Daneben gibt es ergänzende Regelungen in § 4 KKG. Kirchliche Träger als öffentlich-rechtliche Körperschaften haben sich vergleichbare Datenschutzregelungen gegeben. Der Abschnitt behandelt (nur) die Datenschutzbestimmungen in den für Aufgaben der Heilpädagogik und der Heilerziehungspflege einschlägigen Regelungsbereichen des SGB.

Datenschutzregelungen binden nur die öffentlichen Stellen (vgl. § 12 SGB I). Damit freie Träger und Rehabilitationsträger, aber auch sonstige private Leistungserbringer als solche zum Datenschutz verpflichtet sind, bedarf es der Einbeziehung durch öffentlich-rechtliche Verträge. Die Verträge schließen die Vertretungsberechtigten mit der jeweils nach dem SGB leistungsverpflichteten Behörde. Entsprechende Pflichten können auch delegiert werden (vgl. § 76 SGB VIII). Private können sich überdies freiwillig zur Einhaltung des dem öffentlichen Recht entsprechenden Datenschutzes verpflichten. Die einzelnen Mitarbeiter der Behörden, der Träger und sonstigen Leistungserbringer werden wiederum dienstrechtlich (ggf. beamtenrechtlich) durch Vereinbarung mit dem jeweiligen öffentlichen oder privaten Arbeitgeber in den Datenschutz eingebunden; sie unterschreiben Verpflichtungserklärungen. Deren Einhaltung hat der Arbeitgeber zu kontrollieren.

Strafvorschriften und Ordnungswidrigkeitstatbestände bei Verletzung des Datenschutzrechts gibt es in bundes- und länderrechtlichen Datenschutzgesetzen und in den §§ 203 ff. StGB. Diese Normen sind für alle, die in der jeweiligen Vorschrift bezeichnet werden, anwendbar.

4.7.1 Grundlagen des Datenschutzes im Sozialrecht

§ 35 SGB I regelt sowohl einen Anspruch wie mehrere Pflichten. Es heißt in Absatz 1 Satz 1: „Jeder hat Anspruch darauf, dass die ihn betreffenden Sozialdaten von den Leistungsträgern nicht unbefugt erhoben, verarbeitet oder genutzt werden". Anspruchsberechtigt ist danach jeder Mensch, der in einem Sozialverwaltungsverfahren Betroffener ist. Erfasst sind damit Antragsteller, aber auch Hilfebedürftige, die ohne Antrag eine Leistung erhalten können, sowie solche Personen, denen gegenüber die verantwortliche Behörde eigene Aufgaben erfüllt (wenn sie z. B. prüft, ob das Wohl eines Kindes beeinträchtigt wird, oder ob ein Heim die Bedingungen der Betriebserlaubnis weiterhin erfüllt). Dementsprechend wird die Behörde verpflichtet, nur den Vorschriften des SGB X entsprechend Daten zu erheben, zu speichern, zu nutzen und zu übermitteln. Hinzu kommt die Pflicht aus Absatz 1 Satz 2, innerhalb der Behörde datenschutzrechtliche Grundsätze zu beachten. Das bedeutet, dass auch innerhalb des Mitarbeiterstabes Diskretion walten muss und nur Mitarbeiter, die gemeinsam oder nacheinander einen „Fall" bearbeiten, sich darüber austauschen dürfen. Satz 3 und 4 regelt einen weitreichenden Schutz der auf die Person des Beschäftigten bezogenen Daten im Hinblick auf Personalverwaltung und -politik. Satz 5 erweitert die Verbindlichkeit über die Beendigung des Arbeits- oder Dienstverhältnisses hinaus; der Datenschutz wird jedoch in Absatz 5 abgeschwächt, sofern es um die Belange Verstorbener geht.

Der Sozialdatenschutz des SGB X, der sich in erster Linie auf persönliche Verhältnisse einer natürlichen Person (Betroffener) bezieht, setzt voraus, dass solche Daten von den Leistungsträgern i. S. d. des § 35 Abs. 1 Satz 1 SGB I erhoben werden. Er gilt damit vorrangig im (Sozial)Leistungsrecht und betrifft den Schutz von Daten der Klienten im Verhältnis zu am Verwaltungsverfahren unbeteiligten Dritten.

§ 67 SGB X definiert die im Datenschutz häufig verwendeten Begriffe. Danach sind (Absatz 1) Sozialdaten Einzelangaben über persönliche oder sachliche Verhältnisse einer bestimmten oder bestimmbaren natürlichen Person, die von einer in § 35 SGB I genannten Stelle im Hinblick auf ihre Aufgaben nach diesem Gesetzbuch erhoben, verarbeitet oder genutzt werden. Dabei kann zwischen:

- Basisdaten,
- erweiterten Basisdaten,
- leistungsbezogenen Angaben,
- Beratungsdaten und
- besonderen Arten von Daten unterschieden werden.

Diese Unterscheidung findet sich im Gesetz ansatzweise und verdeutlich die unterschiedliche Sensibilität der Daten. Zu den Basisdaten, auch Standarddaten genannt, gehören Name, Vorname, Geburtsdatum, gegenwärtige Wohnanschrift, Anschrift des Arbeitgebers. Erweiterte (Standard)Basisdaten sind frühere Wohnanschriften, Anschriften früherer Arbeitgeber, Angaben zur Staats- und Religionsangehörigkeit (vgl. § 68 Abs. 3 SGB X) und zum Familienstand. Basisdaten sind meist offenkundig, d. h. einem größeren Personenkreis bekannt oder ohne weiteres zu erfahren, ihr Schutzstatus ist daher nur gering.

Sensible Daten sind leistungsbezogene Angaben, d. h. solche personenbezogenen Daten, die zur Klärung der Zulässigkeit und Begründetheit eines Antrags erforderlich sind, wie Angaben zu den Verwandtschaftsbeziehungen von betroffenen Personen, zu Lebensgemeinschaften der Betroffenen, zur erzieherischen Situation, zum Maß der Pflegebedürftigkeit oder zur wirtschaftlichen Bedarfslage. Sensible Daten werden aber auch bei der Erfüllung der sog. anderen Aufgaben in der Kinder- und Jugendhilfe, insbesondere bei der Gefährdungsprognose, und zur Erfüllung der Mitwirkungspflichten der Behörden in gerichtlichen Verfahren erhoben. Da im Leistungsrecht Mitwirkungsobliegenheiten der Betroffenen bestehen und die Behörden Amtsermittlungspflichten haben (vgl. § 20 SGB X), ist der Leistungsberechtigte oder sein gesetzlicher Vertreter verpflichtet entsprechende Angaben zu tätigen. Die Behörde hat aber, abgesehen von der Ablehnung oder dem Widerruf einer Leistung, keine Druckmittel, die Mitwirkung des Betroffenen durchzusetzen. Werden auf Grund der Mitwirkungsobliegenheiten Daten preisgegeben, liegt darin in der Regel eine Einwilligung i. S. d. § 67b Abs. 1 SGB X. Sensible und anvertraute sensible Daten sind weitergehend datenschutzrechtlich gesichert, sofern nicht das Wohl eines Kindes oder Jugendlichen gefährdet erscheint (vgl. § 65 SGB VIII).

Beratungsdaten oder anvertraute sensible Daten sind solche Angaben, die Gegenstand einer Beratung als Leistung sind. Dazu gehören also Angaben im Vorfeld der Gewährung einer Leistung nicht. Die Grenzen zwischen leistungsbezogenen Daten und anvertrauten Daten sind aber fließend.

Beispiel

➡ Die als Teil der Hilfeplanung vorgesehene Beratung über die in Frage kommenden Hilfeformen (vgl. § 36 Abs. 1 SGB VIII) ist keine Leistung. Die Angaben, die notwendig sind, um eine Beratung über Hilfeoptionen sinnvoll durchführen zu können, sind daher keine Beratungsdaten. Wird anschließend eine Sozialpädagogische Familienhilfe und zu Gunsten des Kindes die Aufnahme in eine Tagesgruppe gewährt, sind die gegenüber dem Familienhelfer geäußerten Details oder im Gespräch mit dem Leiter der Tagesgruppe offenbarten speziellen Probleme Beratungsdaten.

Besondere Arten personenbezogener Daten sind nach § 3 Abs. 9 BDSG Angaben über die rassische und ethnische Herkunft, politische Meinungen, religiöse oder philosophische Überzeugungen, Gewerkschaftszugehörigkeit, Gesundheit oder Sexualleben. Die Definition in § 67 Abs. 12 SGB X wiederholt die Vorschrift und erklärt damit Angaben zur körperlichen, geistigen und seelischen Gesundheit als besondere Art von Daten. Ausländerrechtlich relevante Daten stellen hingegen keine besondere Art von Daten dar. Von den weiteren genannten Arten sind für die Tätigkeit der Sozialleistungsbehörden allenfalls die Angaben zur Religionsangehörigkeit oder -bezogenheit und zum rechtlich verfestigten Sexualleben bedeutsam. Für besondere Daten gilt ein besonders strenger Datenschutz (vgl. § 67a Abs. 1 Satz 2 SGB X).

4.7.2 Datenerhebung und Datenverarbeitung

Der erste Schritt im Rahmen des Datenschutzes ist die Reglementierung der Datenerhebung. Aus allgemeinen verwaltungsverfahrensrechtlichen Regeln und auf Grundlage von § 67a Abs. 3 SGB X sind dem Betroffenen die Identität der erhebenden Behörde oder Stelle und der Erhebungszweck bekannt zu geben. Er ist auch über seine und ggf. über Mitwirkungspflichten der Behörde und deren datenschutzrechtliche Folgen zu belehren. Informiert werden muss auch über die Sanktionen bei Verletzung der Mitwirkungspflicht des Betroffenen (vgl. §§ 60 ff. SGB I, § 67a Abs. 3 Satz 3 SGB X). Ihm ist außerdem mitzuteilen, dass die Angaben gespeichert und damit elektronisch nutzbar werden. Der Bezug auf die Aufgaben „nach diesem Gesetz" (vgl. § 67 a Abs. 1 SGB X) bedingt, dass die abgefragten oder zur Kenntnis gebrachten Angaben in unmittelbarem Zusammenhang mit der Bearbeitung eines Antrags oder der Erfüllung einer (sonstigen) Aufgabe der Behörde stehen. Darüber hinaus gehende Mitteilungen dürfen nicht nachgefragt werden.

Beispiele

➡ 1. Bei einem Antrag auf Pflegehilfsmittel ist zu klären, ob der Betroffene stationäre Pflege erhält (dann hätte er grundsätzlich keinen Anspruch). Darüber hinaus sind die Beschwerden des Betroffenen oder die besonderen Belastungen der Pflegeperson zu ermitteln um festzustellen, ob die in § 40 Abs. 1 SGB XI genannten Zwecke erreicht werden können. Die Umstände des Wohnumfeldes, evt. eine stationäre Aufnahme oder die Auswahl der Pflegperson sind hingegen Umstände, die nicht in unmittelbarem Zusammenhang stehen.

4.7 Datenschutz, Informationspflichten, Schweigepflichten

2. Bei einem Antrag des Personensorgeberechtigten auf Hilfe zur Erziehung spielt eine bestehende Arbeitslosigkeit des Antragsstellers, abgesehen von der Frage finanzieller Leistungsfähigkeit, nur eine Rolle, wenn dadurch bedingte psychische Probleme sich auf das Erziehungsverhalten auswirken. Im Übrigen sind damit in Zusammenhang stehende (Rechts)Fragen (Partnerbeziehung, Antrag nach SGB II, zulässiger Zuverdienst, Steuerhinterziehung) unbeachtlich.

Dass auch die Erhebung von Daten, die zu besonderen Arten gehören, möglich ist, stellt § 67a Abs. 1 S. 2 SGB X ausdrücklich klar; gleichwohl gibt es eine Einschränkung im Hinblick auf die Angaben zur rassischen Herkunft des Betroffenen.

Zum (automatisierten) Verarbeiten gehört das Speichern, Verändern, Übermitteln, Sperren und Löschen als Unkenntlichmachung von Sozialdaten (vgl. § 67 Abs. 6 SGB X). Soweit eine automatisierte Speicherung erfolgt, liegt Speichern vor.

Beispiel

➲ Eine handschriftliche Notiz oder verschriftete Vorüberlegungen, die nicht Gegenstand der Akte zu werden bestimmt sind, gehören daher nicht dazu.

Die Weiterverarbeitung zu dem Zweck, zu dem die Angaben erhoben wurden, heißt Datennutzung (vgl. § 67 Abs. 1 SGB X). Verändern von Daten liegt vor, wenn diese inhaltlich umgestaltet werden, wie § 67 Abs. 6 Nr. 2 SGB X definiert. Letzteres liegt vor, wenn durch Umgruppierung, partielle Unterdrückung, partielle Löschung, Verbindung von Dateien der Aussagegehalt der Datei abgeändert oder diese anders akzentuiert wird. Erfolgt dies mit fremden Daten unbefugt, liegt ein strafrechtlich relevantes Verhalten vor. Die Anpassung des Datenbestandes an veränderte Situationen durch den Berechtigten ist kein unbefugtes Verändern, sondern Datennutzung.

Beispiel

➲ Das Zusammenführen von Dateien, die denselben Betroffenen angehen, durch die für diese Fälle zuständige Sachbearbeiterin ist kein unzulässiges Verändern, auch wenn sich dadurch der Aussagegehalt ändert. Es dürfen daher die Dateien nach Antrag auf Hilfe zur Erziehung und weiterem Antrag auf Eingliederungshilfe zusammengeführt werden.

Die Sperrung von Daten erfolgt durch Verhinderung des Zugangs durch Ausschluss der Möglichkeit die Daten aufzurufen; die Benutzung eines Passworts ist kein Sperren im Sinne der Vorschrift.

Beispiel

➲ Die Verwendung eines Zugangscodes, um den Zugriff unbefugter Personen zu unterbinden, gehört zur Gewährleistung des Datenschutzes und ist keine Sperrung von Daten.

Löschen ist das Vernichten des Datenbestandes. Dadurch, dass die Sperrung und die Löschung in den Begriff des Veränderns einbezogen sind, wird Bezug genommen auf die entsprechenden Vorschriften des Bundes und der Länder zur Dokumentation und zu den Aufbewahrungsfristen. Auch die vorfristige Löschung bedeutet damit einen Verstoß gegen datenschutzrechtliche Bestimmungen.

§ 67a Abs. 1 SGB X wiederholt die Begrenzung der Datenerhebung auf die erforderlichen personenbezogenen Daten und regelt in Absatz 2, dass die Daten grundsätzlich beim Betroffenen zu erheben sind. Gleichwohl ist eine Erhebung von Daten bei Leistungsträgern im Sinne des § 12 SGB I und bei den in § 35 Abs. 1 SGB I oder § 69 Abs. 2 SGB X gleichgestellten Stellen ohne vorherige Einwilligung des Betroffenen nach § 67a Abs. 2 S. 2 Nr. 1 SGB X zulässig,

- wenn eine Übermittlungsbefugnis besteht oder
- wenn die Erhebung beim Betroffenen mit unverhältnismäßig großem Aufwand verbunden wäre, die Datenerhebung aber bei diesen Behörden oder Stellen ohne weiteres möglich ist und
- keine Anhaltspunkte bestehen, dass überwiegende schutzwürdige Interessen des Betroffenen beeinträchtigt werden. Dies gilt für Standarddaten, erweiterte Standarddaten und leistungsbezogene sensible Daten. Eine Pflicht zur Unterrichtung des Betroffenen besteht nur eingeschränkt (vgl. § 76a Abs. 5 S. 1 und 2 SGB X).

Bei Dritten, d. h. bei anderen Personen oder Stellen, dürfen nach § 67a Abs. 2 S. 2 Nr. 2 SGB X Daten ohne vorherige Einwilligung des Betroffenen erhoben werden,

- wenn dies ausdrücklich gestattet oder
- eine Übermittlung gesetzlich vorgeschrieben ist oder
- die spezielle Aufgabe die Erhebung bei Dritten erforderlich macht oder
- wenn die Erhebung mit unverhältnismäßig großem Aufwand verbunden wäre, die Datenerhebung aber bei Dritten ohne weiteres möglich ist und
- keine Anhaltspunkte bestehen, dass überwiegende schutzwürdige Interessen des Betroffenen beeinträchtigt werden. Dies gilt wiederum für Basisdaten und leistungsbezogene sensible Daten.

Im Übrigen ist eine solche Datenerhebung immer nach Vorinformation und Einwilligung des Betroffenen zulässig; er kann auch eine unbefugte Datenerhebung genehmigen. Einwilligung und Genehmigung setzen Geschäftsfähigkeit voraus.

Für den Schutz der Daten spielt es keine Rolle, ob diese für die jeweilige Tätigkeit in eigener Person erhoben oder ob sie zulässig übermittelt worden sind (vgl. § 76 SGB X). Unzulässig übermittelte Daten müssen jedenfalls gelöscht und dürfen nicht genutzt werden. Werden Daten bei Dritten erhoben, wird der Betroffene über die Speicherung nachträglich informiert (§ 67a Abs. 5 S. 1 SGB X), sofern der Betroffene nicht bereits Kenntnis davon hat oder die Information einen unverhältnismäßigen Mehraufwand bedeutet (Satz 2).

Die Datennutzung ist immer berechtigt, wenn erhobene Daten zum Zweck ihrer Erhebung bearbeitet und ausgewertet werden. Ob dies durch denselben Mitarbeiter, welcher die Erhebung vorgenommen hat, geschieht, ist nicht maßgeblich.

Die Übermittlung ist eine Verwendung von Daten zu einem anderen Zweck, als den, der die Datenerhebung leitete. Diesen „neuen" Zweck kann sowohl die erhebende Behörde in einem anderen „Fall" oder eine andere Stelle im Rahmen von deren Aufgaben verfolgen. Durch die Übermittlung werden eigene Erhebungen eingespart. Eine (zulässige) Übermittlung liegt auch dann vor, wenn die Stelle, an die übermittelt wird, keine Aufgaben „nach diesem Gesetzbuch" erfüllt, sondern, wie das Finanzamt oder die Strafverfolgungsorgane im Fall der Steuerhinterziehung zufällig oder systematisch erhobene Daten zu völlig anderen Zwecken nutzt.

4.7.3 Informationspflichten

Unter Informationspflicht wird die Pflicht zur Übermittlung von personenbezogenen Daten verstanden. Die notwendige Information der mit dem Fall befassten Mitarbeiter oder von Mitarbeitern, die den Fall übernehmen, sowie die Auskunft gegenüber Aufsichts-, Kontroll- und Disziplinarstellen zum Zweck der Rechnungsprüfung und zur Durchführung von Organisationsuntersuchungen sind keine Übermittlungen (vgl. § 76c Abs. 3 S. 1 SGB X).

4.7.3.1 Übermittlungspflicht

Eine Übermittlungspflicht begründet § 138 StGB. Er verpflichtet jede Person als Dienstnehmer oder als Privatperson, die zufällig oder im Rahmen von Beratungen erlangten Kenntnisse über bevorstehende Kapitalverbrechen (vgl. § 138 Abs. 1 StGB) entweder dem potenziellen Opfer oder einer Verfolgungsbehörde offen zu legen. Insoweit gibt es auch keinen Schutz sensibler Daten wie der Beratungsdaten. Nur Seelsorger dürfen während der Beichte offenbarte Absichten des Betroffenen verschweigen (§ 139 Abs. 2 StGB). Eine Pflicht zur Übermittlung von Kenntnissen über bereits begangene oder beendete Straftaten besteht hingegen aus strafrechtlicher wie datenschutzrechtlicher Sicht nicht.

Eine eingeschränkte Pflicht zur Information besteht nach § 8a Abs. 2 SGB VIII bei Verdacht auf Kindeswohlgefährdung. Die Einschränkung ergibt sich durch das fachlich begründete Ermessen des Jugendamtes, welches über die Notwendigkeit der Anrufung des Familiengerichts befindet. Sind die Erziehungsberechtigten nicht bereit oder nicht in der Lage, bei der Einschätzung des Gefährdungsrisikos mitzuwirken (vgl. § 8a Abs. 2 Satz 1 2. HS SGB VIII), liegt außerdem keine Übermittlung im engeren Sinne vor. Die Datenerhebung der Jugendhilfebehörde und die Datenerhebung des Gerichts verfolgen die gleichen Zwecke.[81]

4.7.3.2 Zeugnispflicht

Die Übermittlungspflicht darf nicht mit der Zeugnispflicht in Gerichtsverfahren verwechselt werden. Dabei ist je nach Gerichtszweig die Rechtslage unterschiedlich. Die Zeugnispflicht besteht für den jeweiligen als Zeuge berufenen Mitarbeiter der Behörde und bedeutet die Verpflichtung, in einem gerichtlichen Verfahren aus eigener Anschauung oder Kenntnis zu einem bestimmten Sachverhalt auszusagen.

---

[81] Als Übermittlungspflicht bezeichnet es Falterbaum, Rechtliche Grundlagen, S. 209, 211.

Die Zeugnispflicht in gerichtlichen Verfahren wird durch die Zeugnisverweigerungsrechte begrenzt. Einschlägig sind je nach sachlicher Zuständigkeit

- § 29 FamFG i. V. m. §§ 383–385 ZPO,
- § 188 SGG i. V. m. §§ 383–385 ZPO,
- § 180 VwGO i. V. m. § 65 Abs. 1 VwVfG, der auf die Vorschriften der §§ 383–385 ZPO weiterverweist.

Für Mitarbeiter der zum Datenschutz verpflichteten Stellen kommen in der Regel nur Zeugnis- und Gutachtenverweigerungsrechte aus persönlichen Gründen nach § 383 Abs. 1 Abs. 6 ZPO in Frage. Danach können, nicht müssen, Personen das Zeugnis verweigern, denen „kraft ihres Amtes [...] Tatsachen anvertraut sind, deren Geheimhaltung durch [...] gesetzliche Vorschrift geboten ist, in Betreff der Tatsachen, auf welche die Verpflichtung zur Verschwiegenheit sich bezieht." Ob hinsichtlich sensibler Daten ein Recht besteht, die Aussage zu verweigern, hängt damit davon ab, ob ein Geheimnis anvertraut wurde. Das trifft in jedem Fall auf Beratungsdaten und nie auf Basisdaten zu. Kritisch sind die der Mitwirkungspflicht des Klienten unterliegenden entsprechenden Angaben.

Zur Klärung dieser Fragen ist der strafrechtliche Geheimnisschutz einzubeziehen (vgl. § 203 Abs. 1 und 2 StGB und § 155 SGB IX). Danach unterliegen fremde Geheimnisse, die einem Mitarbeiter als

- „Ehe-, Familien-, Erziehungsberater sowie Berater für Suchtfragen in einer Beratungsstelle, die von einer Behörde oder Körperschaft, Anstalt oder Stiftung des öffentlichen Rechts anerkannt ist" (Nr. 4) oder
- „Mitglied oder Beauftragter einer anerkannten Beratungsstelle nach den §§ 3 und 8 des Schwangerschaftskonfliktgesetzes" (Nr. 4a) oder
- „staatliche anerkanntem Sozialarbeiter oder staatlich anerkanntem Sozialpädagogen [...]" (Nr. 5)

anvertraut oder sonst bekanntgeworden ist [...], dem strafrechtlichen Datenschutz. Nach Absatz 2 wird ebenso bestraft, „wer unbefugt ein fremdes Geheimnis, namentlich ein zum persönlichen Lebensbereich gehörendes Geheimnis [...] offenbart, das ihm als 1. Amtsträger, 2. für den öffentlichen Dienst besonders Verpflichteter [...] anvertraut oder sonst bekannt geworden ist". Nach § 155 SGB IX sind Vertrauenspersonen eines schwerbehinderten Menschen bei einem Geheimnisbruch mit Strafe bedroht.

Der strafrechtliche Geheimnisschutz setzt also

- eine Tätigkeit als Beamter oder Angestellter im öffentlichen Dienst,
- eine Tätigkeit bei einem anerkannten freier Träger oder
- eine Tätigkeit als staatlich anerkannter Sozialarbeiter oder Sozialpädagoge voraus.

Heilpädagogen und Heilerziehungspfleger werden nicht genannt. Die Logik des Gesetzestextes würde eine Einbeziehung nahelegen, allerdings dürfen aus rechtsstaatlichen Gründen Straftatbestände nicht erweitert werden (nulla poena sine lege). Angehörige dieser Berufsgruppen machen sich daher bei der Weitergabe entsprechender Kenntnisse nicht strafbar.

4.7 Datenschutz, Informationspflichten, Schweigepflichten

Der Tatbestand setzt außerdem voraus, dass ein „Geheimnis" bekannt geworden ist. Ein Geheimnis ist eine Tatsache, die nur einer bestimmten Person oder einem kleinen Personenkreis bekannt ist und an der der Geheimnisträger ein schutzwürdiges Geheimhaltungsinteresse hat. Einem solchen Geheimnis stehen nach § 203 Abs. 2 S. 2 HS 1 StGB Einzelangaben über persönliche oder sachliche Verhältnisse eines anderen gleich, „die für Aufgaben der öffentlichen Verwaltung erfasst worden sind". Damit sind auch leistungsbezogene Daten vom strafrechtlichen Schutz des § 203 StGB grundsätzlich erfasst.

Doch auch ein tatbestandsmäßiger Verstoß gegen die Geheimhaltungspflicht führt nicht in jedem Fall zur Strafbarkeit. Das Verhalten des an sich Schweigepflichtigen kann durch besondere gesetzliche Regelungen (Genehmigungen, Erlaubnisse, Bewilligungen, Befugnisse, Anzeigepflichten, sozialadäquates Verhalten, allgemeine Rechtfertigungsgründe) gerechtfertigt sein. Zu den wichtigsten Rechtfertigungsgründen gehören:

- die Einwilligung des Geheimnisträgers,
- die mutmaßliche Einwilligung, wenn der Täter im (vermeintlichen) Interesse des Geschützten handelt,
- die Verpflichtungen aus anderen Gesetzen, die mit der Schweigepflicht kollidieren (§ 138 StGB, § 11 IfSG, §§ 98, 100–101a SGB X),
- eine angemessene Güter- und Interessenabwägung,

Beispiele

➲ Der Arzt darf Angehörige eines an einer ansteckenden Krankheit erkrankten Patienten warnen; der Behörde die Fahruntauglichkeit eines an einer schweren Psychose Erkrankten mitteilen; die Pflegekraft die Misshandlung eines pflegebedürftigen Menschen melden.

- die Zeugnispflicht als Zeuge oder die Berichtspflicht als Sachverständiger sowie
- der rechtfertigende Notstand. Auf diesen kann die Anzeige einer Straftat, die nicht zu den in § 138 StGB genannten Verbrechen zählt, gestützt werden.

Da auch leistungsbezogene Angaben dem Schutz durch § 203 StGB unterliegen, muss geklärt werden, ob sie auch von einer Zeugnispflicht erfasst werden. § 383 ZPO spricht nicht ausdrücklich von „Geheimnissen", sondern von „Tatsachen, deren Geheimhaltung durch ihre Natur [das meint als anvertrautes Geheimnis] oder durch gesetzliche Vorschrift geboten ist." Damit deckt sich die Pflicht zum Datenschutz mit dem Recht – nicht der Pflicht – das Zeugnis bei Verfahren in Familiensachen, Betreuungs- und Unterbringungssachen, in sozialgerichtlichen und verwaltungsgerichtlichen Verfahren zu verweigern. Beamte brauchen für eine Aussage überdies eine Aussagegenehmigung.

In Strafsachen, auch in Jugendstrafsachen, gilt § 53 StPO, der aus beruflichen Gründen ein Zeugnisverweigerungsrecht regelt. Nicht erfasst davon sind staatlich anerkannte Sozialarbeiter und staatlich anerkannte Sozialpädagogen sowie Heilpädagogen und Heilerziehungspfleger. Außerdem ist das Zeugnisverweigerungsrecht deliktsabhängig einschränkt (vgl.

§ 53 Abs. 2 StPO). Zeugnisverweigerungsberechtigt sind daher hier nur Mitarbeiter einer Schwangerschaftskonfliktberatungs- oder Suchtberatungsstelle, sofern es nicht unter anderem um eine Verfolgung von Straftaten gegen die sexuelle Selbstbestimmung geht. § 53 StPO ist daher enger als der Schutz, den § 35 Abs. 3 SGB I gewähren will. Da eine Zeugnispflicht für alle anderen Mitarbeiter besteht, ist auch der Verstoß gegen § 203 StGB und § 155 SGB IX gerechtfertigt.

4.7.3.3 Behördliche Mitwirkungspflichten in gerichtlichen Verfahren

Eine Sonderform der Informationspflichten sind die behördlichen Mitwirkungspflichten in gerichtlichen Verfahren. Sie treffen die Behörde (oder einen anerkannten Träger, auf den die Aufgabe delegiert ist), als juristische Person. Erfasst werden (u. a.) die Jugendämter in Verfahren nach dem FamFG (als Familiengerichtshilfe), der VwGO und dem JGG (als Jugendgerichtshilfe), die Betreuungsbehörden in betreuungsrechtlichen und unterbringungsrechtlichen Verfahren nach dem FamFG oder der Medizinische Dienst der Krankenkassen in sozialgerichtlichen Verfahren.

Die Mitwirkung besteht entweder in gutachtlichen Stellungnahmen, in Auskünften oder verpflichtet zur Aktenvorlage und bezieht zwangsläufig sensible Daten ein. Diese betreffen entweder die Angaben bezüglich der Leistungsvoraussetzungen oder, sofern ein Angebot nicht angenommen wurde, die Indizien, die zum Angebot seitens der Behörde geführt haben. § 64 Abs. 2 SGB VIII, der auf § 69 SGB X weiterverweist, ermöglicht die Übermittlung von personenbezogenen Daten, auch sensibler Daten, „für die Erfüllung einer gesetzlichen Aufgabe der übermittelnden Stelle nach diesem Gesetzbuch". Er ist nicht nur für sozialgerichtliche oder verwaltungsgerichtliche Verfahren, sondern über § 69 Abs. 1 Nr. 1 1. bzw. 2. Var. SGB X auch für familiengerichtliche Verfahren anwendbar (Aufgaben als Familiengerichtshilfe). Die gesetzliche Grundlage findet sich in §§ 50 Abs. 2, 53 Abs. 3 SGB VIII. Die im Zusammenhang mit der Entscheidung über die Gewährung einer Leistung erhobenen Daten müssen aber auf das Regelungsziel des Verfahrens hin ausgewählt und ausgewertet werden, da der sozialrechtliche Datenschutz grundsätzlich Geltung auch gegenüber prozessualen Pflichten behält.

Der besondere Vertrauensschutz im Jugendhilferecht (§ 65 Abs. 1 Nr. 1 SGB VIII) schränkt jedoch die Übermittlung von „zum Zweck persönlicher und erzieherischer Hilfe" anvertrauter Sozialdaten ein. Die Fassung des Gesetzestextes ist dabei zu eng. Erzieherische Hilfe wird vornehmlich bei Gewährung von Hilfen zur Erziehung geleistet; derselbe Schutz muss aber auch Eingliederungshilfeberechtigten und den Adressaten von sonstigen Beratungsleistungen zukommen.

Anvertraut i. S. d. § 65 SGB VIII sind leistungsbezogene Sachverhalte jedoch nicht schlechthin. Zu unterscheiden ist der Schutz sensibler Daten und der Schutz anvertrauter sensibler Daten. Die relevanten sensiblen Daten werden zur Klärung der Leistungsvoraussetzungen und ihrer Fortdauer erhoben. Für diese im Verwaltungsverfahren erlangten Daten fehlt es wegen der Mitwirkungsobliegenheit grundsätzlich am Merkmal des Anvertrautseins. Dass es v. a. bei erzieherischen Hilfen immer um Angaben zu defizitärem Erziehungsverhalten geht, die nicht gerne preisgegeben werden, ändert daran nichts. Besonders geschützt sind allein weitere, im Verlauf der Hilfe bekannt gewordenen Angaben. Kenntnisse, die lediglich aus Anlass der Hilfe erworben sind, soweit sie überhaupt zulässig erhoben werden, sind hingegen geschützt, sofern nicht eine Übermittlungsbefugnis nach SGB X besteht.

Im Übrigen wird, bei der üblicherweise weiten Auslegung der Norm, zu wenig beachtet, dass für erzieherische Hilfen eine (drohende) Kindeswohlgefährdung Leistungsvoraussetzung ist und für Eingliederungshilfen ein Eingliederungshilfebedarf bestehen muss, der durch die elterliche Erziehung als solche nicht ausgeglichen werden kann. Dürfen Kenntnisse über persönliche Verhältnisse zum Schutz des Wohls des Kindes oder Jugendlichen dem Gericht übermittelt werden, wenn die Beteiligten nicht bereit sind Hilfen anzunehmen (vgl. § 65 Abs. 1 Nr. 2 SGB VII), ist der Ausschluss der Übermittlung für den Fall, dass solche beantragt worden sind, jedenfalls bei einem Amtsverfahren (Sorgerechtsentzug, Sorgerechtsregelungen in den Fällen der §§ 1678, 1680, 1681, 1696 BGB, Verbleibensanordnungen und Regelungen der Ausübung der Sorge) aus dem Gesichtspunkt des Schutzes des Kindes oder Jugendlichen nicht selbstverständlich. Die geschützten Belange sind abzuwägen und die Interessen der betroffenen Erziehungsberechtigten, ihr informationelles Selbstbestimmungsrecht und die Interessen des Minderjährigen auf Schutz seines Wohls auch durch eine gerichtliche Intervention auszugleichen. Dabei kann die Tendenz des Gesetzgebers das Wohl des Kindes oder des Jugendlichen in den Vordergrund zu stellen zum Tragen kommen. Auch für die Anhörung des Jugendamtes in Ersetzungsverfahren muss angesichts der gesetzgeberischen Gewichtung der Schutz der Daten der Eltern zurücktreten. Anders liegt der Sachverhalt aber bei familiengerichtlichen Antragsverfahren; dort kann der Schutz sensibler Daten weitergefasst werden.

Bei drohender oder bestehender Gefährdung des Wohls eines Kindes besteht eine Ausweitung der Befugnisse sowohl zur Datenerhebung (vgl. § 65 Abs. 3 Nr. 1 i. V. m. § 8a und § 65 Abs. 3 Nr. 2 d) SGB VIII) als auch zu ihrer Übermittlung. Dadurch wird auch die Verwendung von Angaben (anonym bleibender) Dritter ermöglicht. In Gefährdungslagen ist überdies die Übermittlungsbefugnis durch § 4 KKG erheblich erweitert worden. Werden sonst dem Geheimnisschutz unterliegende Sachverhalte bekannt, die Indizien für eine Gefährdung des Wohls eines Kindes oder Jugendlichen aufwerfen, und ist der Sorgeberechtigte nicht bereit Hilfeangebote zu nutzen, dürfen auch solche Daten an die Behörde übermittelt und von dieser für die fachliche Äußerung in einem sich ggf. anschließenden gerichtlichen Verfahren genutzt werden (§ 76 Abs. 1 SGB X). Das Widerspruchsrecht (§ 76 Abs. 2 Nr. 1 SGB X) ist auf diesen Fall nicht anzuwenden.

Da das Jugendgerichtsverfahren erzieherisch ausgerichtet ist, sind diese Grundsätze auch auf jugendgerichtliche Verfahren übertragbar.

Für betreuungs- und unterbringungsrechtliche Verfahren ist die Betreuungsbehörde jedoch auf die Verwertung vom Betroffenen oder seinem Vertreter freiwillig preisgegebene Angaben beschränkt, da insoweit keine behördlichen Aufklärungsrechte und -pflichten normiert sind. Zu den Übermittlungsbefugnissen der Sozialleistungsbehörden s. Kapitel 4.7.5.

4.7.4 Informationsrechte

Informationsrechte werden rechtstechnisch als Übermittlungsbefugnisse bezeichnet. Solche finden sich vornehmlich im SGB X, aber auch in den ergänzenden Vorschriften der weiteren Sozialgesetzbücher. Nach SGB X bestehen folgende Befugnisse (Auswahl):

- Übermittlung jeglicher Daten bei Einwilligung des Betroffenen (§ 67c Abs. 2 Nr. 2 SGB X); besondere Arten von Daten dürfen, mit Ausnahme der Angaben zur Gesundheit und zum Sexualleben, nur mit Einwilligung des Betroffenen übermittelt werden.
- Basisdaten dürfen an Bundes- und Länderpolizeibehörden, Staatsanwaltschaften und Gerichte auf Ersuchen übermittelt werden (§ 68 Abs. 1 SGB X); eine Auswahl aus den erweiterten Standarddaten auch an die für den Schutz der inneren und äußeren Sicherheit zuständigen Ämter und Dienste (vgl. § 72 SGB X).
- Alle Sozialdaten (mit Einschränkung für die Beratungsdaten durch § 65 SGB VIII) dürfen unter den Voraussetzungen des § 69 Abs. 1 SGB X übermittelt werden. Ein Datenaustausch hinsichtlich leistungsbezogener Daten zwischen Sozialleistungsträgern und im Rahmen der Mitwirkungspflichten ist in gerichtlichen Verfahren grundsätzlich zulässig.
- Die Übermittlung ist weiterhin zur Abwendung geplanter Straftaten nach § 138 StGB und zum Schutz der öffentlichen Gesundheit zulässig (§ 71 Abs. 1 Nr. 1 und 2 SGB X).
- Jede Sozialleistungsbehörde darf Kenntnisse, die auf Betreuungsbedürftigkeit schließen lassen oder eine andere Tätigkeit des Betreuungsgerichts nahelegen, an die Betreuungsbehörde weitergeben (§ 71 Abs. 3 SGB X). Die übermittelten Hinweise dürfen unabhängig vom Willen des Betroffenen auch dem Betreuungsgericht zur Kenntnis gebracht werden.
- Eine Übermittlung ist überdies zulässig, wenn ein Verbrechen oder sonstige Straftat von erheblicher Bedeutung angeklagt ist (vgl. § 73 SGB X, § 12 StGB[82]). Im Rahmen sonstiger Delikte dürfen die Basisdaten und eine Auswahl der Standarddaten übermittelt werden; zuständig für die Anordnung der Übermittlung ist das Strafgericht (Richtervorbehalt).

Auch bei Vorliegen einer Übermittlungsbefugnis besteht, von § 138 StGB und strafrichterlicher oder betreuungsgerichtlicher Anordnung der Übermittlung abgesehen, keine Übermittlungspflicht.[83]

4.7.5 Einzelgesetzliche Regelungen

4.7.5.1 Befugnisse nach SGB V

Spezifische Übermittlungsbefugnisse der Krankenkassen finden sich bereits im SGB X, nämlich in § 69 Abs. 4, der es den Krankenkassen ermöglicht, bestimmte Daten über den Gesundheitszustand des Arbeitnehmers an den Arbeitgeber zu

---

[82] Einschränkend Falterbaum, Rechtliche Grundlagen, S. 209, der auch die Übermittlungsbefugnis nach § 68 SGB X für staatlich anerkannte Sozialarbeiter ausschließt.
[83] Anders Faltenbaum a. a. O.

übermitteln. Darüber hinaus können Krankenkassen nach § 71 Abs. 1 Nr. 2 SGB X an die nach Polizeirecht zuständigen Infektionsschutzbehörden Daten des Betroffenen zum Schutz der öffentlichen Gesundheit übermitteln; für Betroffene mit ausländischer Staatsangehörigkeit wird diese Befugnis in § 71 Abs. 2 Satz 2 Nr. 1 wiederholt. Die Datenerhebung und die Zugriffsbefugnisse regeln §§ 288 f., 291 Abs. 2 SGB V; für die weiteren Angaben auf der elektronischen Gesundheitskarte vgl. § 291a Abs. 2 und 3 SGB V. Den Datenverkehr zwischen den Kassenärztlichen Vereinigungen, den Prüfstellen und den Krankenkassen konkretisieren die §§ 294 ff. SGB V. Zur Sicherung der Datentransparenz sind öffentliche Stellen des Bundes berufen (vgl. § 303a Abs. 1 SGB V); die jeweiligen Übermittlungsbefugnisse des Bundesversicherungsamtes, der Vertrauensstelle und der Datenaufbereitungsstelle sind in §§ 303b–303d SGB V aufgeführt. Die auch datenschutzrechtliche Kooperation mit den Pflegekassen ist Gegenstand des § 96 SGB XI.

4.7.5.2 Befugnisse nach SGB VIII

Im SGB VIII gibt es in § 68 Sonderregelungen für die Datenerhebung, Nutzung und Übermittlung im Rahmen der Amtsbeistandschaft, Amtspflegschaft, Amtsvormundschaft und Amtsgegenvormundschaft. Diese regeln ergänzend die bedeutsamen Rechte auf Kenntnis der gespeicherten Information seitens des volljährig gewordenen Pfleglings oder Mündels und im Falle der Beistandschaft des antragstellenden Elternteils.

Im Übrigen regelt § 62 SGB VIII die Datenerhebung und ergänzt die Erhebung bei Dritten für die Belange des Schutzes von Kindern und Jugendlichen nach § 8a SGB VIII und die Inobhutnahme (§ 42 SGB VIII) sowie Aufgaben des Pflegekinderdienstes und der Heimaufsicht (vgl. § 62 Abs. 3 Nr. 2 Lit. c) und d) SGB VIII). Für die Datenübermittlung zum Zweck der Erfüllung sozialer Aufgaben bringt § 63 SGB VIII eine Einschränkung: danach darf der Erfolg einer jugendhilferechtlichen Leistung dadurch nicht gefährdet werden.

Allgemein wird die Bedeutung von § 65 SGB VIII herausgestellt, der die Übermittlung anvertrauter sensibler Daten und Beratungsdaten außer bei (formularmäßiger) Einwilligung des Betroffenen nur vorsieht für

- die Fallübergabe innerhalb des Amts,
- den Wechsel der örtlichen Zuständigkeit, aber vermutlich fortdauernder Gefahr für das Wohl des Kindes oder Jugendlichen,
- den Einbezug einer (weiteren) Fachkraft bei der Gefährdungsprognose und
- die Information des Familiengerichts nach § 8a Abs. 2 SGB VIII. Dabei ist allerdings die Zusatzbedingung, dass „[…] ohne diese Mitteilung eine für die Gewährung von Leistungen notwendige gerichtliche Entscheidung nicht ermöglicht werden könnte", systematisch unrichtig, da die Familiengerichte jugendhilferechtliche Leistungen weder selbst beantragen noch die Gewährung verpflichtend anordnen können.

Für die weiteren Datengruppen bleibt die dargestellte Rechtslage aber unberührt.

Soweit § 65 Abs. 1 Nr. 5 SGB VIII die Übermittlung an die Voraussetzung knüpft, dass „eine der in § 203 Abs. 1 oder 3 des Strafgesetzbuches genannten Personen dazu befugt wäre", wird Bezug genommen auf die oben ausgeführten allgemeinen Rechtfertigungsgründe; die Bindungswirkung des § 203 StGB kann dadurch nicht verstärkt werden.

4.7.5.3 Befugnisse nach SGB IX

Da die Verträge mit Leistungserbringern nach § 21 Abs. 1 Nr. 7 SGB IX explizit die Inanspruchnahme der Jugendhilfeträger bei Hinweisen auf Gefährdung eines Kindes oder Jugendlichen vorsieht, kann die Norm auch als Übermittlungsbefugnis an die betreffende Fachkraft gelesen werden; diese ergänzt die Regelungen des SGB X. Eine weitere Übermittlungsbefugnis findet sich in § 130 Abs. 2 Satz 2 SGB IX.

4.7.5.4 Befugnisse nach SGB XI

Die Datenerhebung durch die Pflegekassen regelt dem Gegenstand nach § 94 SGB XI spezieller; für die Verbände der Pflegekassen ist § 95 SGB XI einschlägig. §§ 94 Abs. 2 S. 2, 95 Abs. 2 SGB XI bringen Übermittlungspflichten bei Ersuchen des Betreuungsgerichts; einbezogen sind auch die Befunde, die der Medizinische Dienst der Krankenversicherung an die Pflegekasse übermittelt hat. Den Datentransfer an die und von den beauftragten Sachverständigen und Prüfstellen regelt §§ 97, 97a SGB XI.

Die vielfach gegebene Multimorbidität der pflegebedürftigen Personen und die wirtschaftlichen Lasten der Pflege wie die Qualitätssicherung sind Grund für die datenrechtlichen Kooperationsbefugnisse

- mit den Krankenkassen und dem Prüfdienst des Verbandes der privaten Krankenversicherung e. V. einerseits (vgl. §§ 96, 97c SGB XI)
- mit dem Träger der Sozialhilfe und der Heimaufsicht andererseits (§ 97b SGB XI).

Darüber hinaus finden sich eine Reihe von Erhebungs- und Übermittlungsbefugnissen relevanter Daten von Pflegebedürftigen u. a. in § 7a Abs. 5 und 6 SGB XI (für Pflegeberater), § 104 Abs. 2 und 3 SGB XI (für Leistungserbringer) oder § 106a SGB XI (Mitteilungspflichten bei defizitärer Pflegesituation).

4.7.5.5 Befugnisse nach SGB XII

Mitwirkungspflichten der Betroffenen wie Dritter regelt § 117 SGB XII ausführlich. Spezielle Übermittlungsbefugnisse bestehen nach § 118 SGB XII zum Zweck der Überprüfung der Rechtmäßigkeit der Leistung (Absatz 1 Satz 1, Absatz 2 und 4); dabei werden auch erweiterte Standarddaten und leistungsbezogene Daten einbezogen. Amtliche Stellen, die über entsprechende Daten verfügen, sind zur Übermittlung verpflichtet. Übermittlungsbefugnisse bestehen auch gegenüber der Datenstelle der Rentenversicherungsträger. Für die Kooperation mit den Pflegekassen fehlt eine § 97b SGB XI entsprechende Rechtsgrundlage.

4.7.5.6 Befugnisse nach dem Gesetz über die Kooperation und Information im Kinderschutz (KKG)

§ 4 KKG vermittelt eine Befugnis bestimmter Berufsgeheimnisträger, Informationen bei Kindeswohlgefährdung weiterzugeben Die Liste der einschlägigen Berufe entspricht weitgehend dem § 203 Abs. 1 StGB. Nach Absatz 3 des § 4 KKG sind die Berufsgeheimnisträger berechtigt, über ihren verfestigten Eindruck, dass das Kind oder der Jugendliche gefährdet wird oder ist, das Jugendamt zu informieren, wenn ein Gespräch von Seiten der Erziehungsberechtigten abgelehnt wird oder diese die Inanspruchnahme von Hilfen ablehnen. Diese Befugnis besteht auch gegenüber dem Familiengericht, obwohl der Gesetzgeber dieses nicht explizit erwähnt.

 Übungsaufgaben

1. Nennen Sie die datenschutzrechtlichen Normen des SGB I und des SGB X!
2. Werden Handakten von diesen Vorschriften erfasst?
3. Gibt es auch behördeninterne Datenschutzpflichten?
4. Sind Privatpersonen zum Geheimnisschutz verpflichtet?
5. Wie werden freie Träger in die Datenschutzpflichten einbezogen?
6. Was unterscheidet die Datenverwendung von der Datenübermittlung?
7. Nennen Sie fünf Übermittlungsbefugnisse!
8. Ist man zur Ausübung eines Zeugnisverweigerungsrechts verpflichtet?
9. Muss das Wissen von einer bereits begangenen Straftat mitgeteilt werden?

5 Behinderte Menschen in Einrichtungen

5.1 Einrichtungen der Behindertenhilfe

Der Gegenstand dieses Kapitels hängt einerseits ab von der Fassung des Begriffs der Einrichtung, wobei die rechtliche Ausgestaltung je nach Art der Einrichtung und Träger der Einrichtung differiert. Andererseits ist die Auswahl betreffender Einrichtungen abhängig von der einbezogenen Klientel.

Unter Einrichtungen werden

- ambulante Dienste,
- ambulante Dienste zur Unterstützung des Wohnens,
- teilstationäre Einrichtungen sowie
- stationäre Einrichtungen verstanden.

Außerdem werden Werkstätten für Behinderte und vergleichbare Beschäftigungsstätten unter den Einrichtungsbegriff gefasst (zu diesen s. Kapitel 4.4.5).

Die ambulanten Dienste kann man in primäre und sekundäre Dienste unterteilen. Primäre Dienste (ohne Leistungen für Wohnformen) erbringen Dienstleistungen, die unmittelbar der Klientel zugutekommen.

Dazu gehören Beratungsstellen, Servicestellen, Frühförderstellen, Sozialpädiatrische Zentren, Fahrdienste. Nicht einbezogen werden die schulischen Fördermaßnahmen. Sekundäre Dienste beraten Ministerien, Ämter, Verbände und Träger.

Ambulante Dienste zur Unterstützung des Wohnens finden sich in der offenen Wohnform, in ambulanten Wohnformen und im ambulanten Wohnverbund.

Der Begriff der offenen Wohnform umschließt Dienste, die Hilfe, Pflege und Beratung in ambulanter Form leisten und deren Klientel in Privathaushalten lebt. Dazu gehören Sozialstationen, vergleichbare ambulante Dienste für Menschen mit Behinderung oder familienentlastende Dienste. Auch Selbsthilfegruppen und Nachbarschaftshilfe werden davon erfasst, diese allerdings nicht als Einrichtungen bezeichnet.

Unter ambulante Wohnformen kann die ambulant betreute Wohngemeinschaft gefasst werden, bei der in einem gemeinsamen Haushalt externe Pflegeleistungen gegen Entgelt angeboten werden, wobei die Selbstbestimmung auch in der Wahl des Pflege- und Betreuungsdienstes gewährleistet bleiben muss.

Der ambulante Wohnverbund ist eine Kombination aus Einzelwohnen und Wohngemeinschaft, bei der sich beide Formen unter einem Dach befinden. Er dient (auch) der Vorbereitung der Bewohner auf ein (unterstütztes) Einzelwohnen.

Für alle ambulanten (offenen) Wohnformen ist der örtliche Träger der Sozialhilfe als Kostenträger zuständig.

Ambulante Dienste gibt es für Menschen aller Altersstufen und Behinderungsformen. Einzelne Dienstleistungen sind jedoch Angehörigen bestimmter Altersgruppen vorbehalten, z. B. Einrichtungen der Frühförderung.

Teilstationäre Einrichtungen gibt es

- für nicht schulpflichtige Kinder (Integrationskindertagesstätten),
- für schulpflichtige Kinder (ergänzende betreuende Angebote an Förderschulen und inklusiven Schulen, Hortbetreuung für Kinder mit Behinderung) oder
- für nicht mehr schulpflichtige Jugendliche und Erwachsene (Betreuung in tagesstrukturierenden Einrichtungen, z. B. in heilpädagogischen Zentren).

Stationäre Wohneinrichtungen gibt es gleichfalls für alle Altersstufen. Sie sind in der Regel mit einer Assistenz für die Menschen mit unterschiedlichem Unterstützungs- und Förderbedarf verbunden. Bewohner stationärer Wohneinrichtungen beziehen keine Privatwohnungen oder eine eigene Häuslichkeit. Je nach Bedarfslage kann unterschieden werden zwischen

- Einrichtungen der Eingliederungshilfe für seelisch behinderte Kinder und Jugendliche,
- Einrichtungen der Eingliederungshilfe für seelisch behinderte Kinder und Jugendliche mit zusätzlichem erzieherischem Bedarf,
- Einrichtungen für junge Volljährige mit seelischen Behinderungen,
- Einrichtungen für junge Volljährige mit seelischen Behinderungen und zusätzlichem Verselbstständigungsbedarf,
- ggf. Wohneinrichtungen für junge Menschen, die Empfänger von Leistungen nach § 13 Abs. 2 SGB VIII und damit von sozialer Ausgrenzung zumindest bedroht sind (§ 13 Abs. 3 SGB VIII). Mutter-Kind-Einrichtungen oder Vater-Kind-Einrichtungen nach § 19 SGB VIII gehören hingegen auch dann nicht zu den Einrichtungen der Behindertenhilfe, wenn Elternteile behindert sind.
- Wohnstätten als Einrichtungen ohne Tagesstrukturierung, die Wohngelegenheiten für die in Werkstätten für behinderte Menschen oder vergleichbaren Projekten beschäftigten Menschen bieten,
- Wohneinrichtungen mit interner und externer Tagesstrukturierung für Erwachsene mit körperlichen und Mehrfachbehinderungen,
- Wohneinrichtungen mit interner und externer Tagesstrukturierung für Erwachsene mit geistiger oder seelischer Behinderung und Mehrfachbehinderungen,

- Wohneinrichtungen für Erwachsene mit erworbenen Hirnschädigungen für Langzeitrehabilitation,
- Wohneinrichtungen mit familienähnlichen Wohngruppen,
- Wohneinrichtungen mit integrierter Beschäftigung oder vergleichbarer Förderung der Bewohner,
- Wohneinrichtungen für Menschen mit Pflegebedarf für Teile des Tages (Tages- oder Nachtpflege) oder als stationäre Einrichtung bei Begrenzung der Belegung auf maximal drei Monate (Kurzzeitpflegeeinrichtungen),
- Wohneinrichtungen für Menschen mit ganztätigem Pflegebedarf (stationäre Pflegeeinrichtungen) sowie
- Hospize für Schwerstkranke und sterbende Kinder, Jugendliche oder Volljährige.

Zu den stationären Einrichtungen gehören auch Außenwohngruppen und heimverbundene Hausgemeinschaften. Bei ihnen werden Pflege- und Betreuungsleistungen vom Heimträger organisiert und gesteuert. Nicht einbezogen werden Bildungsstätten mit Wohnangeboten (Internate, Lehrlingswohnheime).

Die Einrichtungen unterscheiden sich hinsichtlich des Profils, der konzeptionellen Ausrichtung und der qualitativen Ausstattung nicht unerheblich.

Von den Heimen im engeren Sinne sind die betreuten Wohnformen zu unterscheiden. Sie gewährleisten in größerem Umfang selbstbestimmtes Leben mit eigenem Hausrecht und zeichnen sich durch meist ambulante soziale Dienstleistungen aus, die die Bewohner i. d. R. selbst auswählen können. Sie werden nur unter bestimmten Voraussetzungen vom Heimrecht erfasst (s. Kapitel 5.2.1). Zu den betreuten Wohnformen gehören auch:

- altersgemischte und
- inklusive Formen (ambulante Wohngruppen für dementiell erkrankte oder geistig behinderte Menschen). Sie können eine Mischform zwischen Heim und betreuter Wohnform bilden.

Gemeinsamkeiten mit dem betreuten Wohnen weisen Altenwohnheime auf.

Zu sonstigen Wohnformen zählen auch Trainingswohngruppen, Servicehäuser, Seniorenresidenzen, Feierabendheime sowie Wohnstifte.

5.1.1 Wichtige ambulante Dienste

Je nach Trägerschaft kann man von der öffentlichen Hand getragene Dienste und Dienste freier Träger unterscheiden. Diese müssen jedoch den öffentlichen Einrichtungen in der Angebotsstruktur weitgehend entsprechen, um eine Finanzierung im sozialrechtlichen Dreiecksverhältnis zu erreichen (s. o. Kapitel 4.1.4).

5.1.1.1 Ambulante Dienste nach SGB V

Prüfungs- und Beratungspflichten hat der Medizinische Dienst der Krankenversicherungen (MDK, §§ 275 ff. SGB V). Dieser berät u. a. bei der Einleitung von Maßnahmen der Teilhabe, insbesondere zur Koordinierung der Leistungen der Rehabilitationsträger. Zudem obliegt ihm eine Prüfpflicht, sofern Versicherte auffällig häufig oder häufig nur für kurze Zeit arbeitsunfähig sind, ggf. auch unter Einbeziehung der die entsprechenden Bescheinigungen ausstellenden Ärzte. Mitteilungspflichten gegenüber den Kassen und den Leistungserbringern sind in § 277 SGB V geregelt.

Die Beratung der Versicherten durch die behandelnden Ärzte ist unverzichtbarer Bestandteil sowohl der Prävention als auch der ärztlichen Untersuchung. Sie stellt eine notwendige Voraussetzung der Behandlung oder eines ärztlichen Eingriffs dar und ist damit Gegenstand des zivilrechtlichen (Behandlungs)Vertrags mit dem Arzt bzw. mit der behandelnden Einrichtung (§ 630c Abs. 2 BGB).

5.1.1.2 Ambulante Dienste nach SGB VIII

Alle jugendhilferechtlichen Leistungen umfassen Beratungselemente oder beschränken sich auf die Beratung der Klientel. Für Kinder und Jugendliche mit seelischer Behinderung ohne zusätzlichen erzieherischen Bedarf (bei Suchtmittelabhängigkeit, Essstörungen, Autismus, ADHS, Legasthenie und Dyskalkulie) ist Rechtsgrundlage § 35a Abs. 2 Nr. 1 SGB VIII. Zuständig sind die Allgemeinen Sozialen Dienste der Jugendämter. Diese gewähren die entsprechenden therapeutischen Leistungen, die von Therapeuten als Dritten erbracht werden, und beraten die Sorgeberechtigten in Hinsicht auf die Beantragung der Leistung für den leistungsberechtigten Minderjährigen, die Auswahl der Hilfe und ihre Umsetzung.

Besteht zusätzlich ein erzieherischer Bedarf, kann die notwendige Beratung über §§ 27 Abs. 2, 28 SGB VIII gewährleistet werden. Damit sind meist frei getragene Erziehungsberatungsstellen betraut. Familientherapeutische Leistungen auf Grundlage des § 27 Abs. 3 SGB VIII werden von Familientherapeuten angeboten. Wird eine sozialpädagogische Familienhilfe gewährt, übernimmt die Beratung zumeist der eingesetzte Sozialarbeiter.

5.1.1.3 Ambulante Dienste nach SGB IX

Unabhängig von der Behinderungsform wird Kindern, die noch nicht schulpflichtig sind, Frühförderung ermöglicht; diese beinhaltet für schwer mehrfach behinderte Kinder auch Leistungen zur Teilhabe (§ 56 SGB IX). Sie steht entweder unter ärztlicher Verantwortung und ergänzt dann das Leistungsspektrum des SGB V, oder erfolgt in Verantwortung der Jugendämter, dort der Allgemeinen Sozialen Dienste (vgl. § 10 Abs. 4 SGB VIII, § 30 Abs. 2 SGB IX). Zur Leistung gehört auch die Beratung der Sorge- und Erziehungsberechtigten (§ 30 Abs. 2 SGB IX, §§ 5 Abs. 2, 6 FrühV, vgl. Kapitel 4.4.2.3.1). Ab dem Schulalter richtet sich die Zuständigkeit nach der Behinderungsform und dem konkreten Eingliederungshilfebedarf. Dabei können unterschiedliche Rehabilitationsträger zuständig sein (vgl. § 6 SGB IX; dazu Kapitel 4.4.2.2). Die Zuständigkeiten unterscheiden sich teilweise nach der Ursache der Behinderung und nach Behinderungsform sowie dem Lebensalter des Leistungsberechtigten. Sind Leistungen verschiedener Leistungsgruppen oder mehrerer Rehabilitationsträger erforderlich, ist der nach § 14 SGB IX zuständige Leistungsträger in der Pflicht die Koordination zu sichern (§ 10 Abs. 1 SGB IX). Die Umsetzung erfolgt durch die fachbezogenen Rehabilitationsdienste (§ 19

5.1 Einrichtungen der Behindertenhilfe

Abs. 1 und 4 SGB IX). Unterstützung erhalten die Leistungsberechtigten von den Gemeinsamen Servicestellen (nach §§ 22 ff. SGB IX). Flankierende Beratung und Hinweispflichten haben auch die in § 61 SGB IX genannten Stellen durchzuführen.

Sekundäre Dienste, nämlich Beratung und Unterstützung der Fachministerien, Träger von Einrichtungen und Diensten, leistet der Beirat für die Teilhabe behinderter Menschen (vgl. § 64 SGB IX) und der Beratende Ausschuss für behinderte Menschen bei den Integrationsämtern (vgl. § 103 SGB X); einen solchen gibt es auch bei der Bundesagentur für Arbeit (vgl. § 104 SGB IX).

5.1.1.4 Ambulante Dienste nach SGB XI

Im Pflegeversicherungsrecht wird die Beratung durch die Pflegekassen, hier v. a. durch die Pflegeberater nach § 7a SGB XI, und innerhalb der Pflegestützpunkte (§ 92c SGB XI) durchgeführt (Kapitel 4.5.3).

5.1.1.5 Ambulante Dienste nach SGB XII

Für Minderjährige und junge Volljährigen stehen im SGB XII die Bedarfe für Bildung und Teilhabe nach §§ 34, 34a SGB XII im Vordergrund. Daneben kommen Leistungen der ambulanten Eingliederungshilfe nach § 54 SGB XII in Betracht. Voraussetzung ist die Zugehörigkeit zum Personenkreis der wesentlich behinderten oder von einer wesentlichen Behinderung bedrohten Menschen. Zuständig für Beratungen sind die örtlichen Sozialhilfeträger. Vorgesehen ist zwar die Anhörung sozial erfahrener Dritter (vgl. § 116 Abs. 1 SGB XII), institutionalisierte ambulante Dienste kennt das Gesetz hingegen nicht.

Auch für die ambulanten Wohnformen ist nicht der überörtliche, sondern der örtliche Träger der Sozialhilfe zuständig (vgl. § 98 Abs. 5 SGB XII).

5.1.2 Teilstationäre und stationäre Einrichtungen

Teilstationäre Leistungen werden für nicht schulpflichtige Kinder in Integrationskindertagesstätten erbracht. Diese stehen entweder in öffentlicher Hand oder werden von freien Trägern der Jugendhilfe oder von frei gemeinnützigen oder gewerblich tätigen Gesellschaften und Einzelpersonen vorgehalten. Um Letztere in die Leistungserbringung seitens der öffentlichen Hand einzubeziehen, ist i. d. R. die Anerkennung als Jugendhilfeträger und damit die Rechtsform als eingetragener Verein oder gemeinnützige GmbH (gGmbH) Voraussetzung. Horte als ergänzende Leistungen der Betreuung und Förderung von Schulkindern können – je nach Bundesland – an Kindertagesstätten angegliedert sein oder rechtlich selbstständige oder auch rechtlich unselbstständige Untergliederungen von Einrichtungen, auch Schulen darstellen. Sie nehmen Kinder bis zum Ende der vierjährigen, teilweise auch sechsjährigen Grundschulzeit auf. Es gibt auch hortähnliche Nachmittagsbetreuung für Schüler von Förderschulen. Verlässliche Grundschulen stellen hingegen auch für die Betreuungszeiten keine Einrichtungen der Behindertenhilfe dar.

Schulergänzende oder lediglich tagesstrukturierende teilstationäre Angebote gibt es darüber hinaus auf der Grundlage des § 35a Abs. 2 Nr. 2 2. Alt. SGB VIII; sie werden für Menschen mit seelischer Behinderung vom Träger der Jugendhilfe längstens bis zur Vollendung des 27. Lebensjahres gewährt (vgl. Kap. 4.3.3.1.2); für Kinder und Jugendliche mit körperlicher oder geistiger Behinderung und für Erwachsene unabhängig von der Form der Behinderung vom Träger der Sozialhilfe.

Stationäre Einrichtungen finden sich

- auf jugendhilferechtlicher,
- sozialhilferechtlicher oder
- pflegeversicherungsrechtlicher Grundlage.

Das Angebotsspektrum ist breit und auf unterschiedlichste Gruppen von Leistungsberechtigten zugeschnitten. Die Einrichtungen der Behindertenhilfe betonen ihre Ausrichtung auf die Förderung der verbliebenen Fähigkeiten, statt auf die Pflegebedürftigkeit und Betreuungsbedürftigkeit der Bewohner abzustellen. Einige stationäre Einrichtungen gehen dazu über, sich in Wohngruppen als überschaubaren Wohneinheiten zu organisieren. Sie nehmen damit den Wunsch der Bewohner nach Privatheit auf und richten den Tagesablauf einschließlich des Schlaf- und Wachrhythmus' nach den Wünschen und Bedürfnissen der Bewohner. Freiheitsentziehende Maßnahmen sollen ausschließlich zur Gewährleistung der gesundheitlichen Belange und zur Verhinderung von Selbstschädigungen des Betroffenen zulässig sein und sind richterlich genehmigungsbedürftig; sie sind nie zur Absicherung des reibungsfreien organisatorischen Ablaufs zulässig.

Trotz Nachfragedifferenzierung und Angebotsspezialisierung gilt nach wie vor, dass Freizügigkeit und soziale Bewegungsfreiheit bei Heimaufenthalten stärker tangiert sind als in anderen Formen unterstützten Lebens. Beklagt wird, dass oft mit den Bedürfnissen der Bewohner in Heimen schematisch umgegangen werde und deren Selbstbild und die Selbstwahrnehmung durch die Umgangsweise in der Einrichtung und die Beschränkung der sozialen Kontakte beeinträchtigt werden.[84]

Soweit die Einrichtungen nicht in öffentlicher Hand stehen, kommen als anerkannt geltende Träger der Jugendhilfe, Träger der Behindertenhilfe und Träger stationärer Pflegeeinrichtungen in Betracht. Diese sind, wie Träger von teilstationären Einrichtungen, i. d. R. in der Rechtsform eines eingetragenen Vereins oder einer gGmbH organisiert. Persönlich haftende Personen und BGB-Gesellschaften sind eher sehr selten anzutreffen. Inhalt der Belegungs- oder Versorgungsverträge sind Leistungsvereinbarungen (z. B. §§ 78a ff. SGB VIII, § 72 SGB XI, § 76 SGB XII). Dazu gehören auch Vorgaben hinsichtlich der sächlichen und personellen Ausstattung und der Qualifikation des Personals sowie der betriebsnotwendigen Anlagen der Einrichtung, Entgelt- oder Vergütungsvereinbarungen und Qualitätsentwicklungsvereinbarungen. Zur Erhöhung der Transparenz gibt es externe Prüfungen. Deren Ergebnisse müssen veröffentlicht werden (s. Kapitel 5.2.3).

---

[84] Vgl. Rechtsgutachten Prof. Dr. Höfling im Auftrag des Bundesministerium für Familie, Senioren, Frauen und Jugend 2004, S. 9 f.

5.2 Heimrecht

Heime sind stationäre Einrichtungen, in denen Menschen mit Behinderungen und/oder Pflegebedarf wohnen, betreut und versorgt werden. Ob eine stationäre Einrichtung als „Heim" bezeichnet wird, bestimmt sich nach der jeweiligen Heimgesetzgebung des Bundes oder der Länder. Seit der Föderalismusreform 2006 haben die Bundesländer die Gesetzgebungskompetenz für den ordnungsrechtlichen Teil des Heimrechts, während der Bund die Gesetzgebungskompetenz für die zivilrechtlichen Vorschriften behalten hat.

Mittlerweile haben fast alle Bundesländer – bis auf Thüringen – eigene Landesheimgesetze; in Thüringen gilt noch das Heimgesetz des Bundes (HeimG). Der Bund ist seiner zivilrechtlichen Gesetzgebungskompetenz mit dem Erlass des Wohn- und Betreuungsvertragsgesetzes (WBVG) nachgekommen.

Ob jemand in einer stationären Einrichtung wohnt, die dem Heimrecht unterfällt oder in einer ambulanten Wohnform, hat verschiedene leistungsrechtliche Konsequenzen, v. a. in Bezug auf Pflegeleistungen oder die Kostenbeteiligung im Rahmen der Unterbringung.

5.2.1 Begriffsbestimmung Heim

Nach § 1 HeimG sind Heime Einrichtungen, die dem Zweck dienen, ältere oder pflegebedürftige Menschen oder pflegebedürftige oder behinderte Volljährige aufzunehmen, ihnen Wohnraum zu überlassen sowie Betreuung und Pflege sicherzustellen oder vorzuhalten. Sie sind in ihrem Bestand von Wechsel und Zahl der Bewohner unabhängig und werden entgeltlich betrieben. Heime sind deshalb zunächst vollstationäre Einrichtungen. Allerdings erstreckt sich das HeimG auch auf Teile von Einrichtungen zur Rehabilitation (§ 1 Abs. 6 S. 2 HeimG), teilstationäre Einrichtungen (§ 1 Abs. 5 HeimG), Einrichtungen, die der vorübergehenden Aufnahme (für einen Zeitraum bis zu drei Monaten, § 1 Abs. 4 HeimG) dienen oder Hospize (§ 1 Abs. 3 HeimG). Ob eine Einrichtung ein Heim ist, hängt letztlich von der Anlage und Ausstattung der Einrichtung, der Bewohnerstruktur sowie dem Inhalt der zwischen Bewohnern und Träger abgeschlossenen Verträge ab, die die notwendigen Leistungs- und Vorhaltungszusagen beinhalten. Auch Einrichtungen des betreuten Wohnens können Heime i. S. d. HeimG sein, wenn sie für bestimmte Personengruppen (ältere, pflegebedürftige oder behinderte volljährige Menschen) eingerichtet sind, denen begleitende Betreuungs- und Verpflegungsleistungen gewährt oder zur Verfügung gestellt werden. Entscheidend ist der Einzelfall; mitentscheidend ist der Schutzgedanke, der hinter den heimrechtlichen Regelungen steht. Menschen in solchen stationären Einrichtungen bedürfen eines besonderen Schutzes, weil sie sich mehr oder weniger weitgehend in einem Abhängigkeitsverhältnis vom Einrichtungsträger befinden.

Der Anwendungsbereich der Landesheimgesetze[85] unterscheidet sich teilweise deutlich voneinander. Insbesondere fallen immer mehr die sog. „neuen Wohnformen" unter die Vorschriften.

---

[85] Einen guten Überblick über alle Landesheimgesetze findet man unter http://www.biva.de/index.php?id=639, jeweils mit dem Datum des Inkrafttretens.

5.2.2 Rechte der Bewohnerinnen und Bewohner von Heimen

Das HeimG und die landesrechtlichen Vorschriften beinhalten zunächst umfangreiche Leistungs- und Informationspflichten der Einrichtungsträger gegenüber den Bewohnern.

Beispiel

➲ So sind nach dem Berliner Wohn- und Teilhabegesetz die Einrichtungsträger zur Transparenz verpflichtet (§ 6), indem sie ihr Leistungsangebot nach Art, Inhalt, Umfang und Preis Interessenten zugänglich zu machen haben; sie müssen auf Beschwerdemöglichkeiten hinweisen und die Qualitätsprüfberichte aushängen. Darüber hinaus haben sie den Bewohnern ein Mitspracherecht bei der Gestaltung der Räumlichkeiten und ein Einsichtsrecht in die sie jeweils betreffenden Akten und Dokumentationen zu gewähren (§ 7). Der Träger hat ein Beschwerdemanagement aufzubauen (§ 8) und die Teilhabe am Leben in der Gesellschaft sicherzustellen (§ 10).

Darüber hinaus haben die Bewohner Mitwirkungsrechte, die sie i. d. R. durch ein eigenes Organ (z. B. Heimbeirat, Bewohnervertretung, Bewohnerbeirat oder Einrichtungsbeirat) wahrnehmen. Dieses Organ vertritt ihre Interessen gegenüber der Einrichtung und kann bei Angelegenheiten des Heimbetriebs bzw. der entsprechenden Einrichtung mitwirken, auch ggf. unter Hinzuziehung von fach- und sachkundigen Personen des Vertrauens.

In vollstationären Einrichtungen der Behindertenhilfe sind teilweise noch Angehörigen- oder Betreuerbeiräte vorgesehen, die die Leitung und den Heimbeirat bei ihrer Arbeit beraten und durch Vorschläge und Stellungnahmen unterstützen (z. B. in § 5 Abs. 1 S. 2 Landesheimgesetz Baden-Württemberg).

5.2.3 Qualitätssicherung

Die Einhaltung der Vorschriften der Landesheimgesetze wird durch die zuständigen Behörden (Heimaufsicht) überwacht. Dafür werden i. d. R. unangemeldete Prüfungen grundsätzlich einmal jährlich durchgeführt. Diese Prüfungen der Landesbehörden sind unabhängig von den Qualitätskontrollen, die nach den §§ 114 ff. SGB XI durch den MDK durchgeführt werden; beide Aufsichtsbehörden sollen allerdings zusammenarbeiten. Bei den Qualitätskontrollen des MDK bzw. des Prüfdienstes der Privaten Krankenversicherung oder von den Pflegekassen beauftragter Sachverständiger werden die Ergebnisse nach § 115 Abs. 1a SGB XI für pflegebedürftige Menschen und ihre Angehörigen verständlich, übersichtlich und vergleichbar sowohl im Internet als auch in anderer geeigneter Weise kostenfrei veröffentlicht (sog. Pflege-TÜV). Auf diese Weise soll den Betroffenen die Entscheidung für eine Einrichtung anhand objektiver Kriterien ermöglicht und ihnen die Auswahl der geeigneten Einrichtung erleichtert werden. Die Einzelheiten regeln die Pflege-Transparenzvereinbarungen für den stationären (PTVS) bzw. für den ambulanten (PVTA) Bereich. Die Beurteilung erfolgt nach 64 Einzelkriterien; jedes Kriterium wird mit einer Note beurteilt, die dem Schulnotensystem nachempfunden ist. Aus dem Durchschnitt aller Noten ergibt sich die Gesamtnote.

5.2.4 Leistungen in Heimen

Welche Leistungen in Heimen erbracht werden, ist abhängig davon, ob es sich um eine stationäre Pflegeeinrichtung nach dem SGB XI oder um eine stationäre Einrichtung der Behindertenhilfe handelt (dazu Kapitel 4.5.3.3.2).

Menschen mit Behinderungen erhalten auch in stationären Einrichtungen Eingliederungshilfen, wenn sie die Voraussetzungen der §§ 53 ff. SGB XII erfüllen. Dazu gehören auch Leistungen zur Teilhabe am Leben in der Gemeinschaft, z. B. durch die Inanspruchnahme eines Fahrdienstes, wenn die Benutzung öffentlicher Verkehrsmittel aufgrund der Beeinträchtigung nicht möglich ist. Zu den Pflegeleistungen s. Kapitel 4.5.3.3.

In stationären Pflegeeinrichtungen sind die Leistungen der medizinischen Behandlungspflege Teil der Pflege und deshalb in der Leistungsverantwortung der Pflegeversicherung. Da für die Pflegeleistungen allerdings nur ein Pauschalbeitrag geleistet wird, sind Zuzahlungen der Bewohner häufig notwendig, was v. a. bei umfangreichen Behandlungspflegemaßnahmen zu sehr hohen finanziellen Belastungen führt. Lediglich bei einem erheblich hohen Bedarf an medizinischer Behandlungspflege (z. B. Dauerbeatmung, Palliativpflege) übernimmt die Krankenkasse ausnahmsweise diese Leistungen. Dies führt im Einzelfall zu Ungerechtigkeiten gegenüber Pflegebedürftigen, die ambulant versorgt werden; denn dort übernimmt die Krankenkasse die medizinische Behandlungspflege vollständig und bedarfsdeckend.

5.2.5 Zivilrechtliche Grundlagen der Versorgung in Heimen

Mit dem WBVG wurden auf Bundesebene die zivilvertragsrechtlichen Grundlagen für den Aufenthalt in stationären Einrichtungen, Heimen u. Ä. geregelt. Das Gesetz löst die bisher bestehenden Regelungen des HeimG ab und reagiert damit auf geänderte Betreuungssituationen und neue Wohnformen, die – auch wenn sie nicht mehr als Heim bezeichnet werden – die Bewohner in eine strukturelle Abhängigkeit zum Träger bringen. Ziel ist der Schutz der Betroffenen im Rahmen des zivilrechtlichen Vertragsschlusses. Das Gesetz ist auf Verträge zwischen einem Unternehmer (i. d. R. der Einrichtungsträger) und einem volljährigem Verbraucher (i. d. R. der Mensch mit Behinderung und/oder Pflegebedarf) anzuwenden, wenn dieser Vertrag mit der Überlassung von Wohnraum und der Erbringung von Pflege- und Betreuungsleistungen, die der Bewältigung eines durch Alter, Pflegebedürftigkeit oder Behinderung bedingten Hilfebedarfs dienen, verbunden ist (§ 1 Abs. 1 S. 1 WBVG). Es wird auch angewendet, wenn diese Leistungen zwar Gegenstand verschiedener Verträge sind, allerdings die Wohnraumüberlassung von der Inanspruchnahme dieser Leistungen abhängt.

Das Gesetz begründet verschiedene Pflichten des Unternehmers (z. B. Informationspflichten vor Vertragsschluss) und regelt die Form und die zulässigen Inhalte des Vertrages). Die gegenseitigen Leistungspflichten finden sich in § 7 WBVG; die Rechtsfolgen bei Nicht- oder Schlechtleistung in § 10 WBVG.

6 Anhang

6.1 Literaturverzeichnis

Baltzer, Peter/Reisnecker, Manfred, Vorsorgen mit Sorgenkindern 2012

Bieritz-Harder, Renate/ Conradis, Wolfgang/ Thie, Stephan, Lehr- und Praxiskommentar SGB XII, 9. Auflage 2012

Dau, Dirk H./ Düwell, Franz/ Joussen, Jacob, Lehr- und Praxiskommentar SGB IX, 4. Auflage 2014

Deinert, Olaf/ Welti, Felix, StichwortKommentar Behindertenrecht, erscheint 2014

Falterbaum, Johannes, Rechtliche Grundlagen Sozialer Arbeit – Eine praxisorientierte Einführung, 2. Auflage 2007

Fasselt, Ursula/ Schellhorn, Helmut, Handbuch Sozialrechtsberatung, 4. Auflage 2012

Hauck Sozialgesetzbuch SGB VIII Loseblatt Stand Januar 2014

Hoenig, Ragnar/ Kuhn-Zuber, Gabriele, Recht der Grundsicherung, Beratungshandbuch SGB II 2012

Institut für Sozialarbeit und Sozialpädagogik e. V., Die Bücher des Sozialgesetzbuches – Einführung für die Soziale Arbeit, 2011

Kampmeier, Anke/ Kraehmer, Stefanie/ Schmidt, Stefan (Hrsg.), Das Persönliche Budget. Selbständige Lebensführung von Menschen mit Behinderungen, 2014

Kievel, Winfried/ Knösel, Peter/ Marx, Ansgar, Recht für soziale Berufe, 6. Auflage 2010

Klie, Thomas/Krahmer, Utz/ Plantholz, Markus, LPK-SGB XI, 4. Auflage 2013

Kuhn-Zuber, Gabriele, Ratgeber für Menschen mit Pflegebedarf und ihre Angehörigen, BAG Selbsthilfe 2012

Lachwitz, Klaus/ Schellhorn, Walter/ Welti Felix, Handkommentar zum Sozialgesetzbuch IX, 3. Auflage 2010

Maydell, Bernd Baron von/Ruland, Franz, Sozialrechtshandbuch, 5. Auflage 2012

Möller, Hans-Jürgen/Laux, Gerd/Deister, Arno, Psychiatrie und Psychotherapie, 4. Auflage 2009

Münder, Johannes, Lehr- und Praxiskommentar SGB II, 4. Auflage 2011

Schneck, Gotthard, Rechtskunde Heilerziehungspflege, 6. Auflage 2009

Trenczek, Thomas/ Tammen, Britta/ Behlert, Wolfgang, Grundzüge des Rechts, Studienbuch für soziale Berufe, 3. Auflage 2011

6.2 Stichwortverzeichnis

A

Abstammungsuntersuchung 73
Adoptionspflege 76
Adoptionsvermittlung 207
Allgemeines Gleichbehandlungsgesetz 51
Ambulant betreuten Wohngruppen 282
Ambulante Dienste 331 ff.
Antrag 140
 auf Jugendhilferechtliche Leistungen 189
 Klage 160
 Pflegeversicherung 275
 Widerspruch 158
Aufsichtspflicht 112 ff.
 Garant 112
 Maß der 116
 Übertragung 118
Ausland 41

B

Barrierefreiheit 48
Bedarfsgemeinschaft 305
Begutachtungsrichtlinien 272
Behandlungspflege 273, 288, 337
Behindertengleichstellungsgesetz 47
Behindertenrechtskonvention 43 ff.
Behinderungsbegriff 47, 215
 Behindertenrechtskonvention 43
 BGG 47
 SGB IX 215
Beistandschaft 63, 65, 91, 204, 325
Benachteiligungsverbot 34
 AGG 51
 Beschäftigung und Beruf 52
 BGG 48
 EU-Recht 38
 SGB IX 213 f.
 Zivilrechtsverkehr 54
Beratung 175
 sozialrechtlichen Herstellungsanspruch 176
Beratungshilfe 166 ff.
Betreuung 92
 Aufgabenkreisen 101 ff.
 Aufhebung der Betreuung 107 f.
 Aufwendungsersatz, Aufwandsentschädigung 109 f.
 Auswahl des Betreuers 98 f.
 Haftung 108 f.
 medizinische Voraussetzungen 92 f.
 rechtliche Voraussetzungen 92 f.
 Sachverständigengutachtens 97 f.
 Verfahrensfähigkeit des Betroffenen 64, 96
 Vergütung 110
 Vorführung 96
 Zwangsbehandlung 103
Betreuungsbehörde 99, 107, 110 f.
Betreuungsleistungen 277 ff.
Betreuungsverein 99, 110
Budgetassistenz 251

E

eingeschränkte Alltagskompetenz 284 f.
Eingliederungshilfe 245 ff.
Eingliederungsvereinbarung 308
Einkommen und Vermögen
 195, 294, 303, 305, 306, 309
 Grundsicherung für Arbeitsuchende 309 ff.
 Grundsicherung im Alter und bei Erwerbsminderung 303
 Hilfe zur Pflege 294
Einstweiliger Rechtsschutz 164
Einwilligung 61, 62, 64, 65, 66, 67, 68, 73, 75, 76
 94, 95, 101, 102, 103, 108, 192, 315,
 318, 321, 324, 325
Einwilligungsfähigkeit 64, 101, 103
Einwilligungsvorbehalt 105 f., 130
Elterliche Sorge 69, 71 f., 76 f., 78 ff.
 Auskunftsanspruch 72, 79
 Fürsorge- und Beistand 79
 Personensorge 78 f., 83, 115, 204
 Vermögenssorge 79, 80, 89, 94, 101, 103, 104
Erbfolge 121 ff., 127 ff.
 Abkömmlinge 70, 122, 123, 124, 126
 Ausschlagung 126
 Ehegatte als gesetzlicher Erbe 123, 125
 Gesetzliche Erben 122 ff.
 Gewillkürte Erbfolge 127
 Lebenspartner als gesetzlicher Erbe 125
 Pflichtteil 121, 125 f.
 Zugewinngemeinschaft 124
Erbvertrag 127, 130 f.
Ergänzungspflegschaft 31, 69, 75, 80 f., 86 f.
Ermessen 24, 25, 26, 27, 41, 175
Erstattung selbst beschaffter Leistungen 218
Erwerbsfähigkeit 265, 300, 301, 304
Erwerbsminderung 216, 302
Europäischen Sozialcharta 46

F

Flugreisende 39
Förder- oder Betreuungsgruppen 263
Frühe Hilfen 203
Früherkennung und Frühförderung 227 f.

G

Gebärdensprache 49
Gefährdungsprognose 208 ff.
 des Jugendamtes 208
 Gefährdungsprognose nach dem KKG 210

341

6 Anhang

Geldleistungen *39*
Gemeinsame Servicestellen *216*
Genehmigung *66, 67, 68, 101, 102, 103, 104, 105, 107, 108, 126, 130, 131, 132, 143, 145, 148, 192, 202, 318, 321*
Genehmigung des Betreuungsgerichts *66, 101 f.*
Genehmigung des Familiengerichts *66, 130*
Geschäftsunfähigkeit *60 f., 64 f.*
   Altersbedingte *64 f., 273*
   Krankheit und Behinderung *60, 78, 87, 95 f., 113*
   situative Einschränkungen *60*
Gleichbehandlung *30*
Grad der Behinderung *216, 256 ff.*
Grundrechte *28, 32 ff.*
Grundsicherung *40, 297 ff.*
   Abgrenzung *298*
   Arbeitssuchende *304*
   Grundsicherung im Alter und bei Erwerbsminderung *301*
Grundsicherung für Arbeitssuchende *304*
   Anspruchsberechtigung *304*
   Leistungen zur Eingliederung in Arbeit *306*
   Leistungen zur Sicherung des Lebensunterhalts *308*
   Sanktionen *311*
Grundsicherung im Alter und bei Erwerbsminderung *301*
   Anspruchsberechtigung *301*
   Leistungen *302*

H

Härtefall *273*
häuslichen Betreuung *279*
Heilpädagogische Leistungen *243*
heilpädagogische Sonderpflegestelle *199*
heilpädagogische Tagesgruppe *193*
Heim *335 ff.*
   Begriff *335*
   Leistungen *337*
   Leistungs- und Informationspflichten *336*
   Qualitätssicherung *336*
   Wohn- und Betreuungsvertragsgesetzes *335*
Heimpflegebedürftigkeit *288*
Hilfeart *189, 201*
Hilfeform *27, 189, 190, 192, 194, 195, 196, 198, 201*
Hilfen zur Erziehung *195 ff.*
Hilfeplan *201*
Hilfe zur Pflege *291 ff.*
   Anspruchsberechtigung *291*
   Leistungen *292 ff.*
Hilfsmittel *231 ff.*
   gesetzliche Krankenversicherung *233*
   Hilfsmittelverzeichnis *233*
   Pflegehilfsmittel *283*

I

Inklusion *44*
Inobhutnahme *210 ff.*
Integrationsfachdienst *260*
Integrationsprojekt *261*

J

juristische Person *18*
   des öffentlichen Rechts *137 f.*

K

Klage *160 ff.*
   Antrag *160*
   Frist *160*
   Klageart *161*
   Untätigkeitsklage *154*
   Verfahrensgrundsätze *162*
Komplexleistungen *227 f.*
   heilpädagogischen Leistungen *244*
   Kinder- und Jugendhilfe *190*
Kosten der Unterkunft und Heizung *300, 302*
Kostenerstattung *218, 283, 285*
Kraftfahrzeughilfe *236*

L

Leistungen zur Teilhabe *222*
Leistungen zur Teilhabe am Arbeitsleben *235*
Leistungen zur Teilhabe am Leben in der Gemeinschaft *240*

M

Medizinische Rehabilitation *226*
Mehrbedarfe *299*
Mutter *70*

N

Natürliche Person *18, 88, 99, 177*
Natürlicher Wille *61 f., 103*
Normenhierarchie *14 f.*

O

Objektives Recht *13*
Öffentliches Recht *16*
Öffentliche Verwaltung *137 ff.*
   Handlungsformen *141*
   Träger *137*
   Zuständigkeiten *140*
öffentlich-rechtlicher Vertrag *148*

P

Patientenverfügung *99, 102*
persönliches Budget *192, 248 ff.*
   Kinder- und Jugendhilfe *192*
   Pflege *250, 277*
   trägerübergreifend *252*
Pflege
   häusliche *278 ff.*
   Kurzzeitpflege *287*
   teilstationäre *286*
   vollstationäre *288*
   vollstationäre Einrichtungen der Behindertenhilfe *289*
Pflegebedürftigkeit *271 ff., 291 f.*
Pflegeberatung *277*
Pflegegeld *280*
Pflegekurse *290*
Pflegepersonen *290, 293*
Pflegesachleistung *279*
Pflegestufe *272*
Pflegeversicherung *266 ff.*
   Grundsätze *267*
   Qualitätssicherung *267, 336*
   Rehabilitation *174, 267*
   Versicherungspflicht *270*
Privatrecht *16*
Prozesskostenhilfe *168*

R

rechtliche Handlungsfähigkeit *59, 189, 192*
Rechtsfähigkeit *18, 22, 52, 59 f.*
Rechtsgeschäfte des täglichen Lebens *61*
Rechtsnormen *19 ff.*
Rechtsstaat *29*
Rechtssubjekte *18*
Regelbedarf *298*
Rehabilitationsträger *223*
Rentenversicherung für Pflegepersonen *290*
Ruhen des Sorgerechts *76, 78, 81, 83*

S

Sachleistungen *174 f.*
   EU-Recht *40*
   Pflegeversicherung *278 f.*
   Sachleistungsaushilfe *40*
   Teilhabe *219*
   Teilhabe im Ausland *41*
sachliche Zuständigkeit des Jugendamtes *182 ff.*
   Mitwirkung in familienrechtlichen Verfahren *208, 322*
Samenspende *72*
Schulsozialarbeit *206*
Schwerbehinderung *256 ff.*
   Ausweis *256*
   Begriff *216, 256*
   Eingliederung in das Arbeitsleben *260*

Gleichstellung *256*
Grad der Behinderung *216, 256*
Merkzeichen *258*
Nachteilsausgleich *259 ff.*
unentgeltliche Beförderung *259*
Sorgeerklärung *78, 203*
Sorgerechtsentzug *31, 71, 78, 82, 86 f., 323*
Sozialdatenschutz *173, 314 ff.*
   Beratungsdaten *315, 319, 320, 324 f.*
   Datenerhebung *316*
   Geheimhaltungspflicht *320 ff.*
   Sozialdaten *314*
   Übermittlungsbefugnis *324 ff.*
   Übermittlungspflicht *319*
Sozialgeld *297, 309*
Sozialleistungen *174*
Sozialnormen *15*
Sozialrechtlichen Dreiecksverhältnis *177*
Sozialrechtlichen Herstellungsanspruch *176*
Sozialstaat *31*
Sozialversicherung *179 ff.*
Subjektives Recht *13*
Subsidiaritätsprinzip *176*

T

Tageseinrichtung für Kinder *115, 145, 186, 193, 202*
Tagespflege *199, 202*
Teilhabeleistungen *222 ff., 247*
   Begriff *222*
   berufliche Rehabilitation
     s. Leistung zur Teilhabe am Arbeitsleben
   medizinische Rehabilitation *226*
   soziale Rehabilitation
     s. Leistung zur Teilhabe am Leben in der Gemeinschaft
   Unterhaltssichernde und ergänzende Leistungen *238*
Testament *63, 65, 94, 105, 122, 127*
   Behindertentestament *132 f.*
   Eigenhändiges Testament *128*
   Gemeinschaftliches Testament *129*
   Ordentliches Testament *128*
   Testamentsvollstreckung *133*
   Testierfähigkeit *127*
Träger der Jugendhilfe *185*
   Anerkennung der Träger *187*
   Betätigungsgarantie *184*

U

Übertragung des Sorgerechts *81 f*
Umgangsrecht *80*
   begleiteter Umgang *80*
   Regelung in Umgangssachen *83 f.*
   Umgangspflegschaft *80*
Unbestimmte Rechtsbegriffe *22*
unterhaltssichernde und ergänzende Leistungen *238*

6 Anhang

V

Vaterschaft *70 f., 78*
  gerichtliche Vaterschaftsfeststellung *70 f.*
  Vaterschaftsanerkennung *70 f.*
  Vaterschaftsanfechtung *72 f.*
Verbleibeanordnung *82*
Verhältnismäßigkeit *30*
Verhinderungspflege *282*
Vermächtnis *131*
Verwaltungsakt *141 ff.*
  Aufhebung *145 ff.*
  Bestandskraft *145*
  Dauerverwaltungsakt *146*
  Form *143*
  Nebenbestimmungen *144 f.*
Verwaltungsverfahren *150*
  Akteneinsicht *152*
  Anhörung *152*
  Grundsätze *151 f.*
  Mitwirkungspflicht *152 f.*
  Pflegeversicherung *276*
Verwandtschaft *70*
  Linie *70*
  Minderjährigenadoption *75 f.*
vollstationäre Einrichtungen der Behindertenhilfe *289*
Vormundschaft *86 ff.*
  Aufsicht und Kontrolle *88 f.*
  Aufwendungsersatz;
      Aufwandsentschädigung *90*
  Beratung des Vormunds *91*
  Bestellte Vormundschaft *86*
  Entlassung des Vormunds *81, 89*
  Gesetzliche Vormundschaft *87*
  Haftung *90*
  Pesönlicher Kontakt zum Mündel *89*
  Rangfolge *88*
Vorsorgeregister *99*

W

Werkstätten für Menschen mit Behinderungen *261 ff.*
  Anspruchsberechtigung *262*
  Arbeitsentgelt *264*
  Rechtsstellung *263 f.*
  Sozialversicherung *264 f.*
Widerspruch *158 ff.*
  aufschiebende Wirkung *158*
  Frist *159*
  Verfahren *160*
Willenserklärung *61 f.*
Wohnformen *329*
  offene *329*
  stationäre *330, 333 f.*
Wohnumfeldverbessernde Maßnahmen *284*
Wohn- und Betreuungsvertragsgesetz *335*
Wunsch- und Wahlrecht *177, 267*
  Pflegeversicherung *267*
  Rehabilitation und Teilhabe *218*

Z

Zielvereinbarungen *49 f.*
Zivilrechtsverkehr
  Benachteiligungsverbot *54*
  Zuständigkeitsklärung *216 f.*

Die Autorinnen

Dr. Cornelia Bohnert ist Professorin für Rechtliche Grundlagen der Sozialen Arbeit, Bürgerliches Recht, Kinder- und Jugendhilferecht an der Katholischen Hochschule für Sozialwesen und lehrt entsprechende Rechtsgebiete für Studierende der Heilpädagogik in Bachelor- und Masterstudiengängen. Ihre Forschungsschwerpunkte sind das Betreuungs- und Unterbringungsrecht, das Recht der Kinder- und Jugendhilfe sowie das Verfahrensrecht in Familiensachen, in Angelegenheiten der Freiwilligen Gerichtsbarkeit und Jugendstrafsachen.

Dr. Gabriele Kuhn-Zuber ist Professorin für die Rechtlichen Grundlagen der Sozialen Arbeit und der Heilpädagogik mit dem Schwerpunkt Existenzsichernde Leistungen, Recht für Menschen mit Behinderungen, Pflegeversicherungsrecht sowie Sozialverwaltungsrecht an der Katholischen Hochschule für Sozialwesen. Vor ihrer Hochschultätigkeit war sie mehrere Jahre im Sozialverband Deutschland (SoVD) als persönliche Referentin des Präsidenten und Referentin für Pflege- und Gleichstellungsrecht zuständig. Sie war für den Deutschen Behindertenrat bis 2009 Mitglied im Beirat zur Neubestimmung des Pflegebedürftigkeitsbegriffs. Ihre gegenwärtigen Forschungsschwerpunkte liegen im Bereich Recht für Menschen mit Behinderungen und Pflegerecht.

Das Sozialrecht für die Soziale Arbeit

Dieses gut verständliche Arbeitsbuch erleichtert Studierenden den Einstieg in das komplexe Sozialrecht, das für viele Handlungsfelder der Sozialen Arbeit eine wichtige Grundlage ist. Ausführlich dargestellt werden alle Sozialgesetzbücher (SGB I – SGB XII): Die Rechtsgebiete der Sozialversicherungen, der Rehabilitation und Teilhabe sowie alle anderen sozialen Hilfen inklusive Rechtsschutz.

Zahlreiche Schaubilder und Übersichten vermitteln Orientierung.

Reinhard Herborth

Grundzüge des Sozialrechts für die Soziale Arbeit

2014, 348 Seiten, kartoniert, DIN A4, mit zahlreichen Abbildungen
€ 29,90
ISBN 978-3-7841-2436-0

www.lambertus.de

Die ganze Palette des Sozialrechts

Der Lambertus-Verlag gibt zusammen mit dem Deutschen Verein für öffentliche und private Fürsorge e.V. die neue Buchreihe **Textausgaben zum Sozialrecht** heraus.
Die Textausgaben sind aktuell, handlich und preiswert. Sie enthalten aktuelle Gesetze und Verordnungen zu den wichtigsten Bereichen des Sozialrechts.

2012
168 Seiten
kartoniert, € 8,90
ISBN 978-3-7841-2133-8

2. Auflage 2013
416 Seiten, kartoniert
€ 12,90
ISBN 978-3-7841-2476-6

2. Auflage 2013
512 Seiten, kartoniert
€ 12,90
ISBN 978-3-7841-2455-1

2013
416 Seiten
kartoniert, € 12,90
ISBN 978-3-7841-2136-9

2013
258 Seiten
kartoniert, € 10,90
ISBN 978-3-7841-2414-8

2013
430 Seiten
kartoniert, € 12,90
ISBN 978-3-7841-2416-2

Die Buchreihe **Textausgaben zum Sozialrecht** können Sie auch abonnieren. Sie verpassen dann keine Ausgabe, die wir Ihnen jeweils sofort nach Erscheinen zusenden.

2014
288 Seiten
kartoniert, € 10,90
ISBN 978-3-7841-2688-3

www.lambertus.de

Der Klassiker für den Pädagogikunterricht

Die vierte, überarbeitete Auflage des Arbeitsbuchs stellt u.a. die Leitideen von Rousseau, Pestalozzi, Fröbel, Don Bosco, Korczak, Montessori, Bettelheim, Klafki, Moor vor. Jedes Kapitel enthält neben einem biografischen Abriss und einer Einführung in das pädagogische Konzept einen Lesetext, Überlegungen zu Impulsen für die heutige Erziehungspraxis, Übungsfragen sowie Verweise auf weiterführende Literatur und Medien.

Theodor Thesing

Leitideen und Konzepte bedeutender Pädagogen

Ein Arbeitsbuch für den Pädagogikunterricht

4., vollständig überarbeitete Auflage 2014, 276 Seiten, kartoniert
€ 22,90
ISBN 978-3-7841-2442-1

www.lambertus.de

Sozialraumorientierung in der Behindertenarbeit

Aus dem Inhalt:
- Geschichte der Institutionalisierung behinderter Menschen
- Von der Deinstitutionalisierung zur Lebenswelt- und Sozialraumorientierung
- Lebensweltbezogene Behindertenarbeit am Beispiel Kalifornien/USA
- Lebensweltbezogene Behindertenarbeit bei Demenz
- Personzentrierte Planung – eine Zusammenschau und Reflexion unterschiedlicher Instrumente.

Georg Theunissen

Lebensweltbezogene Behindertenarbeit und Sozialraumorientierung

Eine Einführung in die Praxis

2012, 391 Seiten, kartoniert
€ 25,00
ISBN 978-3-7841-2118-5

www.lambertus.de